GUIDE Évasion

Pékin
Shanghai

HACHETTE

Catherine Bourzat
vous emmène à Pékin et à Shanghai.

Catherine Bourzat, diplômée de l'École du Louvre, titulaire d'une maîtrise d'archéologie et d'une maîtrise de chinois, a été guide conférencière en Asie de 1986 à 1996. Elle se consacre désormais à ses activités de conférencière spécialisée et d'écrivain, de conceptrice et de rédactrice de guides de voyage pour les destinations asiatiques. Elle est auteur ou co-auteur de plusieurs ouvrages sur des régions d'Asie dans les collections Guides Bleus et Guides Évasion.

Stéphanie Ollivier a également contribué à l'édition de ce guide.

– *Quelle a été votre première impression de la Chine?*

Du déjà vu. Dans le meilleur sens du terme. J'avais étudié la Chine, le chinois, sans avoir mis les pieds dans ce pays. Ce n'était pas facile à l'époque. Et tout était là, comme je l'attendais. Et cette impression de la première fois n'a pas changé : je reviens en Chine comme je rentre dans mes chaussons !

– *Si la Chine était une couleur?*

Le rouge. Ce n'est pas bien original, pour évoquer la Chine... Mais c'est tellement elle. Quand même, c'est fort ! La couleur du Parti est la couleur du bonheur, et celle de l'empereur ! Et ce rouge est magnifique : il suffit de garder les murs de la Cité interdite.

Chine était une image?

nage, mais une ambiance. La lumière de Chine est poussiéreuse, espèce de poudroiement magnifique, qui habille tout d'un naire.

re chose que vous faites en arrivant en Chine?

trottoir. Dans une ville comme Pékin, elles ont en des questions d'hygiène. Et c'est vraiment dom- habitude chinoise, de manger dans la rue. Il y a la maison, qu'on ne mange pas à la maison ficines de trottoir.

Pékin
Shanghai

GUIDE

évasion

HACHETTE

sommaire

avant-goût

magazine

itinéraires

Pékin (Beijing)

Environs de Pékin

À portée de Pékin

Shanghai

© Photothèque Hachette

avant-goût

En bref

- **Situation** : Extrême-Orient, Paris-Pékin : 9 h 40 ; Paris-Shanghai : 10 h.

- **Décalage horaire** : Paris + 6 h (été)/7 h (hiver).

- **Capitale** : Pékin (Beijing).

- **Monnaie** : 1 € = 10,40 y (yuans). Inutile de prévoir des dollars, les euros se changent très bien.

- **Meilleures saisons** : printemps et automne. Pékin est situé à la même latitude que Lisbonne, le climat est continental, mais tempéré. Shanghai possède un climat capricieux et très humide.

- **Langue** : chinois.

- **Régime** : république socialiste.

- **Passeport** : oui.

- **Visa** : oui.

- **Taxe d'aéroport** : aucune.

- **Vaccins recommandés** : tétanos, poliomyélite, diphtérie, typhoïde, hépatites A et B. ●

Pages précédentes :
La Chine a beau être en plein grand décollage économique, le tricycle, c'est pratique et c'est pas cher.
Ci-contre : Pékin, au coin de Tian'an Men.

Envie de partir ?

Paris/Pékin : 9 h 40 ; Paris/Shanghai : 10 h.
La Chine n'est plus si lointaine, et les forfaits de voyage à prix doux durant l'hiver mettent le rêve à portée de bourse. À l'heure où le pays du Milieu sidère le monde par sa vitesse de développement, pourquoi ne pas aller prendre son pouls en plongeant dans ses deux métropoles vedettes ? Pékin, centre politique, et Shanghai, pouls économique, délivrent une formidable bouffée de Chine nouvelle.

Malgré ses nouveaux habits à l'horizon des J.O 2008, Pékin, ville d'histoire et capitale de la République populaire de Chine, reste la « capitale du Nord » (Beijing) de l'empire du Milieu. Dans ces pages, des cartes historiques vous content les dix siècles de sa genèse, de temples en palais, dans le cadre d'une ville qui vient de connaître ses mutations les plus radicales. Depuis la décennie 1990, Shanghai regarde « vers la mer », quand toute la Chine « se jette à la mer » (*xiahai*) du business. Endormie sous l'ère Mao, la Perle de l'Orient a retrouvé son éclat des années 1930 et son goût pour les parures urbaines les plus folles. Les promenades shanghaiennes quadrillent une ville patchwork, de lieux de mémoire en paris de demain.

Avec leur maillage ferroviaire et autoroutier, Pékin et Shanghai sont deux fenêtres sur la Chine. À portée de Pékin ou à portée de Shanghai, se trouvent autant d'escapades, en Chine du Nord ou dans le delta du Yangzi, pour s'en aller sonder, tantôt côté ville, tantôt côté campagne, le cœur de l'empire du Milieu. ●

Que voir ?

Pékin
et ses environs

⇢ *Sauf mention contraire, les distances sont données depuis Pékin.*

● **Les derniers empereurs :** arpentez la ♥ **Cité interdite**★★★ (*p. 61*), et les allées de statues gardiennes de leurs nécropoles aux **treize tombeaux des Ming**★ (*38 km N, p. 119*) et aux **tombeaux de l'Est des Qing**★★ (*125 km N-E, p. 125*). Découvrez **Confucius** en son **temple**★★ (*p. 77*) et au ♥ **Collège impérial**★ voisin (*p. 77*). Déchiffrez les décrets célestes au ♥ **temple du Ciel**★★★ (*p. 93*) ou sur la terrasse de l'**Observa-**

toire★ (*p. 82*). Enfin, toisez la ville impériale qui disparaît depuis ses dernières fortifications, la **porte de la Victoire vertueuse**★ (*p. 75*), la **porte Antérieure**★ (*p. 86*) et les **tours de la Cloche et du Tambour**★ (*p. 76*).

● **Pékin, ville sainte :** les vieux temples bouddhistes ou taoïstes témoignent d'une dévotion millénaire dans la capitale du Nord : **temple de l'Intellectualisation**★★ (*p. 79*), **temple des Lamas**★★ (*p. 77*), **temple du Dagoba blanc**★ (*p. 72*), **temple du Pic de l'Est**★ (*p. 79*), **temple de la Source de la Loi**★ (*p. 92*) et **temple du Nuage blanc**★ (*p. 93*).

D'autres encore furent fondés hors les murs de la Cité impériale : **temple de la Joie solitaire**★★ (*122 km E, p. 125*), **temple du Grand Éveil**★ (*30 km N-O, p. 116*), ♥ **temple de l'Étang et des Mûriers sauvages**★★ (*45 km O, p. 117*) et **temple de la Terrasse d'Ordination**★ (*35 km O, p. 117*).

● **Au fil du xxᵉ s. :** de l'ancien quartier des **légations**★ (*p. 86*) aux architectures maoïstes de la **place Tian'an men**★ (*p. 83*), il n'y a que quelques pas ; rendez-vous avec les années 1950 dans la **résidence de Song Qingling**★ (*p. 74*), ou en descendant dans

© Catherine Bourzat

© Laurence Mouton

l'**abri antiaérien*** de Qianmen *(p. 86)*.

● **Pékin, ville verte :** ♥ **Parc de Beihai**** *(p. 70)* et **colline de Charbon*** *(p. 68)* comptent parmi les lieux de prédilection des Pékinois. **Palais d'Été**** *(12 km N-O, p. 112)*, **jardin de la Clarté parfaite*** *(17 km N-O, p. 114)* et ♥ **collines Parfumées** *(25 km N-O, p. 115)* : une suite de paysages recomposés pour les souverains.

● **Les musées :** ils sont des refuges où se cultiver quand souffle le vent venu du désert de Gobi : ♥ **musée de la Capitale**** *(p. 88)*, **musée d'Art lapidaire**** *(p. 73)*, **musée Lu Xun*** *(p. 72)*, **musée campanaire du temple de la Grande Cloche*** *(p. 73)* et **musée de l'Opéra** dans l'**ancienne guilde du Huguang*** *(p. 92)*.

● **Pékin qui disparaît :** du temps des ruelles *(hutong)* et des maisons à cour *(siheyuan)* ne restent plus que des îlots – ♥ **Shisha hai*** *(p. 73)* – des bastions, anciennes résidences princières – **palais du prince Gong*** *(p. 74)*, **résidences de Mei Lanfang*** *(p. 74)* et de **Lao She*** *(p. 78)* – et un ♥ **marché aux oiseaux** *(p. 95)*.

● **La Grande Muraille :** de passe en fortin, les accès : **Huanghua cheng**** *(76 km N, p. 120)*, **Jinshan ling**** *(147 km N-E, p. 124)*, **Mutian yu**** *(77 km N, p. 121)*, **Sima tai*** *(121 km N-E, p. 121)*, **Huangya guan*** *(132 km N-E, p. 126)* et **Bada ling*** *(68 km N-O, p. 120)*.

Escapades depuis Pékin

⸱⸱⸱⸱➤ *Sauf mention contraire, les distances sont données depuis Pékin avec entre parenthèses le nom de la province.*

● ♥ **Chengde***** *(Hebei, 256 km N-E)*, le Versailles des Grands Mandchous avec son palais d'Été et ses temples lamaïques *(p. 130)*.

● ♥ **Pingyao** *** *(Shanxi, 616 km S-O)*, une cité fortifiée miraculée *(p. 145)*.

©Agnès Bourteville

Dans le ♥ **Shuanglin si**** ou « temple de la Double Forêt », au S-O *(7 km de Pingyao)*, des images d'argile content la vie de Bouddha *(p. 149)*, campée, version peinture, sur les murs du temple **Zhenguo** au N-E *(15 km de Pingyao)*. Au nord, la **résidence de la famille Qiao**** *(45 km de Pingyao)* est un gigantesque palais *(p. 150)*, avec lequel peut rivaliser la **résidence de la famille Wang*** *(65 km S-O de Pingyao)*.

● **Datong**** *(Shanxi, 377 km O)* garde de sobres temples bouddhiques aux statues d'argile *(p. 137)*. À l'est, ♥ **Yungang***** *(19 km de Datong)*, contemporain des bouddhas détruits en Afghanistan, fut un foyer d'art bouddhique rupestre à l'autre bout de la route de la Soie *(p. 138)*. À **Yingxian***, au sud *(123 km)*, se dresse une pagode en bois de mille ans *(p. 141)*, tandis qu'au S-E, sur les chemins du pèlerinage au Wutai shan, **Xuankong si**** *(77 km)* est suspendu à une falaise *(p. 140)*.

● **Jinci**** *(Shanxi, env. 508 km S-O)* : près de Taiyuan, on y vénère les gardiennes de l'eau *(p. 144)*.

● ♥ **Wutai shan**** *(Shanxi, 330 km S-O)*, un des quatre monts sacrés des bouddhistes, est le lieu de pèlerinage des Chinois et Tibétains *(p. 141)*. Sur ses contreforts *(45 km du Wutai shan)*, se cache le **Foguang si**** ou « temple de la Lumière du Bouddha » *(p. 143)* et le **Nanchan si***, « temple de l'École chan méridionale » *(82 km)*, se perche sur le plateau de lœss *(p. 143)*.

Shanghai

● **Les années folles.** Construits par les banques et les promoteurs étrangers, les gratte-ciel du **Bund***** *(p. 167)* ont défié New York. Dans la **concession française**** *(p. 180)*, la réussite se mesurait en **palaces** (hôtel Jinjiang, *p. 184*), **villas** (hôtel Donghu, *p. 184*), **hôtels particuliers** (parc Ruijin, *p. 183*). Certains servirent de refuge aux **figures de la révolution** (maison de Zhou Enlai, *p. 183*, du Dr Sun Yat-sen, *p. 182*,

© Catherine Bourzat

© Stéphane Farcès/hemis.fr

ou de sa femme, *p. 74*). Jusqu'au Parti communiste chinois qui y anima son tout premier congrès (*p. 181*).

● **Folie du IIIe millénaire.** Elle se jauge dès l'arrivée, sous l'immense voûte de verre de l'**aéroport de Pudong**. Elle fonde un urbanisme qui joue la carte du futurisme – la **place du Peuple***** (*p. 171*) et ses univers dédiés à la culture, tout en transparences, ou l'hallucinante *skyline* de **Pudong*** (*p. 185*), qui chaque soir se déroule en écran de cinéma géant et hisse, toujours plus haut, des tours, comme autant de pagodes new age (**Perle de l'Orient***, *p. 186*, **Jinmao***, *p. 186*, **Tomorrow Square**, *p. 171*, **Bund Center**, coiffé d'une

couronne de lotus, futur **World Financial Center**, *p. 185*). Pour voir comment Shanghai se rêve en 2020, rendez-vous à l'**exposition de son développement urbain**** (*p. 171*).

● **Culture et shopping.** La première se donne à voir à l'**Opéra**** (*p. 173*) et dans les musées de la **place du Peuple***** (*p. 171*), ou de la concession française (**musée d'Art et d'Artisanat****, *p. 184*, ♥ **musée des Shikumen****, *p. 182*). Le second se donne à vivre sur les trottoirs de **Huaihai zhonglu***, sous les néons de la **rue de Nankin**, ou encore dans des **marchés** pas encore aseptisés (marché au tissu de Dongjiadu lu, *p. 198*, marché Xiang-

yang, *p. 198*, marché aux oiseaux de Xizang lu, *p. 177*, marché aux puces de Donglai lu, *p. 177*, marché au thé de Datong lu, *p. 198*).

● **Shanghai des lilong.** Ces venelles (*p. 178*) et leurs maisons, les *shikumen*, disparaissent au diapason des *hutong* pékinois. On s'y égare encore autour des lieux de culte de l'**ancienne ville chinoise**** (*p. 174*). Mais, autour du **temple du Bouddha de Jade*** (*p. 187*), ils ont disparu. Aux alentours du ♥ **pavillon Hu Xing**** (*p. 175*) et du ♥ **jardin Yu***** (*p. 175*), ils ont fait place à des pastiches touristiques. À **Xin Tian Di**** (*p. 181*), ils sont devenus le dernier cri du chic nostalgique.

© Michel Gotin / hemis.fr

© Catherine Bourzat

Escapades depuis Shanghai

⤳ *Sauf mention contraire, les distances sont données depuis Shanghai avec entre parenthèses le nom de la province.*

● ♥ **Parc national des Huangshan***** *(Anhui, 480 km S-O)*. Massif de granit entaillé de ravines, les monts Jaunes enchantent depuis des siècles les touristes chinois de leurs jeux de pics et de brumes *(p. 232)*.

● ♥ **Hangzhou**** *(Zhejiang, 201 km S-O)*. Pour centre-ville, cette cité possède le lac de l'Ouest, pour attrait son art de vivre, pour intérêt de superbes musées *(p. 218)*.

● ♥ **Huizhou**** *(Anhui, 444 km S-O, p. 229)*. Cette ancienne division administrative a disparu des cartes. Pas ses traditions. En témoignent les beaux villages aux maisons chaulées environnant **Tunxi*** : ♥ **Hongcun***** au N-O *(66 km de Tunxi)*, un bourg enserré dans des canaux *(p. 229)* ; **Xidi**** au N-O *(35 km)* avec sa demeure d'un marchand devenu mandarin *(p. 230)* ; **Nanping***, au N-O *(65 km)*, dont le cadre est couru des cinéastes en quête de reconstitution historique *(p. 232)*.

● **Shuixiang****. Cette « campagne de l'eau » déploie son réseau de lacs, de canaux et de bourgades, formant autant de petites Venise chinoises : ♥ **Xitang***** *(Zhejiang, 71 km S-O)*, avec ses venelles et ses galeries *(p. 205)*, ♥ **Tongli**** *(Jiangsu, 80 km O)* et son jardin de mandarin *(p. 208)*, **Wuzhen**** *(Zhejiang, 140 km S-O)*, avec ses écomusées derrière des façades de bois délavé *(p. 208)*, **Zhouzhuang**** *(Jiangsu, 85 km S-O)* et ses résidences familiales du temps des Ming *(p. 207)*, **Zhujiajiao*** *(Shanghai shi, 40 km S-O)*, avec ses ponts et canaux *(p. 205)*.

● **Suzhou**** *(Jiangsu, 84 km O)*. La ville est devenue très grande et très ordinaire, mais renferme toujours les plus beaux témoignages des jardins chinois *(p. 211)*. ●

© Jean-Baptiste Rabouan/hemis.fr

© Catherine Bourzat

Si vous aimez

Le rouge

Couleur du bonheur, du mariage, symbole des Fils du Ciel, de la Chine nouvelle. Décryptez les arcanes de la **Cité pourpre** à Pékin *(p. 61)* et découvrez la copie du palais rouge du **Potala** à Chengde *(p. 133)*. Retracez l'épopée communiste depuis le lieu de la **première réunion du PCC** *(p. 181)*, jusqu'au **mausolée de Mao** *(p. 84)*. Collectionnez les souvenirs néo-Mao sur les **marchés aux puces** *(p. 107 et p. 198)*.

Pigeons, grillons et poissons

Apprenez à tailler des pipeaux pour en équiper la queue des pigeons au **marché de Huasheng Tianqiao** de Pékin *(p. 95)*. Au marché de **Xizang lu** à Shanghai, distinguez le grillon batailleur du grillon chanteur *(p. 177)*. Collectionnez des miniatures pour votre aquarium au **marché aux fleurs et aux oiseaux** de Hangzhou *(p. 223)*.

Les pèlerinages et la dévotion

Découvrez la religion populaire des Chinois et brûlez encens et monnaie d'offrande pour les divinités du **temple des Lamas** à Pékin *(p. 77)* ; pour **le dieu des Remparts et des Fossés** à **Chengde** *(p. 135)*, à **Pingyao** *(p. 147)* et à **Shang-**hai *(p. 176)* ; pour le **moine fou du Lingyin si** à Hangzhou *(p. 225)*.

La Chine sur grand écran

Retrouvez le cadre de certains films cultes des « ombres électriques » – c'est le nom du cinéma en Chine : dans la **résidence des Qiao** *(p. 149)*, où sont toujours accrochées les lanternes rouges d'*Épouses et Concubines* ; au **temple des ancêtres Ye** de Nanping *(p. 232)* et dans la mer de bambous des contreforts des **Huangshan** *(p. 232)*, théâtres des joutes de *Tigre et Dragon* ; dans les cours et corridors de la **Cité interdite** *(p. 61)*,

© Catherine Bourrat

où Bertolucci fit revivre *Le Dernier Empereur* ; dans les salons feutrés du **Peace Hotel** de Shanghai *(p. 163)* où Spielberg tourna *L'Empire du soleil* ; au **jardin de la Retraite et de la Réflexion** de Tongli *(p. 208)*, inépuisable cadre historique des studios de Pékin.

Le thé et ses maisons

Débutez l'initiation au thé vert, noir ou semi-fermenté à Paris *(p. 287)*. Poursuivez sur un air d'opéra dans les **maisons de thé-théâtre** de Pékin *(p. 106)*, dans une ambiance traditionnelle au **pavillon Hu Xing** de Shanghai *(p. 175)*, ou au bord des canaux de **Zhouzhuang** *(p. 207)*.

Savourez-le à tout moment et dans tous ses états à **Hangzhou**, contrée du **Longjing** *(p. 227)*.

Les nouilles

Vous découvrirez la géographie des ravioles, des pâtes et des pains chinois *(p. 40)*. Sur place, essayez les gargotes du matin à **Datong** *(p. 154)* et les ravioles farcies de Shanghai (**Lubolang**, *p. 194*).

La soie et le cachemire

Initiez-vous à l'élevage du bombyx du mûrier au **musée de la Soie** de Hangzhou *(p. 225)*, admirez les broderies double face à l'**Institut de Broderie** de Suzhou *(p. 217)*, couvrez-vous de shantung et de tussor au **marché de Dongjiadu lu** de Shanghai *(p. 198)* ; à Pékin, faites provision de cachemires de Mongolie dans la **rue de la Soie** *(p. 79)*.

La calligraphie et la peinture

Faites emplette de papier, encre et pinceaux à Paris *(p. 287)*, **Fuzhou lu** à Shanghai *(p. 199)* ou **rue des Antiquaires** à Pékin *(p. 91)* ; découvrez les secrets de l'encre dans la fabrique **Lao Hu Kai** de Tunxi *(p. 229)*, admirez l'œuvre des grands maîtres au **musée de Shanghai** *(p. 171)*, et essayez-vous à la peinture de paysages en noir et blanc devant les panoramas de la **montagne Jaune** *(p. 232)*.

© Photothèque R2/...

© Stéphane Francès/hemis.fr

Les nostalgies littéraires

Plongez-vous dans le journal de Loti à Pékin ou le reportage d'Albert Londres à Shanghai. Retrouvez les grandes figures de la littérature chinoise moderne dans les **maisons d'écrivain pékinoises** (*p. 74*) et le cadre de l'enfance de **Mao Dun** à **Wuzhen** (*p. 210*).

Les arts martiaux et la marche

À l'aube, vous verrez les Chinois pratiquer le *taiji quan* ou le *qigong* dans les parcs impériaux de Pékin (**Beihai**, *p. 70* ; **palais d'Été**, *p. 131* ; **collines Parfumées**, *p. 115*) et les jardins de Shanghai (**parc Fuxing**, *p. 182*). Pour cultiver votre souffle, partez sur les sentiers de la **montagne Jaune** (*p. 232*) ou arpentez les **chemins des temples du Wutai shan** (*p. 141*), mont sacré des bouddhistes. Pour vous muscler les mollets, montez à l'assaut de la **Grande Muraille** (*p. 122*).

L'expression contemporaine

À Pékin, elle s'affiche à l'étage d'une ancienne tour d'angle (**Hongmen**, *p. 82*), dans une maison traditionnelle (**Courtyard Gallery**, *p. 107*) ou lors des happenings de la communauté de **Dashanzi** (*p. 107*) ; à Shanghai, elle se manifeste dans les lofts et les galeries de **Moganshan lu** (*p. 188*) ou dans le cube de verre du **MoCA** (*p. 171*), et lors d'une Biennale très courue de la scène artistique mondiale (prochaine édition en 2008).

Les nuits de Chine

Procurez-vous les bonnes adresses du moment dans les magazines à la mode (*p. 98* et *p. 192*). Côtoyez le Pékin branché dans un bar d'atmosphère des berges de **Shisha hai** (*p. 104*) ou un pub de **Sanlitun** (*p. 105*). À Shanghai, rendez-vous au *Bar Rouge* (*p. 196*) ou au *Three on the Bund* (*p. 197*), nec plus ultra du chic shanghaien. ●

Programme

Une semaine à Pékin

● **Jour 1.** Autour des lieux du pouvoir, grimpez sur la colline de Charbon pour admirer la mer de toits d'or de la Cité interdite, découvrez la vie publique et privée des empereurs dans le labyrinthe de la Cité pourpre, les cultes impériaux au temple du Ciel.

● **Jour 2.** Dans l'ancienne ville tartare, prenez pour fil rouge les hommes de lettres qui occupèrent les résidences princières des Mandchous. Les berges des lacs de Shisha hai sont idéales pour la pause thé et les hôtels de charme du quartier parfaits pour un dîner aux lanternes.

● **Jour 3.** Allez pique-niquer avec les Pékinois dans les jardins de la capitale, parc Beihai ou palais d'Été où rôde le souvenir de l'impératrice Cixi, auprès des ruines du Yuanming yuan avec les étudiants de l'université de Beida, dans les collines de l'Ouest.

● **Jour 4.** De bon matin, partez à l'assaut de la Grande Muraille ou consacrez la journée à arpenter le chemin de ronde entre Jinshan ling et Sima tai.

● **Jour 5.** Au matin, lever du drapeau sur la place Tian'an men. Le temps se gâte ? Réfugiez-vous dans les entrailles de la ville, sous l'abri antiaérien de Qianmen ou dans les galeries marchandes de Wangfujing.

● **Jour 6.** Le métro vous conduira jusqu'aux terrasses du temple de l'Étang et des Mûriers sauvages. Admirez ses ginkgos en automne, ses pivoines arbustives en avril et les très vieux pins du temple voisin de la Terrasse d'Ordination.

● **Jour 7.** La ville du pouvoir fut aussi ville sainte : temple de Confucius, temple des Lamas. D'humeur bouddhiste, poursuivez du côté du temple de l'Intellectualisation, du Dagoba blanc, de la Terrasse aux Cinq Pagodes... D'humeur œcuménique, allez solliciter le dieu du Pic de l'Est et les maîtres taoïstes du temple du Nuage blanc.

● **Jour 8.** Filez à l'est admirer la statue géante du vieux temple de la Joie solitaire et pénétrez dans les palais funéraires des empereurs mandchous. Ou offrez-vous une échappée à l'ouest, au village de Chuandixia et dans le temple du Grand Éveil.

Escapades depuis Pékin

PAS D'AVION POUR CES ESCAPADES, TOUTES ACCESSIBLES EN BUS OU EN TRAIN.

Dans les indications d'accès, vous trouverez toutes les clefs pour arriver ; dans les pages pratiques, toutes les idées pour continuer. Les sites les plus lointains sont tous desservis par des trains de nuit au départ de Pékin, ce qui permet d'économiser le temps et l'hôtel.

● **En 2 jours.** Retrouvez les derniers empereurs de la Cité interdite dans leur wwwde et rentrez en faisant un tour de rempart sur la Grande Muraille de Jin-shan ling.

● **En 3 jours.** Offrez-vous une étape de charme à Pingyao et partez explorer sa campagne. Ou partez vagabonder sur les pentes du Wutai shan, de temples en oratoires.

● **En 6 jours.** Enchaînez les étapes de la boucle dans la terre jaune en circuit grâce aux trains de nuit, le temps d'une visite aux bouddhas de pierre de Yungang, aux banquiers de Pingyao et aux temples du Wutai shan.

Quatre jours à Shanghai

● **Jour 1.** Traversez le fleuve Huangpu pour découvrir le front de fleuve du Bund depuis les gratte-ciel de Pudong. Après une promenade au cœur des architectures futuristes de Lujiazui, retour rive gauche pour admirer de près les immeubles années 1930 du Bund. Quand s'allument les néons, remontez la rue de Nankin depuis le Peace Hotel jusqu'à la place du Peuple.

Jour 2. Retour sur la place du Peuple dès potron minet : on vient s'y exercer au *taiji* et au sabre dans son parc. Programme pour un jour de pluie : vous serez au sec en visitant le musée de Shanghai, le musée d'Art, le musée d'Art contemporain et l'exposition du développement urbain. Ensuite, empruntez un taxi pour rendre visite aux lofts d'artistes de Moganshan lu, avec une escale dans les volutes d'encens du temple du Bouddha de Jade.

● **Jour 3.** Prenez le temps de flâner au gré des jardins, des *lilong*, des demeures célèbres et des boutiques de l'ancienne concession française, en débutant la promenade par le très chic quartier réhabilité de Xin Tian Di.

● **Jour 4.** Après la visite du jardin Yu, laissez-vous happer dans le labyrinthe de l'ancienne ville chinoise, épargnée par la spéculation immobilière. Pour conclure, allez prendre un verre dans un des bars chic du Bund, le temps de voir Shanghai s'illuminer une dernière fois.

Escapades depuis Shanghai

Selon votre temps, vous pourrez effectuer l'une ou l'autre de ces excursions au départ de Shanghai ou enchaîner les visites comme un circuit.

● **En 1 jour.** Piochez, dans les échappées du Shuixiang, les villages qui vous plairont. Retour au soir, ou continuation vers Hangzhou ou Suzhou.

● **En 2 jours.** Si vous avez envie de voir comment se recrée le monde en petit dans un jardin, rendez-vous à Suzhou. Si vous aimez le thé, la soie, les céladons, allez à Hangzhou. Bus rapide ou train express dans les deux cas.

● **En 3 jours.** Oubliez la ville pour la campagne en vous rendant à Tunxi pour explorer le Huizhou et ses villages.

● **En 4 jours.** Doublez le plaisir de la campagne de celui de la montagne : de Tunxi, les monts Jaunes et leurs sentiers de randonnée ne sont pas loin. ●

▶ Shanghai : quand le XXIe s. toise le XXe s.

© Patrick Frilet/hemis.fr

Un bolide de 1,3 milliard

Avec un taux de croissance qui frôle la barre des 10 %, tantôt un peu au-dessus, tantôt un poil en dessous, la Chine de la décennie 2000 poursuit sa stupéfiante trajectoire : un bolide socialiste de 1,3 milliard de personnes lancé à toute allure sur les rails de l'économie de marché ! En dépit de toutes les Cassandre, la République populaire s'est hissée au 4e rang des économies de la planète grâce à un PIB global en constante augmentation. Miracle ! Eldorado ! Surchauffe ! Échappant à tous les modèles de développement, la Chine est la vedette de la presse économique internationale médusée. Quelle entreprise ne rêve de la courtiser ?

Les dirigeants chinois qui, depuis Jiang Zemin, ont troqué la veste Mao pour le veston-cravate, jouent dans la cour des grands. Depuis 2003, ils sont invités, au titre des nouveaux pays émergents, dans le club très fermé du G8. Dans l'ordre, le reste du monde a consacré le pays du Milieu en désignant Pékin pour accueillir les J.O 2008, en entérinant la candidature chinoise à l'OMC et en adoubant Shanghai vitrine de l'Exposition universelle 2010. Laissant les gesticulations nucléaires à son voisin nord-coréen, le pays du Milieu a préféré envoyer dans l'espace *Shenzhou*, le « Vaisseau Divin », sa première capsule habitée et propulsée par la fusée Longue Marche, comme pour brandir un pacifisme rassurant. Ou faire oublier qu'il possède la 1re armée du monde en effectifs, et qu'à la moindre velléité de Taiwan, sa 23e province manquante, d'afficher son indépendance, il n'hésite pas à tirer quelques missiles. Ou encore qu'il détient une bombe pour l'économie mondiale, avec une réserve de près de 1 000 milliards de dollars en obligations de change américaines. Que le spectre de l'occupation japonaise pendant la Deuxième Guerre mondiale lui donne de violentes poussées de fièvre contre le Japon, alors qu'il entretient avec ce pays les meilleures de ses relations commerciales. Voilà toute la Chine. Avec elle, on ne sait jamais vraiment bien où on en est. C'est le pays des paradoxes, des « oui…, mais ». Dans la Chine rouge du mariage du Parti communiste chinois avec l'ultra-libéralisme, il y a une face claire et une face sombre, une part d'empathie et une part d'ombre. La vraie question est toujours de savoir leur emprise respective. D'autant que ses masses, restées laborieuses, si elles sont unanimes à acclamer la puissance retrouvée de leur pays, sont encore loin d'être toutes concernées par sa fabuleuse croissance.

Le grand bond économique en avant

Il n'y a pas plus de miracle chinois qu'il n'y a de fumée sans feu. Le grand décollage a été voulu et programmé par ses dirigeants. C'est une volonté politique portée à l'actif de Deng Xiaoping, dont l'œuvre a été poursuivie par son successeur Jiang Zemin, engageant le pays dans une mutation sans précédent entre la fin des années 1970 et la décennie 2000, bien plus radicale que la plus intégriste des révolutions maoïstes. Après une première phase de développement de réformes et d'ouverture (*gaige kaifang*) engagée en 1978, mais interrompue en 1989 avec la répression du mouvement de Tian'an men (*p. 34*), Deng a galvanisé les énergies autour d'un slogan qui a sans doute fait se retourner Mao dans sa tombe : « être riche est glorieux », déclare le petit timonier lors d'un voyage dans le Sud en 1992, engageant ses troupes sur l'étrange voie de « l'économie socialiste de marché ».

▶ QUE LE MONDE MISE SUR LE ROUGE !

La plus révolutionnaire des contributions de Deng par rapport à Mao Zedong est de considérer qu'il n'est pas réaliste d'envisager un développement uniforme sur l'ensemble du pays. Certaines régions – les provinces côtières en particulier, avec leurs ports, leurs relations traditionnelles avec la diaspora d'outremer – ont plus d'atouts que d'autres. Il faut **tirer partir de ces disparités** ; elles sont un mal nécessaire qui tirera à son tour le reste du pays dans le développement.

Sans abandonner sa décision en matière de choix politique, le Parti autonomise les régions sur le plan des finances (*p. 28*). Dans le courant de la décennie 1980, Canton et le delta de la rivière des Perles servent de zones tests au fonctionnement de l'économie de marché. Dotée d'avantages fiscaux nombreux et d'une main-d'œuvre bon marché, la région attire les premiers **IDE (investissements directs étrangers)**, qui cherchent à produire des biens exportables aux profits détaxés. Ils proviennent pour une écrasante majorité de l'Asie et de la diaspora chinoise.

En 1992, le régime étend sa politique d'ouverture dans le reste du pays et favorise le développement coordonné, les échanges en matière de capitaux et de ressources humaines depuis les provinces développées vers les autres, l'ouest et le centre. C'est l'époque où Shanghai est « réveillée » pour contrecarrer la puissance de Hong Kong, avec la création de Pudong (*p. 185*). La procédure d'établissement de sociétés commerciales avec investissements étrangers est élargie à toutes les capitales provinciales en 1999. Mais le flux intarissable des IDE, qui ont financé le développement chinois et dont la Chine est le 1er récipiendaire mondial avec **600 milliards de dollars reçus entre 1980 et 2005**, reste à 88 % concentré sur le littoral. Héritage du développe-ment géographique côtier, un cordon de macro-régions économiques naît sur la côte : **Canton**, avec un arrière-pays en voie d'absorber Hong Kong et Macao ; **Shanghai** et son orbite du Jiangsu-Zhejiang ; **Pékin** enfin, dont le 6e périphérique n'est plus très loin du port de Tianjin, en voie de conurbation.

▶ **LA RÉVOLUTION URBAINE**

Corollaire du développement économique de la côte, son urbanisation connaît un développement tentaculaire. En l'espace de vingt ans, transformée en gigantesque chaos, elle engouffre la couronne des districts ruraux. Par dizaines de milliers, les tours jaillissent du sol. Des **villes nouvelles**, vite millionnaires en habitants, bouleversent le paysage.

À la faveur du marché immobilier, lancé avec le crédit à l'achat en 1998, le grand chantier urbain progresse en tache d'huile, touchant le pays tout entier. L'urbanisation des promoteurs n'est pas celle des architectes. Pas ou peu de plans régissent l'extension urbaine. Tout, des vieux centres-ville aux cités-dortoirs ouvrières, est éventré, rasé pour faire place à des galeries commerciales rutilan-

Un système politique à double commande

Selon la Constitution, la Chine est un « État socialiste de dictature démocratique populaire ». L'**Assemblée nationale du Peuple** (ANP), composée de 2 078 députés élus pour cinq ans par les représentants de l'appareil au niveau local, est la part « démocratique populaire » qui valide les lois avant leur adoption par l'organe exécutif du Conseil des affaires d'État. Mais la réalité du pouvoir reste aux mains du Parti communiste chinois, dont les instances encadrent le pays à tous les niveaux, parallèlement à la hiérarchie des administrations, sur lesquelles elles ont toujours la prééminence.

À la tête du système politique : le secrétaire général du Parti communiste et le Comité permanent du Bureau politique. Cerveau du régime ancré dans l'héritage socialiste, mais peu ou pas médiatisé, ce dernier est composé de 9 membres et représente l'organe suprême de pouvoir de la République. L'un et l'autre sont élus par le Comité central, lui-même élu tous les cinq ans, à l'issue du congrès du Parti. Lors de ces sessions – une dizaine de jours, en général –, sont également examinés les rapports du Comité central et de la Commission centrale de contrôle de la discipline, révisés les statuts du Parti et adoptées les propositions du Bureau politique sur les orientations politiques et les nominations des plus hauts dirigeants. Le Comité central compte actuellement 198 membres titulaires.

tes, à des grands magasins ou à des zones résidentielles. Des centaines de milliers de personnes sont évacuées chaque jour. Dédommagées, plus ou moins ou pas du tout, elles sont relogées dans les villes nouvelles de grande banlieue. Des progrès sont indéniables. En vingt ans, par exemple, la surface habitable des Shanghaiens est passée de 5 à 10 m² par personne ; ils découvrent également l'eau potable et les sanitaires privés.

Solde de cette révolution, la balance de peuplement, si elle penche toujours en faveur du monde rural avec 60 % (820 millions de personnes), a vu grimper le chiffre des citadins dans des proportions ahurissantes au recensement de 2001 : estimée à 30 %, soit 400 millions de personnes, au cours de la décennie 1990, elle fait d'un coup un bond de 6 % supplémentaires, 70 millions de personnes, l'équivalent de la population de la France. Plus de 70 villes comptent plus de 5 millions d'habitants. En 2025, la **population urbaine chinoise** dépassera la population rurale. Le taux d'urbanisation s'approche des 48 % de la moyenne mondiale : il est passé de 36 % en 2000 à 40 % en 2005.

▶ **LA PRÉCARISATION DES CAMPAGNES**

Après une période d'enrichissement dans la décennie 1980, suite à la décollectivisation et au rétablissement des marchés privés, **la campagne est entrée en chute libre** tandis que la Chine urbaine prenait son essor. Le mouvement de balancier est d'autant plus cruel que les paysans furent longtemps les figures de proue du régime, et que c'est le surplus dégagé dans les campagnes grâce aux réformes qui a permis d'impulser les villes et leurs industries dans un premier temps.

La première cause de cette chute est liée au **manque chronique de terres arables** dont souffre la Chine. Ce déficit se cumule avec une population rurale qui a doublé depuis les années 1950. Avec une superficie d'un quinzième d'hectare cultivé en moyenne par tête, l'agriculture suffit tout juste à payer les intrants, nourrir la famille et régler les impôts. L'essentiel du numéraire disponible provient des **revenus non agricoles** des ménages : le travail dans les petites entreprises et les mandats des migrants, dans les campagnes trop pauvres pour avoir pu diversifier leur économie.

Cumulant les fonctions de secrétaire général du Parti (2002), de chef de l'État (2003) et de chef de la commission militaire centrale (2004), **Hu Jintao est l'actuel numéro un du pays,** assisté de son Premier ministre Wen Jiabao. ●

▶ Affiche policière pour la prévention de la délinquance.

© Guilio Gil/hemis.fr

© Catherine Bouzat

À la question de la terre s'ajoute le **fardeau fiscal**, qu'alourdit la rapacité des dirigeants. L'autonomie des gouvernements locaux en matière de recette publique la rend inversement proportionnelle à la richesse de la contrée. Malgré un plafonnement officiel de la taxation, les dépassements sont légion. Les taxes en tout genre peuvent atteindre plus de 20 % du revenu net des paysans, voire engloutir tout leur bas de laine et provoquer l'endettement.

L'**expropriation** est un autre front des tensions entre les ruraux et leurs cadres. Il faut bien caser la croissance urbaine quelque part… Pour permettre de réaliser de juteux projets immobiliers, ce sont 2 millions de paysans qui sont ainsi expropriés chaque année. *Manu militari* et illégalement la plupart du temps.

Les *mingong*, des ouvriers en ville qui restent des paysans

60 % de ruraux, 36 % de citadins : entre les deux reste un vide de 4 %. À l'intérieur évolue une **population migrante estimée à 120 ou 150 millions** : les *mingong*, les « paysans ouvriers », qui ont quitté une condition paysanne ingrate pour chercher du travail en ville et envoyer de l'argent à leur foyer. On les rencontre au détour des gares, sur le bord des trottoirs, au croisement des routes. Les femmes sont manufacturières, vendeuses, call-girls quand elles ne se prostituent pas. Les enfants mendient ou vendent des bibelots. Les hommes sont prêts à s'engager sur les chantiers les plus pénibles. Nuit et jour. Tous vivent sur leur lieu de travail dans des conditions de fortune.

Depuis l'empire, la masse de la population chinoise a été immobilisée avec une sorte de carte d'identité appelée *hukou*, ou « livret de résidence ». Sous l'ère Mao, il fut la pierre de touche de la division entre société rurale et société urbaine. Il sert à contrôler les migrations et à promouvoir une industrialisation sans urbanisation.

Face à la pression d'une **main-d'œuvre rurale sous-employée**, le gouvernement n'a eu d'autre choix que d'assouplir progressivement le système du *hukou* afin de permettre aux paysans de partir travailler en ville. Assouplir n'est pas réformer. Encore moins supprimer. Leur *hukou* de ruraux ne donne aux *mingong* que le droit de travailler en ville, pas d'y vivre.

société

◀ Malgré tout le travail qu'elle exige, la riziculture ne peut absorber une main d'œuvre surnuméraire.

▶ **RESTRUCTURATION DU SECTEUR PUBLIC**

Le dégraissage du mammouth que représentent les entreprises publiques industrielles est une large part de la copie de la direction chinoise dans la perspective de son adhésion à l'OMC. La restructuration à des fins de rentabilité sonne le glas des *danwei*, les « unités de travail » héritées de l'ère maoïste, et du « bol de fer », le salaire garanti pour tous et son cortège d'acquis sociaux (écoles, crèches, soins, retraites, etc.), qui protégeaient le travailleur du berceau au tombeau. Elle touche de plein fouet la région du Dongbei, le Nord-Est, qui est la Ruhr chinoise. C'est la fin d'une époque et le **début du chômage** avec 30 millions d'emplois supprimés entre 1998 et 2003, soit 40 % de la main-d'œuvre industrielle. Principal problème de cette « mise à pied » (traduction littérale de l'expression *xiagang* utilisée pour contourner celle de « mise au chômage ») : l'indemnisation est insuffisante. Quand elle existe. Au printemps 2002, 50 000 ouvriers licenciés manifestent dans les rues de plusieurs villes du Dongbei pour dénoncer la baisse dramatique de leurs revenus. Les leaders sont arrêtés.

Résultat de ce programme pour l'économie chinoise : sur les 126 000 entreprises publiques industrielles que comptait le pays, 25 % ont fermé, 25 % ont fusionné et 30 % ont été privatisées. Renforcé et modernisé, le **parc industriel** est prêt pour s'intégrer à l'économie mondiale et rassurer les investisseurs étrangers.

▶ **RETOUR EN FANFARE DU PATRONAT**

Les **petites entreprises** sont les plus concernées par le démantèlement du système socialiste. Vendues une bouchée de pain, elles reprennent du service. Les plus entreprenants des nouveaux *laoban* (patrons) modernisent leurs installations. La plupart se contentent de les faire tourner avec un matériel vétuste. Dans beaucoup de ces industries de poche, les conditions de travail sont effroyables, les **acci-**

Pire, il les prive de l'accès à certaines des prestations sociales auxquelles donne droit le *hukou* de citadin : un enfant de *mingong* ne peut aller à l'école en ville.

Destination des migrants : l'eldorado du littoral (49 % vers Canton et la rivière des Perles, 7 % vers le Zhejiang, 5 % vers le Fujian et 5 % vers le Jiangsu) et les grandes métropoles de Pékin (7 %) ou Shanghai (6 %). ●

▶ Logées par l'entreprise qui les a recrutées, ces jeunes *mingong* ont leur seul lit pour espace privé.

© Catherine Henriette/RAPHO

société

dents nombreux, parfois mortels comme dans le pays du charbon, au nord du Shanxi *(p. 138)*, où les mines privées ont fait 6 000 victimes en 2004. Qu'importe : avec les *mingong*, les *xiagang* et la main-d'œuvre rurale surnuméraire, les bras ne manquent pas. La presse recense plutôt les succès des **nouveaux capitalistes rouges**. Dans un de ces tours de passe-passe dont il a le secret, le PCC intègre le patronat parmi les « forces vives de la nation ». Plus encore, fin 2002, il accueille les *laoban* dans ses rangs. Les capitalistes rouges peuvent ranger leur carte du Parti avec leurs cartes de crédit dans leur portefeuille. Ils l'ont bien mérité : la productivité globale du secteur privé a quadruplé de 1998 à 2003 et pèse **plus de 60 % du PIB**. Pour ceux qui ont la bosse du commerce et l'art d'entretenir un réseau de relations utiles, c'est parfois une fulgurante *success story* de marchand de nouille devenu millionnaire. Les premiers noms chinois sont portés au livre *Forbes* des plus grandes fortunes. Leur chute, pour cause de corruption, de faux ou de contrats frauduleux peut être tout aussi rapide.

Le temps des défis

L'ère de la grande mutation est quasi révolue. La Chine est passée d'une économie planifiée, basée sur des résultats, à une économie de production, basée sur les profits. Le Parti, lui, est resté : il a fêté son 85e anniversaire le 1er juillet 2006. Fort de 70,8 millions de membres, **le plus grand parti politique du monde** n'entend en aucun cas remettre en cause sa légitimité en tant que parti unique. C'est toujours au sein de « l'économie socialiste de marché » que Hu Jintao et son Premier ministre Wen Jiabao doivent faire avancer le pays, avec pour guides des défis bien plus que des ambitions.

En 2002, le XVIe Congrès a décidé de maintenir le **cap sur la croissance**, avec pour objectif de multiplier le PIB par 4. C'est dans cette perspective que la Chine monte la barre qualitative de son économie, en multipliant les **investissements dans la recherche industrielle** avec 300 000 ingénieurs formés chaque année. L'agriculture s'oriente vers un **développement des OGM** (plus de 600 000 ha plantés) pour augmenter le rendement et les **cultures à valeur ajoutée** destinées à l'exporta-

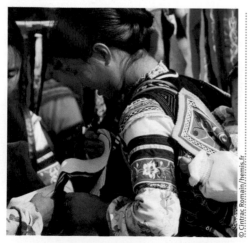

© Cintrac Romain/hemis.fr

La Chine administrative

La Chine est une république socialiste unitaire et multinationale, majoritairement peuplée de **Han**, auxquels s'ajoutent 56 minorités ethniques (8 % de la population vivant sur 60 % de son territoire).

Grande 17,5 fois comme la France, elle est divisée en **33 entités administratives :** 22 provinces, 5 régions autonomes (R.A.), 4 municipalités à statut provincial (Pékin, Shanghai, Tianjin, au sud-est de Pékin, et

© Stéphane Frances/hemis.fr

Chongqing, dans la province du Sichuan, au centre-ouest du pays), relevant directement de l'autorité centrale, et 2 régions administratives spéciales (Hong Kong et Macao), subdivisées chacune en préfectures, cantons et villages.

Avec **42 millions d'habitants en moyenne** (un maximum de 97 millions pour la province du Henan, un minimum de 3 millions pour la R.A. du Tibet), ce sont d'énormes entités dans lesquelles les administrations ont la responsabilité de la provision de dépenses publiques (éducation, santé, sécurité sociale). Malgré la mise en place d'un système d'élections au niveau des villages à la fin des années 1980, il n'existe pas encore d'autonomie locale en matière de décision politique, celle-ci restant sous le contrôle de Pékin par le biais du plan et de la gestion des cadres du Parti.

Les **5 régions autonomes**, toutes composées d'une population de Han et de minorités ethniques, dont une dominante — Mongolie-Intérieure, R.A. ouighoure du Xinjiang, R.A. zhuang du Guangxi, R.A. hui du Ningxia et Tibet — ont pour autre particularité de ne comprendre que 7 % de la population nationale, quand elles occupent 45 % du territoire. ●

▲ De nouveaux quartiers piétonniers créés de toutes pièces pour instaurer le lèche-vitrine.

◄ Province de Yunnan, ville de Yuanyang, femmes Yi au marché.

Les TIC, tribunes sous contrôle

Avec 110 millions d'internautes, la Chine est le 2ᵉ marché mondial de l'Internet, juste après les États-Unis. Le développement chinois des technologies de l'information et de la communication (TIC) est une véritable parabole des paradoxes dans lesquels évolue la République populaire. D'un côté, le régime a compris le formidable atout économique qu'elles représentent, misant à fond sur les TIC pour attirer les milliards de $ d'investisse-

ment des géants de l'Internet américain. De l'autre, il refuse de laisser la main sur le contenu et la circulation de l'information, en multipliant les restrictions pour en garder le contrôle. Une police spéciale de 300 000 agents est chargée du filtrage des SMS et de l'accès à Internet. Les sujets qui fâchent : tout ce qui concerne le Tibet, les Turcs ouighours musulmans de la R.A. du Xinjiang, Taiwan, le mouvement de Tian'an men *(p. 87)* et la question des droits de l'homme en général.

En entrant sur le marché chinois, même Google – subtilement rebaptisé *Guge* en chinois, « Chant de la Moisson » – a joué le jeu avec une version autocensurée de son moteur de recherche. Cela n'empêche pas les TIC de fonctionner comme les tribunes des désarrois chinois. Forums et blogs sont des espaces de discussion publique. Jusqu'à l'organe de presse du Parti communiste chinois, *Le Quotidien du Peuple*, qui a ouvert un site Internet où les Chinois s'expriment sur les sujets

◄ Combien de ponts haubanés par les nouveaux 75 000 km d'autoroutes ?

tion. En matière d'**infrastructures**, le Xᵉ plan quinquennal (2000-2005) a lancé sur tout le territoire des réalisations pharaoniques conclues par la mise en service du train Golmud-Lhassa, une voie ferrée de 1 140 km jetée à 4 000 m d'altitude.

Reste, pour le grand décollage, qu'il faudrait que les Chinois se mettent à consommer davantage. Or, la majorité préfère épargner. Ou n'a pas les moyens de dépenser. Si la 4ᵉ puissance économique mondiale a enregistré son 300 000ᵉ millionnaire en dollars en 2004, elle compte surtout 700 millions de personnes (la moitié de sa population) qui vivent avec moins de 2 € par jour. Le principal défi pour les dirigeants du pays est de réduire cette terrible fracture, qui s'ajoute à d'énormes inégalités entre les régions, les villes et les campagnes. Car, avec 1/5ᵉ des Chinois aisés qui se partagent 50 % de la richesse, la Chine communiste est aujourd'hui **un des pays les plus inégalitaires de la planète**. Sur le modèle américain, la démocratie en moins.

▶ **FAIRE DÉCOLLER LES RETARDATAIRES**

Avec la mise en place de **programmes de développement régionaux spécifiques** (l'ouest du pays en 2001, le Dongbei en 2003, l'arrière-pays des zones côtières en 2004), la direction chinoise affirme clairement son intention de mettre fin aux disparités régionales et d'inscrire la Chine continentale dans la dynamique de développement de la Chine côtière. Mais il ne s'agit pas uniquement d'un programme de rattrapage. L'Est a besoin de l'Ouest, qui concentre la richesse minière chinoise et ses ressources en matière d'hydrocarbures. D'où le déploiement d'une politique volontariste, qui s'illustre dans la **mise en réseau de l'ensemble du territoire** pour accélérer la vitesse de circulation des hommes et des biens, avec la construction d'**infrastructures faramineuses** : des aéroports, des lignes aériennes intérieures, des voies navigables et des canaux de dérivation – dont le transfert des eaux sud-nord, entre le bassin du Yangzi jiang et celui du fleuve Jaune, pour compenser la sécheresse endémique dans le nord du pays –, des oléoducs, des gazo-

• •

qui leur tiennent à cœur. Plus de 3 millions d'internautes y ont laissé un message depuis son lancement en 1999.

Une capitale toute neuve

Avec l'horizon des J.O 2008, le pouvoir s'est réinventé une capitale pour accueillir le reste du monde. Pékin soigne son image. Et cette image se veut celle d'une Chine nouvelle, riche, moderne, rayonnante. C'est sans doute avec le chantier de Pékin qu'on mesure le mieux à quel point les Chinois veulent en finir

avec le spectre d'un pays immense, vaincu et sous-développé. Au prix fort : en 2008, seuls 30 % du vieux Pékin seront encore debout. Le reste est passé à la moulinette de la modernisation. Rien ne surprend aujourd'hui un voyageur venu d'Occident, si ce n'est l'échelle des réalisations, voulues toujours plus grandes, toujours plus hautes. Trop cher, le centre-ville restitué s'est vidé de ses habitants, partis habiter entre le 5ᵉ et le 6ᵉ périphérique, aux portes de Tianjin, bientôt reliée à Pékin par un métro ultra-rapide. Pour

refaire la capitale, la direction chinoise n'a pas lésiné sur les moyens : 30 à 40 milliards de $, l'équivalent du budget annuel de la Défense. De quoi faire tourner la tête et de faire tomber celle de l'adjoint au maire, limogé en juin 2006 pour « corruption et débauche ». ●

société

ducs – dont celui qui relie les gisements des déserts du nord-ouest à Shanghai, sur 4 000 km –, sans compter l'extension de la grille de fibres optiques et de la téléphonie mobile. Le coûteux développement du réseau ferroviaire est en partie mis de côté et compensé dans un premier temps par un maillage autoroutier qui a considérablement rapproché les villes les unes des autres : 500 000 km de routes et 20 000 km d'autoroutes ont été construits entre 1998 et 2003 ; 5 000 nouveaux km d'autoroutes continuent à être jetés à travers le territoire pour atteindre l'objectif des 70 000 km en 2010.

Le **Grand Barrage** sur le Yangzi est au cœur du dispositif de décollage de la Chine retardataire. Si sa vocation première est de produire de l'énergie hydraulique, l'ouvrage à 18 milliards d'euros permettra en outre aux cargos de fort tonnage de remonter le fleuve depuis le port de Shanghai jusqu'à Chongqing, capitale de la Chine intérieure, à 2 000 km en amont.

▶ **RÉSORBER LE GRAND ÉCART ENTRE VILLE ET CAMPAGNE**

La campagne est l'autre grand retardataire dans le développement chinois. Surtout si on la jauge à l'aune des villes : malgré une multiplication par 5 du revenu moyen par tête depuis 1989, **on y gagne entre 3 et 6 fois moins qu'en ville**. Un sujet de doléance supplémentaire pour la colère rurale qui gronde et s'allume ça et là.

La campagne elle-même est **loin de présenter une physionomie égalitaire**. Elle est une autre facette de la fracture entre Chine intérieure et littorale. Au bas de la pente, c'est Germinal version rurale : le Guizhou, contrée de minorités longtemps enclavée, où l'on ne mange pas partout à sa faim et où l'on se rend à pied à la foire hebdomadaire ; le Hebei, au pied même de la Grande Muraille,

▶ Ce n'est pas encore la fin des vélos, mais la Chine se motorise. Et pas seulement avec des motos : 300 000 nouvelles voitures sont immatriculées chaque année.

où l'on se dispute la manne touristique pour arrondir des revenus amaigris par une sécheresse installée ; le Anhui, Aveyron chinois qui projette sur les routes une part importante de leurs *mingong* ; les corons du Shanxi ; les 300 000, peut-être 700 000, paysans pauvres de la province surpeuplée du Henan contaminés par le sida pour avoir vendu leur sang. En haut de la pente, **la Chine rurale modèle** qui a tenté et réussi la reconversion autour du mot d'ordre *litu bu lixiang*, « quitter la terre, pas la campagne », une campagne qui ne ressemble plus du tout à la campagne, tant elle est densément lotie de maisons de ruraux enrichis – châteaux de Blanche Neige ou villas romaines qui ressemblent à leurs pairs des résidences urbaines – et de petites entreprises dynamiques bordées par le maillage des voies rapides. Les rares terres disponibles sont plantées de vergers et de maraîchages, dont la production alimente les marchés citadins, ou de cultures spécialisées à valeur ajoutée qui partent à l'exportation. Pas de place pour la production céréalière traditionnelle à faible rendement : riz, blé, maïs, sorgho, soja. C'est une partie du Guangdong, du Fujian, du Jiangsu ou du Zhejiang – province qui compte à elle seule 300 000 entrepreneurs privés, principalement issus du milieu paysan –, arrière-pays des mégapoles côtières.

La volonté de rattrapage s'assortit d'outils très concrets, telle la **réforme fiscale rurale** qui a consisté à réunir les différentes taxes et frais en un seul impôt agricole. La Chine s'est donné pour

but l'abolition pure et simple de cet impôt à l'horizon de l'année 2006 (la perte de revenus des gouvernements locaux étant compensée par des allocations directes du centre et des provinces). Mais la ligne de démarcation se fonde surtout sur l'opportunité des revenus non agricoles. Seuls les ménages qui y ont accès peuvent se payer une maison moderne, l'investissement de toute une vie paysanne, avec l'eau courante, l'électricité et Internet. Même si l'État réagit en allouant 20 % du budget à l'agriculture et en accordant des subventions pour compenser la baisse du cours des céréales, **la paysannerie traditionnelle semble condamnée**. Cette fracture-là ne peut se réduire à coup de grands travaux. C'est de la chirurgie de précision. Elle passe pour beaucoup par **la réforme et la formation de l'administration locale**. La première

consiste à réduire un personnel pléthorique : 1 fonctionnaire pour 26 citoyens, contre 1 pour 67 dans les années 1980. La seconde doit corriger deux excès : la corruption et l'arbitrage, effectué en faveur d'un développement économique qui concerne beaucoup les portefeuilles personnels et se fait souvent au détriment des questions sociales et environnementales.

▶ « CONSTRUIRE UNE SOCIÉTÉ HARMONIEUSE »

Remisant dans l'histoire la lutte des classes, la révolution et la dictature prolétarienne qui ont fondé son existence, c'est le rôle que les dirigeants chinois assignent désormais au Parti, comme si lui seul pouvait maintenir la cohésion d'un pays tiraillé par les écarts de richesse, secoué par les effets d'un développement ultra-rapide et agité d'une myriade de mouvements sociaux. L'harmonie sociale n'est pas le moindre des défis pour la nouvelle Chine. La facture de la croissance est très lourde pour la société. Jusqu'aux gros dossiers de la **santé** et de l'**éducation** qui ont été sacrifiés sur l'autel du libéralisme. Elles étaient un droit pour tous, pris en charge par l'État par différents biais ; elles sont devenues des **services payants**, renforçant les inégalités.

Il y a aujourd'hui un véritable **désarroi des Chinois**, face auquel le régime recourt toujours à ses vieilles armes : répression et verrouillage de l'information. Malgré la promesse d'ouvrir progressivement des espaces de liberté, il se durcit en réponse aux innombrables crises allumées par vingt ans de mutation radicale, sans pouvoir brider toutefois une conséquence liée aux réformes, aux défaillances institutionnelles, au vide idéologique et à la confiance de plus en plus limitée de la population envers les autorités : l'**émergence d'un embryon de société civile**. Elle se manifeste dans la prolifération du tissu associatif – hotlines et groupes de défense des consommateurs ; aide aux femmes et aux enfants en difficulté, aux séropositifs, aux victimes de violences, aux handicapés ; organismes caritatifs finançant l'ac-

cès aux soins et à l'éducation pour les plus démunis – et dans l'apparition des « avocats aux pieds nus », des collectifs de juristes qui prennent la défense des paysans expropriés, des habitants dépossédés de logement ou des *mingong* non payés.

Une mutation sociale taille XXL

Près de trente ans d'application d'une **restriction drastique des naissances** – la loi « un couple, un enfant » – ont bouleversé le modèle traditionnel familial qui préconisait une descendance nombreuse. Le taux de fécondité a été ramené effectivement à 1,8 enfant par femme, mais la baisse de la natalité est source de nouveaux problèmes qui inquiètent les démographes chinois : **vieillissement de la population, sex-ratio déséquilibré**, enfants abandonnés ou non déclarés (un « trou » de 20 à 30 millions d'enfants d'après les estimations). Les plus de 65 ans représentent aujourd'hui 10 % de la population et la proportion ne peut qu'augmenter. Avec de lourdes conséquences économiques : dans les prochaines années, la majorité des couples urbains aura à prendre en charge quatre personnes âgées au même moment, un fardeau impossible à porter.

Le trou de mémoire de Tian'an men

Chaque année, le 4 juin, on descend dans la rue à Hong Kong pour le commémorer. Le cinéaste Liu Wei en a fait un documentaire, *Ce quatre juin-là*, en organisant un micro-trottoir le 4 juin 2005 devant l'université de Pékin. Convoqué sur Internet, l'événement crée un écran noir.

En avril 1989, le ministre réformateur Hu Yaobang meurt, et avec lui semblent s'éteindre les espoirs d'une certaine démocratie en Chine. Les étudiants de la capitale lancent alors une série de manifestations qui s'attirent le soutien populaire. En mai 1989, la visite de M. Gorbatchev, le numéro un soviétique connu pour sa volonté de réformer l'URSS, est l'occasion pour les manifestants de réclamer une « perestroïka » chinoise. Commencée dès la fin avril, l'occupation de la place Tian'an men, au cœur de Pékin *(p. 84)*, est leur bastion et leur symbole. Le 4 juin, cinq jours après l'érection de la statue de papier de la « déesse de la Démocratie », l'armée intervient et brise la révolte dans le sang : 2 000 à 4 000 morts selon les estimations, des milliers d'arrestations... C'est ainsi qu'en Chine, on gère les colères, même sages. ●

Alors qu'il devrait y avoir 103 à 107 garçons pour 100 filles, presque 120 garçons naissent pour 100 filles, du fait de l'avortement sélectif. Malgré une campagne « aimer les filles » lancée en 2003, les dirigeants ont du mal à réformer des mentalités qui, en milieu rural en particulier, préfèrent miser sur une descendance mâle. Globalement, le statut des femmes a régressé.

Tout aussi inquiétant, mais plus difficile à mesurer, est l'**impact de générations d'« enfants uniques »** (*dusheng zinü*) sur une société radicalement différente qui, à l'issue de vingt ans de réformes, a troqué l'égalitarisme et l'austérité obligatoires contre la course au profit, dont le nouveau modèle est la classe moyenne émergente, dans un contexte où la proportion de ruraux diminue en faveur des citadins. Régulièrement, la presse stigmatise la tyrannie de ces « petits empereurs », aux côtés d'autres faits de société qui trahissent les bouleversements profonds d'une Chine en voie d'individualisation.

> ### ▶ CHANGEMENT DE DÉCOR

Hissant ses tours toujours plus loin, toujours plus haut, l'urbanisation de la Chine a totalement transformé le **cadre de vie des Chinois**. Dans les *hutong* de Pékin *(p. 69)*, dans les *lilong* de Shanghai *(p. 161)*, comme dans toutes les villes, le **passé** est passé à la trappe au rythme de la sentence tracée à la peinture noire sur les maisons : « *Chai !* Destruction ! ». Les vieux quartiers ont été troqués contre des **résidences immobilières clinquantes** ou des **pastiches d'ancien** pour touristes. Le patrimoine n'est plus regardé désormais que pour sa valeur touristique. Pressée d'être moderne, la Chine a bradé tout ce qui faisait sa spécificité. Sur le registre du patrimoine, l'économie de marché a été plus radicale que les destructions de la Révolution culturelle. Grandies trop vite, les villes méconnaissables

et leurs banlieues nouvelles ont aboli l'esprit de village, le réseau de relations de voisinage qui habitait envers et contre tous les quartiers citadins, ajoutant un sujet de plus à la longue liste des désarrois. **Anonymat**, **insécurité**, **solitude** sont le lot bien connu du lien social rompu dans les grands ensembles.

> ### ▶ NOUVELLES MODES
> #### POUR NOUVEAUX RICHES

Selon l'Académie des sciences sociales, ils sont 19 % à posséder un patrimoine entre 15 000 et 30 000 € et à avoir atteint la « petite prospérité » (*xiaokang*) que Deng Xiaoping avait fixé pour objectif. Ils gagnent 4 000 à 6 000 € annuels et ne veulent plus entendre parler de Révolution culturelle ou de ces années noires qui ont empoisonné la vie de leurs parents. Ils gagnent plus encore s'ils travaillent pour une société étrangère. Ils sont propriétaires de leur logement, équipé dernier cri. Ils n'ont qu'un enfant, pour lequel ils se ruinent en frais de scolarisation et de loisirs. Ils ont aussi un chien, qu'ils sortent aux horaires autorisés par la municipalité. À l'occasion des trois semaines de congés annuels, ils prennent des vacances et s'en vont, casquette rouge, jaune ou verte vissée sur la tête, visiter un coin de leur immense pays, sous la férule d'un guide muni d'un fanion et d'un porte-voix. Après le travail, ils font leurs courses dans les supermarchés du centre-ville. Le soir, ils regardent des DVD, vont manger dans les Brasil Steak House, goûter aux barbecues coréens, aux *kebab* turcs, au *tandori* indien, au cassoulet toulousain, ou sortent dans les cafés japonais, les salons de thé chinois, les centres de massage, les discothèques. Ils sont les chouchous du régime, ceux qui représentent le nouveau modèle désiré de la **classe moyenne**. ●

Savourer la Chine

▲ Shanghai, sur un marché de Daijing lu.

Inutile d'entreprendre un grand voyage pour goûter aux cuisines régionales de l'Empire des saveurs. Elles sont toutes présentes dans les deux grandes métropoles. Le goût a ses modes cependant. À Pékin, la cuisine du Hunan, patrie du Grand Timonier, a la cote dans le cadre de la vogue romantique néo-Mao. À Shanghai, on se presse dans les établissements qui préparent les saveurs douces et savantes du Jiangnan. Partout sont présents le piment du Sichuan et le cumin du Xinjiang, régions d'origine de très nombreux migrants.

Spécialités de Pékin

Gousses d'ail et pousses d'oignon, vinaigre de riz et piments séchés, les saveurs de la capitale sont rustiques. La steppe des pasteurs n'est pas loin, fournissant ses moutons accommodés aux pousses d'oignon (*congbao yangrou*).

L'hiver, on se serre autour de la marmite fumante d'une fondue mongole (*huoguo*) pour y plonger ses morceaux de viande, ou d'un « mouton trempé » (*shuan yangrou*). Chacun cuit ses fines tranches de viande dans un bouillon clair, puis les trempe dans un mélange de pousses d'oignon et d'ail hachées avec de la pâte de sésame et des épices.

On peut s'essayer à la tête de mouton échaudée (*baishui yangtou*), variante locale de la tête de veau, désossée, et servie avec quantité d'aromates.

La note sucrée de la sauce de blé fermenté revient souvent comme condiment. Elle accompagne – avec de fines crêpes, ou des pains au sésame, et des pousses d'oignon – la dégustation de la diva de la cuisine pékinoise : le canard laqué (*kaoya*). Il s'en consomme des dizaines de milliers chaque jour, mais peu d'établissements le préparent avec la science requise : gavé comme nos oies, puis cuit longuement dans des fours chauffés au bois de jujubier, il offre une chair fondante, une peau croustillante et pas une once de graisse.

Ne pas confondre la cuisine pékinoise et la cuisine impériale ! Appelée *manhan*, « sino-mandchoue », celle-ci a puisé au meilleur des gastronomies régionales, pour se composer une anthologie gustative de la Chine. La gourmande impératrice Cixi (*p. 115*) en fut la principale initiatrice.

● **Les meilleurs pékinois de Pékin.**
Fujialou, Koufuju ♥.

● **Cuisine impériale.**
Fangshan, Lijia Cai ♥.

● **Canard laqué.** Jiuhuashan Kaoya ♥, Liqun Kaoya pour goûter le canard pékinois à Shanghai dans un établissement centenaire qui est devenu une usine à canards (*voir carnet d'adresses p. 103*).

Spécialités du Jiangnan

Jiangnan, le « sud du fleuve », est le nom générique que l'on donne à l'estuaire du Yangzi jiang, dont les épicentres gastronomiques sont Shaoxing au Zhejiang, ville natale de l'écrivain Lu Xun (*p. 72*), et Suzhou au Jiangsu, qui sert de toile de fond au roman de bouche de Lu Wenfu, *Vie et Passion d'un gastronome chinois* (éd. Picquier, 1988).

Tout tourne autour des rizières et des eaux qui les quadrillent. Poissons, crabes, escargots, anguilles et écrevisses y prolifèrent, cuisinés au vinaigre, pimentés ou frits à l'ail, farcis aux haricots noirs. Sur les berges, on élève poulets et canards, dont la chair est relevée d'une liqueur de crabe macéré, servie en magrets (*sanhuangji*), marinée au vin, ou séchée et salée (*jiang-ya*).

Leurs œufs sont conservés et cuits doucement à la chaux (œufs de cent ans, ou œufs de cane légèrement salés). La langue et le menton des volatiles sont mets de gourmet (*xiangcao yashe*). Du riz, on tire de l'alcool où marinent crevettes (*zuixia*), ou poulet (*zuiji*), « ivres ». On aime la générosité de l'huile et la suavité du sucre qu'on retrouve dans le riz aux Huit Trésors (*babao fan*). Échevelés en têtes de lion (*shizi tou*), les coquillages des côtes se marient à la viande. Les couches de lard font le porc fondant (*dongpo rou*).

Au Anhui et dans la ville de Jinhua, au Zhejiang, on sale de goûteux jambons. Doux sont les légumes d'accompagnement : navets (*luobo*), potirons (*nangua*), pousses de bambou, rhizomes et feuilles de lotus, potées de taro…

● **Le meilleur du Jiangnan.**

À **Pékin** : Kong Yiji ♥ *(p. 103)*.

À **Shanghai** : Ye Shanghai, Folk, Shanghai Old Station, Xi's Garden, Xian Heng, Baoluo, Wan Jia Denghuo, Yuan Yuan, Grape *(voir carnet d'adresses p. 192-195)*.

À **Hangzhou** : Louwai Lou *(p. 238)*, Zhangshenji *(p. 239)*.

À **Tunxi** : Lao Shanghai *(p. 244)*.

À **Suzhou** : Jinxiu Tiantang *(p. 242)*, Lao Suzhou Chajiu Lou *(p. 242)*.

À **Xitang** : Liuhe *(p. 245)*.

À **Zhouzhuang** : Shenting *(p. 245)*.

Spécialités du Hunan

Mao ne se lassa jamais de la viande braisée *(hongshao rou)* de son pays natal, une chair grasse, de porc ou de chien, mitonnée à la sauce de soja dans un caquelon d'argile. Mais le Hunan a produit des saveurs plus subtiles, tels les abats de volaille aux piments blanchis *(baijiao jiza)*, les travers de porc marinés au cumin *(ziran cungu)*, le bœuf fumé aux navets séchés *(luobo ganniurou)* ou le bouillon de côtes à la courge d'hiver *(donggua paigutang)*.

● **Le meilleur du Hunan.**

À **Pékin** : Liujiaguo ♥ *(p. 102)*.

À **Shanghai** : Di Shui Dong *(p. 195)*.

Spécialités du Sichuan

Sa cuisine est, à juste titre, réputée de tous les feux. Dans cette région de Chine où le thermomètre grimpe vertigineusement l'été, on aime transpirer à grosses gouttes en maniant piment et poivre rouge. Le poulet pimenté aux cacahuètes *(ganbian ziji)* et les nouilles épicées *(lawang mian)* en sont d'éloquentes expressions. On prendra moins de risque avec le « doufu de la mère Ma » *(mapo doufu)*, dont les cubes de fromage de soja crémeux contrebalancent le hachis de viande pimenté.

Dans tout le pays, on trouve la fondue à l'enseigne de la ville de Chongqing *(Chongqing huoguo)*, un bouillon dont la couleur rouge ne laisse aucun doute sur son tempérament, dans lequel on plonge cubes de viande et de poisson, légumes et champignons jusqu'à satiété. Des restaurateurs malins ont recours à un système qui permet aux convives de se régaler sans forcément se brûler, en cuisant leurs mets au choix

Le *doufu*, un fromage végétal

Exemplaire de l'art de transformer de la cuisine chinoise, le *doufu* est du lait de soja caillé, puis coupé, séché, fermenté ou fumé, dans une gamme aussi riche que celle des fromages français. Dans l'arrière-pays de Shanghai, il est de tous les menus, sous forme de *laba doufu*, une couronne brun orangé servie en lamelles avec des légumes ou une viande, ou de *chou doufu*, le « doufu puant », version fermentée qui agrémente plats et

dans le bouillon doux *(qingtang)* ou pimenté *(mala tang)* de la double « marmite des canards mandarins » *(yuanyang huoguo)*.

● **Le meilleur du Sichuan.**

À Pékin : Jinshan Cheng *(p. 101)*.

À Shanghai : Meilongzhen ♥, Darling Harbour, Hot Pot King ♥ *(p. 195)*, Pin Chuan ♥ *(voir carnet d'adresses p. 192-196)*.

Spécialités de Canton

À Canton, de 7 h à midi, des établissements spécialisés servent le thé accompagné de ses *dim sum*, pâtés sucrés ou salés, présentés dans les tamis en bambou où ils ont cuit à la vapeur. Brioches farcies au porc rôti *(chashao bao)*, raviolis aux crevettes *(shaomai)*, travers de porc *(paigu)*… Ils composent la carte vertigineuse des restaurants cantonais de Pékin et de Shanghai.

● **Le meilleur de Canton.**

À Pékin : Jindingxuan *(p. 102)*.

À Shanghai : Xian Yue Hien, Bi Feng Tang *(voir carnet d'adresses p. 233-234)*.

⋯⋯⟶ suite du texte p. 42

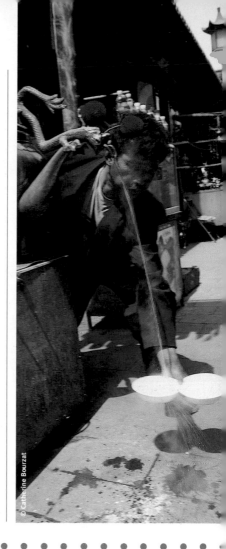

© Catherine Bourzat

soupes. Source essentielle de protéines végétales, il est servi dans les restaurants végétariens, moulé en simulacres de viande.

♦♦ **Juelin Vegetarian** et **Gongdelin**, les deux institutions végétariennes de Shanghai créent des illusions de mets de viande et de poisson avec de la pâte de soja et de savoureux champignons *(p. 194)*.

Mets des eaux

Un littoral d'eaux froides ou chaudes, doublé d'un réseau de rivières poissonneuses, a doté la Chine d'une belle carte en la matière. Fraîcheur garantie ! Les établissements spécialisés exhibent les bestioles vivantes dans des aquariums ou des bassines. Il suffit de désigner sa méduse, son abalone ou sa lamproie, et la victime est emportée pour être débitée et accommodée en cuisine. À Shanghai et à Hangzhou, villes côtières, on peut se gaver de fruits de mer. Les crabes *(panxie)* de Shanghai sont fameux, surtout ceux de novembre *(dazha xie)*, que l'on déguste avec une sauce de vinaigre et de soja, aromatisée au gingembre.

Les rues Zhapu et Huanghe à Shanghai regorgent de spécialités de poissons et de fruits de mer *(p. 194)*. ●

▲ Un jet d'eau brûlante, dernière touche de la « soupe de thé » sans thé, un gruau sucré servi dans les rues.

◀ Frais, le *doufu* se vend en gros pavés de caillé au goût doux. Mais il se décline de mille autres manières.

© Catherine Bourzat

▲ L'été venu, les *liang-fen*, des vermicelles à base de farine de pois, forment une salade rafraîchissante consommée avec toutes sortes d'aromates.

Nouilles de Chine

Pas de repas sans céréales. En Chine, le bol de riz fait office de pain et accompagne tous les plats. Mais il n'est pas tout seul ! Toutes sortes de farines, transformées en galettes, brioches, beignets, nouilles et ravioles, lui disputent la place de « mets principal » (*zhushi*).

Itinéraire « pâta-physique »

Si la pasta italienne ne doit rien au séjour de Marco Polo, les Chinois ont bel et bien inventé les préparations à base de pâte. À Pékin et en Chine du Nord, on la tord et on la tire au coin de la rue, en nouilles plongées dans un bouillon à la viande hachée *(niurou lamian)*, on la débite à la machette *(jiedao xiaomian)*, ou on la fait voler d'un coup de couteau dans un bol de soupe *(feimian)*. Au Hebei, les pâtes de fécule de pomme de terre sont sautées avec de la viande *(xianfen chaorou)*, les tagliatelles de sarrasin sont servies froides *(qiaomian liangfen)*, les nouilles d'avoine sont cuites à la vapeur en forme de tubes *(qiaomian wozi)*, ou d'anguilles *(qiaomian yuzi)*. Les nouilles à la sauce de blé fermenté *(zhajiang mian)* sont une vieille spécialité pékinoise. Dans les campagnes du Shanxi, les pâtes tiennent lieu de plat : cônes de polenta cuits à la vapeur *(yumi wowo)*, galettes de millet frites *(huanggao)*, ou gâteau de millet à la vapeur *(sugao)*.

Des pâtes, des pâtes,
oui mais des pâtes de Chine !

Pratiques à manger sur le pouce, les crêpes ou galettes (*jianbing*) sont fourrées à la viande (*roubing*) dans le Nord, sucrées (*tianbing*) ou salées (*xianbing*) à Shanghai, fines comme du papier, cuites avec un œuf, roulées autour d'une pousse d'oignon et trempées dans une sauce de haricots fermentés dans la province du Shandong (*xiaomi jianbing*). À Pingyao, on les fait « sèches comme pierres » (*shitou ganbing*), prêtes à emporter. Confectionnées en famille et à l'occasion du Nouvel An au nord, les ravioles (*jiaozi*) sont des spécialités du Shandong, farcies à la viande, aux légumes ou aux pousses d'oignon. Les Shanghaiens les adorent grillées, à la vapeur (*guojie*), ou en soupe (*hundun*). Partout, on aime les brioches nacrées, cuites à la vapeur (*mantou, baozi*). On les farcit de porc à Shanghai (*shengjing mantou*), de légumes, de viande ou de pâte de haricot rouge (*dousha*) en Chine du Nord. À Shanghai et dans le Jiangnan, on aime à faire des bouchées farcies de viande ou de légumes (*xiaolong bao*), présentées dans leur panier vapeur, des *nuomiqiu*, boulettes de riz glutineux fondantes en bouche, des beignets (*youjiao*) fourrés de poulpe ou de viande.

Bonnes adresses de bonnes pâtes

♦ **Fujialou** à Pékin sert les *zhajiang mian* avec quatre sauces différentes et un assortiment de concombre, porc et champignons (*p. 102*).

♦ **Guxiang Tesi Hundun** à Shanghai propose 70 variétés de *hundun* fourrées au poisson, aux champignons, aux crevettes ou au mouton (*p. 194*). Nanxiang est l'institution des *xiaolong bao* (*p. 194*).

♦ **Yangyang** à Suzhou est le temple de la raviole chinoise (*p. 242*).

À Chengde (*p. 152*), Datong (*p. 154*) et Pingyao (*p. 155*), les gargotes de rue débitent de la pâte fraîche au kilomètre et pour une poignée de yuans. ●

▼ Jamais, au grand jamais, on ne coupe les spaghettis chinois ; entortillés sur les baguettes, ils s'avalent tout du long avec de grands « slurps » gourmands !

© Catherine Bourzat

gastronomie

Spécialités du Xinjiang

Sur les trottoirs de Pékin et de Shanghai, on croise des Turcs ouighours convertis en marchands ambulants de raisin sec venu de leurs oasis, ou de brochettes de viande de mouton marinée au piment et au cumin *(kaoyang chuan'r)*. Quelques restaurants, souvent animés par des musiciens aux rythmes endiablés, servent leur cuisine originale et relevée, où l'on peut tenter les nouilles « étirées » pimentées *(latiao zi pian)*, la « salade du tigre » *(laohu cai)* parfumée à la coriandre ou le saucisson de chameau, en croquant des pains tout chauds *(nam)* juste sortis du four.

● **Le meilleur du Xinjiang.**

À Pékin : Afunti *(p. 101)*.

À Shanghai : Yunnan nanlu *(p. 194)*.

Thé, bière et autres breuvages

● **Eau minérale et eau bouillie.** On trouve partout de l'eau minérale *(kuangquan shui)* en bouteille plastique, et de l'eau bouillie *(kai shui)*. Pas de chambre d'hôtel sans Thermos, dont l'eau est renouvelée par le personnel d'étage. Dès le petit jour, dans les hôtels, les restaurants, les lieux de travail et même à bord des trains, on met à chauffer de grands samovars où puisent les gens, qui ne se déplacent jamais sans un bocal à couvercle ou une mini-Thermos. Une astuce de voyage à retenir !

● **Thé.** Si l'usage de l'eau bouillante est si répandu, c'est parce qu'elle sert à infuser le thé dont les Chinois sont de grands buveurs. On le consomme plus volontiers « vert », c'est-à-dire préparé avec des feuilles torréfiées après cueillette, sans fermentation, parfois parfumées aux essences de fruits ou de fleurs. La région de Shanghai produit, depuis le XIIe s., quelques-uns des plus grands crus *(Shanghai, p. 200)*. Suzhou *(Biluochun)*, Hangzhou *(Longjing, p. 227)* et Tunxi *(Maofeng et Taiping Houkui)* ont entretenu la tradition des maisons de thé depuis ce temps-là. Dans le reste du pays, on assiste à un retour en force de cet usage. La maison de thé est lieu de pause, de rencontre, parfois agrémenté d'expositions et de spectacles *(Pékin, p. 106)*.

● **Boissons alcoolisées.** Bières *(pijiu)*, vins de riz glutineux *(nuomi jiu)* ou de raisin *(putao jiu)*, alcools forts *(baijiu)*, toutes se rangent sous le terme générique de « jiu », un très ancien pictogramme représentant un récipient où l'on faisait fermenter le grain. Blonde et légère, la bière change de goût (et d'étiquette) à chaque nouvelle étape, la plupart des villes ayant leurs propres brasseries, qui approvisionnent les établissements en bière pression *(zhapi)*, désaltérante et très bon marché. Faire bonne chère implique de vider des verres. Autour des bols et des baguettes, c'est le ballet des trois verres : de thé, de bière et d'alcool. Ce dernier ne contient pas plus d'une gorgée, mais d'un breuvage distillé à partir de toutes sortes de céréales, qui titre 40 à 70°. Préparé au Zhejiang en faisant fermenter et vieillir en jarre du riz glutineux, le vin jaune *(huangjiu)* de Shaoxing est servi réchauffé au bain-marie comme le saké japonais. D'un goût délicat, il est d'autant plus dangereux qu'il se laisse boire facilement ! ●

Souvenirs de Chine

Du made in China de Chine,
enfin ! Et il y a de quoi faire : soie, porcelaine, jade, et des kilomètres d'objets utiles et inutiles. La Chine est un shopping
sans fin.

▲ Le marché de textile de
Shanghai.

Antiquités

Paniers à pique-nique en bois, cadenas
en bronze en forme d'animaux, boîtes à
bijoux, heurtoirs de porte, vieux postes de
radio, bouliers, théières, oreillers en céramique, horloges et montres en caractères chinois, anciennes réclames et vieux
livres... ceci n'est qu'un aperçu de ce qu'on
peut dénicher sur les marchés aux puces

© Agnes Boutteville

◀ Des pandas en ribambelle.

de **Pékin** et de **Shanghai**. On trouve le même genre de brocante auprès des marchands installés aux abords des sites touristiques et dans les vieux villages des environs de **Tunxi** et de **Pingyao**, à la différence près que la patine de l'objet est souvent due à leurs soins. Marchandez en conséquence. Pour les antiquités de prix et le mobilier ancien, adressez-vous de préférence aux magasins agréés, sans espoir de faire des affaires toutefois. Ils sont parfaitement au courant des prix pratiqués sur les grandes places internationales.

Art populaire

Marionnettes du théâtre d'ombres taillées dans de la peau d'âne, **papiers multicolores** découpés comme ornements de fenêtre, **couvertures quiltées** (patchwork), nappes travaillées de broderies ou au crochet, lanternes en soie ou en papier, cerfs-volants en forme de dragon ou de libellule, vannerie en bambou, bois sculptés... chaque région avait sa spécialité, mais on trouve désormais ces articles sur tous les sites touristiques.

Calligraphie

Les Chinois ont la passion des arts du pinceau et perpétuent la fabrication de leurs Quatre Trésors : le papier, l'encre, la pierre à encre et le pinceau. Honoré du titre de « Chef du district des Mûriers », le **papier**, à base de moelle de bambou, de paille de riz ou d'écorce de mûrier, est moulé à la forme. Mélange de gomme et de cendres de bois de pin, parfois parfumée de musc ou de camphre, l'**encre** est moulée en forme de bâtonnets ou de figures décoratives. La **fabrique d'encre Lao Hu Kai** à Tunxi (*p. 229*) est l'une des dernières à la confectionner dans une tradition qui réclame patience et soin. Ainsi compactée, elle ne peut se dissoudre que par abrasion au contact de l'eau et d'une pierre au grain dense. Ces beaux schistes sculptés et polis, pailletés de micas, sont la spécialité du **Huizhou**. Pelage de lapin ou poils de loup, moustaches de rat ou duvet de faisan, tous les systèmes pileux ont été explorés pour donner souplesse et précision à la pointe du **pinceau**. Peignées, alignées, triées, les touffes de poils sont fixées dans leur manche de bambou, à l'aide de résine de pin. Vous pourrez acheter des œuvres peintes ou calligraphiées sur soie ou sur papier d'artistes locaux, les **panoramas des Huangshan** étant les plus célèbres. Tunxi est l'endroit idéal pour se procurer ce matériel, de même que les anciens établissements de la **rue des Antiquaires à Pékin** (*p. 91*) et les **magasins de Fuzhou lu à Shanghai**.

Laques, émaux et céramiques

Ces artisanats d'art, dont on peut admirer le fleuron dans les musées de Pékin et de Shanghai, réclament un soin infini. Mieux vaut les acquérir auprès des ateliers de production ou des magasins spécialisés pour être sûr d'avoir des pièces de qualité.

Utilisée d'abord pour étanchéifier des objets en bois ou en vannerie, la **sève du laquier** a tôt servi de technique de création, posée au pinceau sur les supports les plus divers ou sculptée. Filtrée, chauffée, déshydratée puis additionnée de pigments, elle est appliquée en fines couches successives – il faut une trentaine de couches pour obtenir un millimètre ! – que l'on laisse sécher entre chaque application. Les laques rouges champlevées sont des spécialités pékinoises.

Depuis l'introduction des techniques européennes d'émaillage sur base métallique au XIVe s., Pékin a perpétué les **émaux cloisonnés**. L'application de l'émail est préparée en soudant sur la pièce (du vase à la pièce de forme, du bibelot aux brûle-parfums géants) de minces rubans de métal qui compartimenteront les couleurs lors de la fusion.

La **céramique** acquiert ses lettres de noblesse sous les Song du Nord (960-1127), période d'aboutissement des recherches et cuissons des grès et porcelaines à couverte monochrome. Hangzhou a remis à l'honneur la fabrication des **céladons** *(encadré p. 239)*. Appelés « grès verts » *(qingci)*, ils déploient une gamme de l'olive au bleuté, grâce au taux d'oxyde de fer présent dans l'argile et la couverte et ses réactions au feu. À Shanghai, des magasins spécialisés vendent les **porcelaines** fabriquées à Jingdezhen, le Limoges chinois. Dures, translucides et sonores, elles sont réalisées avec une argile très pure et pauvre en fer, dénommée kaolin, rendue fusible à 1 200 °C au IXe s., grâce à l'adjonction de poudre de roches feldspathiques.

À partir du XIVe s., la découverte du bleu de cobalt, un pigment résistant aux fortes températures, a permis de réaliser les « **bleu et blanc** », dont on trouve des productions bon marché un peu partout en Chine.

Pierres dures et perles

Dans les appartements des concubines de la Cité interdite, de nombreux bibelots font état de la maîtrise du travail de l'agate, du jade et autres pierres dures. Le **jade** est aux yeux des Chinois la plus précieuse d'entre les gemmes. Son appellation, *yu*, recouvre deux variétés de pierres auxquelles la présence d'impuretés donne toute une palette de nuances : la **jadéite**, verdâtre à vert foncé (provenant de Birmanie) et la **néphrite**, jaune-vert à vert-noir, blanchâtre, mauve, rosée (provenant de la région de Khotan au Xinjiang). Dense et très dur, le jade ne peut être taillé, il est façonné par polissage, abrasion et incision. Il faut donc mettre le juste prix pour une pièce délicatement ciselée. Pendentifs et bagues restent abordables, de même que les **sceaux-cachets**, exécutés dans diverses pierres, que vous pourrez faire graver à votre nom. Attention aux faux, copiés en verre teinté, vendus sur les sites touristiques.

Produites dans le delta du Yangzi jiang, les **perles de culture** ont de jolies irisations dues à leurs formes irrégulières.

Objets du quotidien

Ouvrez l'œil au détour des *hutong* de Pékin, des *lilong* de Shanghai et des « drugstores » de village, car il y a là de modestes objets d'usage qui disparaîtront un jour du quotidien des Chinois : bouliers, vaisselle émaillée, Thermos à fleurs, ciseaux de Hangzhou. Sur les **marchés aux** oiseaux de Pékin et de Shanghai (*p. 177*), on peut chiner de jolies cages en bois laqué rouge, de la vaisselle miniature pour oiseaux, des pierres et racines aux formes étranges, des boîtes et des prisons pour grillons.

Soieries

On a beau avoir percé son secret depuis une quinzaine de siècles, la **soie** fait toujours courir le monde. Vu les prix pratiqués en Chine, il serait dommage de s'en priver. Soie fine, soie grège, shantung, tussor, brocart, soie au mètre, ou taillée en chemisiers, vestes et robes : vous pouvez vous couvrir de soie de la tête aux pieds.

Il en existe quelques grands magasins à Pékin, mais mieux vaut profiter de la visite de **Shanghai** (*p. 199*), **Suzhou** (*p. 242*) ou **Hangzhou** (*p. 239*) qui sont ses principaux centres de fabrication, occasions d'en savoir plus sur la vie du bombyx du mûrier et de voir des usines de dévidage de ses cocons.

Dans les grands établissements proposant de la soie au mètre, il est également possible de se faire confectionner un vêtement sur mesure, en comptant 24 h minimum.

Souvenirs des années Mao

Le romantisme néo-Mao a remis à l'honneur les objets de propagande de la Révolution culturelle. Petit livre rouge, badges à l'effigie du Timonier, briquets musicaux égrenant les notes des opéras révolutionnaires, portraits du président sous toutes ses formes (bustes, peintures, bannières), réveils animés sur fond de gardes rouges, statuettes réalistes socialistes… le choix ne manque

pas. Même si on les trouve plutôt aux **puces de Pékin** (*p. 107*) et de **Shanghai** (*p. 177*), ce ne sont pas forcément des objets d'époque. Les copies vont bon train.

Thé

Le thé est à la mode en Chine, et de nombreux magasins lui sont consacrés à Pékin et à Shanghai. Profitez d'une escapade autour de Shanghai pour vous procurer quelques-uns des meilleurs crus de thé vert : le **Puits du Dragon** (*Longjing, encadré p. 239*), spécialité de Hangzhou, et le *maofeng*, cultivé sur les contreforts des Huangshan, ainsi que les fleurs de chrysanthème qui parfument ce breuvage. À Suzhou et Tunxi, vous trouverez de nombreux modèles des petites **théières en grès rouge** dans lesquelles on le fait infuser.

Vêtements

Inutile d'en remplir sa valise au départ. Du *streetwear* à la fripe, de la mode ethnique aux surplus militaires, en passant par les chaussures, on peut se vêtir à bon marché à Pékin et plus encore dans les kilomètres de grands magasins de Shanghai.

À Pékin, les **cachemires de Mongolie** sont de qualité et encore abordables. En revanche, les coupes et les couleurs ne sont pas toujours dernier cri.

Des établissements anciens vendent les confortables ballerines et les **pantoufles de toile**. La styliste mandchoue Wang Xiaolin a relancé la mode du *qipao*, l'indémodable robe fendue des années 1930. On en trouve également des versions bon marché dans les magasins de soie. ●

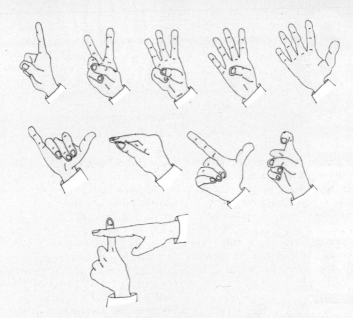

© Catherine Bourzat

▲ Tous les Chinois comprennent cette manière de compter jusqu'à 10 sur les doigts d'une main : bien pratique pour marchander.

En chinois, la nature d'un objet, d'un monument est indiquée par un mot (d'une seule syllabe souvent) placé après le nom.
Ex : Tian'an men = porte (men) de la Paix céleste.

Le Chinois sans parole

Demander son chemin en caractères

Des caractères indéchiffrables, une transcription en pinyin imprononçable pour un Européen et incompréhensible pour la plupart des Chinois – et en particulier pour les chauffeurs de taxi : comment faire pour demander son chemin ? Par écrit, tout simplement. Ramassez des cartes de visite rédigées en idéogrammes, faites-vous écrire l'adresse où vous souhaitez vous rendre par la réception de votre hôtel et munissez-vous de votre guide où figurent les sites en chinois.

Toutes nos adresses sont par ailleurs répertoriées par numéros sur les cartes des villes, dans les chapitres de visite.

Compter avec les doigts

En langage des signes, on exprime les chiffres de 1 à 9 avec les doigts d'une main. Pratique pour se livrer au marchandage sur les marchés touristiques, dans les échoppes et boutiques privées.

À Shanghai, c'est un véritable sport. Négocier une paire de chaussures déjà soldée dans un grand magasin de la rue de Huaihai est pratique courante. Les Chinois sont très commerçants, et l'on voit vite la marge de manœuvre possible. Machine à calculer à l'appui, le vendeur n'hésitera pas à diviser son prix par deux, voire par trois. Donc, ne soyez pas pressé et faites preuve de bon sens. Il est aussi des circonstances ou des personnes avec qui trop marchander frise l'indécence.

À vous d'observer à qui vous avez affaire sans paranoïa ni naïveté. ●

itinéraires

Pékin (Beijing)

Bienvenue dans la cité des mutations !
De 1421 à 1911, Pékin fut capitale et senti-
nelle du monde mouvant de la steppe, jetée
comme une amarre au nord dans l'empire
du Milieu. En 1949, la Chine nouvelle reprit
ce greffon tardif du pôle de son pouvoir
pour en faire le symbole de son apogée ter-
ritorial. Pékin la pourpre, cité impériale,
a régné et règne encore, citadelle rouge de
l'économie socialiste de marché, monar-
que lointain toisant l'infinité des mondes
chinois : collines et rizières du Sud, dunes
et sables de l'Ouest, plateaux neigeux du
Tibet et côtes ancrées dans un tourbillon de
bateaux et de trafics. Pékin garde sa superbe
et, même si elle perd de sa beauté – disparue
avec ses chameaux livreurs, ses murailles et
ses maisons à cour, pour le visiteur d'Occident, le choc est réel, énorme, mi-plongé
dans le grouillement chinois, mi-instantané
de millénaires d'histoire. Il n'y a pas dix ans,
c'était merveille de voir cette capitale étale
résister au torrent des siècles. Au tournant

Les **horaires indiqués
dans les accès des sites
et dans le carnet d'adresses** sont ceux de la saison
touristique d'été (avril à
octobre).

En hiver, la majorité des
sites mentionnés ouvrent
30 min à 1 h plus tard et
ferment 30 min à 1 h plus
tôt.

L'heure de fermeture
indiquée est celle des
guichets.

▲ Pékin, jour de vent : un
cerf-volant géant, prêt pour
le grand décollage sur la
place Tian'an men.

Pages précédentes : deux
menshen de l'armée impériale veillent sur les deux
battants d'une porte.

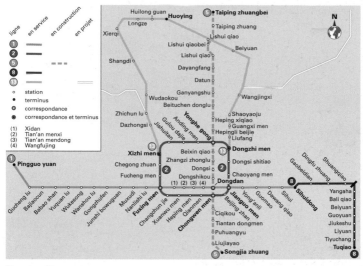

Plan du métro

du millénaire, elle a troqué son horizon immense contre l'agressive *skyline* de Singapour, Séoul ou Tokyo, elle a choisi les lendemains qui changent plutôt que l'éternité d'hier. Son palais impérial, modèle de tant de pays d'Asie, flotte dans des vêtements urbains si grands qu'ils l'engloutissent sans l'absorber toutefois. Harmonie et rectitude, il plane comme un rêve permanent de bon gouvernement, étoile polaire que satellise l'empire du milliard.

S'ORIENTER DANS L'ÉCHIQUIER PÉKINOIS

Pékin élargit ses avenues et rase ses anciennes demeures par quartiers entiers, mais le tracé de la vieille ville est imperturbable. Parfaitement orthogonal, il facilite l'orientation du promeneur, à condition de prendre quelques repères de base. La ville s'étend sur **cinq périphériques concentriques**, plus un sixième en construction, qui servent souvent à localiser une adresse dans l'usage courant. En réalité, seuls le troisième, le quatrième et le cinquième sont des nouvelles ceintures urbaines. Le deuxième, qui suit le tracé de la ligne de métro

en boucle *(p. 82)*, correspond au tracé du rempart de la ville tartare et le premier, jamais matérialisé sur les plans, au périmètre des grandes artères de Chang'an jie (sud), Dongsi dajie (est), Ping'an dadao (l'ancienne Di'an men dajie, au nord) et Xidan dajie (ouest). La majorité des centres d'intérêt se trouve à l'intérieur de ces deux rocades.

Plusieurs rues s'étirant sur des kilomètres, il faut savoir que la **numérotation des adresses** est croissante du nord au sud, et de l'est à l'ouest dans les artères perpendiculaires.

Six arrondissements quadrillent Pékin en grands quartiers *(encadré p. 100)*.

La partie consacrée à l'histoire de la ville, illustrée de cartes, vous donnera les clés pour comprendre l'évolution urbanistique de la capitale chinoise. ●

⋯⋯⟶ suite du texte p. 55

introduction

Restaurants
- 43 Jiuhuashan Kaoya
- 44 Sunflower Village

Bars et vie nocturne
- 78 New Get Lucky
- 79 Nameless Highland

1000 m

Pékin I : plan d'ensemble

introduction

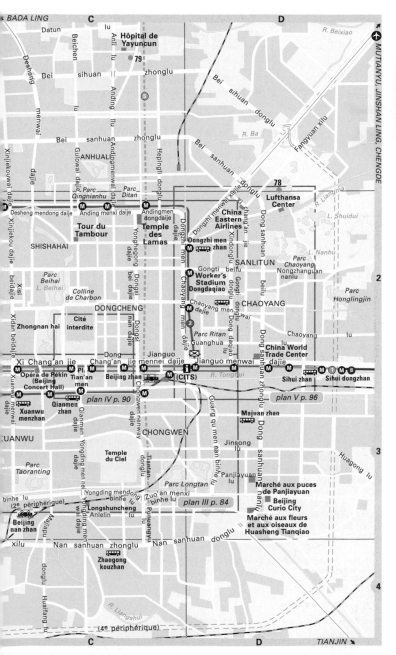

Plan du métro : p. 51.

Carnet d'adresses : p. 96.

Quartier par quartier

Six arrondissements quadrillent Pékin en grands quartiers :

● **Chaoyang I-D2**, à l'est de l'ancien rempart, est le plus « nouveau Pékin », constellé de tours géantes sauf dans les quartiers des ambassades, au sud-est du parc Ritan et autour de Sanlitun. Sa population est au diapason : expatriés, yuppies chinois et jeunes branchés. La nuit venue, tous se côtoient dans la rue des bars de Sanlitun *(Sanlitun jiuba)*.

● **Dongcheng I-C2** correspond au secteur est de l'ancienne ville tartare. Du vieux réseau des ruelles ne restent plus, au sud, que les abords des douves de la Cité interdite et, au nord, le quartier qui s'étend du temple des Lamas à la tour du Tambour, englobant le temple de Confucius et le Collège impérial. Les façades déployées le long de l'avenue de Chang'an annoncent la couleur consumériste internationale adoptée par la rue Wangfujing.

● **Xicheng I-B2**. L'axe monumental qui part de la porte Antérieure et traverse la place Tian'an men puis le palais impérial jusqu'à la colline de Charbon sépare cet arrondissement de celui de Dongcheng. Au sud, si les grands magasins de Xidan emboîtent le pas à ceux de Wangfujing, le flanc de la Cité interdite est protégé des oukazes modernistes par Zhongnan hai, résidence des actuels dirigeants chinois. Avec les paysages du parc Beihai, les temples disséminés et les résidences des princes mandchous, cachées dans l'entrelacs de Shisha hai, Xicheng demeure un vivant souvenir du Pékin de Lao She au début du XXᵉ s.

● **Haidian I-A2**, à l'ouest de l'ancien rempart, respire en grande partie grâce à ses nombreux plans d'eau et jardins. L'arrondissement s'urbanise autour de la gare de l'Ouest *(Beijing xi kezhan)* et s'humanise autour de la prestigieuse université de Pékin *(Beijing daxue*, abrégée en *Beida)*.

● **Xuanwu I-C3** regroupe les quartiers ouest de l'ancienne ville chinoise. Malgré les destructions et les reconstructions – dont la plus triste est celle du quartier de Dazhalan –, il y règne un beau fouillis, très chinois.

● **Chongwen I-C3** ne garde d'ancien que les immenses jardins du temple du Ciel et du parc Longtan. Aujourd'hui, le passé se monnaie et se chine, notamment à Panjiayuan, le plus grand marché aux puces de Pékin.

▼ À l'ouest de la place Tian'an men, une bulle géante est sortie de terre pour abriter l'Opéra de Pékin. La capitale de la Chine nouvelle choisit de revêtir des habits de prestige futuristes.

Voir le plan d'ensemble de Pékin, *p. précédente.*

Les dix siècles de Pékin

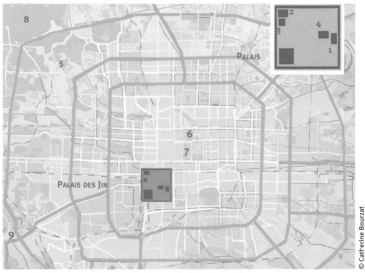

PALAIS

PALAIS DES JIN

© Catherine Bourzat

Pékin sous les Liao (947-1125) et les Jin (1115-1234)

Les **numéros en vert** permettent de localiser les sites sur les cartes historiques *p. 55 à 59.*

À l'orée du XXIe s., Pékin emboîte le pas à Shanghai. La ville horizontale devient verticale. Il n'a fallu que quelques années pour souffler dix siècles d'histoire. Pour comprendre cette fabuleuse profondeur historique, voici un jeu de cartes pour un jeu de piste sur la toile de fond de la ville d'aujourd'hui.

LE DESSOUS DES CARTES

Chaque carte est conçue comme la fenêtre d'une période où Pékin était capitale, sur le fond de la ville d'aujourd'hui avec son tracé de rues, ses parcs... Le vert et le bleu qui désignent ces derniers deviennent plus denses à partir de l'époque où ils sont aménagés. La palette de couleurs des constructions suit celle des cartes du chapitre Repères, à savoir: brun et ocre pour la ville des Liao et des Jin *(p. 256 et p. 257)*, mauve pour la cité des Yuan *(p. 257-258)*, fuchsia pour le Pékin des Ming *(p. 260)* et parme

pour celui des Mandchous *(p. 261)*. D'une époque à l'autre, les monuments conservent la couleur de leur date de fondation, jusqu'à l'époque contemporaine dont les réalisations sont traitées en kaki.

LES NOMADES SE FIXENT (Xe-XIIe S.)

Jusqu'au Xe s., Pékin est une **cité de marche**, une ville fortifiée chargée de veiller sur les steppes et dotée de quelques temples bouddhiques (**Fayuan si 1**) et taoïstes (**Baiyun guan 2**). Au Xe s., le site devient la **capitale de l'empire des Liao**. Un rempart de 13 km protège une population estimée à 300 000 âmes. Le **palais** occupe tout l'angle sud-ouest. Les **fondations religieuses** témoignent d'un œcuménisme qui sera la marque des empires des steppes. Les Liao favorisent le bouddhisme en construisant le **temple de la Paix céleste 3** et dotent les musulmans d'une **mosquée 4**, érigée rue de la Vache en 995.

Sous les Jin, qui font de Pékin leur capitale du Milieu au XIIe s., la cité reste au même emplacement,

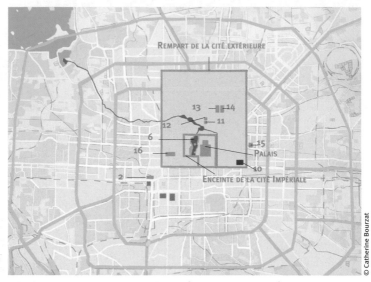

REMPART DE LA CITÉ EXTÉRIEURE

13 14

12 11

6

16 15 PALAIS

2 10

ENCEINTE DE LA CITÉ IMPÉRIALE

© Catherine Bourzat

Pékin sous les Yuan (1280-1368)

qu'elle déborde – l'enceinte court sur 18 km – tout en se sinisant : le **palais** occupe cette fois le centre de la ville fortifiée. On leur doit surtout les **aménagements hydrauliques** et paysagers qui permettront aux dynasties futures d'établir leurs palais d'été. La **source de Jade 5** est canalisée pour alimenter la ville ainsi qu'un chapelet de lacs et d'îles artificiels, qui, sous différents noms, subsisteront jusqu'au **parc Beihai 6** et à **Zhongnan hai 7**, résidence des dirigeants aujourd'hui. Les **collines de l'Ouest 8** deviennent parc d'agrément. Sur la route de Pékin vers la plaine centrale, le **pont du Fossé aux Roseaux 9** (actuel pont Marco-Polo) est jeté sur la rivière Yongding en 1192.

LA CITÉ DES MERVEILLES (XIIIᵉ-XIVᵉ S.)

À la fin du XIIIᵉ s., le Grand Khan Qubilaï, premier empereur de la dynastie mongole des **Yuan**, s'installe à Pékin, rebaptisée **Dadu**, la Grande Capitale (**Khanbalik** en mongol). La capitale se déporte vers le nord, loin des crues de la Yongding et près de la Gaoliang, qui l'alimente en eau. Les travaux durent quinze ans. Inspirée

par d'anciens préceptes chinois, Dadu est une succession d'emboîtements : une **Cité extérieure**, de 28,6 km de pourtour, englobe une **Cité impériale**. Celle-ci comprend un parc, le **lac Céleste** (**Beihai 6**) et le **palais**. Il est animé d'automates imaginés par l'ingénieur Guo Shoujing, qui conçoit aussi les instruments de mesure qui seront installés sur l'**Observatoire 10**, dressé au XVᵉ s. Au nord, les **tours de la Cloche 11 et du Tambour 12** sonnent l'heure. En 1306, les Mongols fondent le **Collège impérial 13**, à côté d'un **temple construit pour Confucius 14** en 1302. L'ancien **temple du Nuage blanc 2** est agrandi ; une autre **fondation taoïste** est consacrée au **Pic de l'Est 15**. La cour entretient des relations étroites avec les bouddhistes des royaumes himalayens, et c'est un architecte népalais qui dessine le **dagoba blanc 16** pour le temple de la Paix impériale et de la Longévité.

CAPITALE DU NORD (XVᵉ-XVIᵉ S.)

Sous les **Ming**, quand Yongle, ancien prince des marches du Nord, devient souverain, Pékin débute son grand destin impérial. Des travaux

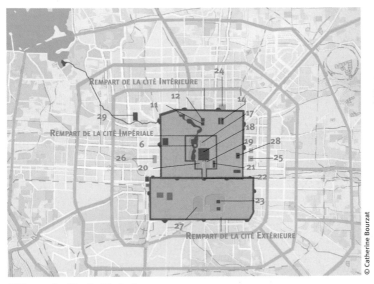

© Catherine Bourzat

Pékin sous les Ming (1368-1644)

d'une ampleur sans précédent sont entrepris, **entre 1417 et 1420**, pour aménager la capitale mongole dévastée et transférer le siège du pouvoir de Nankin, «capitale du Sud», à Pékin, «capitale du Nord». 10 000 blocs de marbre de 5 t et 20 millions de briques sont acheminés par le Grand Canal. En un siècle, Pékin acquiert la physionomie qu'elle conservera jusqu'à la fin de l'empire.

Son **plan concentrique** rappelle celui de la ville des Yuan, mais son épicentre s'est déplacé pour occuper le centre de la ville actuelle, tandis que celui de la Dadu mongole correspondait à la **colline de Charbon 17**, édifiée avec la terre de remblai des douves. Un puissant rempart de 22,5 km percé de neuf portes forme la **Cité dite «intérieure»**, où s'emboîtent la **Cité impériale**, puis la Cité pourpre, ou **Cité interdite 18**. La première, d'un périmètre de 9 km, le complexe palatial, comprend le temple du culte des Ancêtres impériales **19** et celui du **Dieu du Sol 20**, la chancellerie, les bureaux des services, les **Archives 21** et le **jardin de l'Ouest (Beihai 6)**. La seconde

abrite les bureaux et appartements de l'empereur et les résidences de l'impératrice douairière, des concubines impériales, du prince héritier et de ses frères. Son emplacement, décalé vers le nord par rapport au palais des Yuan, ménage au sud un large espace – future place Tian'an men – que ferme la double **porte Face au Soleil (Qianmen 22)**.

En 1553, on construit la **Cité extérieure**, qui forme au sud de la ville la barre d'un «T» inversé. Elle est le vestige du projet abandonné, car trop coûteux, d'une cité-tampon de 60 km de périmètre, qui aurait enveloppé la Cité intérieure. Depuis les **tours de la Cloche 11** et **du Tambour 12** jusqu'à la porte sud de ce nouveau périmètre, Pékin s'étend désormais sur 8 km. Le **temple de Confucius 14** est agrandi, et les cultes impériaux sont répartis entre **cinq autels majeurs**, édifiés à la périphérie : **temples du Ciel 23, de la Terre 24, du Soleil 25, de la Lune 26** et **de l'Agriculture 27**. Partisans d'une stricte orthodoxie confucéenne, les Ming n'en restaurent pas moins les vieilles institutions religieuses de Pékin et éta-

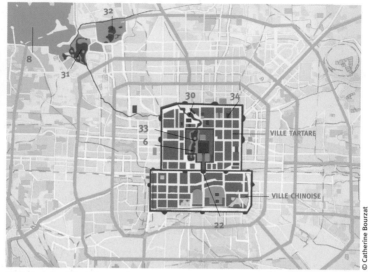

© Catherine Bourzat

Pékin sous les Qing (1644-1911)

blissent d'importants monastères bouddhiques autour des **temples de l'Intellectualisation 28** et **de la Terrasse aux Cinq Pagodes 29**.

UNE CITÉ À DOUBLE VIE (XVIIᵉ-XIXᵉ S.)

Grands bâtisseurs, les Mandchous, derniers empereurs de Pékin, ne modifient pourtant pas l'urbanisme des Ming et reprennent à leur compte les lieux du pouvoir et des cultes impériaux. Sous leur règne, la **Cité extérieure devient la ville chinoise**, au sud de **Qianmen 22**, domaine des commerces, des restaurants et des théâtres. Réservée à l'aristocratie mandchoue, dont subsistent quelques résidences autour des **lacs de Shisha hai 30**, la **Cité intérieure devient la ville tartare**. Le réseau des rues et des ruelles ne connaîtra aucun changement notable jusqu'aux années 1950.

Les souverains Qing remettent en valeur le réseau hydraulique du nord-ouest et créent d'**immenses parcs** autour des lacs réservoirs. Les sources des **collines Parfumées 8** alimentent les lacs du **palais d'Été 31** et du **jardin de la Clarté parfaite 32**, dont les eaux se déversent dans la Gaoliang. Canalisée jusqu'au nord de la ville, celle-ci irrigue les **lacs de Shisha hai 30**, puis ceux des **jardins de la Cité impériale 6**, avant de se déverser dans un canal situé intra-muros, à l'est, disparu aujourd'hui. La faveur des Mandchous pour le **lamaïsme tibétain** se traduit par la construction d'un **dagoba 33** dans le jardin impérial et le don du **palais de l'Harmonie éternelle 34** à une communauté de lamas.

PÉKIN, VILLE OUVERTE

La chute de l'empire en 1911 n'a pas de répercussion immédiate sur l'urbanisme pékinois, d'autant que la République déplace le siège du pouvoir à **Nankin**. Le protocole architectural impérial avait déjà dû s'assouplir devant les exigences des Occidentaux, présents dans la ville depuis la fin des guerres de l'opium en 1861. Malgré les persécutions, des **communautés chrétiennes** se sont maintenues autour de leurs paroisses, édifiées en pleine ville tartare (**Beitang 35** et **Dongtang 36**). En 1901, à l'issue de la guerre des Boxeurs (*p. 72*), des **légations étrangères** s'instal-

Pékin de 1860 à nos jours

© Catherine Bourzat

lent **rue Dongjiao min 37**, près de la nouvelle **gare de Qianmen 38**. Palais et parcs impériaux s'ouvrent au public à partir de 1924. Le secteur de Qianmen est équipé de la première ligne de tramway dans les années 1930, et le **quartier de Dazhalan 39** est alors le plus animé de la ville.

En 1949, Mao rétablit Pékin dans son rôle de capitale. Mot d'ordre : «transformer les villes de consommation en villes de production». Les grandes industries polluantes sont installées au sud et à l'est, en aval des vents dominants. Le nordouest est le domaine de l'éducation et de la culture autour des grandes universités de **Beida 40** et de **Tsinghua 41**. Pour une capitale socialiste, il ne peut plus être question de hiérarchie, de cloisonnement. En 1958-1959, les **remparts sont démantelés** (p. 82) et remplacés par deux grandes rocades. Seules sont conservées la **porte de la Victoire vertueuse 42**, **Qianmen 22** et la **tour d'angle sudest 43**. La destruction de l'enceinte impériale permet de créer, devant l'ancienne Cité interdite, l'immense **place Tian'an men 44** que traverse

Chang'an jie 45, une avenue à quatre voies courant sur 10 km. De nouveaux édifices sont dressés à la gloire du prolétariat (**palais de la Culture des nationalités 46, stade des Ouvriers 47, palais des Expositions de l'agriculture 48**, etc.). La **gare de Pékin 49** est typique de ces constructions colossales, mêlant ordre néoclassique stalinien et citations ornementales chinoises.

En octobre 1999, Pékin se dote d'habits de verre et d'acier pour fêter le **cinquantenaire de la République populaire**. Dans la capitale, d'orgueilleuses tours à miroirs réfléchissent le ciel. L'**avenue de Guang'an men 50** et l'avenue de **Ping'an 51** perforent d'ouest en est les anciennes villes chinoise et tartare. Des rues et ruelles du Pékin d'autrefois ne restent plus, fin 2000, que les quelques îlots portés en parme sur la carte. ●

1 | Le cœur historique***

▲ Dans la Cité interdite aux murs pourpres, chaque porte importante du palais est gardée par un couple de lions en bronze.

© Roland & Sabrina Michaud/RAPHO

Plan *p. 52.*

Carnet d'adresses *p. 96.*

Les **numéros en vert** renvoient aux sites localisés sur les cartes historiques *p. 55 à 59.*

En 1900, Pierre Loti participe au corps expéditionnaire dépêché à Pékin pour réprimer l'**insurrection des Boxeurs** *(p. 72)*. La cour est en fuite, le palais d'Été abandonné au pillage. Pour la première fois, les barbares d'Occident franchissent les portes de la Cité interdite sur laquelle veillent une poignée d'eunuques et de mandarins. «D'abord la grande muraille noire […], les remparts surhumains d'une ville de plus de dix lieues de tour […]. Ensuite, une seconde muraille, peinte en rouge sombre de sang, qui forme une autre ville forte, enfermée dans la première. Ensuite une troisième muraille, plus magnifique, mais de la même couleur sanglante – muraille du grand mystère celle-ci, et que jamais, avant ces jours de guerre et d'effondrement, jamais aucun Européen n'avait franchie. […] Et enfin, ce dernier rempart traversé, des vieux personnages imberbes et singuliers […] nous ont guidés à travers un dédale de petites cours, de petits jardins murés et remurés, où végétaient, entre des rocailles et des potiches, des arbres centenaires […]. Et toujours, dans les murailles rouges au faîte de faïence jaune, les portes derrière nous se refermaient : c'était comme dans ces mauvais rêves où des séries de couloirs se suivent et se resserrent, pour ne vous laisser sortir jamais plus», écrit Loti dans son *Journal*. Deux des remparts de la cité close sont tombés depuis mais, une fois franchi le troisième, l'ensorcellement demeure. La chute de l'empire en 1911 et l'ouverture du vieux palais au public en 1924 eurent beau faire, il est à jamais *Zijin cheng*, la «Cité pourpre interdite» où pénétra Pierre Loti.

♥ La Cité interdite★★★

···⟶ 紫禁城 II-B2 *(p. 57, 18)* Zijin cheng. Il existe trois moyens de pénétrer ses secrets. Pour en savourer le suspens, entrer par la porte de la Paix céleste *(p. 62, M° Tian'an menxi ou Tian'an mendong, bus n°s 10, 22, 203)* et suivre l'ordre de visite. Pour lever le voile sur le théâtre du pouvoir, gagner la porte du Méridien *(p. 62, bus n° 210, arrêt Donghua men)*. Choisir la porte de Derrière *(p. 66, bus n°s 101, 103, 109)* pour une visite à rebours, de la vie privée à la vie officielle du palais. Prévoir une grande demi-journée. Promenade idéale à conclure en fin de journée avec l'ascension de la colline de Charbon *(p. 68)* ou à commencer au lever de soleil sur les toits du palais depuis ce belvédère.

Deux Kremlin ou dix Versailles tiendraient dans cette cité palatiale de 723 600 m² inscrite au patrimoine mondial de l'Unesco en 1987. Des millions de briques de taille standard pavent ses cours et forment son enceinte. Haute de 8 m, celle-ci défendait l'accès du palais et le dérobait aux regards.

Lors de son séjour à Pékin l'hiver 1913-1914, Victor Segalen écrit *René Leys* autour des intrigues du palais clos. 9 999 pièces occupent, dit-on, les constructions de la Cité qui s'ordonnent sur trois axes parallèles courant, du sud au nord, sur 960 m de long. Les **trois palais antérieurs**, dévolus au pouvoir, et les **trois palais postérieurs**, qui faisaient office d'appartements, composent l'ensemble où se greffent leurs versions miniaturisées, formées de portes, de cours et de pavillons : les **six palais de l'Est** et les **six palais de l'Ouest**. Ainsi fut conçu le palais impérial lors de l'emménagement de la cour des Ming en 1421 et ainsi demeura-t-il jusqu'au départ mouvementé, le 1er novembre 1924, de Puyi, le dernier empereur. Incendies et déménagements ont entraîné des-

• • • • • • • • • • • • • • •

conseils
La Cité interdite mode d'emploi

D'importants travaux de rénovation sont en cours sur plusieurs années, mais par tronçons, afin que la Cité puisse rester ouverte aux visiteurs.

● **Caisses.** Le droit d'entrée s'acquitte auprès des guichets de la porte du Méridien et de la porte de Derrière. Ouv. t.l.j. 8h30-16h. Ne prendre que le forfait de base, qui permet la visite de l'ensemble. Droits supplémentaires demandés à l'entrée des collections et des expositions temporaires.

● **Orientation.** Plans et audioguides en français auprès des guichets de la porte du Méridien et de la porte de Derrière. Malgré sa taille, la Cité est bien ordonnée. Des panneaux de localisation sont disposés à l'entrée des passages d'un secteur à l'autre.

● **Photo.** Tous les intérieurs sont interdits à la photographie.

● **Toilettes.** Signalées, payantes et fort bien tenues, elles sont installées dans chaque grand secteur du palais.

Orientation

Au sud, séparées par de vastes cours, trois portes («porte de la Paix céleste», Tian'an men, «Rectitude du Comportement», Duanmen, et «porte du Méridien», Wumen) rythmaient la voie d'accès à la salle du Trône (Taihe dian).

À l'ouest, Xihua men livrait passage aux mandarins et dignitaires convoqués à la cour, tandis que Donghua men, son contrepoint à l'est, ne s'ouvrait que pour les processions funéraires. Au nord, la porte de Derrière (Houmen) accueillait l'approvisionnement du palais. ●

tructions et reconstructions, mais toujours à l'identique et au même emplacement. Seuls les noms et quelques fonctions secondaires des édifices changèrent au cours de ces cinq siècles.

| La porte de la Paix céleste

···⫶ 天安门 **III-A1** Tian'an men.

Puissante maçonnerie pourpre surmontée d'un pavillon, la porte ferme la place Tian'an men au nord. Le passage est précédé d'un pont en marbre à cinq arches et d'une paire de colonnes surmontées d'un animal fantastique, le *hou*. Gueule tournée vers le ciel, il lui aboyait ses remarques sur le comportement impérial. C'est de cette porte qu'étaient annoncés les édits impériaux, à l'aide d'un porte-voix en forme de phénix. Elle a retrouvé ce rôle de **tribune du pouvoir** quand Mao Zedong y a proclamé la création de la République populaire de Chine le 1er octobre 1949. Sa terrasse *(ouv. t.l.j. 8h30-16h30; entrée payante)* déploie une double vision : celle des portes conduisant au palais des derniers empereurs et celle des monuments de la Chine nouvelle sur la place Tian'an men.

| La porte du Méridien

···⫶ 午门 **III-A1** Wumen.

Couronnée de cinq kiosques, comparée par son plan au phénix prenant son envol, elle est **l'ultime clef de l'espace autrefois interdit**. Bâtie en 1420, restaurée en 1647, puis en 1801, elle accueillait la proclamation du calendrier et les sessions ordinaires de la cour les 5, 15 et 25 de chaque mois lunaire. L'empereur y assistait à la bastonnade des fonctionnaires retors et au décompte des prisonniers de guerre.

| Les trois palais antérieurs***

La porte du Méridien *(Wumen)* franchie, on a un aperçu de l'immensité de la Cité interdite : 26 ha de cour pavée de briques, fermée au nord par l'imposante **porte de l'Harmonie suprême** *(Taihe men)*, où les mandarins étaient convoqués pour leur rapport quotidien. La cour est traversée d'est en ouest par la **rivière aux Eaux d'Or** *(Jinshui he)*, enjambée par cinq ponts de marbre symbolisant les cinq vertus cardinales de l'empereur. Sur un plan plus pragmatique, elle appartenait au **système de collecte et d'ap-**

Chimères

Un zoo de bêtes rêvées ou réelles peuple les cours et garde les palais. Des couples de lions en bronze, le mâle jouant avec une balle, la femelle avec son petit, cantonnent les principaux passages, animaux puissants auxquels on confiait aussi la garde des tombeaux impériaux. Grues, tortues et daims symbolisent, chacun à leur manière, l'éternité et la stabilité souhaitées au pouvoir.

D'autres bestioles, assemblages de plumes, de poils ou d'écailles, de crêtes ou de cornes, de pattes et d'ailes, veillent sur les vantaux et les seuils des portes, les bouches des gargouilles et le bord des toitures.

Sur ces créatures qui vont toujours par paires règne le couple mythique du phénix et du dragon, symboles de l'impératrice et de l'empereur. Maître des nuages et de la pluie féconde, le dragon est omniprésent dans le palais impérial.

Déroulant son corps de serpent, il se glisse le long des marches, sur les fûts des colonnes et les caissons des plafonds, jouant de sa patte à cinq griffes avec la perle lumineuse qui symbolise son pouvoir.

La loi des nombres

Le palais des derniers empereurs est tout entier protocole. Ordonné par la géomancie, il s'ouvre au sud pour se fermer au nord, et toutes ses constructions obéissent à la loi des nombres. Chiffre *yang*, symbole de la création de l'univers, le chiffre trois régit ses propres multiples et domine tous les nombres impairs.

1

itinéraire

© Stéphane Francès / hemis.fr

provisionnement en eau *(p. 56)*, assuré par la source de Jade, située dans la banlieue ouest, et complété par les 88 puits creusés dans la Cité pourpre. Chaque ensemble de bâtiments possède une branche collectrice qui rejoint les canaux secondaires au pied des enceintes, pour se déverser dans la Jinshui he, qui se jette dans les douves au nord. Quant au chauffage, il était assuré à la mode chinoise des *kang*, par un réseau de conduits enterrés ou aménagés dans les terrasses. Au-delà de cette cour, le plan s'articule sur trois axes parallèles.

LA PORTE DE L'HARMONIE SUPRÊME★★

太和门 *Taihe men.* Rythmée de neuf entrecolonnements et coiffée d'un double toit, la porte débouchait sur le théâtre de la vie officielle. Dans

Dans la Cité, il gouverne l'espace intérieur (de un à neuf entrecolonnements) et le nombre des figurines en terre vernissée, alignées sur les arêtes des toits : une gueule ouverte de dragon (le *qiwen*) d'un côté, un cavalier chevauchant un oiseau de l'autre, chacune compte de un à neuf santons de faîtage, dont l'introduction et la codification datent de l'installation des Ming au xvᵉ s.

Les couleurs dominantes participent à cet ordre symbolique. Le pourpre des murs est associé à l'étoile polaire autour de laquelle s'organisent les constellations, à l'instar du pôle de l'univers terrestre, l'empereur. Le jaune est sa couleur. Partout, il couvre les «toits émaillés d'or» qui frappèrent l'écrivain Pierre Loti.

Ceux-ci rythment l'horizon, alternant la hiérarchie des pavillons mineurs, à toiture simple, et des édifices majeurs, couronnés d'un toit à deux étages. ●

● ● ● *Pour en savoir plus sur la géomancie, voir L'architecture chinoise, ordre et pérénité p. 262.*

▲ Rang de chimères veillant sur l'arête faîtière des toits d'or de la Cité pourpre.

la cour, entourée de **galeries** où étaient entreposés les attributs des cérémonies de l'apparition impériale, est posée la colossale et **triple terrasse en marbre blanc** qui porte **les salles du trône**. Échelonnées du sud au nord et nommées respectivement « salle pour payer Hommage au Ciel », « salle de la Gloire resplendissante » et « salle du Comportement scrupuleux », elles furent détruites par la foudre cent jours après les travaux de 1421. Relevées en 1441, à nouveau incendiées en 1557, elles furent rebâties une dernière fois en 1627. On jugea alors plus prudent d'élever un oratoire au dieu du Tonnerre et de changer leurs noms de baptême, sûrement porte-malheur. On les connaît aujourd'hui sous les noms indiqués ci-dessous.

LA SALLE DE L'HARMONIE SUPRÊME★★★

太和殿 *Taihe dian*. On y accède après avoir dépassé un édicule de pierre en forme de mesure à grain *(à g.)* et un cadran solaire *(à dr.)*, symboles de la justice et de la rectitude impériales. Elle servait pour les rites du couronnement de l'empereur et de l'impératrice et également pour les cérémonies d'hommage de la cour à son souverain. Là aussi se déroulaient les annonces des décrets majeurs, les récompenses de guerre ainsi que l'acclamation des lauréats aux examens impériaux. À ces occasions, la cour était pavoisée d'étendards, et l'on sonnait les orchestres de pierres sonores et de cloches de bronze installés le long des galeries. À l'intérieur, au milieu du décor rouge et or d'une forêt de colonnes ouvragées, d'un arsenal de brûle-parfums et de bêtes chimériques *(p. 62)* émaillés de bleu azur, s'élève le trône à degrés où l'empereur, vêtu de sa robe jaune, dirigeait le protocole des neuf rangs de fonctionnaires civils et militaires. Au caisson central du plafond, deux dragons en bois sculpté se disputent une perle.

LA TERRASSE

Des bassins en bronze y cantonnent les passages vers la salle suivante. Les eunuques étaient chargés d'y stocker l'eau pour lutter contre les incendies qui, à plusieurs reprises, ravagèrent ces constructions en bois.

LA SALLE DE L'HARMONIE DU CENTRE★★

中和殿 *Zhonghe dian*. Dans ce modeste pavillon de plan carré, l'empereur se recueillait avant les grandes cérémonies de la salle de l'Harmonie suprême, écoutait les homélies rédigées pour le culte des ancêtres impériaux et recevait les insignes pour le culte au temple du Ciel *(p. 93)*.

LA SALLE DE L'HARMONIE PRÉSERVÉE★★

保和殿 *Baohe dian*. Construite sur le même plan que celle de l'Harmonie suprême, elle faisait office de salle de banquet. À partir du XVIIIe s., l'empereur y faisait passer lui-même les examens aux candidats de l'académie impériale et y recevait ses vassaux. Une **rampe sculptée de dragons★★★** jouant parmi les nuages coupe en deux la volée de marches qui descendent les degrés de la terrasse du trône. Dans toute la Cité, ces pans inclinés de tailles diverses matérialisent le passage réservé au palanquin impérial. Celui-ci est le plus grand. Long de 16,50 m pour un poids de 250 t, ce **monolithe de marbre** fut acheminé d'une carrière située à 50 km. On profita de l'hiver pour le tirer sur une piste de glace, tracée en ligne droite jusqu'au palais et entretenue par l'eau de puits forés tous les 50 m.

*À l'E et à l'O de l'enceinte des palais antérieurs, les **cours adjacentes** ne sont ouvertes au public qu'à l'occasion d'expositions temporaires de prestige.*

| Les trois palais postérieurs★★

Au fond de la grande cour d'apparat, la **porte de la Pureté céleste** marque l'entrée du secteur privé

1

itinéraire

du palais, où ne pénétraient que l'empereur, ses femmes et les eunuques. Agencés sur une terrasse selon la même symétrie que les salles de l'Harmonie, les « palais de derrière » étaient conçus, comme les petits appartements du Louvre, pour accueillir audiences privées et chambres à coucher.

En réalité, les empereurs leur préférèrent, dès le début du XVIIIe s., l'univers plus intime (et surtout mieux chauffé !) des palais de l'Ouest et de l'Est. Dans les galeries de cloître qui ceignent la cour où ils s'élèvent sont exposées des pièces en céramique et en bronze *(accès payant, non compris dans le forfait de base)*. Jadis, on y entreposait la garde-robe impériale, mais aussi le thé et les remèdes.

Le palais de la Pureté céleste

乾清宮 *Qianqing gong*. Il fit office de chambre à coucher impériale jusqu'à sous le règne de Kangxi, au XVIIe s., puis accueillit les audiences privées exceptionnelles. Sur la terrasse qui le précède, on retrouve les mêmes symboles que devant la salle de l'Harmonie suprême (boisseau et cadran solaire) et les animaux de bronze, grues et tortues, évoquant la longévité.

La salle de l'Union

交泰殿 *Jiaotai dian*. De dimensions réduites, elle était conçue sur le modèle de la salle de l'Harmonie du Centre *(p. ci-contre)*. Ornée de **phénix**** au plafond, elle accueillit le trône de l'impératrice, dont cet oiseau est l'emblème, jusqu'au XVIIIe s. Après quoi, on y entreposa les sceaux des empereurs défunts.

Le palais de la Tranquillité terrestre

坤宁宫 *Kunning gong*. Résidence de l'impératrice, il abritait aussi la chambre de l'Est, l'alcôve nuptiale des empereurs. Son nom fait référence à la Terre qui est *yin* et qu'incarne la souveraine, contrepoint à l'allusion au Ciel du premier palais postérieur, qui est *yang* et dont l'empereur est le fils. Dans la partie gauche, la table et les cuves qui servaient autrefois aux rites domestiques en l'honneur du dieu du Foyer sont toujours entreposées.

La porte de la Tranquillité terrestre

坤宁门 *Kunning men*. Cette porte fait transition entre ce triptyque et le **jardin impérial***. Le long de la galerie qui la prolonge sur la droite est présentée une amusante **exposition de jouets mécaniques*** des XVIIIe-XIXe s. Tracé dès les premiers travaux

usages
Résidents et demi-pensionnaires

« Pas un homme intact, rapporte le dernier empereur dans ses *Mémoires*, n'avait le droit de se trouver dans la Cité interdite à partir d'une certaine heure, exception faite des membres proches de la famille de l'empereur et des gardes de service. »

Déjà dans le **secteur public** – celui des trois palais antérieurs –, seuls pouvaient se rendre les fonctionnaires accrédités.

Une toque à globule de pierre dure et une robe brodée d'oiseaux pour les **mandarins civils**, de bêtes sauvages pour les **mandarins militaires**, signalaient leur rang, entre un et neuf, dans la hiérarchie de l'administration impériale.

La corporation des eunuques jouait le rôle d'intendante du palais et de vecteur avec le **domaine privé**. Elle connut son âge d'or au XVIe s. (jusqu'à 100 000 pour le seul palais) et, pour cause d'influence excessive, fut réduite de manière drastique à 2 000 ou

3 000 sous les Mandchous. Contrairement aux femmes de la cour, les eunuques avaient la possibilité d'aller et venir, y compris vers le grand dehors.

Le « palanquin des larmes » n'était pas vaine expression pour l'élue du gynécée impérial : une femme choisie pour entrer dans la Cité, épouse, concubine ou simple servante, ne quittait ses murs qu'à la mort. Soumises aux caprices du Fils du Ciel, certaines attendirent toute leur vie l'honneur de la couche impériale. ●

de la Cité interdite au XVe s., le jardin contraste avec le strict ordonnancement du palais, par ses bosquets d'arbres centenaires, ses kiosques et ses rocailles. Le pavillon en son centre était dédié à Xuanwu, dieu gardien de la redoutée direction du nord.

Selon l'heure et l'humeur, on choisira de quitter la Cité interdite en franchissant la **porte de Derrière (Houmen)**, ou de revenir sur ses pas et de visiter les ensembles qui s'étendent à l'est et à l'ouest des trois palais postérieurs *(accès par le Jardin impérial, au N, ou à hauteur de la porte de la Pureté céleste au S; sauf mention contraire, l'entrée est comprise dans le forfait)*.

| Les palais latéraux

Séparés par de véritables rues éclairées de lanternes quand vient le soir, les palais latéraux forment des agglomérations de *siheyuan*, «maisons à cour» *(p. 89)*. Domaines dévolus aux femmes et aux eunuques, ils dérogent quelque peu à l'inflexible règle qui ordonne le palais. L'œil y dérobe des peintures murales échappées d'une illustration romanesque, des ornements floraux de céramiques vertes et des mignardises rococos – bonsaïs de pierres dures, cabinets à secret, psychés, bibelots, boîtes à onguents et à fards qui exhalent une beauté mélancolique.

Les six palais de l'Ouest★★

Accès par le jardin impérial, au N, ou à hauteur de la porte de la Pureté céleste au S, puis par le corridor longeant la cour des palais postérieurs. Ils conservent une atmosphère singulière. Dans ce secteur furent relégués le dernier empereur et ses deux épouses après la chute de l'empire en 1911, jusqu'à ce qu'on leur enjoignît de plier bagages en 1924. Plus encore y plane le souvenir de l'impératrice douairière Cixi *(p. 113)*. Elle se retira d'abord au **palais de l'Éternel Printemps** à la majorité de son fils Tongzhi, en 1873. Les peintures murales ornant ses cours manifestent de nettes influences occidentales, tel l'usage de la perspective et du modelé. En 1884, Cixi dépensa 600 000 taëls d'argent pour se faire installer une salle d'audience dans le **palais de l'Élégance préservée★**. On y voit encore son trône, encadré de para-

---

© Catherine Bourzat

traditions
Le planning impérial

La vie du Fils du Ciel était régie par un nombre infini de règles astrologiques jusque dans ses **jeux des nuages et de la pluie**, métaphore pour ses ébats sexuels avec ses femmes. Car de l'une de ces unions pouvait naître l'héritier du trône, qui n'était pas nécessairement le fils aîné, mais le produit de la conjonction astrale la plus favorable.

Les ébats impériaux étaient soumis à un planning, basé à la fois sur la position des astres et le rang des épouses et concubines élues, qui éclaire la compartimentation en neuf chambres du palais de la Pureté céleste.

Dans un ouvrage de règles compilées au IIe s. av. J.-C., il est écrit: «Les femmes de bas rang viennent les premières, celles de haut rang les dernières. Les assistantes concubines, au nombre de 81, partagent la couche impériale neuf nuits par groupes de neuf. Les concubines, au nombre de 27, partagent trois nuits par groupes de neuf. [...] L'impératrice reçoit une nuit entière pour elle seule. Le 15e jour de chaque mois, la séquence est complète, après quoi on la répète en ordre inverse.»

© Agnès Boutteville

vents en bois précieux et d'éventails en plumes de martin-pêcheur. Les quatre autres palais de l'Ouest (Immortalité, Dames modestes, Étoile heureuse et Bonheur universel) n'ouvrent leurs portes qu'à l'occasion d'expositions temporaires.

LE PALAIS DE LA NOURRITURE DE L'ESPRIT

养心殿 *Yangxin dian. Accès par la porte Longzong, à l'O de la cour qui s'étend au pied de la salle de l'Harmonie préservée. Il supplanta celui de la Pureté céleste, en accueillant les appartements privés de l'empereur*

patrimoine
Tribulations d'un trésor

La chute de l'empire, puis l'expulsion de Puyi de la Cité interdite permirent de nationaliser les collections particulières des empereurs et de les exposer dans le **premier Musée national**, créé dans l'enceinte du vieux palais.

En 1931, lors de l'occupation japonaise, le trésor est emballé dans 20 000 caisses, entamant un périple rocambolesque. Transférés à Shanghai, puis à Nankin, les objets sont finalement cachés dans l'intérieur du pays en 1937. Une partie

réussit à gagner Londres durant l'hiver 1935-1936 pour la première exposition d'art chinois en Europe.

En 1949, les nationalistes préparent leur retraite en embarquant pour Taïwan 4 000 caisses contenant le fleuron des collections impériales... ainsi que les réserves d'or de la Banque de Chine. De nos jours, Pékin et Taipei se disputent cet héritage. La première dispose du cadre grandiose de la Cité interdite, mais d'une collection plus quantitative que qualitative. La seconde veille sur des objets admirables, exposés au travers d'une

muséographie ultramoderne dans son musée du Palais. ●

▲ De la colline de Charbon, le spectacle d'une capitale entre héritage et gratteciel.

◄ Une porte ouverte, certes, mais derrière, un murécran dérobe la vie privée au regard.

à partir de la fin du XVIIe s., vocation qui lui vaut d'être moins charmant et plus austère que les très féminins palais de l'Ouest. Au centre de la cour, le **pavillon des Trois Raretés (Sanxi tang)** est divisé en trois salles. Dans celle de l'Est, on remarque un rideau jaune, tendu derrière le trône. Ce dispositif permit à l'impératrice Cixi d'assurer la régence pour les jeunes empereurs Tongzhi et Guangxu, en gouvernant sans être vue, conformément à la règle qui interdisait ce mandat aux femmes.

LES SIX PALAIS DE L'EST

Accès par le jardin impérial, au N, ou à hauteur de la porte de la Pureté céleste au S, puis par le corridor longeant la cour des palais postérieurs. Entrée des expositions payantes. Y sont exposées par roulement quelques-unes des milliers de pièces du **trésor du palais** (jades, bronzes, statues, céramiques, **peintures★** et cloisonnés).

LE PAVILLON DU CULTE DES ANCÊTRES

奉先殿 *Fengxian dian. Accès par la porte Jingyun, à l'E de la cour qui s'étend au pied de la salle de l'Harmonie préservée. Entrée payante.* Cet ancien oratoire présente quelques **horloges mécaniques★**, de facture chinoise, suisse ou allemande, qui firent fureur à la cour de Chine lors de la présence des jésuites aux XVIIe-XVIIIe s.

LE PALAIS DE LA LONGÉVITÉ TRANQUILLE

宁寿宫 *Ningshou gong.* Il occupe tout le nord-est de l'enceinte de la Cité. Sa **porte de la Suprématie impériale** est protégée des regards et des mauvaises influences par un des trois murs-écrans aux Neuf Dra-gons de Chine, les autres se trouvant dans le parc Beihai *(p. 70)* et à Datong *(p. 137)*. Qianlong, le grand Mandchou conquérant et esthète, fit aménager ce secteur pour sa retraite, après son abdication. Palais dans le palais, il joue une carte plus intime avec ses rocailles à la mode du Sud et son théâtre, le **kiosque des Sons agréables** *(Chanyin ge)*.

|| La colline de Charbon★

···⫶ 金山 **II-B2** *(p. 57, 17)* Accès principal face à la porte N de la Cité interdite. Bus n° 101. Ouv. t.l.j. 6 h-21 h 30. Entrée payante.

Ses horaires d'ouverture et sa relative altitude (43 m !) permettent de profiter à vil prix d'un spectacle impérial : le lever du jour et le crépuscule sur la mer de toits d'or de la Cité pourpre, atoll de verdure et d'architecture plane, amarré au cœur de la nouvelle *skyline* de Pékin. Le spectacle est inouï, instantané saisissant de la grande mutation de la cité horizontale. Cette colline artificielle fut élevée avec la terre provenant des douves, lors des aménagements effectués au XVe s. Connue sous le nom de **colline des Perspectives** *(Jingshan)* par les Chinois, sa présence est strictement dictée par les impératifs de la géomancie, protégeant symboliquement le palais impérial au nord.

À l'angle nord-est des douves de la cité, on aperçoit le mur d'enceinte et les pavillons d'un ancien temple taoïste, le *Xuanren miao*. Au pied de la colline, un panneau désigne l'arbre où se pendit en 1644 le dernier empereur Ming, alors que Pékin était assiégée par une jacquerie. ●

2 | Dans la ville tartare★★

▲ Le parc Beihai, poumon vert du vieux Pékin, où un insolite dagoba de style tibétain se mire dans les eaux d'un lac.

© Hervé Bruhat/RAPHO

Plan *p. 70.*
Carnet d'adresses *p. 96.*

Avant d'être «tartare», la partie nord de la ville actuelle fut la ville «intérieure», siège de la gent impériale, de la noblesse et du pouvoir, par opposition à la ville «du dehors», au sud, qui était le domaine des petites gens, du commerce et des artisans. Sous la **dynastie Qing** (1644-1911), elle devint le lieu de résidence des **princes impériaux et des clans aristocratiques des Huit Bannières**. Cette noblesse mandchoue fut désignée uniformément – et à tort – comme «tar-

tare» par les Occidentaux. C'est aujourd'hui le secteur de Pékin qui conserve le plus de *hutong* (ruelles), et de *siheyuan (p. 89)*. Après avoir hébergé les princes de sang mandchou, leurs familles et leurs gens, nombre de ces maisons accueillirent des représentants de la nomenklatura intellectuelle et politique dans les années 1950. Durant la phase la plus radicale du collectivisme et pendant la Révolution culturelle, les plus grands *siheyuan (p. 89)* se muèrent en écoles, fabriques et logements de plusieurs familles. Réhabilités, ils balisent l'un des plus riches parcours culturels de la capitale.

itinéraire 2

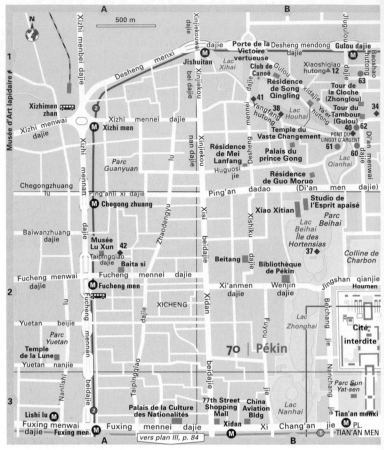

Pékin II : la ville tartare

|| Xicheng
(à l'ouest de la cité interdite)

Après la promenade du parc Beihai, il faut choisir entre le détour par le musée Lu Xun et le musée d'Art lapidaire, ou les palais mandchous des lacs des Dix Monastères (*Shisha hai*) qui prennent chacun une demi-journée. Débuter la balade en remontant les rues Nanchang, puis Beichang, entre les murs pourpres du vieux palais et ceux de la nouvelle Cité interdite de Zhongnan hai, résidence des hauts dirigeants du pays **I-C2** (*p. 55*, **2** et **7**).

|| ♥ Beihai, le parc de la Mer du Nord★★

⋯⋯▷ 北海公园 **II-B2** (*p. 55*, **6**) Beihai gong-yuan. Bus n°ˢ 13, 107 (porte N), n°ˢ 101, 103, 109 (porte S). Ouv. t.l.j. avr.-mai 6h-20h30, juin-juil. 6h-21h30. Entrée payante. Prévoir deux heures.

Ce parc fut conçu au XIIIᵉ s. pour l'agrément des seigneurs mongols de Pékin. Il formait, avec les lacs du Centre et du Sud (les lacs Zhonghai et Nanhai, qui font aujourd'hui partie intégrante de Zhongnan hai, la résidence des dirigeants chinois **I-C2**), un immense parc «interdit» à la lisière occidentale du palais. Ouvert au public sous la Répu-

2

itinéraire

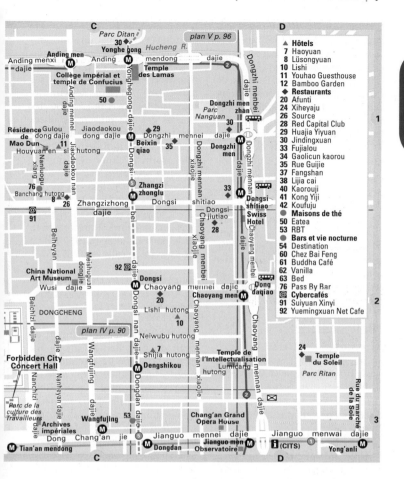

blique en 1924, il est aujourd'hui un des buts de promenade préférés des Pékinois, avec ses maisons de thé, ses guinguettes et ses manèges. C'est aussi un site de plein air où pratiquer les arts martiaux, écouter un air d'opéra ou assister à la sortie des cages d'oiseaux.

LA BERGE SUD-EST

La porte sud du parc débouche au pied d'une **forteresse circulaire miniature***, belvédère élevé en 1417 et planté de vieux arbres, que Pierre Loti se vit prêter comme cabinet de travail pour quelques jours. Un **pont en marbre** la relie à

l'**île des Hortensias***, promontoire artificiel que domine un **dagoba blanc de type tibétain*** *(p. 58, **33**)*, emblème du lac et de ses passages. Il fut dressé au tout début des Qing, en 1651, à l'occasion de la visite du dalaï-lama, venu rendre hommage aux Mandchous qui remplaçaient les Mongols dans leur rôle traditionnel de suzerains du Tibet.

LA BERGE NORD-OUEST

Temples, palais et jardins dans le jardin occupent la rive nord-ouest du plan d'eau, près de la porte nord. De leur aménagement au XVIe s. subsiste un **mur-écran en** céramique vernissée*, où neuf dragons s'ébattent parmi les nuages et les vagues. Le secteur eut la faveur de **Qianlong** au XVIIIe s. C'est à lui que l'on doit le **Petit Paradis de l'Ouest** *(Xiao xitian)*, un temple consacré au lamaïsme qui s'achève sur un **pavillon de porcelaine****, dont les faux étages colorés s'ornent de milliers d'effigies de bouddhas assis dans des niches.

Juste à côté, l'empereur fit installer des rocailles à la mode des jardins de Chine du Sud pour son **studio de l'Esprit apaisé*** *(Jingxin zhai)*. L'impératrice Cixi *(p. 115)*, avant de faire du jardin de l'Harmonie dans le Repos son nouveau quartier général en 1890, aimait venir en ces lieux à bord d'un minitrain qui les reliait au palais.

| Belles-lettres et vieilles pierres

···⊱ Prévoir une demi-journée. Au-delà du musée Lu Xun, l'usage d'un véhicule est conseillé.

Un détour hors les murs de la cité tartare mène vers des lieux pleins d'esprit.

LA BIBLIOTHÈQUE DE PÉKIN

···⊱ 北京图书馆 **II-B2** Beijing tushuguan. 7, Wenjin dajie. Bus nᵒˢ 103, 109. Pas de visite. Construite sous la République face à Zhongnan hai, sa façade, gardée par deux lions en marbre provenant des ruines du Yuanming yuan *(p. 114)*, est un bel exemple du style classique, relevé de quelques emprunts à l'architecture impériale, qui prévalait alors.

BEITANG, L'ÉGLISE DU NORD

···⊱ 北堂 **II-B2** (p. 59, 35) Beitang. 33, Xishiku dajie. Bus nᵒ 103. Ouv. pour les messes lun.-sam à 6 h et 7 h, messes supplémentaires dim. à 8 h, 10 h et 18 h. Entrée libre.

Elle fut bâtie sur ordre de **Kangxi**, empereur Qing, pour les jésuites en 1693, à l'intérieur du parc Beihai. En 1889, l'impératrice Cixi *(p. 115)* jugea plus opportun de déplacer

le lieu de culte hors de l'enceinte interdite et fit reconstruire une nouvelle Beitang à ses frais sur l'emplacement actuel. La première fut reconvertie en magasin pour ses collections. À l'issue de leur victoire sur les Boxeurs en 1900, les troupes des huit puissances alliées firent main basse sur ce trésor et, ruinée, l'église initiale fut démantelée après la chute de l'empire. Quant à cet édifice néo-gothique, il servit de refuge, lors des mêmes événements, à 400 personnes qui y furent massacrées après un siège de plusieurs semaines. Transformée en école dans les années 1960, elle a été rouverte au culte en 1985.

BAITA SI, LE TEMPLE DU DAGOBA BLANC*

···⊱ 白塔寺 **II-A2** *(p. 56, 16)* Baita si. Baita si dongjiadao. Bus nᵒ 13. Ouv. t.l.j. 9 h-16 h 30. Entrée payante.

Ce dagoba forme le pendant de celui du parc Beihai, même silhouette sur une base renflée, surmontée de disques que coiffe un parasol de bronze à pampilles. Mais il est plus ancien : sa fondation remonterait aux Liao (XIe s.). Lors de travaux effectués au XIIIe s., on découvrit dans la maçonnerie, 2 000 petits moulages en terre parfumée, estampillés d'une pagode. Le reliquaire monumental fut remonté sous sa forme actuelle qui a toujours fait partie du paysage religieux de Pékin. Sous les Ming, en 1457, on lui adjoignit le **monastère de la Merveilleuse Réponse**, dont les salles abritent de beaux témoignages de la **statuaire bouddhique**** de ce temps-là.

LE MUSÉE LU XUN*

···⊱ 鲁迅博物馆 **II-A2** 21, Gongmenkou santiao. Bus nᵒ 13. Ouv. mar.-dim. 9 h-15 h 30. Entrée payante. Ouvrages, photos et bois gravés. Commentaires en chinois.

Retraçant les grandes étapes de l'œuvre et de l'**engagement politique de l'écrivain**, le musée fut construit près de la demeure où il vécut de 1924 à 1926. Dans ce *siheyuan* *(p. 89)* aux dimensions modestes, on voit le bureau-bibliothèque où Lu Xun écrivit son roman satirique, *La Véridique Histoire d'Ah Q*. Contraint d'entrer dans la clandestinité et de quitter Pékin en 1926, il poursuivit son combat politique à Shanghai, où il mourut, emporté par la tuberculose, en 1936.

LE MUSÉE D'ART LAPIDAIRE★★

···❖ 石刻博物馆 (五塔寺) **I-B2** *(p. 57, 29)* Bus n° 320, arrêt Beijing Tushuguan puis longer la rivière Changhe : l'entrée est à hauteur de l'accès N du zoo. Ouv. t.l.j. 9 h-16 h. Entrée payante.

Il rassemble **sculptures** et **stèles**, provenant de divers sites de la région, autour d'un temple bâti en 1473 sous les Ming. Rare par ses matériaux de construction (pierre et marbre), il l'est plus encore par son plan, qui lui vaut le surnom de « **temple de la Terrasse aux Cinq Pagodes** » *(Wuta si)*. Une puissante terrasse rectangulaire porte cinq pagodons à faux étages, selon un dispositif inspiré du sanctuaire élevé à Bodhgaya, en Inde, sur le site où Bouddha aurait connu l'Éveil. Les bas-reliefs ornant la base de l'édifice justifient l'élection du lieu comme musée lapidaire. D'une extrême finesse, ils campent une multitude de bouddhas dans des attitudes variées, ainsi que la gamme des grands symboles du bouddhisme en Chine : éléphants, lions, chevaux, paons, hommes-oiseaux, roues de la loi, vases d'abondance et gardiens célestes. Un passage ménagé dans la maçonnerie permet d'admirer la même qualité de sculpture sur les bases des cinq pagodes.

LE MUSÉE CAMPANAIRE
DU TEMPLE DE LA GRANDE CLOCHE★

···❖ 大钟寺 **I-B1** Dazhong si guzhong bowuguan. 31, Bei sanhuan xilu. Bus n° 302. Ouv. t.l.j. 8 h 30-16 h. Entrée payante.

Toisé par les tours d'un nouveau quartier d'affaires et d'hôtels de standing, le **temple du Juste Éveil** accueillit en 1743 la cloche qui lui vaut sa vocation actuelle. Fondue

en bronze en 1406, elle fut véhiculée selon le même stratagème que la rampe monolithique en marbre de la Cité interdite *(p. 64)*. Seule une route de glace pouvait permettre l'acheminement de cette géante de presque 50 t pour une hauteur de 6,75 m ! Gravée d'un chapitre entier du **sutra de la Guirlande de Lotus**, la « reine des cloches », comme l'appellent les Pékinois, est toujours suspendue dans la tour qu'on lui édifia à l'arrière du temple. Le reste du musée permet de juger de l'importance de ces instruments qui rythmaient le temps et donnaient la mesure des concerts de musique rituelle dans la Chine ancienne.

♥ PALAIS MANDCHOUS
DANS LES RUELLES DE SHISHA HAI★

···❖ 石沙海 **I-BC2** *(p. 58, 30)* Promenades en cyclo-pousse à travers les *hutong* qui partent de l'avenue Ping'an, 100 m à l'ouest de Shisha hai, et balades en *sampan* (bateau à fond plat) organisées au départ du café River Romance, au S-O des lacs. Prévoir une demi-journée.

L'âme du vieux Pékin a trouvé refuge sur les berges de ce chapelet de lacs, plus modestes qu'au parc Beihai. L'été, surtout, la vie des hutong voisins déborde sur ces rives. Au sud, près du café River Romance installé au bord de l'eau, les habitués viennent danser au rythme d'un magnétophone et sous la férule d'une monitrice, contrôlant les pas de tango et les passes de rock, jusqu'à 22 h 15 précises. Des couples embarquent sur des sampans pour une croisière illuminée par des lampes posées sur une flottille de bateaux en papier. Plus haut, le **pont du Lingot d'Argent** *(Yinding qiao)* est le nœud d'un trafic permanent de poussettes, de vélos, de tricycles, de charrettes et, au-dessous, de barques et de canoës provoquant de minuscules embouteillages. Plus au nord, non loin de la **résidence de Song Qingling II-B1**, c'est le secteur des nageurs qui traversent par tous les temps cette

2
itinéraire

grande piscine improvisée. S'il fait beau, on peut profiter de la terrasse ombragée du **club de canoë Gold Sailing II-B1** pour boire un verre.

LA RÉSIDENCE DE GUO MORUO

···⋗ 郭沫若纪念馆 **II-B1** Guo Moruo jinianguan. 18, Qianhai xijie. Bus n° 13. Ouv. mar.-dim. 9 h-16 h 30. Fermé en janv. Entrée payante.

Cette ancienne dépendance du palais du prince Gong, qui faisait office d'écurie et de grange à fourrage, fut la demeure de l'épigraphiste et poète de 1963 à sa mort (*v. ci-dessous*). De taille bien plus conséquente que la modeste maison de Lu Xun (*v. ci-dessous*), ce *siheyuan (p. 89)* bénéficiait – luxe inouï – de galeries chauffées entre les différents bâtiments. On y visite le bureau de travail de Guo et l'atelier de peinture de son épouse.

LE PALAIS DU PRINCE GONG★

···⋗ 恭王府故居 **II-B1** Gongwang fu. 17, Qianhai xijie. Bus n° 13. Ouv. t.l.j. 8 h 30-16 h 30. Entrée payante.

Sans atteindre la perfection des jardins de Suzhou (*p. 214*), cette résidence en est une jolie réplique aménagée sur 5,7 ha autour des appartements du prince Gong

(1833-1898), allié de l'impératrice Cixi et son principal représentant dans les négociations qui suivirent le sac du palais d'Été en 1860 (*p. 112*). Des sentiers zigzaguent autour d'une pièce d'eau à travers des arrangements de rocailles. La qualité des sculptures des impostes en pierre et des décors peints des linteaux de portes traduit les origines aristocratiques de son ancien propriétaire.

LA RÉSIDENCE DE MEI LANFANG★

···⋗ 梅兰芳纪念馆 **II-B1** Mei Lanfang jinianguan. 9, Huguosi jie. Bus n°s 22, 55, 107.' Ouv. mar.-dim. 9 h-17 h. Entrée payante.

Le beau Mei Lanfang (1894-1961) fut l'une des grandes figures de l'opéra chinois. Peintre et musicien, il incarna avec délicatesse les grands rôles féminins. À 60 ans, il jouait avec un charme troublant des héroïnes âgées de 30 ans. Épousant la cause du régime communiste, il occupa ce *siheyuan (p. 89)* de 1949 à sa mort. Son cachet tient à la qualité du mobilier et des objets dont l'artiste s'était entouré et que ses descendants donnèrent à l'État.

LA RÉSIDENCE DE SONG QINGLING★

···⋗ 宋庆龄纪念馆 **II-B1** Song Qingling jinianguan. 46, Houhai beiyan. Bus n°s 5, 13, 55. Ouv. t.l.j. 9 h-17 h. Entrée payante.

● ●

littérature
Gens de lettres

Plusieurs figures majeures de la littérature moderne chinoise ont séjourné dans les *siheyuan (p. 89)* des vieux quartiers de Pékin. Jusqu'au début du XXe s., l'expression littéraire reposait, tous genres confondus, sur le maniement délicat d'une langue figée depuis plusieurs siècles, le *wenyan*, en total décalage avec le chinois parlé, ou *baihua*. Par son combat pour imposer ce dernier, seul capable de véhiculer des idées modernes, Lu Xun (1881-1936) fut le chef

de file de la révolution des lettres. Homme d'une immense culture, il a fédéré les grands courants novateurs des années 1930 au sein de la Ligue des écrivains de gauche et a laissé une œuvre à laquelle une réflexion constante et une ironie mordante confèrent une dimension universelle. Mao Dun (1896-1981) et Guo Moruo (1892-1978) incarnent les tendances opposées du réalisme social pour le premier, Zola de la Chine des années 1930, et du romantisme littéraire pour le second, épigraphiste savant qui s'exprima

plutôt à travers des figures de l'histoire, campées dans de longs poèmes en vers libres. En marge de ces trois ténors d'une littérature engagée, Lao She (1897-1966) a choisi de faire de Pékin la toile de fond de ses œuvres et des Pékinois ses acteurs, prétextes à soulever la question du grand virage de la Chine de son temps et des choix difficiles entre tradition et modernité. Il mourut en pleine Révolution culturelle, sans doute des suites des blessures reçues lors d'une violente prise à partie des gardes rouges.

2

itinéraire

Malgré son immense jardin, agrémenté d'un belvédère en rocaille surplombant un ruisseau, très couru pour les photos de mariage, elle n'occupe qu'une partie de l'**ancien palais des grand-père et père de Puyi**, le dernier empereur. Une résidence à étage fut élevée en 1963 pour accueillir Song Qingling (1893-1981, *v. ci-dessous*), l'épouse du Dr Sun Yatsen. À l'intérieur de la maison, des photographies retracent les voyages diplomatiques et la vie très militante de Mme Sun Yat-sen qui ne devint membre du PCC que le 15 mai 1981, deux semaines à peine avant sa mort.

La porte de la Victoire vertueuse

···➔ 德胜门 **II-B1** *(p. 59, 42)* Desheng men. M° Jishuitan, bus n° 55. Ouv. mar-dim. 9 h-15 h 30. Entrée payante.

Magnifique ouvrage à double toiture percé de trois rangs de meurtrières, c'est un des trois « échantillons » conservés de l'ancien rempart des Ming, avec la tour d'angle sud-est *(p. 82)* et Qianmen *(p. 86)*. À l'instar de celle-ci, elle était double. La porte jadis aménagée dans le rempart (aujourd'hui détruit) était reliée par deux bras de muraille à l'avant-corps défensif, qui, lui, est encore debout

mais ne veille plus que sur le trafic de l'échangeur nord-ouest du deuxième périphérique. À l'intérieur du bâtiment, le petit **musée des Monnaies anciennes** retrace l'évolution de l'histoire millénaire du système monétaire chinois, des dodus lingots d'argent locaux aux premières liasses de papier monnaie de la planète, imprimé 800 ans avant J.-C.

●●● *Pour conclure la balade au diapason des résidences de la journée : l'hôtel voisin* Bamboo Garden *(p. 99) est tout indiqué. Son restaurant sert une honnête cuisine du Sichuan et son jardin est hanté par les fantômes de deux illustres occupants : Li Lianying, eunuque favori de l'impératrice Cixi, et Kang Sheng (1903-1975), chef de la police secrète et amant de la future M*[me]* Mao.*

| De Shisha hai à la tour du Tambour★

···➔ Prévoir une demi-journée.

Rive gauche, les lacs sont – pour combien de temps encore ? – un quartier populaire à parcourir à pied jusqu'à la tour du Tambour.

▼ Song Qingling (à droite), l'héroïne communiste et ses deux sœurs.

portrait
La dynastie des Song

Ailing, Meiling et Qingling, les sœurs Song, étudièrent dans une université américaine. Pourtant, à leur retour en Chine, elles s'illustrèrent dans des voies fort différentes : l'argent, le pouvoir et la nation. Ailing épousa un richissime banquier, profitant de la vie facile que procurait la corruption dans les Années folles. Qingling devint la femme du Dr Sun Yat-sen, le premier président de la République chinoise. Même après la disparition de son mari, elle lutta sa vie durant pour son idéal d'un pouvoir proche du peuple. En épousant Tchang Kaï-chek, Meiling devint sa rivale. Mandatée par son époux pour gagner la confiance des Américains contre l'avancée communiste, elle le suivit dans son exil à Taiwan. Les choix et implications de ces trois femmes forment un résumé d'une période difficile et cruciale, tiraillée entre l'agression japonaise de 1937 et la guerre civile. ●

2 | itinéraire

© Michel Gotin/hemis.fr

▲ Ancien palais donné au culte, le temple des Lamas en a conservé les couleurs impériales.

LE TEMPLE DU VASTE CHANGEMENT

···❖ 广化寺 **II-B1** Guanghua si. Ya'er hutong. Bus nᵒˢ 5, 107. Ouv. t.l.j. 6 h-17 h 30, mais la cour arrière et la salle de culte ne se visitent que le 1ᵉʳ et 15ᵉ jour du mois lunaire. Entrée libre.

Sa dénomination n'a rien à voir avec les grandes mutations de Pékin. Au contraire: ancien lieu de retraite des eunuques de la cour sous les Qing, c'est un havre de quiétude. Un dédale de courettes et de portes rouges conduit à la salle de culte, entièrement refaite et fréquentée par les fidèles. Quelques moines vivent dans son enceinte. Seuls de vieux arbres disent l'âge du temple, dont la fondation remonterait aux seigneurs mongols.

LES TOURS DE LA CLOCHE ET DU TAMBOUR★

···❖ 钟楼, 鼓楼 **II-B1** (p. 56, 11 et 12) Zhong-lou et Gulou. Mᵒ Gulou, bus nᵒˢ 5, 107. Ouv. t.l.j. 9 h-17 h 30. Entrée payante.

À l'est des lacs, ces massifs bastions au parement de briques, percés d'un passage en tunnel et surmontés d'un pavillon entouré d'une galerie, sonnaient les heures de la cité murée. La tour du Tambour est peut-être celle des **Yuan**, restaurée lors des travaux de 1421. Elle abritait plusieurs tambours et une clepsydre pour compter le temps. La tour de la Cloche date de 1745 et remplace celle qui avait été élevée au début du xvᵉ s.

|| Dongcheng
(à l'est de la Cité interdite)

À l'époque impériale, ce quartier avait double vocation. Dans sa partie sud, proche du canal de raccordement au Grand Canal impérial, se trouvaient les entrepôts; le nord servait de résidence aux familles des bannières mandchoues (le mot *tiao*, qui désignait les ruelles où elles vivaient, a lui aussi perduré dans les noms de rues).

| De la tour du Tambour au temple des Lamas

···≥ Prévoir une demi-journée.

L'ANCIENNE RÉSIDENCE DE MAO DUN

···≥ 茅盾故居 **II-C1** 13, Houyuan'en si hutong. Bus n° 107. Ouv. t.l.j. 9 h-16 h. Entrée payante.

Ce *siheyuan* (p. 89) est un îlot de calme, où l'on entre par la librairie Minuit, du titre du plus célèbre des romans de Mao Dun (p. 74). Quelques photos et des éditions princeps évoquent l'œuvre de l'écrivain; son bureau, sa chambre à coucher et sa salle de bains rappellent sa vie.

♥ LE COLLÈGE IMPÉRIAL*

···≥ 国子监 **II-C1** (p. 56, 13) Guozitian jie. Bus n° 13. Ouv. t.l.j. 8 h 30-16 h 30. Entrée payante.

Enjambée par de beaux *pailou* peints, la rue du Collège impérial donne une idée de l'allure des rues de la capitale jusqu'à la fin de l'empire. Derrière de hauts murs de briques grises, de grands *siheyuan* (p. 89), réhabilités sont occupés par des *tycoons* de Hong Kong.

Les Mongols adoptèrent le système de recrutement des bureaucrates chinois en faisant ouvrir ce collège en 1306, après avoir construit le temple voisin dédié à Confucius, saint patron des lettrés fonctionnaires, en 1302.

Aujourd'hui, ce lieu, élu par des étudiants venus lire et des Pékinois modulant leur souffle au rythme des exercices de *taiji quan*, n'est que calme et recueillement. Au centre du jardin, une porte percée de trois arches brille de tous ses carreaux de céramique vernissée. Par-delà les deux kiosques de stèles s'élève le **pavillon Biyong**, construction carrée de deux étages au centre d'un bassin.

LE TEMPLE DE CONFUCIUS★★

···≥ 孔庙 **II-C1** (p. 56, 14) Kongmiao. Bus n° 13. Ouv. t.l.j. 8 h 30-16 h 30. Entrée payante. Boutique d'antiquités, de sifflets d'argile imitant le chant des oiseaux et d'estampage de stèles.

Ici se déroulaient les offices et les rites, non pas d'une religion, mais du culte de la mémoire de Confucius, le «maître des Dix Mille Générations», dont la pensée forgea deux mille ans d'idéologie du pouvoir. Dans la première cour, 198 stèles de pierre recensent les 51 624 lauréats qui reçurent la consécration suprême entre le XIVe s. et la fin de l'empire. Seules de très vieilles glycines rompent la géométrie des pavillons rouges qui abritent d'énormes stèles posées sur le dos de tortues géantes dans la deuxième cour. Au fond de l'ensemble, les volumes imposants de la **salle de la Tablette de Maître Kong** sont malheureusement gâchés par les grilles disposées autour des objets et instruments de musique du rituel.

LE TEMPLE DES LAMAS★★

···≥ 墉和宫殿 **II-C1** (p. 59, 34) M° Yonghe gong, bus n° 13. Ouv. 9 h-16 h 30. Entrée payante.

Le **palais de l'Harmonie éternelle** *(Yonghe gong)* accueillit en 1732 le temple de la religion qui avait la faveur des empereurs mandchous: le lamaïsme tibétain, d'où son nom populaire de «temple des Lamas». Au temps de sa splendeur (XVIIIe-XIXe s.), le monastère hébergeait des centaines de lamas tibétains, chinois, mongols et mandchous. Les divinités fantastiques et effrayantes du bouddhisme tantrique peuplent ses salles. Dans le dernier pavillon, une colossale statue bouddhique dresse ses 18 m de haut. On dit qu'elle fut taillée dans un unique tronc de bois de santal. L'ensemble est à la fois un **musée du lamaïsme tibétain** et un **monastère**, qui abrite une petite communauté de moines depuis sa réouverture au culte en 1981. Il est très fréquenté par les «touristes pèlerins» chinois si l'on en juge par les fagots d'encens consumés dans les brûle-parfums des cours ou étalés au pied des autels.

Deux pavillons de la dernière cour présentent des expositions. On peut s'abstenir de visiter celui de l'est, consacré, à travers une présentation vieillotte, aux relations entre la Chine et le royaume tibétain jusqu'à nos jours… et où ne figure aucune photo du dalaï-lama. Le **pavillon ouest** déploie un panorama des **relations politiques et religieuses** entre les Qing (1644-1911) et le bouddhisme lamaïque. Les somptueux cadeaux des empereurs mandchous à leurs maîtres spirituels et les tributs versés par le Tibet à la Chine (statuettes de divinités en bronze, vaisselles et costumes rituels) sont présentés dans des vitrines, autour d'une **terrasse d'ordination** aux degrés sculptés en pierre. Une urne d'or témoigne de la réforme opérée par l'empereur Qianlong, visant à mettre en place un système d'élection des «Bouddhas vivants», les lamas réincarnés placés à la tête des principaux monastères. Notez le costume de méditation du souverain, fait d'un camail d'ivoire sculpté et d'une tiare en or à cinq pointes.

| Des Archives impériales au temple de l'Intellectualisation★

⋯⋰ Prévoir une demi-journée.

Cette balade, qui débute sous la porte rouge à l'entrée de l'avenue Nanchizi sur Chang'an dajie, est un bon moyen de vivre les grandes mutations pékinoises **II-C3**.

Les Archives impériales

⋯⋰ 中国第一历史档案馆 **IV-B1** (p. 57, 21) M° Tian'an mendong, bus n° 210. Ne se visite pas.

Murs pourpres et tuiles jaunes soulignent le caractère impérial de cet imposant bâtiment construit au XVIe s. La salle, entièrement maçonnée par souci de protection contre les incendies, abritait la mémoire de l'empire: édits et annales servant à la compilation des histoires dynastiques y étaient serrés dans de grands coffres en bois de camphrier.

L'ancienne résidence de Lao She★

⋯⋰ 老舍故居 **IV-B1** 19, Fengfu hutong. Bus n° 103, 210. Ouv. t.l.j. 8 h-19 h. Entrée payante.

Le grand écrivain pékinois (p. 74) s'y établit à son retour des États-Unis en 1950, où il avait été invité, à la fin de la guerre, pour la traduction de ses œuvres en anglais. Comme les autres maisons d'écrivains de la ville, le musée présente ses œuvres autour du bureau restitué de Lao She. En automne, dans la cour ombragée de plaqueminiers, on cultive en pots les chrysanthèmes, fleurs favorites de l'écrivain. Est-ce parce que le quartier est en total bouleversement ? Les lieux dégagent une ambiance particulière, celle des *siheyuan (p. 89)* des anciennes familles bourgeoises, qui possédaient quatre attributs attitrés : une vasque pour les poissons rouges, un domestique jeune et robuste, un auvent protégeant du soleil et de la pluie et un chien gras.

●●● *Pour retrouver le hutong dont Lao She brosse le portrait dans* Quatre générations sous un même toit: *allez manger au restaurant* Lijia cai, *établi dans la rue du Petit Bercail (p. 102), quartier où Lao She passa son enfance.*

La rue du Puits des Résidences princières

⋯⋰ 王府井 **IV-B1** Wangfujing dajie. M° Wang-fujing, bus n° 103. Magasins ouv. t.l.j. 9 h-22 h.

Le **puits** qui vaut à la rue son nom de «Puits des Résidences princières» a été mis au jour lors de la construction d'un quartier à l'ancienne (*Wangfujing xiaochi jie*, p. 102). C'était le seul puits autorisé dans le voisinage de la Cité interdite sous les Ming, car creuser la terre aux abords du palais impérial aurait perturbé la géomancie favorable des lieux.

Contrairement au secteur sud, piétonnier, la **moitié nord** de l'artère est ouverte à la circulation automobile sous les néons publicitaires. La mise en valeur de l'**église de l'Est** (*Dongtang p. 59, 36 ; classée en 1990 et ouv. au culte en 2000 ; messe en mandarin t.l.j. à 6 h 30 et 7 h, dim. à 6 h, 7 h et 8 h*) complète la physionomie occidentale du quartier. Comme toutes les églises de Pékin, celle-ci connut de nombreuses destructions. Sa dernière reconstruction eut lieu peu après 1900. L'artère est de longue date la rue des grands magasins, les «magasins aux 100 articles», comme on disait avant que le nouveau Pékin ne se convertisse aux *department stores* et autres *shopping malls*. L'établissement des légations (*p. 87*), à l'issue de la guerre des Boxeurs, entraîna son essor commercial. Derrière sa façade des années 1950, le **Grand Magasin de Pékin** (*n° 255, ouv. 9 h-22 h, 22 h 30 les ven. et sam.*) fait figure d'ancêtre. On y déniche des curiosités : sièges masseurs, chaussettes à doigts ou de belles boîtes de crayons de couleur. À l'angle de la ruelle des Poissons rouges (*Jinyu hutong*), le vieux marché de la Paix de l'Est a été rasé en 1994 pour faire place au premier complexe commercial de luxe de la ville : le **Sun Dong'an Plaza** se targue de proposer plus de 200 000 articles sur 100 000 m². Le **Store for New China Children** voisin (n° 168) est dédié aux enfants. À l'angle de l'avenue de Chang'an, l'**Oriental Plaza** s'étire en galeries de près de 1 km.

Le temple de l'Intellectualisation★★

···⸰ 智化寺 **II-D2** (*p. 57, 28*) Zhihua si. 71-73, Lumicang hutong. Bus n° 24. Ouv. t.l.j. 8 h-17 h. Entrée payante.

Ce qui était une promenade d'atmosphère à travers les *hutong* jusqu'en l'an 2000 est désormais un îlot anachronique à l'orée du quartier high-tech de Chaoyang. Construit en 1443 en tant qu'oratoire privé de l'eunuque Wang Zhen, occupé par l'armée durant la Révolution culturelle, le temple n'a conservé qu'un tiers de son domaine initial. Couvert de tuiles presque noires, il renferme de superbes témoignages de l'art bouddhique sous les Ming (1368-1644). Dans le pavillon ouest de la première cour, une tour octogonale en bois sculpté s'élève sous un plafond à caissons peints. Ses casiers servaient à ranger des sutras. Au centre de la cour, la grande salle a perdu ses caissons, vendus par les moines dans les années 1930. La dernière cour, plantée d'un sophora centenaire, est dominée par les deux étages du pavillon aux Dix Mille Bouddhas (*Wanfo ge*), qui abrite une élégante triade en bois peint. À l'étage, des *bodhisattva* trônent sur des lotus aux multiples pétales.

| Du temple du Pic de l'Est à la tour d'angle sud-est

···⸰ Prévoir 3 h ou plus si vous faites du shopping dans la rue de la Soie. Taxi ou transports urbains indispensables pour rallier les étapes.

Le temple du Pic de l'Est★

···⸰ 东岳庙 **II-D2** (*p. 56, 15*) Dongyue miao. Chaoyang menwai dajie (à hauteur du Landao Shopping Center). Bus n° 101. Ouv. mar.-dim. 8 h 30-16 h. Entrée payante.

Fondé en 1319 par un maître taoïste très écouté de l'empereur mongol, il connut le sort des temples chinois. Brûlé puis restauré, détruit puis rebâti, il a été entièrement reconstruit en 1996. Ces travaux, ainsi que la reconstitution du panthéon, doivent beaucoup aux photos de la mission Albert-Kahn. Dédié au maître des destinées humaines, il est très fréquenté par ceux qui essayent d'infléchir, auprès de ses fonctionnaires et dignitaires, la rigueur de leur destin.

Le marché de la rue de la Soie

···⸰ 丝织街市场 **V-A3** M° Yong'anli. Centre commercial ouv. t.l.j. 9 h-21 h.

Ce rutilant **centre commercial** de cinq étages a remplacé en 2005 le

▲ Cette fresque, peinte sur les murs de Changchun par les « Black Hand », représente les mascottes créées spécialement pour les J.O. de Pékin.

Faits & chiffres

● Les 29e Olympiades seront organisées à Pékin du 8 au 24 août 2008, et suivies des 13e Jeux Paralympiques (du 6 au 17 septembre 2008).

● Six autres villes en seront partenaires : Qingdao (épreuves de voile), Hong Kong (épreuves équestres), tandis que Shanghai, Tianjin, Shenyang et Qinhuangdao accueilleront les éliminatoires de football.

événement —
Pékin, capitale olympique

Pour Pékin, c'était une question de face. Après s'être fait souffler les Jeux Olympiques de l'an 2000 par Sydney, la capitale chinoise a multiplié les efforts et les promesses pour remporter ceux de 2008. Depuis, les Pékinois se sont mis en tête d'organiser « les meilleurs Jeux de l'histoire ».

Travaux titanesques et investissements records

En attendant que la postérité soit juge, la préparation de leurs premiers J.O. aura déclenché la plus radicale métamorphose urbaine vécue par Pékin en 800 ans d'existence.

Outre les 31 sites spécialement bâtis ou rénovés pour l'occasion, c'est l'intégralité des infrastructures urbaines qui a été réinventée : plusieurs milliers de km de routes et autoroutes, 8 lignes de métro, un nouveau terminal d'aéroport, des usines de traitement des déchets et eaux usées, etc.

Parallèlement, la majorité des quartiers historiques tapissés de maisons basses – jugés trop délabrés pour les montrer aux 500 000 visiteurs étrangers et au million de Chinois de province attendus à Pékin en août 2008 –, ont été rasés pour faire place à des tours de verre, tandis qu'un ambitieux plan de réduction de la pollution atmosphérique et d'expansion des espaces verts a été lancé.

De titanesques travaux qui devraient coûter près de 42 milliards de dollars, le plus gros budget jamais engagé pour relooker une ville olympique. Mais pour les Pékinois, l'entrée symbolique dans la cour des grandes puissances que représentent ces Jeux justifie tous les sacrifices.

Des sites pérennes

Certains sites constitueront certainement, une fois les bravos olympiques évanouis, les repères architecturaux du Pékin de demain. Notamment le tentaculaire parc olympique qui se veut une version contemporaine du Palais d'Été et abritera le déjà célèbre stade national en « Nid d'Oiseau » et la piscine olympique « Cube d'Eau ». Parmi les autres sites sportifs appelés à perdurer : le gymnase national (épreuves de gymnastique, trampoline et handball), le complexe de Wukesong (basket-ball et base-ball), le parc aquatique de Shunyi (canoë et kayak), le centre de tennis, le vélodrome de Laoshan et le centre de tir de Shijingshan.

●●● Pour tout savoir sur l'état des préparatifs, consulter le site du Comité d'organisation des Jeux : http://fr.beijing2008.cn ●

Faits & chiffres

● Plus de 10 000 athlètes, 7 000 délégués et 20 000 journalistes venus de 203 pays y participeront, sous les yeux de 40 milliards de téléspectateurs.

● 7 millions de billets seront mis en vente et coûteront entre 3 et 98 € pour les compétitions (et entre 196 et 490 € pour la cérémonie d'ouverture). En France, le distributeur officiel est Voyageurs du Monde.

● Cinq mascottes : Beibei le poisson, Jingjing le panda, Huanhuan la flamme olympique, Yingying l'antilope tibétaine et Nini l'hirondelle. La combinaison de la première syllabe de ces noms se lit « Pékin vous souhaite la bienvenue » en mandarin.●

▼ Liu Xiang, vainqueur du 110 mètres haie à Lausanne, en juillet 2007. Un espoir de médaille pour la Chine.

charmant marché en plein air de la Rivière gracieuse *(Xiushui jie)*, que les touristes français connaissent mieux sous le nom de rue de la Soie. Il est dévolu au commerce de vêtements et d'accessoires bon marché, le plus souvent des imitations de marques célèbres (à l'occasion des jeux Olympiques 2008, cette pratique devrait être bannie). Il est situé sur l'avenue Jianguo menwai. Le **Magasin de l'Amitié V-A3** a fait de cette artère le rendez-vous shopping des étrangers. Depuis l'ouverture en 2000 du **China World Shopping Mall V-B3**, une tour plus shanghaienne que pékinoise où des stylistes réputés comme Emperor exposent dans de luxueuses galeries commerçantes, le Magasin de l'Amitié fait figure de monument Mao rétro.

L'OBSERVATOIRE*

⋯⋗ 古观象台 **II-D3** *(p. 55, 10)* Dongbiaobei hutong. M° Jianguo men. Ouv. t.l.j. 9 h-11 h 30 et 13 h-16 h. Entrée payante.

Sous les Yuan (1280-1368), l'astronome Guo Shoujing supervisa la construction d'instruments de mesure du temps. La terrasse visible aujourd'hui fut construite dans les années 1440, sous les Ming, pour accueillir des copies en bronze de ces instruments : une sphère armillaire, un torquetum équatorial, un globe terrestre, un gnomon et une clepsydre, destinés aux observations astronomiques et météorologiques. Dans la seconde moitié du XVIIe s., un jésuite flamand, le père Ferdinand Verbiest, y fit installer d'autres instruments à la demande de Kang xi. Certains furent enlevés pour être expédiés à Potsdam pendant la guerre des Boxeurs, en 1900. Leur restitution en 1922 et une restauration ont rendu à cet observatoire la physionomie qu'il avait durant ses années de service, ininterrompu de 1442 à 1929.

LA TOUR D'ANGLE SUD-EST

⋯⋗ 南东角楼 **III-D1** *(p. 59, 43)* Bus n° 44. Ouv. lors des expositions de la galerie Hongmen. C'est la seule conservée des quatre tours d'angle qui servaient de poste de guet à la jonction des Cités intérieure et extérieure. La galerie Hongmen y présente des **expositions d'art très contemporain**, qui ne manquent pas de saveur dans le cadre martial et dépouillé de cette tour du XVe s. *(consulter les périodiques d'informations touristiques ; voir aussi p. 98).*●

---

urbanisme
Un tour de rempart en métro

Nombre de stations de la ligne n° 2 se terminent par *men*, « porte », écho de celles qui scandaient le rempart de la ville tartare. Au sud, la **porte du Respect des Lettres** *(Chongwen men)* était le passage obligé des marchands, qui y acquittaient les taxes. Les candidats aux examens du mandarinat entraient en ville par la **porte de la Proclamation** martiale *(Xuanwu men)*, qui donnait sur le quartier des associations régionales, auberges de jeunesse avant la lettre. Ces deux portes encadraient la **porte Antérieure** *(Qianmen)*, triple verrou de la cité tartare, impériale et interdite, que seuls franchissaient les mandarins mandatés à la cour. À l'est, outre la **porte de la Construction de l'État** *(Jianguo men)*, deux passages servaient à l'approvisionnement de la cité. Les convois de céréales passaient par la porte Face au Soleil levant *(Chaoyang men)* ; sur les docks de la porte Dressée à l'Est *(Dongsi men)*, on déchargeait les trains de bois flotté venus depuis la Chine du Sud sur le Grand Canal. Les passages percés dans l'enceinte nord servaient aux armées qui partaient en campagne par « Victoire vertueuse » *(Desheng men)* et rentraient par « Stabilité » *(Anding men)*. À l'ouest, placée sous les auspices de « Regain » *(Fuxing men)*, la **porte Abondance** *(Fucheng men)* accueillait le charbon des mines de Mentougou pour l'hiver et la **porte Dressée à l'Ouest** *(Xizhi men)* les citernes d'eau. ●

3 | Tian'an men★, le cœur politique

▲ Vue de la porte de la Paix céleste de la Cité interdite, les monuments symboles de la Chine populaire.

IV-A2 *(p. 59, 43)*

M° Tian'an menxi ou Tian'an mendong, **bus** n°s 10, 22, 203 (accès N) ;

M° Qianmen, bus n°s 5, 110, 120, 203 (accès S).

Plan : *p. 84.*

Carnet d'adresses : *p. 96.*

Visite : Prévoir 4 h de marche (traverser la place prend une demi-heure).

Cette place, au cœur de Pékin, est l'espace symbolique de l'histoire de la Chine moderne. Les faits l'ont montré en 1989 *(p. 87)*. Les étudiants d'alors renouaient avec la grande manifestation des intellectuels du 4 mai 1919, celle des étudiants du 9 décembre 1935 pour la résistance contre le Japon et, plus encore, le mouvement pour la démocratie de 1979. Elle doit son nom de «porte de la Paix céleste» à l'entrée de la Cité interdite qui la ferme au nord. Le portrait de Mao Zedong en surmonte le passage depuis la Révolution culturelle, encadré des deux slogans «Longue vie à l'amitié entre les peuples» et «Longue vie au Parti communiste chinois».

| Des temples impériaux rendus au peuple

···⟩ **III-A1** *(p. 57, 19 et 20)* Ouv. des parcs t.l.j. 6 h-21 h ; pour les expositions 9 h-17 h. Entrée payante.

Jadis affectés à des cultes impériaux, les deux domaines encadrant la porte de la Paix céleste ont été transformés en parcs. À l'ouest, le **parc Sun Yat-sen** occupe l'ancien sanctuaire du Dieu du Sol, aménagé dès 1421. L'autel est une terrasse carrée de marbre, entourée d'un

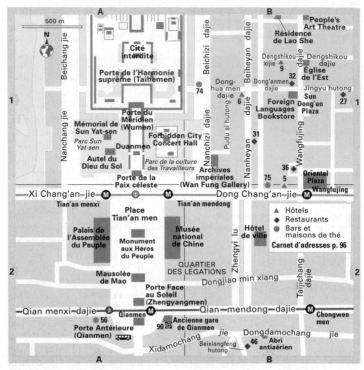

Pékin III : Tian'an men Les établissements localisés sur ce plan sont décrits dans le carnet d'adresses de Pékin (p. 96-110).

muret recouvert de céramiques, dont les cinq couleurs schématisent l'empire (les quatre orients – est, ouest, nord et sud – et le centre). Les sacrifices, exécutés par l'empereur, avaient lieu avant et après les récoltes. Le temple du Culte des Ancêtres impérials, à l'est, est devenu le **parc de la Culture des Travailleurs**. Une exposition y est consacrée aux instruments de musique et objets utilisés lors des rituels du culte des ancêtres.

| Le palais de l'Assemblée du Peuple

···⊱ 人民大会堂 **III-A2** Ouv. 8h30-15h, sauf pendant la session parlementaire (fév.) et lors des visites de chefs d'État étrangers. Entrée payante.

Conçu en 1959 pour abriter l'Assemblée nationale du Peuple ainsi que les réunions du Comité central et du Conseil d'État, il reste le principal rouage des décisions du pays et sa vitrine d'apparat, avec une salle de banquet pour 5 000 convives et un auditorium de 10 000 places.

Derrière, malgré son coût pharaonique et les pétitions contre sa construction, le **chantier du Théâtre national** suit son cours. Le projet est de Paul Andreu, l'architecte des aéroports de Pékin et de Shanghai.

| Le mémorial du président Mao

···⊱ 毛主席紀念堂 **III-A2** Accès par la porte N. Ouv. t.l.j. mar.-dim. 8h30-11h30, et 14h-16h les mar. et jeu. sf en juil. et août. Entrée libre. Consigne obligatoire à l'entrée (appareils photo, sacs, chapeaux interdits). Interdiction de garder ses mains dans les poches et de parler à l'intérieur du mausolée.

tissage de soie, doublé d'un magasin, pragmatiquement installé à la sortie. La nostalgie des années rouges a remis à la mode la ville souterraine maoïste, où logent quelques restaurants et cafés branchés comme le **Red Capital Club** (p. 102).

| ♥ Détour vers Le musée de la Capitale★★

···⟩ 首都博物馆 **I-B2** 16, Fuxingmen waidajie. Mº Muxidi. Ouv. t.l.j. sauf lundi, 9 h-16 h. Prévoir au moins 2 ou 3 heures de visite. www.capitalmuseum.org.cn.

●●● **Attention**: longtemps confinées dans des salles vétustes du temple de Confucius, ses collections de reliques archéologiques et d'objets d'art ont déménagé. La ville de Pékin s'est enfin offert un musée somptueux et ultramoderne, à l'image de ce que la capitale chinoise veut contempler dans son miroir. Ouvert fin 2005 dans une forteresse de verre et de bronze au nord-est de la ville chinoise, le jeune musée, qui laisse une grande place au multimédia, permet un beau raccourci pour se familiariser avec l'histoire, l'architecture et les traditions locales.

Les **salles circulaires** (à g. en entrant) abritent des collections thématiques d'objets d'art: au 1er étage, les **peintures classiques** de brumeux paysages de «montagne et d'eau» qui, des Tang (618-907) aux Qing (1644-1911), ont occupé une place prépondérante dans la chair culturelle pékinoise, tout comme les calligraphies anciennes de l'étage suivant. Le 3e est consacré aux **bronzes**, fleuron des civilisations Shang et Zhou (XVIIe s.-IIIe s. av. J.-C.), le 4e à une passion chinoise méconnue en Occident: celle des objets sculptés dans le **jade**, pierre au soyeux toucher qui permettait

de communiquer avec les dieux. Le dernier étage présente les «trésors du lettré»: tout ce qui tourne autour du matériel de peinture et calligraphie, un art en soi.

L'autre partie du musée (à dr. en entrant) est plus spécifiquement centrée sur l'**héritage pékinois**. La vitrine qui court le long du mur au 1er étage permet un parcours chronologique, du Pékin de l'âge néolithique jusqu'à l'accession au pouvoir des communistes en 1949. Pour chaque époque ou dynastie sont exposés, en une sorte de pot-pourri pédagogique, des textes, cartes, photos, objets usuels et œuvres précieuses emblématiques des temps forts historiques ou du niveau artistique atteint alors. Le 2e étage raconte les différentes étapes de la construction de la ville, avec une foison de maquettes, de plans et de maisons reconstituées, et décortique les éléments les plus caractéristiques de l'architecture locale: tuiles vernissées des toitures impériales, bornes de pierre sculptées encadrant le perron des maisons nobles, etc. Sur le mur du fond, une immense peinture offre un rare aperçu de la **splendeur originale de l'ancien palais d'Été Yuanming yuan** (p. 112). Le 3e étage abrite une sélection de **statues bouddhiques** anciennes et une époustouflante collection de **porcelaines**. L'étage suivant, enfin, est consacré aux **traditions populaires** de Pékin au travers de salles thématiques (mariage, meubles, habillement, petits métiers...) disposées autour d'une scène d'opéra et le long de hutong des vieux quartiers reconstitués. À noter: la salle des jeux traditionnels abrite un coin garderie bien approvisionné en livres et jouets, service encore rare dans les musées chinois. ●

Au cœur de la place, derrière le **monument aux Héros du Peuple** (1950), des visiteurs venus de tout le pays font la queue pour voir le corps du Timonier, présenté au public dans ce hall depuis 1977. On traverse le mausolée au pas de charge, sans avoir le droit de s'arrêter pour observer la momie dans son cercueil de verre.

| Le Musée national de Chine★★

···⟩ 中国国家博物馆 **III-A2** Ouv. t.l.j. 8 h 30-15 h 30, mais 8 h-17 h les 1er-7 mai, juil.-août et 1er-7 oct. Entrée payante. Il est en cours de réaménagement jusqu'en 2009 et n'accueillera jusque-là que des expositions temporaires ainsi qu'une galerie de personnages de cire. Après son grand lifting, les visiteurs devraient y retrouver le meilleur des collections de ce musée consacré à l'histoire et à l'art chinois classique.

Bronzes. Après quelques poteries lustrées et peintes du néolithique, l'âge du bronze est représenté par des pièces exceptionnelles par leur taille et leur virtuosité technique. Ainsi le tétrapode, fondu par un souverain des Shang (XVIIe-XIe s. av. J.-C.) en l'honneur de sa mère, Dame Wu, atteint-il 133 cm de diamètre et pèse 833 kg. Le gigantisme se poursuit sous les Zhou de l'Ouest (XIe-VIIIe s. av. J.-C.) avec un tripode géant découvert au Shaanxi, ou un bassin de près de 1 m de long trouvé dans la même région. Moins de protocole et plus de fantaisie durant les Printemps et Automnes (VIIIe-Ve s. av. J.-C.), avec un drôle de plat en bronze équipé de roulettes, exhumé au Jiangsu.

Au sud-ouest, dans le royaume de Dian (actuel Yunnan) s'épanouit entre le IVe et le IIe s. av. J.-C. un art fantastique, dont témoigne un oreiller en bronze orné de rondes-bosses de buffles aux longues cornes.

Statuaire d'argile. Des figurines d'argile (mingqi), façonnées pour un **mobilier funéraire**, scandent la longue période de la formation de l'empire au IXe s. Au début de

notre ère, à côté du classicisme des mingqi métropolitaines (danseuses aux longues manches datant des Han de l'Est, 25-220), celles qui furent fabriquées au Sichuan manifestent une verve plus populaire: serveuse présentant un plateau, une fleur piquée dans les cheveux, ou cuisinier préparant un poisson. Même époque et même souci culinaire pour l'au-delà avec la scène de banquet moulée sur une brique qui ornait les parois d'un tombeau. Bien différentes sont les silhouettes longilignes, tout en mouvements de vêtements et de rubans, que l'on modelait au Henan sous les dynasties du Sud (420-589). Le cosmopolitisme de la cour des Tang (618-907) transparaît dans quelques effigies de barbares au chapeau pointu enfoncé sur les oreilles et dans un orchestre de musiciens barbus, juchés sur le dos d'un chameau de Bactriane. À cette époque, on pare les santons funéraires de brillantes glaçures en «trois couleurs». Elles rehaussent la jupe d'une dame joufflue, la robe d'un cheval paradant devant le poing tendu de son palefrenier et les parures d'une demoiselle affligée, la tête posée sur le genou.

Céramiques. De la dynastie des Han aux réalisations des Qing, elles ne sont illustrées que par des pièces d'exception comme le service à thé à la teinte ivoire provenant des fours de Ding, au Hebei (IXe s.), les monochromes – **céladons et porcelaines** – fabriqués sous les deux dynasties des Song (XIe-XIIIe s.), les premiers **bleus et blancs** inventés sous les Yuan (XIVe s.), les rarissimes **rouges de cuivre** à la robe de sang, créés puis abandonnés sous les Ming au XVe s., et les délicates **coupes émaillées de rose** des Qing au XVIIIe s. **Jades** et **pierres dures** clôturent ce panorama d'objets d'art, dont l'étonnant linceul aux plaquettes assemblées par des fils d'or qui enveloppait la dépouille d'un prince des Han de l'Ouest.

3

itinéraire

| L'ancien quartier des légations★

···⚐ 公使团旧区 **IV-B2** *(p. 59, 37)* Dongjiao min xiang.

En 1901, lors du traité de Xinchou, l'ancienne rue du Riz glutineux devint la rue Dongjiao min, cœur du quartier des légations étrangères. Le canal de Jade, un égout à ciel ouvert aujourd'hui comblé, le bordait au nord ; l'enceinte qui séparait la ville tartare de la ville chinoise le fermait au sud. Une brèche y fut ménagée pour permettre l'accès à **Qianmen Est IV-A2** *(p. 59, 38)*, la première gare de Pékin construite en 1895.

Converti en club des cheminots à partir de 1960, ce bâtiment à beffroi situé à l'angle sud-est de la place Tian'an men s'est adapté au vent consumériste qui souffle sur Pékin : il héberge un centre commercial spécialisé dans les téléphones portables. L'accès du quartier des légations était interdit aux Chinois et surveillé par une garde internationale représentant les huit nations victorieuses des Boxers : l'Angleterre, les États-Unis, le Japon, la Russie, l'Allemagne, la France, l'Autriche-Hongrie et l'Italie. Ces représentations diplomatiques furent maintenues après la chute de l'empire jusqu'en 1949, malgré le transfert de la capitale à Nankin. Elles ont été relocalisées depuis dans les quartiers de Ritan et de Sanlitun. Avec leurs façades en brique soulignées de colonnes et d'acanthes chipées au néoclassicisme, les vieilles ambassades de Dongjiao min xiang rappellent la concession française de Shanghai. Blaise Cendrars y résida, à l'hôtel des Wagons-Lits, en 1905.

| La porte Antérieure★

···⚐ 前门 **III-A2** *(p. 57, 22)* Qianmen. Ouv. t.l.j. 9 h-16 h. Entrée payante.

Elle fut érigée au début du XVᵉ s. et commandait la voie du temple du Ciel, alors situé dans la banlieue sud. L'établissement d'une nouvelle ville murée au sud, en 1464,

lui conféra un autre rôle, renforcé sous la dynastie des Mandchous : elle devint le verrou entre la cité du pouvoir et le monde extérieur. Fermée chaque soir à grands coups de gongs, elle s'entrouvrait néanmoins aux alentours de minuit pour permettre aux mandarins et aux princes, partis s'encanailler dans les quartiers de plaisir de la ville chinoise, de regagner leurs pénates. Elle est la **seule porte de Pékin intégralement conservée** avec ses deux bastions que reliait une courtine *(voir aussi Desheng men p. 75)*, aujourd'hui remplacée par une large avenue qu'on ne peut franchir que *via* des passages souterrains : le bastion N, ou **porte Face au Soleil** *(Zhengyang men)*, et le bastion S, ou **porte Antérieure** *(Qianmen)*, qui a donné son nom à l'ensemble.

| L'abri antiaérien★

···⚐ 前门防空洞 **III-B2** 62, Xidamochang jie (panneau « Beijing Underground City »). Mᵒ Qianmen ou Chongwen men, bus nᵒˢ 5, 110, 120, 203. Ouv. t.l.j. 8 h 30-17 h 30. Entrée payante. Visite guidée uniquement (en anglais).

C'est un des points d'accès de la ville-sous-la-ville creusée en 1969 dans le cadre de la **guerre froide sino-soviétique**, un réseau de 32 km qui mobilisa quelque 300 000 « volontaires » pendant dix ans.

Il court entre 7 et 15 m sous la surface de la terre et certaines sections sont glaciales. Il était conçu comme une vraie ville avec ses rues (bien moins larges que celles de la surface), ses écoles, ses dispensaires et ses cinémas pour remonter le moral des troupes avec des films de propagande. D'attaque aérienne il n'y eut point, et les dirigeants du pays convertirent le souterrain géant en passage secret à leur usage. La visite de ces boyaux déserts (hormis quelques outils sommaires présentés dans un souci pédagogique) est étrange, et le parcours s'achève de manière surréaliste sur un atelier de

© Catherine Bourzat

▲ Trafic devant l'ancienne gare de Qianmen Est.

urbanisme
La place du peuple

Jusqu'au dixième anniversaire de la fondation de la République populaire en 1959, Tian'an men n'était pas une place, mais une sorte de corridor élargi, de dégagement de l'accès principal au palais, axé nord-sud *(p. 59)*. C'est alors qu'on en fit ce site rectangulaire immense (40 ha qui peuvent, dit-on, accueillir un million de personnes), encadré à l'est et à l'ouest par les façades colossales du palais de l'Assemblée du Peuple et du musée d'Histoire et de la Révolution, édifiés en un temps record. Tian'an men était prête pour les immenses démonstrations qui ponctuèrent l'épopée populaire maoïste.

En 1966, sur les écrans de télévision du monde, elle fut l'épicentre de la grande houle rouge de la Révolution culturelle. Depuis, tous les matins entre 6 h 05 et 6 h 12, on y hisse le drapeau national au son d'un orchestre militaire, avant que le lieu ne soit investi par les cerfs-volants les jours de vent et les touristes chinois le week-end. ●

© Catherine Bourzat

urbanisme
Chronique
de la **ville de brique**

Chai ! « Destruction ! » Le vieux Pékin disparaît au rythme de cette sentence tracée à la peinture noire sur ses vieilles maisons de briques grises. La mémoire de Pékin ne se visite déjà plus qu'à travers quelques livres...

Le monde clos du *siheyuan*

Les *siheyuan*, incarnation de l'habitation séculaire chinoise, formaient jusqu'à la fin du XXᵉ s. la totalité du tissu urbain de Pékin. Côté rue, ils offrent pour seule ouverture un portail en brique fermé par une porte dont l'ornementation renseigne sur l'importance sociale des propriétaires.

Il faut être invité à contourner le mur-écran qui dissimule l'avant-cour pour découvrir ce qui, loin d'être un simple modèle architectural, est un idéal social, organisé autour d'une ou plusieurs cours, dont les bâtiments sont reliés par des galeries.

Dans ce monde clos, les murs épais étouffent les rumeurs de la rue et régulent le froid de l'hiver et la chaleur estivale. Seule la cour à ciel ouvert indique le rythme des saisons. Terrain de jeux des enfants toute l'année, elle devient salle à manger l'été.

Le réseau des *hutong*

Autre symbole du Pékin d'autrefois, les *hutong*, réseau des rues et venelles qui agrègent les *siheyuan* en quartiers, sont un héritage de la ville mongole du XIIIᵉ s. Sous les Ming, on ferma leurs extrémités par des portes, closes durant la nuit, par mesure de sécurité et de contrôle. Dazhalan, la « Grande Barrière », ruelle commerçante de la ville chinoise, est l'écho de cet usage. Les noms des *hutong* composent une anthologie de la mentalité pékinoise, plus pragmatique que poétique. Ici, c'est la ruelle « du Puits », là, celle « de la Famille Shi ». Les *siheyuan* disparaissent, mais les noms des *hutong* restent. En témoigne cette ruelle des Poissons d'Or (**Jinyu hutong IV-B1**), dans le centre-ville, aujourd'hui bordée de luxueux hôtels. ●

4 | Dans la ville chinoise★★

Carnet d'adresses *p. 96.*

Visite : prévoir une journée pour tout visiter.

Conseil : Une *dashaobing*, crêpe épaisse vendue à tous les coins de ruelle, calera l'estomac au passage.

Au sud de Qianmen, la porte située au sud de la place Tian'an men, Pékin change de ton. On quitte l'ordre de la ville tartare pour le fouillis des rues et ruelles de la ville chinoise. Malgré les destructions massives des vieux quartiers, le changement reste perceptible.

Avant de quitter Tian'an men pour vous engouffrer dans la ville chinoise et ses traditions, pourquoi ne pas faire un tour du côté des nouveaux phares ultramodernes de Pékin : la bulle de l'Opéra et la forteresse de verre et de bronze du musée de la Capitale *(p. 88)*.

|| Vers le temple du Nuage blanc★

····⫶ On peut marcher à l'abri des ruelles jusqu'à la guilde du Huguang (2 h). Au-delà, emprunter un moyen de transport. Prévoir 6 h pour tout visiter.

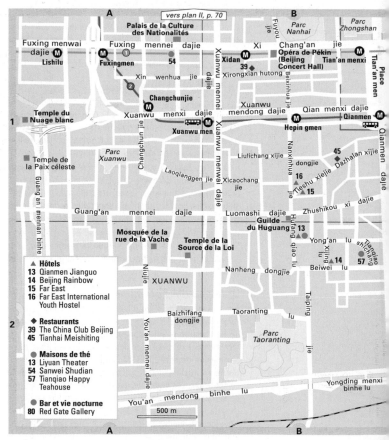

Pékin IV : la ville chinoise

| Liulichang, la rue des Antiquaires

⸱⸱⸱⸭ 琉璃厂 **IV-B1** *(p. 59,* **39***)* M° Qianmen ou Heping men, bus n°ˢ 110, 120, 203. Boutiques ouv. t.l.j. 9 h-19 h.

Dazhalan. En pleine restructuration de quartier à l'ancienne, la rue Dazhalan, la « Grande Barrière », servait à contrôler l'accès entre ville mandchoue et ville chinoise.

La rue des Antiquaires. Séparée en deux par un pont de marbre, la rue des Fabriques de Tuiles vernissées *(Liulichang jie)*, réhabilitée dans les années 1980, est connue aujourd'hui sous ce nom, avec des magasins d'État vendant plus de faux que de vrai concentrés sur la portion ouest *(ouv. t.l.j. 9 h-17 h 30).* Les fabriques ayant été désaffectées à la fin des Qing (début xxᵉ s.), elle devint le quartier des marchands d'encre et de papier et des bouquinistes, fréquenté par les lettrés, après une courte occupation par les vendeurs ambulants de jouets et confiseries. Ses façades en bois peint de couleurs vives ne manquent pas d'allure et elle compte des fournisseurs renommés des **Quatre Trésors du lettré** *(p. 44)* ; Rongbao zhai, n° 19, Cuiwen ge, n° 60), à savoir le papier, l'encre, la pierre à encre et le pinceau.

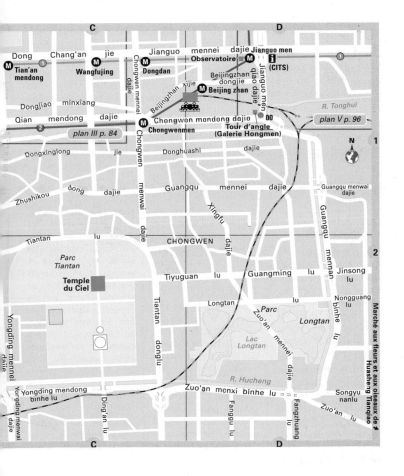

4

itinéraire

| L'ancienne guilde du Huguang★

···⟩ **IV-B1** Huguang Huiguan. 3, Hufang qiao lu. Bus n° 6. Ouv. t.l.j. 9 h-19 h 30. Entrée payante. Spectacle t.l.j. 19 h 30-20 h 40 (p. 106).

On peut, en soirée, profiter d'un spectacle dans cette maison de thé de la fin des Qing restaurée dans sa splendeur. Son petit musée est consacré aux anciens théâtres de la capitale (livrets, photos commentées en anglais). Une série d'aquarelles campent les établissements célèbres qui faisaient les soirées de la capitale jusque dans les années 1950. Gramophones et disques microsillons témoignent de la vogue des voix célèbres. Quelques costumes complètent l'exposition.

| Le temple de la Source de la Loi★

···⟩ 法源寺 **IV-A2** (p. 55, 1) Fayuan si. 3, Fayuan si qianjie. Bus nᵒˢ 10, 613. Ouv. t.l.j. 8 h 30-11 h et 13 h 30-16 h. Entrée payante.

Lors de la conquête du Nord-Est au IXᵉ s., les Tang perdirent de nombreux hommes et fondèrent ce temple bouddhique, alors nommé temple de la Déploration des Sujets, en hommage aux disparus. Ironie de l'histoire, l'édifice servit de prison à l'empereur Huizong des Song, capturé par des envahisseurs du Nord-Est au XIIᵉ s. (p. 257). Quelques moines occupent toujours les cellules situées autour de la cour arrière. Le lieu est surtout devenu un **musée de la Statuaire bouddhique**, avec des œuvres provenant de la province du Hebei et datant des Qi du Nord aux Yuan (VIᵉ-XIIIᵉ s.).

| La rue de la Vache et sa mosquée

···⟩ 牛街 **IV-A2** (p. 55, 4) Niujie. Bus nᵒˢ 10, 613. Ouv. t.l.j. 8 h-18 h. Entrée payante.

Plus rien ne reste de la rue de la Vache, la très pittoresque artère d'un des plus anciens quartiers de Pékin où vivent les Chinois musulmans (quartier Hui). Un complexe résidentiel aux immeubles couleur vert islam avait déjà eu raison de sa moitié nord. En 2001, les abords de la mosquée ont été rasés. Le lieu de prière, gouverné par l'alternance de bâtiments et de cours à rocaille, paraît plus chinois que musulman. Mais son orientation est bien face à

---

traditions
Des clubs de marchands

Au temps où les négociants essaimaient en puissants réseaux à travers le pays, ils avaient coutume de se réunir dans les grands foyers de commerce, villes portuaires et cités caravanières, par affinités d'origine.

Organisés en associations du Shanxi, du Huizhou ou de Canton, ils finançaient la construction de leur siège régional, qui faisait à la fois office d'auberge pour les natifs de la région (commerçants, mais aussi lettrés en déplacement), de maison de thé, de temple dédié aux ancêtres et aux dieux du pays natal et de lieu de divertissement.

traditions
Nuits de Chine

Qianmen et Dazhalan sous l'empire, le pont du Ciel sous la République furent les quartiers très courus que réprouvait la morale, surtout autour du milieu de l'opéra.

Longtemps, les seuls théâtres privés autorisés furent les **associations régionales**, qui organisaient des spectacles où l'on se rendait sur invitation. À partir du milieu du XVIIᵉ s., les «jardins de thé» de Dazhalan prirent le relais. Discrètes à l'extérieur – les signes extérieurs de richesse étaient réservés aux bâtiments officiels ou religieux –, ces maisons jouaient le répertoire dans une ambiance survoltée, où se côtoyaient princes, marchands et mandarins venus applaudir leur idole dans l'espoir de convier l'acteur favori dans un restaurant célèbre, voire plus si affinités.

Les moins nantis s'installaient à l'orchestre, sur les bancs flanqués de tables, en essayant de s'éloigner

La Mecque, donc à l'ouest et non au sud comme dans l'architecture traditionnelle chinoise *(p. 262)*. De superbes caissons en bois peint ornent le plafond de la salle de prière.

| Le temple du Nuage blanc★

···⟩ 白云观 **IV-A1** *(p. 55,* **2***)* Baiyun guan. Bus n° 42. Ouv. t.l.j. 8 h 30-16 h. Entrée payante.

Fondé au VIIIe s., c'est le plus ancien site religieux de Pékin et la seule **institution taoïste** en activité dans la capitale avec le temple du Pic de l'Est *(p. 79)*. Le taoïsme, la vieille religion des Chinois, est moins florissant que le bouddhisme, doctrine venue de l'Inde, dans le paysage religieux de la Chine d'aujourd'hui. Rien dans sa structure (qui, dans sa forme actuelle, remonte au XVIIIe s.) ne le distingue d'un temple bouddhique, seuls les statues des divinités vénérées dans les différentes salles et le costume des officiants – robe sombre et cheveux noués en un chignon piqué d'une épingle de jade – renseignent sur la nature du lieu. Il est dédié à la fois à l'Auguste de Jade, divinité suprême du panthéon taoïste, présent dans la grande salle de la deuxième cour, et au maître Éternel Printemps, vénéré à l'entrée de la dernière cour. Ce patriarche, mort en 1227, avait été le mentor de Gengis Khan.

|| ♥ Le temple du Ciel★★★

···⟩ 天坛 **IV-C2** *(p. 57,* **23***)* Tiantan. Bus n°ˢ 106 (porte N), 120 et 203 (porte O). Ouv. temple t.l.j. 8 h-17 h. Ouv. parc t.l.j. 6 h-20 h. Entrée payante donnant accès aux différents temples. Location d'audioguides.

Jusqu'à la chute de l'empire, cette enceinte de 270 ha ne s'animait que lors des cérémonies des solstices d'hiver et de printemps. Dédié au ciel, le complexe est entièrement ordonné par la symbolique attachée à ce grand principe yang. Gouverné par le **chiffre trois** *(p. 62)*, il est dominé par la **couleur bleue** et la forme du **cercle**, qui est celle de la voûte céleste dans la conception traditionnelle. **Trois temples**, conçus chacun sur un plan circulaire, s'échelonnent le long d'une chaussée monumentale de 360 m orientée nord-sud et pavée de mar-

---

du bruit assourdissant des percussions. Dans les galeries, on ménageait des loges grâce à des paravents. Les *zoutang*, les «coureurs de salle», couraient de table en table, portant les gâteaux ou les assiettes de graines à grignoter, versant le thé et vendant les programmes au milieu de spectateurs ponctuant une aria bien enlevée d'un *hao! Hao!*, « bien! bien! », unanime et sonore.

Pékin, ici, se libérait du protocole. On y bavardait, on y criait, on y jaugeait les pièces de prix que venaient vendre brocanteurs et bouquinistes.

religion
Le culte du monde

Fils du Ciel, l'empereur de Chine était son mandataire sur terre. Lié par le contrat céleste, il devait rendre compte de sa mission : **maintenir l'ordre et l'harmonie du monde**. Pendant deux mille ans, tous les souverains de Chine ont dû s'acquitter de cette tâche au temple du Ciel, qui fut bien plus le théâtre de ce grand rendez-vous qu'un simple lieu de culte. Puissance suprême, «le Ciel connaît les choses sans oreilles, sans yeux, sans cœur, sans réflexion. Il voit et entend par le peuple ;

il manifeste sa majesté par le peuple.» Par souci d'ordre et de symétrie, on construisit dans la capitale d'autres lieux de culte dédiés aux esprits majeurs qui règlent l'univers (carte p. 57). Un autel fut dressé pour la **Terre** (Ditan **I-C1-2**, p. 57, **24**) au nord de la ville, au XVIe s., un autre pour la **Lune** (Yuetan **II-A2**, p. 57, **26**) à l'ouest, un quatrième pour le **Soleil** (Ritan **II-D2**, p. 57, **25**) à l'est. S'ils n'ont pas la majesté du temple du Ciel, ce sont tous des parcs intouchables, de grandes îles de verdure dans la capitale de la nouvelle Chine. ●

▲ Au temple du Ciel, la salle de Prière pour de Bonnes Moissons.

bre. Fondé en 1421 lors de l'aménagement de la capitale des Ming, le temple du Ciel a connu depuis deux grandes campagnes de restauration, en 1530 et en 1752. L'Unesco a inscrit l'ensemble au patrimoine mondial en 1998. On y vient pour l'histoire, mais aussi pour le **parc**, aux pelouses et bosquets impeccables. Les Pékinois prêtent au lieu des qualités acoustiques particulières. Il n'est pas rare d'y croiser des amateurs d'opéra, pas tout jeunes, venus y exercer leur voix. Dans la cité des mutations, le grand temple du culte impérial demeure imperturbable et grandiose, découpant sur le ciel l'éclat de ses toits indigo.

LA SALLE DE LA PRIÈRE POUR DE BONNES MOISSONS★★★

Insolite dans le cadre d'une architecture qui n'a manié, au cours des âges, que la ligne droite et l'angle, cette rotonde juchée sur une triple terrasse circulaire pointe vers le ciel trois rangs de toitures aux tuiles vernissées bleues. L'intérieur est un jeu mathématique de poutres et de colonnes, aussi chamarré qu'un brocart. Vingt-huit colonnes (pour les vingt-huit maisons lunaires de l'astrologie chinoise) portent la lourde coupole, obtenue par une succession d'assemblages à tenons et mortaises sur plan carré.

À la clef de cette voûte fantastique, un caisson orné de phénix et de dragons fait écho à la dalle de marbre centrale dont les veines dessinent naturellement les silhouettes de ces bêtes impériales. Ici se déroulait le **sacrifice du Printemps**. Devant le trône du souverain suprême de l'Auguste Ciel, disposé au centre du temple, l'empereur brûlait une prière, spécialement rédigée pour l'occasion, demandant que les pluies soient généreuses pour le prochain cycle de la saison des cultures. La cérémonie avait lieu sur fond de ballets solennels exécutés par des danseurs vêtus de soie bleue. Leurs évolutions étaient soutenues par un orchestre de gongs et de pierres sonores, visibles aujourd'hui dans les salles qui cantonnent la cour du temple.

4

La Voûte céleste impériale★★

Plus modeste et ceinte d'un rempart circulaire, cette deuxième rotonde aux tuiles bleues était le **temple proprement dit**, la demeure du Ciel représenté sous la forme d'une **tablette en ébène** portant ses nom et titres, toujours visible et placée sur un podium. Dans les autres pavillons de l'enceinte sont présentées les tablettes de la Cour céleste, formée des ancêtres impériaux, du Soleil, de la Lune et des Étoiles, des Pluies et des Vents, des Fleuves et des Monts. Ce secteur du temple est la grande attraction pour ses **particularités acoustiques**. Le long du mur de son enceinte, des gens chuchotent, la bouche collée à la paroi de briques, tandis que d'autres tendent l'oreille, espérant capter les murmures diffusés, dit-on, par le cintre de la maçonnerie, inaudibles le plus souvent pour cause d'encombrement de la ligne ! Sur l'allée de l'entrée, d'autres visiteurs frappent dans leurs mains pour repérer les trois dalles en marbre qui répercutent chacune un simple, un double et un triple écho.

L'autel du Tertre circulaire★

Enclos dans une enceinte de plan carré, à l'image de la Terre, composé de trois degrés de marbre sur plan circulaire, à l'image du Ciel, il est une **représentation symbolique du monde**. Cantonné, enfin, de 360 balustres en marbre ciselés de nuages, il est à l'image du temps et des 360 jours qui forment l'année lunaire. Cet autel en marbre accueillait la grande cérémonie du solstice d'hiver. L'empereur se préparait à la confrontation par trois jours de jeûne. Le jour prescrit, un cortège venait le chercher pour traverser en grande pompe la ville chinoise jusqu'à la porte ouest du temple. Sur l'autel, on avait rassemblé en bon ordre les tablettes de la Cour céleste. Seul, l'empereur gravissait les degrés en marbre pour se prosterner devant son unique maître, en signe d'obéissance, et lui remettre, à genoux, libations et offrandes. Tant de solennité jadis et tant de saveur aujourd'hui à voir des paysannes en fichu, de modestes touristes serrant la dragonne de leur sac en Skaï, poser, raides comme des mandarins de la cour, pour la photo souvenir.

| ♥ Marché aux oiseaux

⋯⟩十里河华声天桥民俗文化城 **I-D3** Shi-lihe Huasheng Tianqiao Culture Park Sur le 3e périphérique sud-est, à environ 1 km au sud du marché aux puces de Panjlayuan. Bus nº 300. Ouv. t.l.j. 8 h à 18 h environ.

C'est le dernier représentant de la passion chinoise pour les poissons, les fleurs en pot, les grillons batailleurs et les oiseaux chanteurs, de ces marchés populaires jadis nombreux au centre-ville et qui étaient un véritable éloge de l'oisiveté, la quête des menus plaisirs et le meilleur de la culture sino-mandchoue. Il a trouvé refuge au sein d'un vaste complexe touristique «à l'ancienne» ouvert en 2006 à la périphérie de la ville. Mais ce semi-exil géographique ne saurait décourager les vrais amateurs, qui viennent encore ébouriffer les plumes des perroquets, perruches et cacatoès, recruter une escadrille de pigeons qui fendront le ciel pékinois, lestés d'un sifflet-boule taillé dans une courge, écouter la voix d'un rouge-gorge, d'un moineau blanc ou d'une mésange. Veillés comme des trésors à l'abri d'une cage tendue de soie sombre, les compagnons à plumes sont gavés de graines et de fruits. ●

Carnet d'adresses

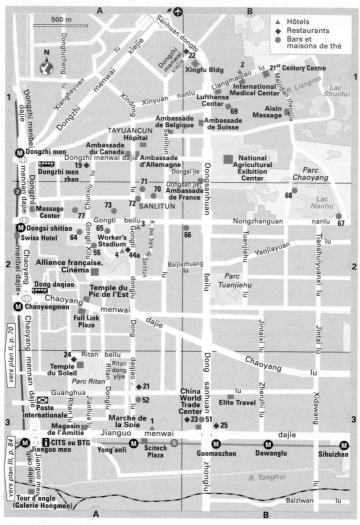

Pékin V : Chaoyang

Indicatif téléphonique ☎ 010

Plans de Pékin : Plan I : *p. 52* (plan d'ensemble), Plan II : *p. 70* (la ville tartare), Plan III : *p. 84* (Tian'an men), Plan IV : *p. 90* (la ville chinoise), Plan V : *p. 96* (Chaoyang).

Plan du métro : *p. 51*.

Les numéros en rouge, en bleu et en vert renvoient aux adresses localisées sur les plans I à V de Pékin.

Sauf mention contraire, les lieux ci-après sont ouverts tous les jours.

ⓘ **BTG Travel & Tours V-A3**, 28, Jianguo menwai dajie ☎ 65.15.85.65 (anglais) *Ouv. t.l.j. 8h30-19h.*

L'information n'est pas la vocation première de cette agence de voyages, mais on peut y glaner des idées et réserver hôtels et billets de train et d'avion.

●●● *Voir aussi périodiques touristiques, p. 98.*

Arriver

● **En avion.** L'aéroport **hors pl. I par D1** est situé à 27 km N du centre (40 mn à 1 h de trajet). Changez de l'argent à l'aéroport afin d'emprunter l'un des moyens de transport pour la ville. Nombreux **taxis** devant le hall des arrivées (90 y). **Navettes:** 6 lignes circulent, selon les lignes, entre 6 h et le dernier avion, avec une fréquence de 10 à 30 mn. Trajet 16 y.

●●● *Voir aussi Aéroports p. 288.*

● **En train.** Depuis Shanghai, on arrive à la **gare de Pékin** (Beijing zhan) **I-C3**. Des trains de nuit effectuent le trajet en 12 h. Les plus pratiques sont: **Pékin-Shanghai**: Z13, départ 19 h 38, Z1, départ 19 h 56; **Shanghai-Pékin**: Z14, départ 19 h, Z2, départ 19 h 21.

●●● *Voir aussi Transports intérieurs p. 297.*

Circuler

● **À pied.** Pékin est immense: 8 km séparent la porte S du temple du Ciel de la tour du Tambour. Pourtant, la promenade reste le moyen idéal pour découvrir la ville. Difficile de se perdre: un labyrinthe de ruelles débouche sur une grande artère. Dans les nouveaux quartiers, c'est plus compliqué. Des barrières métalliques bordent les avenues, et il faut repérer passerelles et passages souterrains (signalés par le logo d'un personnage empruntant un escalier, mais parfois distants de plusieurs mètres) pour traverser.

● **À vélo.** Plate et pourvue de nombreux couloirs à vélos, Pékin se prête bien à cet exercice. On peut en louer auprès des hôtels (caution d'un montant variable et forfait quotidien d'env. 30 y). Faites le calcul si vous séjournez plus d'une semaine: on peut se procurer un vélo d'occasion pour 100 y (par exemple, dans les magasins d'articles d'occasion situés au sud du carrefour Beixinqiao, dans le quartier du temple des Lamas). D'innombrables parkings surveillés permettent de garer sa bicyclette en toute sécurité pour une somme modique.

● **En taxi.** Très abordables (20 à 25 y pour la moyenne des courses en ville), c'est le moyen idéal pour se déplacer… à condition que l'adresse soit libellée en chinois, car les chauffeurs comprennent rarement le pinyin. Jadis tous rouges, la plupart des taxis sont aujourd'hui bicolores. On en trouve partout et à toute heure. Il suffit de les héler, sauf sur l'avenue Chang'an ou les principaux carrefours, où ils ont interdiction de s'arrêter.

● **En bus.** Bus, trolleys et bus à impériale: leur réseau est excellent et c'est le moyen le plus économique de circuler en ville (1 à 2 y). Seul handicap: les embouteillages. En dehors des secteurs touristiques, où les têtes de ligne figurent en pinyin sous les abribus, la signalétique est en idéogrammes. Repérez votre numéro de ligne *(p. 100)* et ayez votre destination rédigée en chinois pour ne pas vous tromper de direction et faites-vous indiquer l'arrêt.

● **En métro.** **Quatres lignes** desservent la capitale *(t.l.j. de 5 h à 23 h, avec des variations en fonction des lignes)*. La **ligne 1** relie les banlieues est et ouest sur l'axe de l'avenue de Chang'an. La **ligne 2**, circulaire et qui croise la première aux stations Fuxing men et Jianguo men, suit le tracé de l'ancien rempart. La **ligne 8**, aérienne, prolonge la première jusqu'à la ville de Tongxian, à l'est de la capitale. La **ligne 13**, elle aussi aérienne, fait une grande boucle vers la banlieue nord et croise la ligne 2 aux stations Dongsi men et Xizhi men. Le métro est peu pratique pour visiter Pékin, les stations sont très éloignées les unes des autres *(env. 600 m dans le centre)*. La signalétique, en pinyin et en anglais, permet de l'utiliser sans difficultés.

●●● *Plan du métro p. 51.*

adresses
Périodiques touristiques

Bilingues (anglais-chinois), ces magazines gratuits sont des mines d'idées et d'informations, très utiles pour mettre à jour un carnet d'adresses qui bouge beaucoup dans la cité des mutations. Ils sont disponibles aux réceptions et *business centers* des grands hôtels, ainsi que dans les bars et restaurants à la mode.

Beijing This Month, mensuel officiel d'informations, également disponible à l'aéroport international de Pékin. *That's Beijing* (parution en fin de mois), le mensuel citadin branché et bien informé des manifestations culturelles à venir. *City Weekend*, bimensuel, avec un carnet d'adresses très complet. *Time Out*, vrai «Pékinoscope» dans sa version hebdomadaire chinoise, avec calendrier détaillé des manifestations (expositions, concerts, spectacles), se transforme en mensuel pour sa version anglaise. *Pékin en poche*, le carnet pratique de Stéphanie Ollivier (éd. You-Feng) tient à jour chaque année, quelque 500 adresses en français et mandarin. ●

● **En cyclo-pousse**. Il est loin le temps où ce véhicule était associé à l'exploitation colonialo-capitaliste! Ils circulent à nouveau dans les quartiers touristiques de Shisha hai et Dazhalan. Négociez le prix avant de monter. Plus sûre, une agence s'est spécialisée dans ce mode d'exploration de la ville. **Beijing Hutong Tour** II-B1-2, 26, Di'an men dajie (ouest) ☎ 66.15.90.97 (rés.) propose des itinéraires de 3 h (*départs t.l.j. 9 h et 14 h*).

●●● *Voir Transports intérieurs p. 297.*

Hôtels

Une petite sélection pour une capitale qui compte pléthore d'hôtels.

▶ CHAOYANG

····⫶ **Plan V** *p. 96.*

▲▲▲▲ **Jianguo** 建国饭店 ♥ **V-A3** 1, 5, Jianguo menwai dajie ☎ 65.00.22.33, fax 65.00.28.71, www.hoteljianguo. com. *467 ch.* Les chambres spacieuses et confortables s'ouvrent sur des pièces et des cours d'eau. Trois restaurants dont Justine's, l'une des bonnes tables françaises de Pékin, gérée par le groupe Flo. Piscine et centre de remise en forme. Forfaits w.-e. intéressants.

▲▲▲▲ **Kempinski** 凯宾斯基饭店 **V-B1** 2, 50, Liangmaqiao lu (*au coin du Lufthansa Center, sur le 3ᵉ périphérique N-E*) ☎ 64.65.33.88, fax 64.62.22.04, www.kempinski-beijing.com. *526 ch.* Tout le confort de sa catégorie. Au cœur du quartier en plein essor de Liangma qiao et près de la route de l'aéroport et de Sanlitun.

▲▲▲ **City Hotel Beijing** 城市宾馆 **V-A2** 3, 4, Gongti donglu ☎ 65.00.77.99, fax 65.00.77.87. *228 ch.* De grandes chambres aux couleurs apaisantes. Restaurants et bar quelconques.

▶ DONGCHENG

Plan II *p. 70* et **plan III** *p. 84.*

▲▲▲▲ **Beijing** 北京饭店 **III-B1-2** 5, 33, Dong Chang'an jie ☎ 65.13.77.66, fax 65.23.23.95, www.chinabeijinghotel.com.cn. *900 ch.* Presque un monument historique, près de la place Tian'an men, l'ancien hôtel des années 1920 ne garde plus que sa façade. L'intérieur, immense, est baigné par la lumière qui traverse une verrière. Très grand confort.

▲▲▲ **Jade Garden Hotel** 翠明庄宾馆 **III-B1** 6, 1, Nanheyan dajie (*à 300 m de la porte E de la Cité interdite*) ☎ 58.58.09.09, fax 58.58.09.56. *143 ch.* Idéalement situé. Excellent rapport qualité-prix. Surtout fréquenté par des délégués et représentants chinois, il ne propose de petit-déjeuner occidental qu'en cas d'affluence de «longs-nez». Ignoré de la majorité des taxis: se munir de la carte de visite avant de sortir.

▲▲▲ **Haoyuan** 好园宾馆 **II-C2** **7**, 53, Shijia hutong *(pas de panneau en anglais; à 50 m de l'entrée O de la rue, derrière une porte rouge gardée par deux lions en pierre)* ☎ 65.12.55.57, fax 65.25.31.79, www.haoyuanhotel.com. *20 ch. (dont 3 grands app.).* Un *siheyuan* de charme qui fut la demeure d'un seigneur de la guerre avant d'être converti en pension par l'Association des femmes. Logées autour de cours, les chambres sont bien entretenues. Bon restaurant. Location de vélos et transferts à la gare ou à l'aéroport.

▲▲▲ **Lu Song Yuan** 侣松园宾馆 ♥ **II-C1** **8**, 22, Banchang hutong ☎ 64.04.04.36, fax 64.03.04.18, www.the-silk-road.com. *57 ch.* Aménagé dans un grand *siheyuan*, l'hôtel soigne les parties communes. Climatisation, téléphone et robinetteries sont les seules concessions à la modernité. Bonne table à prix raisonnables. Rés. conseillée (cuisine pékinoise, carte bilingue; *ouv. le soir jusqu'à 22 h).*

▲▲ **Fangyuan** 芳园宾馆 **III-B1** **9**, 36, Dengshi kou xijie ☎ 65.25.63.31, fax 65.13.85.49. www.cbw.com/hotel/fangyuan. *55 ch.* Près de la Cité interdite, rien d'exceptionnel pour le confort. Visiter avant de s'installer (chambres aveugles à l'entresol). Tout pour simplifier la vie du voyageur: rés. des billets de train, Internet, location de vélos, excursions à la Grande Muraille, billetterie.

▲▲ **Lishi** 礼士宾馆 **II-C2** **10**, 18, Lishi hutong ☎ 65.22.00.33, fax 65.13.43.46. www.lishi-hotel.com. *130 ch.* Bâtiment sans caractère, mais quartier tranquille (superbe *siheyuan* au n° 129), tout près de Dongsi, le quartier des Quatre Portiques de l'Est et ses boutiques de vêtements. Chambres spacieuses et plutôt bien entrete-

nues. Restaurant et salon de thé. Clientèle chinoise.

▲▲ **Youhao Guesthouse** 友好宾馆 **II-C1** **11**, 7, Houyuan'en si hutong ☎ 64.03.11.14, fax 64.01.46.03. *12 ch.* Dans ce grand *siheyuan* de charme, les fenêtres donnent sur une cour ornée de rocailles. Chambres refaites à neuf et de bon confort. On peut y assister à des exercices militaires: une caserne est juste à côté. Bonne cuisine japonaise dans son restaurant Baiyun ☎ 64.03.40.03.

▶ Xicheng

Plan II *p. 70*.

▲▲▲ **Bamboo Garden** 竹园宾馆 **II-B1** **12**, 24, Xiaoshiqiao hutong ☎ 58.52.00.88, fax 58.52.00.66, www.bbgh.com.cn. *12 ch.* dans l'ancienne aile sur ruelle, *24 ch.* dans la nouvelle aile sur jardin. Les façades et jardins arborés ont plus de charme que les petites chambres. Visiter avant de s'installer: quelques chambres aveugles, avec des s.d.b. exiguës.

▶ Xuanwu

Plan IV *p. 90*.

▲▲▲▲ **Qianmen Jianguo** 前门建国饭店 **IV-B2** **13**, 175, Yong'an lu ☎ 63.01.66.88, fax 63.01.38.83, www.qianmenhotel.com. *403 ch.*

bus
Pékin en 19 lignes

Voici les numéros et les têtes de ligne (en gras) des bus les plus pratiques pour visiter Pékin.

n° 5 **Caihuying Qianmen**-parc Sun Yat-sen-parc Beihai (porte S)-tour du Tambour, résid. de Song Qingling-**Desheng men.**

n° 6 **Lize qiao**-rue de la Vache-guilde du Huguang-temple du Ciel (porte N)-**Beijing youle yuan.**

n° 10 **Xidan**-rue de la Vache-**Nancai yuan.**

n° 13 **Heping jie beikou**-temple des Lamas et temple de Confucius-parc Beihai (porte N)-Shisha hai-temple du Dagoba blanc-musée Lu Xun-**Sanlihe.**

n° 22 **Qianmen** (place Tian'an men et Cité interdite, résid. de Mei Lanfang-**Mudan yuan xiaoqu.**

n° 24 **Beijing zhan** (gare de Pékin)-temple de l'Intellectualisation-**Zuojia zhuang.**

n° 42 **Ganshi qiao**-temple du Nuage blanc-autel de la Lune-temple du Dagoba blanc-**Shitiao huokou.**

n° 55 **Qijia huozi**-résid. de Mei Lanfang, résid. de Song Qing-ling-porte de la Victoire vertueuse-**Xi'an men.**

n° 101 **Hongmiao**-temple du Pic de l'Est-porte N de la Cité interdite et colline de Charbon-parc Beihai (porte S)-**Ganjia kou shangchang.**

n° 103 **Beijing zhan** (gare de Pékin)-rue Wangfujing-porte N de la Cité interdite et colline de Charbon-parc Beihai (porte S)-bibliothèque de Pékin-église du Nord-**Dongwu yuan** (zoo de Pékin).

n° 106 **Beijing nanzhan** (gare du S)-temple du Ciel (porte N)-Dongdan-**Dongsi menwai.**

n° 107 **Baishi qiao**-Dongwu yuan (zoo de Pékin)-résid. de Mei Lanfang-parc Beihai (porte N)-tour du Tambour-**Dongzhi menwai.**

n° 109 **Guan'an men**-rue de la Vache-bibliothèque de Pékin-parc Beihai (porte S)-porte N de la Cité interdite et colline de Charbon-Chaoyang men-**Dongda qiao.**

n° 110 **Tianqiao**-Dazhalan-Qianmen-**Zuojia zhuang.**

n° 118 **Hong miao**-stade des Ouvriers-Di'anmen (quartier de la Tour du Tambour)-Parc Beihai (porte N)-Chegongzhuang-**Parc des Bambous pourpres.**

n° 120 **Tiantan nanmen**-temple du Ciel (porte O)-Dazhalan-Qianmen-rue Wangfujing-autel du Soleil-Worker's Stadium-**Zuojia zhuang.**

n° 203 **Beijing zhan** (gare de Pékin)-place Tian'an men et Cité interdite-Qianmen-Dazhalan-temple du Ciel (porte O)-**Beijing nanzhan** (gare du S).

n° 210 **Haihutun**-Qianmen-place Tian'an men-Archives impériales-Donghua men (porte du Méridien)-résid. de Lao She-tour du Tambour-**Qijia huozi.**

n° 302 **Bagou cun**-temple de la Grande Cloche-parc Chaoyang-**Liuli tun.** ●

Derrière sa façade style «Chine, années laborieuses», cet hôtel a été rénové, pas toujours avec goût, mais avec un grand sens du confort. Restaurant de canard laqué et théâtre traditionnel. Il est à 2 km au S de Qianmen.

▲▲▲ **Rainbow Hotel** 北京北纬饭店 **IV-B2 14**, 11, Xijing lu ☎ 63.01.22.66, fax 63.01.13.66, www.rainbowhotel.com.cn. *380 ch.* Dans l'aile moderne, les chambres mériteraient d'être rafraîchies et ne valent pas leur prix, même si certaines ont vue sur les toits du temple du Ciel, situé à 10 min à pied. Les chambres récemment aménagées dans l'ancienne aile par la chaîne Home Inn sont propres et très bon marché.

▲▲ **Far East** 远东饭店 **IV-B1 15**, 90, Tieshu xiejie ☎ 51.95.85.61, fax 63.01.82.33, www.fareastyh. com. *110 ch.* Excellent rapport qualité-prix pour des chambres bien tenues. Restaurant insipide mais propre et calme.

▲ **Far East International Youth Hostel** 远东国际青年宾馆 **IV-B1 16**, 113, Tieshu xiejie, ☎ 51.95.88.11, même fax et site Internet qu'au Far East, en face. *68 lits.* Pas très loin de Liulichang, des chambres de 4 ou 6 lits, dans un beau *siheyuan* réhabilité. Cuisine commune avec machine à laver, four à micro-ondes et réfrigérateur. Salon TV dans un cadre d'époque Qing. Lavabo dans chaque chambre, s.d.b. commune (trois douches). Personnel sympathique, nombreux services touristiques, accès Internet et café-bar généralement animé à l'entrée.

Restaurants

Seuls les établissements ◆◆◆ et plus acceptent les **cartes bancaires**. Les restaurants des grands hôtels organisent chaque semaine des buffets thématiques et abordables, souvent excellents. Chaque quartier de la ville compte sa succursale de restauration rapide à l'américaine. Mais Pékin possède aussi des adresses où se régaler à la chinoise à toute heure et pour pas cher.

●●● *Voir aussi Savourer la Chine de Pékin à Shanghai p. 36 et Restaurants p. 289-290.*

▶ **CHAOYANG**

Plan II p. 70 et plan V p. 96.

◆◆◆ **Afunti** 阿凡提 **II-C2 20**, A2 Houguaibang hutong, Chaonei dajie ☎ 65.27.22.88. *Ouv. 11 h-23 h (spectacle à partir de 20 h).* Le meilleur de la cuisine turque du Xinjiang. Animé par des musiciens du Far West chinois en soirée.

◆◆◆ **Bleu Marine** 蓝玛利 **V-A3 21**, 5, Guanghua lu ☎ 65.00.67.04. *Ouv. 11 h-22 h 30.* La carte propose les classiques culinaires français, à l'intérieur sous des peintures abstraites, ou en terrasse sur la rue.

◆◆◆ **Red Basil** 紫天椒 **V-B1 22**, 8, Bldg Zuojia zhuang, Sanyuan li ☎ 64.60.23.39. *Ouv. 11 h-14 h et 17 h-22 h.* Dans un décor raffiné, délicieuse cuisine thaïe.

◆◆◆ **The Taj Pavilion** 京泰姬楼印度餐厅 **V-B3 23**, China World, bât. O, niv. 1 ☎ 65.05.58.66. *Ouv. 11 h30-14 h 30 et 18 h-22 h 30.* Excellente cuisine de l'Inde du Nord: *tandoori* à point et *korma* crémeux.

◆◆◆ **Xiheyaju** 義和雅居 **II-D2 24**, à l'angle N-O du parc Ritan ☎ 85.61.76.43. *Ouv. 11 h-14 h et 17 h-22 h.* Cette institution propose une étourdissante carte de plusieurs centaines de plats venus du Sichuan ou des régions de Shanghai et de Canton. La cour aménagée dans une maison traditionnelle est très agréable pour dîner l'été… à condition de réserver.

◆◆ **Jinshan Cheng** 金山城重庆火锅 **V-B3 25**, Zhongfu Mansion (à côté du China World), niv. 2 ☎ 65.81.15.98. *Ouv. 11 h30-14 h30 et 17 h-22 h30.* L'une des meilleures tables sichuanaises de Pékin.

◆◆◆ **Source** 都江源 **II-C1 26**, 14, Banchang hutong, South Luoguxiang ☎ 64.00.37.36. *Ouv. 11 h-13 h 30 et 17 h-22 h 30* (rés. obligatoire). Une maison traditionnelle du vieux Pékin joliment réaménagée en restaurant. Menus composés d'une multitude de plats du Sichuan, adoucis pour les palais délicats de la clientèle venue de Chine du Nord… et d'Occident.

▶ DONGCHENG

Plan II *p. 70* et **plan III** *p. 84.*

◆◆◆◆ **Huang Ting** 王府半岛饭店 **III-B1 27**, Peninsula Palace Hotel, 8, Jinyu hutong ☎ 65.10.67.07. *Ouv. 11 h 30-14 h 30 et 18 h-22 h.* Cuisine cantonaise raffinée servie dans un décor à l'ancienne alliant magnificence et sobriété. Un choix de *dim sum* y est proposé t.l.j. à l'heure du déjeuner. Attention : tarifs élevés.

◆◆◆ **Red Capital Club** 新红资俱乐部 **II-D2 28**, 66, Dongsi jiutiao ☎ 64.02.71.50. *Ouv. 17 h 30-23 h.* Dans un ancien *siheyuan*, son cadre est un double hommage à la Cité pourpre (costumes et porcelaines des Qing) et au capitalisme rouge (austérité du Zhongnan hai des années 1950-1960 dans le bar, et cave installée dans l'ancien réseau antiaérien). Un lieu à voir.

◆◆ **Huajia Yiyuan** 花家怡园 **II-C1 29**, 235, Dongsi mennei dajie ☎ 64.05.19.08. *Ouv. 10h30-4h.* Bonne cuisine, entre traditions pékinoise et sichuanaise (mention spéciale pour leurs écrevisses à la sauce pimentée), à déguster dans la cour d'un *siheyuan* coiffé d'une verrière et niché au milieu de la populaire rue Guijie, un peu à l'ouest de Dongsi men.

◆◆ **Jindingxuan** 金鼎轩酒楼 **II-D1 30**, 77, Hepingli Xijie ☎ 64.29.68.88. *Ouv. 24h/24.* À l'enseigne de la «Marmite d'Or», on sert à toute heure les musts des *dim sum* cantonais.

◆◆ **Liujiaguo** ♥ 刘家锅酒楼 **III-B1 31**, 19, Nanheyan dajie ☎ 65.24.14.87. *Ouv. 10 h-24 h.* Excellente cuisine du Hunan. Spécialité : les crevettes «saisies» (*sangna xia* : les bestioles

vivantes sont jetées sur une plaque en fonte chauffée au rouge) et des tas d'autres choses intéressantes.

◆ **Dong'an men Yeshi** 东安门夜市 **III-B1 32**, Dong'an men dajie. Fréquenté par les touristes chinois, c'est un marché de nuit *(ouv. 16 h 30-21 h 40)* qu'affectionnent aussi les touristes étrangers. Tout est à l'étalage. Il suffit de montrer et de régler.

◆ **Fujialou** ♥ 俯角楼 **II-D1 33**, 23, Dongsi shitiao (près du pont de Dongsi shitiao) ☎ 84.03.78.31. *Ouv. 11 h-14 h et 17 h-22 h.* Tout rappelle le Pékin d'autrefois : le décor et la cuisine, délicieuse et pas chère. Nouilles servies avec quatre sauces différentes et un assortiment de concombre, porc et champignons.

◆ **Gaolicun Kaorou** 高丽村烤肉 **II-B1 34**, 279, Gulou dongdajie (pas d'enseigne en anglais, mais reconnaissable aux cheminées de ventilation blanches suspendues au-dessus de chaque table) ☎ 64.04.32.27. *Ouv. 11 h-14 h et 17 h-23 h.* On grille ses brochettes sur des plaques chauffantes. Amusant et bon.

◆ **La rue «des Fantômes» (Guijie)** 鬼街 **II-C1 35**. Elle aligne sur près de 2 km, et des deux côtés de Dongsi mennei dajie, des restaurants où l'on mange 24 h/24 toutes les cuisines de Chine à prix doux.

◆ **Wangfujing xiaochi jie** ♥ 王府井小吃 **III-B1 36**. Spécialités régionales *(p. 36)* dans des échoppes à l'ancienne *(ouv. 9h-22h)* et bières pression. Animé le soir, même par grand froid.

▶ XICHENG

Plan II *p. 70* et **plan IV** *p. 90.*

◆◆◆◆ **Fangshan** 仿膳饭庄 **II-B2 37**, parc Beihai *(à côté de l'entrée E)* ☎ 64.01.18.89. *Ouv. 11 h-13 h 30 et 17 h-20 h.* Menus de 14 à 20 plats dans le cadre somptueux de cette institution de la cuisine impériale.

◆◆◆◆ **Lijia Cai** ♥ 厉家菜 **II-B1 38**, 11, Yangfang hutong ☎ 66.18.01.07.

Ouv. 18h-22h30 (mais il faut arriver avant 20h). L'aïeul de M. Li, chef des gardes du corps de Cixi, contrôlait la sécurité des plats qui sortaient des cuisines impériales. Son petit-fils (anglophone) a transmis les secrets de la cuisine *manhan* à ses filles. Cadre chaleureux.

♦♦♦♦ **The China Club Beijing** 北京中国会 **IV-B1 39**, 51, Xirongxian hutong ☎ 66.03.88.55. Logé dans un immense *siheyuan* bâti au XVIIᵉ s. pour un prince impérial, l'endroit le plus sélect de Pékin balance entre *Lotus bleu*, fastes des derniers Mandchous et élégance austère des années 1950. Quelques agences peuvent ouvrir les portes de ce club fermé, pour un dîner, ou une nuit dans l'une de ses huit luxueuses suites *(p. 108, Jin Tai Voyages et la Maison de la Chine)*.

♦♦ **Kaorouji** 烤肉季 **II-B1 40**, 14, Qianhai dongyuan ☎ 64.04.25.54. *Ouv. 11h-14h et 17h-23h*. Enseigne centenaire de Shisha hai. Spécialité: le mouton sous toutes ses formes, mais surtout grillé *(kaorouji)*.

♦♦ **Kong Yiji** ♥ 孔乙己酒店 **II-B1 41**, sur la berge N-O de Houhai ☎ 66.18.49.15. *Ouv. 10h-22h*. Spécialités du Jiangnan dans une maison chaulée à la mode méridionale et cachée par des bambous. À grignoter: les fèves à l'anis de Kong Yiji, étudiant désargenté héros d'une nouvelle de Lu Xun *(p. 74)*. Autre adresse: 322, Dongsi bei dajie II-C1 42 ☎ 64.04.05.07.

♦♦ **Koufuju** ♥ 口福居 **II-A2 42**, 7, Taipin gqiao dajie ☎ 66.06.22.51. *Ouv. 11h-22h30*. Une adresse pour l'hiver: on y sert l'un des meilleurs «moutons trempés» de la capitale.

▶ **HAIDIAN**

Plan I *p. 52.*

♦♦♦ **Jiuhuashan Kaoya** ♥ 九花山烤鸭 **I-B2 43**, 55, Zengguang lu *(derrière l'hôtel Shangrila, près du 3ᵉ périphérique O)* ☎ 68.48.34.81. *Ouv. 11h-14h et 17h-21h*. Une adresse courue des connaisseurs de canard laqué. Deux salles de la taille de halls de gare, si fréquentées qu'il faut réserver. Les volatiles sont acheminés depuis la ferme spéciale où ils sont gavés.

♦ **Sunflower Village** 向阳屯食村 **I-B1 44**, 26, Wanquan he lu *(au S du palais d'Été)* ☎ 62.56.29.67. *Ouv. 10h-23h*. Tables et bancs rouges sur un sol en ciment brut campent une ambiance «Révolution culturelle». Fricassées de sauterelles, salades d'herbes sauvages et scorpions frits. Pour les moins aventureux, le menu propose des plats rustiques du N-E (Dongbei). Étrange et bon.

▶ **XUANWU**

Plan IV *p. 90.*

♦ **Tianhai Meishiting** 天海美食厅 **IV-B1 45**, 37, Dazhalan xijie ☎ 63.04.40.65. *Ouv. 11h-23h*. Spécialités de Pékin et du Dongbei sur une carte bilingue, dans l'ambiance restituée des maisons de thé de Tianqiao.

▶ **CHONGWEN**

Plan III *p. 84.*

♦♦♦ **Liqun Kaoya** ♥ 利群烤鸭 **III-B2 46**, 11, Beixiangfeng hutong *(ruelle donnant sur Xidamochang jie)* ☎ 67.05.55.78. *Ouv. 10h-22h*. Bon canard laqué, dans une ambiance bien plus chaleureuse que les restaurants spécialisés et touristiques de Qianmen. Prévoir de faire la queue le soir!

Maisons de thé

Pour une pause le jour, une prolongation le soir, certaines sont vraiment étonnantes.

Eatea 留贤馆 **II-C1 50**, Guozijian jie *(en face du temple de Confucius)* ☎ 84.04.85.39. *Ouv. 9h-23h*. Mobilier ancien et collection d'objets liés à l'infusion céleste pour ce lieu dévolu aux manières de préparer, servir et boire les thés de Chine.

Qiao Ying Tea House ♥ 桥影茶坊 **V-A3 52**, Dong daqiao lu

☎ 65.93.33.94. *Ouv. 9 h 30-23 h.* Signalée par son petit jardin à la japonaise, c'est la plus petite des maisons de thé : deux tables dedans et une dehors. Fille d'un maître de thé du Fujian, sa jeune propriétaire mêle tradition (théières et porcelaines délicates) et touches personnelles (plancher à claire-voie donnant sur des galets et étagères lumineuses en plexiglas vert jade).

RBT II-C3 53, 69, Dongdan dajie ☎ 65.27.78.96. *Ouv. 10 h-1 h.* Pour siroter du thé, des jus de fruits ou des compositions à base de pois, assis sur une balançoire, dans une ambiance nature et décontractée.

Sanwei Shuwu 三味书屋 **IV-A1** 54, 60, Fuxing mennei dajie *(face au palais de la Culture des Nationalités, à l'étage de la librairie)* ☎ 66.01.32.04. *Ouv. 13 h-22 h.* Décoration simple et raffinée, meubles laqués traditionnels. *Concerts de musique classique chinoise sam. de 20 h 30 à 22 h 30.*

The Green Tea House 紫云轩 **V-A2** 55, 6, Gongti xilu *(près de la porte O du stade des Ouvriers, à proximité de Sanlitun)* ☎ 65.52.83.10. *Ouv. 11 h 30-14 h 30 et 18 h-1 h.* Son cadre design et son surprenant mobilier ont fait de cet établissement une adresse de prédilection d'une clientèle fortunée. Tout est hors de prix, mais la maison offre une extraordinaire carte de grands crus et mélanges maison.

Bars et vie nocturne

Jusqu'à la fin des années 1980, la vie nocturne ne se poursuivait au-delà de 21 h que dans les discothèques de quelques grands hôtels. Désormais, on boit, mange, danse jusqu'à l'aube et on trouve sans problème un taxi pour rentrer.

▶ **SHISHA HAI**

Plan II *p. 70.*

Créés par des artistes qui ont le sens de la convivialité, mais pas toujours des affaires, ce sont des adresses éphémères, connues par le bouche-à-oreille. Plus intimistes que ceux de Sanlitun, ils jouent l'ambiance world, jazz ou new age.

No Name Bar 舞名高地酒吧 **II-B1** 60, 3, Qianhai dongyan *(pas d'enseigne, maisonnette à côté du restaurant Kaorouji).* *Ouv. 12 h-2 h.* Le pionnier du quartier, et toujours l'un des plus agréables.

Guangfuguan II-B1 62, 36 Yandai Xiejie. *Ouv. 11 h-2 h.* Le toit-terrasse de ce petit bar aménagé dans un ancien temple taoïste offre un point de vue imprenable sur la tortueuse venelle qui démarre un peu au nord du pont Yingdingqiao.

Bed 床 **II-B1** 63, 17, Zhangwang hutong, Jiugulou dajie. *Ouv. 15 h-2 h. Bed* est un ancien atelier en béton métamorphosé en bar à tapas meublé de lits chinois anciens.

▶ **CHAOYANG**

Plan V *p. 96.*

Les discothèques les plus courues, autour du Worker's Stadium et du parc Chaoyang.

Destination 目的地 **V-A2** 64, 7, Gongti xilu. *Ouv. 20 h-2 h (4 h le w-e).* Une boîte gay au décor métallique un peu froid, mais à l'accueil chaleureux où l'on danse sur des rythmes électro.

Durty Nellie's 都柏林 **V-B1** 69, Huanong Flower Market, B8 Dongsanhuan beilu. *Ouv. 11 h-1 h 30*. Ce pub irlandais propose Guinness et Kilkenny's dans une profonde salle en sous-sols du marché aux fleurs, ou en terrasse le long du canal de Liangmaqiao l'été.

Latinos 拉丁诺 **V-B2** 67, A12 Nan Xin Cang, 22 Dongsishi tiao *(au fond a droite du complexe historique de Nanxincang, situé 100 m à l'O. de Dongsishitiao)*. *Ouv. 20 h 30-1 h (4 h le w.-e.)*. Les rythmes y sont salsa et les nuits chaudes.

Mix V-A2 65, Gongti beimen *(à dr. de la porte N du stade des Ouvriers)*. *Ouv. 20 h-5 h*. Hip-hop et R&B au programme dans ce gigantesque club de verre et d'acier fréquenté par la jeunesse dorée locale.

Rock'n'Roll 滚石 **V-B2** 66, 4, Gongti beilu *(derrière l'hôtel Confort Inn, en plein Sanlitun)*. *Ouv. 20 h-5 h*. Rythmes pop et techno dans une vaste salle prise d'assaut tous les soirs par une clientèle locale et très jeune.

The World of Suzie Wong 苏茜黄俱乐部 **V-B2** 68, A1 Nongzhanguan lu *(au milieu des restaurants qui bordent la porte O du parc Chaoyang)*. *Ouv. 20 h 30-5 h*. Ce club est depuis plusieurs années le point de ralliement d'une faune yuppie locale ou expatriée. Grande terrasse prisée à la belle saison.

▶ AUTOUR DE SANLITUN

Plan V *p. 96.*

L'idéal est de s'éloigner de la rue principale et de s'enfoncer dans les ruelles perpendiculaires qui serpentent vers l'ouest (si elles survivent au plan de modernisation du quartier démarré en 2005) pour trouver les estaminets les plus sympas.

Bar Blu V-A2 70, 4/F, Tongli Studio, Sanlitun beijie. *Ouv. 16 h-2 h*. Son immense terrasse, sur le toit de l'immeuble, est prise d'assaut l'été par une clientèle branchée.

Poacher's Inn 友谊青年酒店 **V-A2** 71, 43, Beisanlitun lu. *Ouv. 20 h-*

1 h *(4 h le w.-e.)*. Face au *Bar Blu*, dans une ambiance plus estudiantine et un cadre de pub anglais, ce bar sert des consommations à prix doux.

The Tree 树酒吧 **V-A2** 72, 43 Beisanlitun nan. *Ouv. 10 h-2 h (4 h le w.-e.)*. Juste à l'entrée de la Youyi Guesthouse, de l'autre côté du pâté de maison dans lequel se trouve Poacher's Inn. Gueuse et Mort Subite à déguster.

Alfa 阿尔法 **V-A2** 73, 6A Xingfu Yicun, Gongti beilu. *Ouv. 11 h-2 h*. En face de la porte N du stade des Ouvriers. Un bar-lounge précédé d'un patio aménagé avec goût.

▶ DONGCHENG

Plan II *p. 70* et **plan III** *p. 84*.

Quelques adresses calmes et intimes :

The Courtyard 四合院画廊 **III-B1** 74, 95, Donghua men dajie. *Ouv. 18 h-22 h*. Connu comme galerie *(encadré p. 107)* et restaurant chic (nouvelle cuisine à prix prohibitifs et résultats insipides), il abrite à l'étage un fumoir pour siroter des cocktails en regardant le soleil décliner sur les douves de la Cité interdite. Pour se faire plaisir, car le prix des consommations (pour ceux qui n'ont pas dîné au restaurant du rez-de-chaussée) démarre à 100 y.

Palace View III-B1-2 75, Grand Hotel Beijing, 35, Dong Chang'an jie. *Ouv. 17 h 30-21 h 30, quand la météo le permet (généralement entre juin et septembre)*. Perché sur le toit-terrasse de l'hôtel, ce bar plonge en panoramique sur le cœur de Pékin.

Pass By Bar 过客 **II-C1** 76, 108, Nanluogu xiang. *Ouv. 9 h 30-2 h*. Maison traditionnelle aménagée autour d'une cour, une excellente musique, de la bière à flots et une mine pour les voyageurs : livres et magazines, expo photos, petites annonces.

pratique
spectacles

Situées dans le quartier de Xuanwu, les maisons de thé-théâtre renouent avec les anciens « jardins de thé » de la ville chinoise *(p. 90)*. On s'y restaure de thé et de friandises en assistant à des numéros de bateleurs ou de jongleurs et à des extraits d'opéra plus acrobatiques que chantés *(début des spectacles : 19 h 30)*.

Guilde du Huguang (Huguang Guild hall) **III-B1-2**, 3, **Hufang qiao lu** ☎ 63.51.82.84. **Lao She Tea House III-A2** 56, niv. 3, Dawancha Bldg, Qian menxi dajie ☎ 63.03.68.30. **Liyuan Theater IV-B2** 13, Qianmen Jianguo Hotel, 175, Yong'an lu ☎ 83.15.72.97. ●

Spectacles

●●● *À noter : les spectacles débutent souvent à 19 h 30.*

▶ CONCERTS

Forbidden City Concert Hall IV-A1, place Tian'an men ☎ 65.59.82.85. Dans l'enceinte de l'ancien temple du Dieu du Sol, concerts et représentations de prestige.

▶ OPÉRA CHINOIS

Chang'an Grand Opera House II-D3, 7, Jianguo mennei dajie ☎ 65.10.13.10. **Guilde du Huguang** (Huguang Guild Hall) **III-B1**, 3, Hufang qiao lu, Xuanwu District ☎ 63.51.82.84.

▶ CINÉMA

Cherry Lane Movies V-B1, Kent Center, Anjialou jie, Liangmaqiao *(2 km à l'E de l'hôtel Kempinski)*. Films chinois sous-titrés en anglais. *Le ven. et sam. à 20 h.*

Cinéma du Centre culturel français V-A2, Guangcai International Mansion, 18, Gongti xilu ☎ 65.53.26.27, www.ccfpekin.org. Films français.

Galeries d'art

China National Art Museum II-C2, 1, Wusi dajie ☎ 84.03.35.00 (répondeur). Expositions temporaires d'artistes contemporains chinois et étrangers.

Creation Gallery V-A3, Ritan donglu Beikou ☎ 85.61.75.70 www.creationgallery.com.cn. Exposition d'artistes contemporains.

Wan Fung Art Gallery IV-B1, 136, Nanchizi dajie ☎ 65.23.33.20 et 53, Liulichang xijie ☎ 83.16.88.58, www.wanfung.com.cn. Peinture traditionnelle et art contemporain.

Sports et loisirs

Moyennant un droit d'accès, on peut bénéficier des piscines, saunas et centres de remise en forme des grands hôtels, sans être client.

● **Massages traditionnels.** Aixin Massage Keep-fit Center **V-B1**, Bldg 1 (pièce 202), Fulihuayuan, 40, Maizidian Jie *(à l'E du Sheraton Hotel)* ☎ 65.04.64.90. *Ouv. 11 h-23 h.* Des soins professionnels par des masseurs aveugles. **Renming Foot Massage Center V-A1**, Dongzhimen Nan dajie *(au coin N du Poly Plaza)* ☎ 64.15.97.58. *Ouv. 24 h/24.* Bons massages des pieds.

● **Patinoire.** Cool Ice Skating Rink **V-B3**, China World, bât. O, niv. -2 ☎ 65.05.57.76. *Ouv. 10 h-22 h.*

● **Piscines.** Dongdan Gymnasium **II-C2-3**, 2A, Dahua lu, Dongdan dajie ☎ 65.23.12.41. *Ouv. 10 h-21 h.* **21st Century Hotel Pool V-B1**, 40, Liangmaqiao lu ☎ 64.68.33.11, poste 31.85. *Ouv. 10 h-22 h.* Un bassin de 50 m.

Shopping

Boutiques *ouv. t.l.j 9 h-19 h.*, sauf dans le quartier de Liulichang où le rideau baisse dès 17 h 30 et celui de Wangfujing où les magasins jouent les prolongations jusqu'à 22 h, y compris l'hiver.

●●● *Retrouver tous les conseils Shopping pratique p. 295.*

sorties
Pékin underground

Pour connaître les lieux à la mode – et par définition mouvants – de la scène underground, le plus simple est de faire provision des magazines gratuits en anglais *(encadré p. 93)*. Quelques valeurs qui devraient rester sûres : le Yugong Yishan ou le New Get Lucky accueillent le week-end les groupes de rock, punk ou musique électronique. Le People's Art Theatre programme les pièces de jeunes metteurs en scène, qui en dépit de la barrière de la langue valent souvent le détour visuel. Les expositions organisées par les galeries Courtyard, Red Gate et les happenings organisés dans l'un des espaces de la commune des artistes de Dashanzi, aménagée dans un ancien complexe industriel, offrent une bonne mise en bouche pour aborder la scène artistique.

● **Yugong Yishan V-A2** 77, A1, Gongti beilu (en face du gymnase des Ouvriers) ☎ 64.15.06.87. **New Get Lucky I-D1-2** 78, Dongfang Qicai Dashijie, Nurenjie ☎ 84.48.33.35. Les concerts dans ces deux salles commencent généralement vers 22 h.

● **People's Art Theatre IV-B1**, 22, Wangfujing dajie ☎ 65.24.98.47. Les représentations démarrent à 19 h 30. **Courtyard Gallery IV-B1** 74, 95, Donghua men dajie, www.courtyard-gallery.com. Ouv. mar-dim 11 h-18 h. **Red Gate Gallery III-D1** 80, Dongbianmen, Chongwenmen Dongdajie ☎ 65.25.10.05. Ouv. 9 h-17 h, www.redgategallery.com, expose des créations contemporaines, dans le cadre de l'ancienne tour d'angle *(p. 83)*. **Commune des artistes de Dashanzi hors pl. I par A1**, 4, Jiuxianqiao lu, Dashanzi (près de la route de l'aéroport, au niveau de la sortie Dashanzi). Ouv. de la plupart des espaces d'exposition : t.l.j. 10 h-19 h. ●

▶ GRANDS MAGASINS

Au diapason des métropoles d'Extrême-Orient ont surgi de toutes parts d'immenses complexes où tout, ou presque est possible. On peut y essayer des chaussures, pianoter sur Internet, se faire faire une mise en plis et manger dans des *food courts*.

Wangfujing IV-B1 *(p. 90)*, **Jianguo menwai V-AB3** *(p. 96)* et **Xidan II-B2-3** *(autour du Xidan International Mansion)* sont les grands magasins au centre du phénomène.

▶ BROCANTE, MEUBLES

Beijing Antique City I-D3 *(à l'O de l'échangeur Huawei du 3ᵉ périphérique S-E)* ☎ 67.74.77.11. Ouv. 9 h 30-18 h 30. Plus aseptisé que les puces de Panjiayuan, mais on y déniche le même genre d'objets.

Longshuncheng I-C3, 64, Yongding menwai dajie *(coin S-E de la nou-* velle tour de garde de Yongdingmen) ☎ 67.22.33.44. *Ouv. 8 h 30-17 h.* Magasin et musée. Certains meubles de la Cité interdite sont utilisés pour les copies de style sur commande. Quelques meubles populaires à prix raisonnables. Assure l'expédition.

Marché aux puces de Panjiayuan I-D3 (à *l'O de l'échangeur Panjiayuan du 3ᵉ périphérique E)*. Les puces fonctionnent uniquement les sam. et dim. de l'aube à 18 h. Les boutiques sont ouvertes *t.l.j. 8 h 30-18 h.* Un fantastique déballage que fréquentent les marchands du Anhui, du Tibet, de Mongolie-Intérieure et du Guizhou.

Rue des Antiquaires III-B1, *Liulichang jie (p. 91).* Porcelaines, bronzes, livres d'art, rouleaux peints et matériel de calligraphie dans cette rue plus spécialisée dans les reproductions que dans les antiquités. Vous pourrez y acheter vos souvenirs comme dans la rue voisine de **Dazhalan III-B1** *(p. 84)*.

Youyi Jiajudian ♥ V-A3, 16, Dong daqiao lu ☎ 65.06.00.29. *Ouv. 9 h-19 h*. Ce magasin cinquantenaire propose de meubles de style, de belle qualité. Plus cher que les puces mais acheminement sûr.

▶ TEXTILE

Pékin ne vaut pas Shanghai, sauf pour les cachemires de Mongolie.

Dongsi nan dajie II-C2. La « rue des Portiques de l'Est » est celle des boutiques de mode des jeunes. Voir également aux abords du **temple des Lamas II-C1**.

Le marché de la rue de la Soie V-A3, 8, Jianguo menwai dajie ☎ 51.69.90.03. *Ouv. 9 h-21 h*. Plus de soie mais du *streetwear* et des contrefaçons. Prix imbattables sur les doudounes et cachemires.

Yuanlong Silk Corporation III-C2, 55, Tiantan lu *(à l'angle N-E du temple du Ciel)* ☎ 67.05.24.51. *Ouv. 9 h-19 h*. Soie et cachemire sur les deux niveaux de cette institution ouverte en 1932. Au 1er étage, panneaux bilingues et machines de démonstration donnent un aperçu du processus traditionnel de traitement de la soie.

▶ LIBRAIRIES

L'Arbre du Voyageur V-A2, Guangcai International Mansion, 18, Gongti xilu ☎ 65.53.54.82. *Ouv. 10 h 30-18 h 30*. Librairie du Centre culturel français de Pékin.

Foreign Languages Bookstore IV-B1, 235, Wangfujing dajie. *Ouv. 9 h-*

21 h. Rayon très complet de livres sur la Chine en anglais et en français dans un bel exemple de magasin bureaucratique.

Magasin de l'Amitié V-A3, 17, Jianguo menwai dajie. *Ouv. 9 h 30-20 h 30*. Beaux livres sur la Chine.

Sanlian Shudian II-C2, 22, Meishuguan dongjie. *Ouv. 9 h-21 h*. Peu d'ouvrages en anglais dans la plus agréable librairie pékinoise, mais un bon rayon musique.

Beijing Book Building II-B3, 17, Xi Chang'an jie. *Ouv. 8 h 30-21 h*. La librairie la plus complète de Pékin en ouvrages chinois et étrangers.

Adresses utiles

▶ AGENCES DE VOYAGES

BTG Travel and Tours V-A3, 28, Jianguo menwai dajie ☎65.15.85.65, fax 65.15.81.92 (anglais). *Ouv. t.l.j. 8 h 30-19 h*. megyz@163bj.com. C'est le département destiné aux voyageurs indépendants de l'agence d'État BTG. Employés anglophones.

China Comfort Travel V-B2, 11, F, Jingchao Plaza, 5, Nongzhanguan nanlu ☎ 65.94.08.67, fax 65.94.08.89. Contact francophone : Mme Xu Wen.

CTS I-D1, CTS Tower (pièce 417), 2, Beisanhuan donglu ☎ 64.61.25.73, fax 64.61.25.76. Contact francophone : Mme Gao Xin.

Elite Travel V-B3, Kelun Bldg A (pièce 106), 12, Guanghualu ☎ 65.83.65.11, fax 65.83.65.13, elitravel@263.net. Contact francophone : M. Lu Zijing.

Jin Tai Voyages V-A2, Room 911, Bldg 3, Sun City, 18 Xinzhong Jie ☎ 84.47.27.11, fax 84.47.27.14, jtvoyage@public3.bta.net.cn. Contact francophone : Mme Jin Jinghong.

Maison de la Chine, BTG Bldg (pièce 605), 1 Dongdan Beidajie II-C3 ☎ 85.22.75.00, fax 85.11.60.09, info@fazhongzhijia.com, www.maisondelachine.fr. Bureau pékinois du voyagiste français.

▶ ALLIANCE FRANÇAISE

V-A2, Guangcai International Mansion, 18, Gongti Xilu, Chaoyang District ☎ 65.53.26.78, fax 65.53.27.18, info.beijing@alliancefrancaise. org.cn, www.alliancefrançaise.org. cn. Programme de conférences et bibliothèque *(ouv. 10h30-18h30, le mer. 10h30-20h30).*

▶ AMBASSADES ET CONSULATS

France V-B1, 3, Dongsan jie, Sanlitun ☎ 85.32.81.81, fax 85.32.81.09 (état civil), www.ambafrance-cn.org. **Belgique V-A1**, 6, Sanlitun lu ☎ 65.32.17.36. **Canada V-A1**, 19, Dongsi menwai ☎ 65.32.35.36. **Suisse V-B1**, 3, Dongwu jie, Sanlitun ☎ 65.32.27.36.

▶ BANQUES

● **Distributeurs**. La majorité des agences de la Banque de Chine sont équipées de distributeurs automatiques fonctionnant 24h/24, à proximité des secteurs touristiques: Wangfujing **IV-B1** (entre les deux accès du grand magasin Sun Dong'an), Qianmen **III-B2** (à l'angle de Hufang lu et Yong'an lu, à côté de l'hôtel Qianmen).

▶ COMPAGNIES AÉRIENNES

●●● *Voir aussi Aéroports p. 288.*

Leurs bureaux sont généralement *ouverts de 9h à 17h30.* Il est possible de payer par carte bancaire.

Aeroflot V-A2, Swisshotel, Dongsi shitiao ☎ 65.00.24.12. **Air France V-A2**, Office 1601, 16/F, Bldg 1, Kuntai International Mansion, 12A Chaoyangmenwai Dajie (en mandarin: 朝外大街乙12号,昆泰大厦 1606-1011室) ☎ 40.08.808.808, www.air france.com.cn. **Air China II-B3**, 15, Xi Chang'an jie ☎ 4008100999 (numéro vert), www. airchina.com.cn. **China Eastern Airlines (MU) I-D2**, 12, Xinyuan Xili Dongjie ☎ 64.68.11.66, www. ce-air.com. **Finnair V-A3**, SCITECH Plaza (pièce 204), 22, Jianguo

menwai dajie ☎ 65.12.71.80, www. finnair.com.cn. **Lufthansa V-B1**, Beijing Lufthansa Center, S101, 50, Liangmaqiao lu ☎ 64.68. 88.38, www.lufthansa-greaterchina.com.

▶ GARES FERROVIAIRES

Le trafic au départ de la capitale s'organise majoritairement autour de la **gare de Pékin III-D1 (**Beijing zhan) et de la **gare de l'Ouest I-B3** (Xi kezhan, *à 4 km O du centre).* Les rares trains partant de la **gare du Sud I-C3** (Beijing nanzhan, *à 2,5 km S du centre)* desservent certaines gares du Hebei (Shijiazhuang), du Shanxi (Taiyuan, Datong) et de la Mongolie-Intérieure (Baotou).

● **Billets**. Achat et réservation au comptoir de votre hôtel, ou au guichet «à droite de l'entrée de la gare de Pékin *(ouv. t.l.j. 5h30-7h30, 8h-11h30, 12h30-18h30 et 19h-23h).*

▶ GARES ROUTIÈRES

12 gares routières desservent Pékin. Voici les gares utiles pour les excursions proposées dans ce guide.

Dongzhi men zhan 东直门站 **I-D2** *(3 min à pied du M° Dongzhi men).* C'est normalement de là que partent les nombreux bus pour Simatai *(via* la ville de banlieue de Miyun), Mutian yu *(via* Huairou) et Cheng-de. En travaux depuis 2006; une partie de son trafic a été temporairement détourné sur d'autres gares. **Liuli qiao zhan** 六里桥站 **I-B3** *(à l'O de l'échangeur de Liuli qiao du 3e périphérique O).* Liaison avec Datong *(départs toutes les 40 min entre 7h10 et 18h, trajet 4h30).* Liaison avec Chengde *(départs toutes les 40 min entre 7h10 et 18h, trajet 4h env.).* En saison touristique, liaison avec Wutai shan, *(départs 8h et 16h, trajet 6h30).* **Lize qiao zhan** 丽泽桥站 **I-B3** *(à l'E de l'échangeur de Lize qiao du 3e périphérique S-O).* Liaison avec Taiyuan *(départs toutes les 15 min de 6h30 à 17h40, puis départ à 20h, 21h30 et 23h20, trajet 6h30 env.).* **Sihui zhan** 四惠站 **I-D2**, près de la sortie du métro qui porte le même nom, lignes 1 et 8. Liaison avec Chengde *(8 départs entre 7h et 16h30, trajet 4h env.)*.

●●● *Pour en savoir plus sur les bus pour les environs de Pékin, voir p. 127.*

▶ INTERNET

Qianyi Wangba 前艺网络咖啡屋 **IV-A2 90**, au dernier étage de l'ancienne gare de Qianmen. *Ouv. t.l.j. 9h30-22h.* Pour pianoter sur fond de musique américaine des années 1950, en sirotant un espresso ou un milk-shake.

Hailin Zhixing II-C2 91, 62-1, Di'an men dong dajie *(à l'E de Shisha hai)*. *Ouv. 24h/24.* Sur deux étages. Équipements très modernes.

Wangju Wangba 网巨网吧 **II-C2, 92**, 449, Dongsi Bei dajie. *Ouv. 24h/24.* Immense et placé en pleine rue commerçante de Dongsi.

▶ POSTE ET TÉLÉPHONE

International Post and Telecommunications Office V-A3, Yabaolu ☎ 65.12.81.32. *Ouv. t.l.j. 8h-18h.* Services postaux. Dans le voisinage des gares ferroviaires et dans les quartiers touristiques, des postes sont signalées par une enseigne verte *(ouv. 9h-17h)*.

▶ SANTÉ

● **Hôpitaux et cliniques**. Dans les établissements suivants, on peut consulter des médecins anglophones. Sauf mention contraire, tous sont *ouv. 24h/24* et ont un service d'urgence. **Beijing SOS V-A1**, Building C, BITIC Jinyi Bldg, Sanlitun xi wujie ☎ 64.62.91.00, fax 64.62.91.11. Nombreux services dont soins dentaires. À contacter en cas de rapatriement sanitaire. **Peking Union Medical College Hospital II-C3**, 53, Dongdan dajie ☎ 65.29.52.69.

Un hôpital chinois avec un service d'urgences pour les étrangers. **Beijing United Family Hospital**, 2, Jiangtai lu ☎ 64.33.39.60, fax 64.33.39.63. Ultra-moderne et doté des principaux services hospitaliers que l'on retrouve en Europe, notamment de la maternité la plus prisée des expatriés de Pékin. **International Medical Center V-B1** Lufthansa Office Building (pièce S 106), 50, Liangma qiao lu ☎ 64.65.15.60, fax 64.62.20.81 Médecins anglophones et francophones, soins dentaires et pharmacie. **Médecin de l'ambassade de France**. Son cabinet est partagé avec un médecin allemand, dans l'enceinte de l'ambassade d'Allemagne, 17, Dongzhi menwai dajie, Chaoyang **V-A1** ☎ 65.32.35.15, fax 65.32.35.29. *Consultations sur rendez-vous uniquement lun.-ven. 8h20-12h, mer. 14h-17h.*

● **Pharmacies**. Wangfujing Drugstore **IV-B1**, 267, Wanfujing dajie ☎ 65.24.99.32. Outre les pharmacies des établissements cités ci-dessus, c'est l'une des plus modernes et des mieux approvisionnées de Pékin. Rayons de médecine traditionnelle chinoise. *Ouv. 8h30-22h.* **Watsons**, pharmacie et produits sanitaires occidentaux; quelques adresses utiles de cette chaîne qui compte une vingtaine de magasins dans la ville: **Full Link Plaza V-A2**. *Ouv. 8h30-21h30.* **Sun Dong'an Plaza** (à Wangfujing) **IV-B1**. *Ouv. 9h-22h.* **77th Street Shopping Mall** (à Xidan) **II-B3**. *Ouv. 10h-22h.*

▶ VISA

●●● *Voir aussi encadré p. 279.*

Foreigners Affairs Section Section of Beijing Public Security Bureau II-C1, 2, Anding men dong dajie *(à l'E du temple des Lamas)* ☎ 84.02.01.01. *Ouv. lun.-sam. 8h30-16h30. Comptez 5 jours ouvrables pour une prolongation de visa.* ●

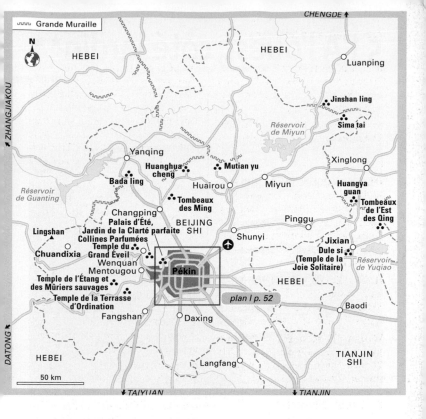

Carte des environs de Pékin avec légende « ~~~~ Grande Muraille », indications CHENGDE, HEBEI, Luanping, Jinshan ling, Sima tai, Réservoir de Miyun, Xinglong, Yanqing, Huanghua cheng, Mutian yu, Miyun, Bada ling, Huairou, Huangya guan, Réservoir de Guanting, Tombeaux des Ming, Tombeaux de l'Est des Qing, Changping, Palais d'Été, Jardin de la Clarté parfaite, BEIJING SHI, Pinggu, Lingshan, Collines Parfumées, Chuandixia, Temple du Grand Éveil, Shunyi, Jixian, Dule si (Temple de la Joie Solitaire), Wenquan, Mentougou, Pékin, Réservoir de Yuqiao, Temple de l'Étang et des Mûriers sauvages, Temple de la Terrasse d'Ordination, HEBEI, plan I p. 52, Baodi, Fangshan, Daxing, HEBEI, TIANJIN SHI, 50 km, Langfang, TAIYUAN, TIANJIN, ZHANGJIAKOU, DATONG

Environs de Pékin

Autour de Pékin, les autoroutes filent en étoile, traversant d'anciennes banlieues industrielles et de nouvelles cités de tours. D'ouest en est, la capitale est gardée par des collines, puis des montagnes qui forment au nord un écrin naturel. Leurs escarpements servirent de points d'appui à la construction de la Grande Muraille, ultime rempart de Pékin contre les hommes venus de la steppe. Au gré des dynasties, ces replis de terrain accueillirent des fondations pieuses ou profanes. Dans les collines de l'Ouest, les empereurs installèrent d'immenses jardins, tandis que des temples bouddhiques s'installaient dans leurs gorges abritées mais sauvages. Les cirques montagneux furent décrétés propices à l'établissement des nécropoles des dernières dynasties. Empereurs, impératrices et concubines furent inhumés, du XVe au début du XXe s., dans ces cités interdites de l'au-delà, aujourd'hui ouvertes aux visiteurs.

⋯⋗ **Carte** *en rabat avant de couverture.*

Conseil : Vous préférez la quiétude à la horde touristique ?

Sachez que les sentiers des collines Parfumées sont moins courus que les galeries du palais d'Été, que la nécropole des Qing est plus majestueuse que les treize tombeaux des Ming et que les graviseurs de Grande Muraille sont plus nombreux à Mutian yu et à Bada ling qu'à Huanghua cheng.

▲ Les environs de Pékin (pour les transports depuis Pékin, voir p. 109).

5 | À l'ouest, côté jardin★★

© Catherine Bourzat

▲ Fondé au iiie s. dans des solitudes boisées, le temple de l'Étang et des Mûriers sauvages est le plus ancien monastère de la région, qui fut entretenu jusqu'à la fin de l'empire, en 1911.

Carte *p. 111.*

Carnet d'adresses *p. 127.*

Prévoir une demi-journée pour la visite de l'un des parcs et une journée pour l'itinéraire proposé.

Les parcs et lacs bordant la Cité interdite à l'ouest ne suffisant pas à leur agrément, les empereurs de Pékin se firent dessiner d'autres jardins. Dès le xiie s., les collines et les eaux au nord-ouest de la ville murée servirent des projets toujours plus grandioses. Des collines de l'Ouest au palais d'Été, de plans d'eau creusés pour recevoir les sources en promontoires dressés avec la terre de remblai, ils forment une chaîne de paysages recomposés où les souverains échappaient au brûlant soleil pékinois et à l'austérité minérale de la Cité interdite.

‖ Le palais d'Été★★

颐和园 Plan *p. 52,* I-A1 *(p. 58, 31) Yihe yuan.* À 12 km N-O de Pékin : bus n° 332 (depuis le zoo de Pékin). Ouv. du parc t.l.j. 6 h 30-18 h (portes N, S, E). Ouv. des palais t.l.j. 8 h-16 h 30. Entrée payante (prendre le forfait de base qui comprend la visite des palais et régler les autres selon son temps et ses envies). Prévoir 2 h pour les palais, une demi-journée pour l'ensemble. Patrimoine mondial de l'Unesco (1998).

Dernier aménagé, le jardin de l'harmonie dans le repos (Yihe yuan) est le «palais d'Été» que l'on visite aujourd'hui. En 1861, Chengde *(p. 130)*, résidence estivale des Mandchous, fut définitivement abandonnée après la mort de l'empereur Xianfeng. Sa veuve, Cixi *(p. 115)*, préféra investir des millions de taëls d'argent pour redonner du lustre à ce secteur proche de la capitale, abandonnant les autres jardins, saccagés par les troupes franco-britanniques en 1860. Jusque-là, en effet, le Yihe yuan n'était qu'une partie (290 ha) des **jardins de la Parfaite Splendeur**, créés par les souverains mandchous au cours des XVIIe-XVIIIe s., sur une superficie de 346 ha. Son paysage doit sa physionomie à l'empereur Qianlong (1736-1796) qui, pour être agréable à sa mère, reconstitua aux portes de Pékin le lac et les collines de Hangzhou *(p. 218)*, tant admirés lors d'un voyage dans le Sud. Le creusement du **lac de l'Éternel Printemps**, où l'on canote l'été et patine l'hiver, permit d'élever le **mont de la Longévité millénaire** en 1751. En 1900, le palais d'Été fut brièvement occupé par les troupes des huit puissances victorieuses des Boxeurs.

| ♥ Le parc*

En longeant les rives ou en empruntant la grande digue et les ponts en demi-lune qui traversent le lac du nord au sud, on savoure la quiétude et de belles perspectives rythmées, selon les saisons, par des écrans de roseaux, des parterres de lotus ou des saules échevelés. La berge du sud a la faveur des pêcheurs, la berge de l'est celle des joggers, les kiosques et les bancs de la grande digue celle des amoureux et des anciens, venus échapper aux mutations pékinoises.

| Les palais*

···⊱ Accès par la porte E.

Tous construits par l'impératrice Cixi sur la berge du nord, ils sont desservis par une **galerie couverte**

de 728 m de long, aux solives ornées de scènes de romans, de peintures de fleurs, d'oiseaux et de paysages célèbres. De 1898 à 1908, la vieille impératrice s'y retira avec sa cour et Guangxu, son empereur de neveu destitué de ses pouvoirs.

● **Les palais de l'Est**. Précédée d'une cour et gardée par des animaux de bronze piteusement enveloppés dans des grillages, la **salle de la Longévité bienveillante** servait au «gouvernement derrière le rideau», selon le même dispositif que le palais de la Nourriture de l'Esprit dans la Cité interdite. À l'intérieur, le décor joue sur les entrelacs de caractères signifiant «longévité» et de vols de chauves-souris, animal dont le nom est homophone du mot «bonheur». On retrouve partout ces deux motifs dans l'ornementation des palais de Cixi, répétés comme des vœux adressés à elle-même. Derrière, enfermé dans une enceinte, le **palais des Vagues de Jade** fut la prison dorée de l'empereur Guangxu séquestré, prise en tenaille par les anciens appartements de l'impératrice. Ils comprennent le **jardin de l'Harmonie dans la Vertu** *(à dr.)*, avec un théâtre où les eunuques-acteurs donnaient des représentations – la vieille dame raffolait des spectacles et n'hésitait pas à se costumer pour y participer –, et le **palais de la Joie dans la Longévité** *(à g.)*. Preuve que l'impératrice ne dédaigna pas tous les aspects de la modernité, celui-ci reçut la toute première installation électrique faite en Chine en 1903. Gourmande notoire, Cixi y assouvissait sa «joie dans la longévité» en goûtant aux 128 plats qui composaient ses repas.

● **La colline de la Longévité millénaire**. 万寿山. Au pied de la colline et face au lac, sur lequel il ouvre par un portique en bois peint, le **palais des Nuages ordonnés** accueillait les somptueuses fêtes d'anniversaire de l'impératrice.

© Giuglio Gil/hemis.fr

▲ Au palais d'Été, l'hiver, on patine autour du bateau de marbre de l'impératrice Cixi.

Assise sur le trône aux Neuf Dragons, elle y recevait ses cadeaux, exposés ensuite dans les salles latérales. Un portrait peint en 1905 par une Américaine représente la douairière en habit de cour, sous des traits beaucoup plus jeunes que ceux qu'elle avait alors. Derrière le palais, deux escaliers montent vers le sommet coiffé du **pavillon du Parfum de Bouddha**. Brûlé en 1860, reconstruit entre 1891 et 1894, pillé pendant la Révolution culturelle, il n'a guère à offrir que la contemplation du lac et du moutonnement des collines de l'Ouest, piquées d'une pagode.

À l'extrémité ouest de la galerie du bord de l'eau, un **bateau de marbre**, construit avec les blocs du soubassement d'un temple détruit en 1860, est ancré à jamais. On dit que pour sa réalisation, en 1893, Cixi aurait puisé dans les fonds que la défense réservait à la constitution d'une flotte moderne pour lutter contre l'Occident… ce qui donne à sa forme – un vapeur équipé de roues à aubes – un certain piquant.

‖ Le jardin de la Clarté parfaite★

···⁑ 圆明园 **Plan** *p. 52*, **I-A1** *(p. 58, 32)* Yuanming yuan. À 17 km N-O de Pékin et à 3 km E env. du palais d'Été. **M°** Xizhi men, puis minibus n° 375 (arrêt Yuanming yuan). Ouv. t.l.j. 7 h-19 h. Entrée payante.

Autre secteur des **jardins de la Parfaite Splendeur** des Mandchous *(p. 113)*, il n'a sauvé du pillage perpétré par les Français et les Anglais en 1860 que quelques **palais★ de style européen**. Un sale tour de l'histoire ! Commandés par Qianlong, les palais avaient été dessinés entre 1740 et 1747 par les jésuites de la cour, en une très versaillaise perspective de fontaines et de labyrinthes. Bâties en dur, leurs façades résistèrent au feu de 1860, puis servirent de carrière. Lieu de ruines romantiques et d'herbes folles, le jardin de la Clarté parfaite fut longtemps le rendez-vous des étudiants de l'université voisine de Beida. Il a gardé de son intérêt, mais perdu de sa sérénité depuis l'installation, dans sa moitié sud, d'un parc d'attractions.

♥ Les collines Parfumées

···▶ 香山公园 (p. 55 et p. 58, 8) Xiangshan. À 25 km N-O du centre-ville de Pékin : bus n° 360 depuis Xizhimen. À 13 km O du palais d'Été : bus n° 904, à prendre à la porte N du palais, arrêt à proximité de la porte E du parc des collines Parfumées. Ouv. t.l.j. 6 h-18 h 30. Entrée payante.

Elles sont les premiers contreforts des collines de l'Ouest qui, du haut de leurs 600 à 1 000 m d'altitude, veillaient sur Pékin au nord-ouest. Au XVIIIe s., Qianlong y fit dessiner de nouvelles perspectives, qui ne furent pas épargnées lors du grand saccage de 1860. Quelques rescapés du désastre – temples bouddhistes et villas aménagées à la mode du Sud – servirent de résidence aux seigneurs de la guerre, après 1912, puis au gouvernement fantoche pendant l'occupation japonaise, entre 1937 et 1945. Mao y logea un temps en 1949, avant de déplacer son QG à Zhongnan hai (p. 70). C'est dire l'agrément du site, surtout à l'automne lorsque les collines se couvrent d'une marée de feuillages pourpres. Plantées de fleurs et d'arbres fruitiers, les collines Parfumées sont une formidable bouffée d'air aux portes de la capitale, à savourer au hasard des étangs et des ruisseaux, des grottes et des monts, des kiosques et des pavillons.

Le temple des Nuages bleutés★

···▶ 碧云寺 Biyun si. Accès face à la porte N du parc. Ouv. t.l.j. l'été 8 h-16 h 30. Entrée payante.

En 1748, l'empereur Qianlong (1736-1796) fit agrandir ce couvent bouddhiste fondé par un eunuque de la cour des Ming. Les constructions respectent l'orientation sud-nord traditionnelle, mais s'échelonnent à flanc de colline et sur fond de verdure, et sont couronnées par une **terrasse à cinq pagodes★★**, semblable à celle du musée d'Art lapidaire de Pékin (p. 73). Une salle au plan labyrinthique abrite **508 statues en bois marouflé des disciples de Bouddha★** assis sur de longues banquettes, parmi lesquels l'empereur, campé sous les traits d'un moine, et Jigong, le bonze excentrique de Hangzhou (p. 225). Au pied de la terrasse en marbre sculptée de sujets

portrait
Cixi et les âges sombres

Trois reproches majeurs collent à l'image de **celle qui choisit le dernier empereur de Chine** : avoir été une femme dans un XIXe s. où Orient et Occident se disputaient la misogynie, avoir été mandchoue, crime impardonnable aux yeux des Chinois, et avoir conduit l'empire à sa ruine. Celui-ci est déjà bien exsangue lorsqu'elle naît en 1835. En donnant le jour à un héritier, le futur Tongzhi, en 1856, la jeune femme entame une ascension qui ne prendra fin qu'avec sa mort, en 1908. Mais sur quelle toile de fond ! L'humiliation des guerres de l'opium, soldée par le sac du palais d'Été en 1860, est sans doute pour beaucoup dans la xénophobie qui la pousse à soutenir la **guerre des Boxeurs** contre les légations de Pékin en 1900. Jusqu'à la fin de sa vie, cette femme aussi intelligente que rusée préféra défendre les valeurs séculaires de l'empire plutôt que d'engager le pays dans la modernité. C'est sans doute sa plus grave erreur. On l'accuse encore d'avoir commandité la mort de ceux qui entravaient ses décisions, dont celle de Guangxu, son neveu et fils adoptif, l'avant-dernier empereur de la dynastie Qing, qui s'éteignit un jour avant la vieille douairière. Ce fut le lot de ceux qui cherchèrent à se distinguer dans le monde impitoyable de la Cité interdite. ●

5
itinéraire

bouddhiques en bas relief, une autre salle expose documents et photos retraçant la vie de Sun Yat-sen. Le temple accueillit la dépouille du fondateur de la République en 1925, avant son transfert dans le mausolée qu'on lui édifia à Nankin en 1929.

Le temple du Grand Éveil*

⋯⋗ 大觉寺 Dajue si. À env. 30 km N-O de Pékin. À 17 km O du palais d'Été : **bus** nos 346 ou 330 depuis la porte E du palais d'Été jusqu'à la station Wenquan, puis courte course en taxi. Ouv. t.l.j. 8 h-17 h. Entrée payante. **Carnet d'adresses** p. 127.

Adossé au mont Yangtai, ce temple bouddhiste a été érigé en 1068 sous les Liao. Il portait alors le nom de **temple de la Cour de l'Eau claire**, inspiré par une source cristalline qui, canalisée par des rigoles de pierre, dévale toujours la pente de la colline sur le flanc de laquelle le temple est accroché. Il a été entièrement refait au début du XVe s., pendant le règne de l'empereur Xuande de la dynastie Ming, après quoi il a été nommé temple de l'Illumination.

Pour atteindre la cour de l'Eau claire, il faudra traverser une vaste esplanade et passer un pont de pierre enjambant deux bassins parallèles avant de déboucher sur la première des **quatre cours centrales** ombragées par de séculaires et rares essences de ginkgos et de magnolias.

Dans la première cour, le **hall du Maitreya** arbore une belle façade de bois sculpté ; il abrite trois bouddhas d'un bois laqué finement ouvragé, gardés par une armée de 20 guerriers célestes en bois, campée le long des murs latéraux. Les colonnes, tout comme la charpente du toit de ce bâtiment, remontent à l'époque Ming.

Mais plus encore que pour les statues et reliques bouddhiques qui peuplent les divers bâtiments du temple, l'intérêt d'une escapade ici est de grimper jusqu'au **stupa** blanc qui domine la colline, pour profiter du cadre boisé et de l'atmosphère

sereine qui y règne… et n'est généralement troublée qu'au début du printemps à l'occasion de la somptueuse **floraison des magnolias** du temple qui draine de nombreux visiteurs chinois.

Chuandixia★★

⋯⋗ 川底下 À 100 km O de Pékin, dans le district de Mentougou. **M**o Pingguo yuan, puis bus no 929 «zhi» (ligne spéciale) jusqu'à Zhaitang, puis courte course en taxi. **Carnet d'adresses** p. 127.

C'est Pékin côté jardin potager… Accroché à flanc de coteau sur un haut plateau proche du **mont Lingshan** (2 300 m, le plus haut de la région), ce somptueux village de montagne bâti sous la dynastie Ming (1368-1644) a su traverser les siècles sans perdre son caractère altier, ni céder aux sirènes de la modernisation, annonciatrices en Chine de monotones bâtiments de carrelage et d'aluminium. Ici, les cours carrées sont faites de murs de pierre beige taillée en blocs inégaux et bordent des venelles pavées de cailloux polis par les ans. C'est le fruit – au goût longtemps resté amer – de l'isolement et de la pauvreté que connurent les 32 foyers qui peuplent aujourd'hui le village, jusqu'à ce qu'une route, aménagée à la fin des années 1990, les rapproche du tourbillon pékinois. Dans l'intervalle, la valeur architecturale de ce village conçu suivant les **règles essentielles du fengshui** (p. 262) n'a pas échappé aux officiels du Bureau national des reliques chinois, qui l'ont classé et transformé en village historique modèle pour citadins en mal de sensations campagnardes. Chaque week-end, à la belle saison, un flot discontinu de familles ou d'étudiants pékinois investit les fermes locales quasiment toutes transformées en auberges familiales et se replonge dans l'atmosphère des bourgs traditionnels d'antan : le temps d'une nuit passée sur un **kang** à écouter les grillons, d'un repas mitonné par de chaleureuses paysannes avec les produits de leur potager ou d'une bucolique balade sur les sentiers de montagne bordés de fleurs sauvages entourant le village. Pendant la semaine, en revanche, Chuandixia retrouve sa séculaire quiétude.

●●● *À noter: le village est une base idéale pour les amateurs de randonnées, qui pourront choisir des itinéraires de longueur et de difficulté variables à travers champs, sur le plateau en haut duquel serpente une portion sauvage de la Grande Muraille, ou le long d'une gorge rocheuse bordée de cascades et de grottes. Si vous souhaitez trouver un guide pour vos excursions, adressez-vous aux patrons des auberges et restaurants de Chuandixia.*

‖ Le temple de la Terrasse d'Ordination*

···❖ 戒台寺 Jietai si. À 35 km O de Pékin. M° Pingguo yuan, puis bus n°s 931 ou 948. Ouv. t.l.j. 8 h-17 h 30. Entrée payante.

Il faut traverser l'interminable banlieue sidérurgique du district de Mentougou, dont le charbon, sous l'empire, permit la cuisson des briques et tuiles vernissées des constructions impériales, pour atteindre la quiétude du mont de la Selle de Cheval (*Ma'an shan*), où les Tang fondèrent ce monastère au VIIe s. Sous les Liao, au Xe s., le moine Fajun en fit un pilier de l'enseignement bouddhiste que concluait un examen, dont les lauréats étaient ordonnés bonzes. On construisit alors la terrasse d'ordination qui vaut son nom au temple. Toujours visible, elle comporte trois degrés en marbre, ciselés de pétales de lotus et de nuages. En contrebas du temple, deux beaux stupas renferment les reliques et les maigres biens du moine docteur. À côté, le «Pin enlaçant la pagode» est un arbre vieux de mille ans qui

rampe le long d'un mur et se penche. C'est pour lui, et quatre autres congénères qui n'ont que trois ou quatre siècles, que les Pékinois se déplacent le dimanche.

‖ ♥ Le temple de l'Étang et des Mûriers sauvages**

···❖ 潭柘寺 Tanzhe si. À 45 km O de Pékin. M° Pingguo yuan, puis bus n° 931. Ouv. t.l.j. 8 h-17 h 15. Entrée payante. **Carnet d'adresses** p. 127.

Près du parking des bus, le **cimetière des abbés**★★ – la «forêt de Pagodes» – a grandi du Xe au XVIIIe s. en stupas de briques aux formes ogivales ou octogonales, certains ornés de bas-reliefs moulés. La voie d'accès au temple est balisée par des marchands de simples et de fruits sauvages les week-ends. Terrasses et pavillons s'échelonnent, adossés à la montagne. Habités par des statues récentes, ils présentent peu d'intérêt; en revanche, leurs cours, si! À l'entrée, deux vieux pins entrelacent leurs rameaux; dans la deuxième cour, deux ginkgos géants se toisent depuis mille ans, semant leurs feuilles d'or en éventail sur les pavés de brique chaque automne.

La plus haute salle est dédiée à Guanyin, que vénérait une des filles du khan Qubilaï; on montre la dalle d'argile creusée par ses génuflexions. Sur l'axe oriental des bâtiments du temple, les abbés avaient leurs appartements, ainsi que l'empereur Qianlong… qui n'y vint jamais. Pour lui, on imagina pourtant un divertissement: sous un kiosque, une rigole est creusée dans la pierre pour accueillir les coupes de vin d'un jeu qui consistait à improviser des rimes et à boire en cas de gage. Selon l'axe dans lequel on la regarde, elle ressemble à la tête d'un tigre ou au mufle d'un dragon. ●

6 | Au nord, la Grande Muraille★★★

itinéraire 6

© Laurence Mouton

▲ La Grande Muraille actuelle s'étend de la passe Shanhai, au bord de la mer, à Jiayu guan, au pied des monts Qilian et au nord du Gansu.

Carte *p. 111.*

Carnet d'adresses *p. 127.*

Il y a au moins six points d'accès à des tronçons, restaurés ou non, de la Grande Muraille au départ de Pékin.

Prévoyez au moins 2 h pour arpenter le rempart sur chaque site. Ils sont (presque) tous desservis par des minibus touristiques.

L'excursion organisée ou la voiture avec chauffeur s'avèrent plus onéreuses, mais moins contraignantes. Les bus de ligne (circulant t.l.j.) et les bus touristiques (qui, pour certains, ne circulent que le week-end) ne permettent de visiter qu'un seul site dans la journée. Les excursions organisées vendues au départ de Pékin couplent la visite de Bada ling ou de Mutian yu avec celle des tombeaux des Ming.

Si l'on dispose d'un véhicule, on peut faire de même, voire, en partant de bonne heure, effectuer un circuit Pékin/Mutian yu/Huanghua cheng/ tombeaux des Ming, avec retour à la capitale par l'autoroute.

Plusieurs points d'accès desservent la Grande Muraille au nord de Pékin. Les voyageurs pressés se rendront à Bada ling ou à Mutian yu, faciles d'accès. Ceux qui disposent de plus de temps ou se sentent l'âme sportive consacreront la journée à escalader le rempart à Huanghua cheng, à Jinshan ling ou, plus à l'est, à Huangya guan *(p. 126)*. Toutes ces sections du rempart datent du XVIᵉ s.

|| Les treize tombeaux des Ming★

···❖ 十三陵 Shisan ling. À 38 km N de Pékin. Bus nº 345 depuis Deshengmen jusqu'à Changping, puis bus nº 314. Des bus touristiques privés partent entre 6 h et 10 h (quand ils sont pleins) de l'esplanade Qianmen. Plus fiable : les excursions à Bada ling organisées par Beijing Hub of Tour Dispatch comprennent également la visite des Tombeaux Ming (départs t.l.j. entre 6 h 30 et 10 h du coin S-O de la place Tian'an men). Ouv. t.l.j. 8 h-17 h. Entrée payante.

Selon une tradition qui remonte aux Han, au début de notre ère, les souverains Ming (1368-1644), dès leur accession au trône et à partir du transfert du pouvoir à Pékin au XVᵉ s., se firent construire des hypogées abrités sous des tumuli, entretenus par des temples funéraires et desservis par une allée cantonnée de statues, le *shendao* ou «voie des Esprits». Pas de nécropole pour les Liao, Jin et Yuan des cinq siècles précédents.

Sans doute ces peuples de la steppe avaient-ils des rites funéraires différents. On ignore où se trouvent leurs cimetières impériaux, si cimetière il y eut. Toutefois, l'archéologie a mis au jour des sépultures de l'aristocratie des Liao dans l'est de la Mongolie-Intérieure, berceau de ce peuple. Affaire à suivre… En ce qui concerne les tombeaux des Ming, entourés d'un mur de 40 km, le site, majeur par son histoire, superbe dans son cirque au pied des monts Tianshou, est anéanti par la concentration touristique.

●●● *Voir également la chronologie détaillée p. 248.*

| La voie des Esprits★

···❖ 神道 Shendao

On accède à la nécropole par un *pailou* à cinq arches aux piliers sculptés dans des monolithes de marbre, bâti en 1540. Lui succède la **Grande Porte rouge**, portique à trois arches – celle du centre était réservée au passage du cercueil de l'empereur défunt, les portes latérales étaient empruntées par leurs successeurs à l'occasion du culte funéraire – bâti en 1425. De part et d'autre, des inscriptions invitent le cavalier à mettre pied à terre. À 500 m de là débute le cortège des animaux et des hommes de la **voie des Esprits**, gardés par de vilaines rambardes métalliques : les bêtes sont taillées dans un seul bloc de marbre ; guerriers et fonctionnaires bordent la dernière partie de l'avenue qui s'achève avec la **porte du Dragon et du Phénix**.

Les sentiers conduisant aux tombes impériales, dénommées «-ling», se déploient en éventail à partir de cet axe.

| Le Changling★

···❖ 长陵 À 5 km N du Shendao. Entrée payante. Il obéit au schéma uniforme des tombes impériales. Une série de cours et de portes monumentales conduit au tumulus, protégé par une enceinte de murs crénelés, où se trouve la tombe ou «palais souterrain». Un portique à trois arches ouvre sur une première cour, le portique de la Faveur céleste sur une deuxième où se dresse la salle du culte funéraire. La stèle commémorative de l'empereur est placée sous un pavillon, coiffant le tumulus, dans une troisième cour. Le principal intérêt du Changling est d'abriter le **mobilier funéraire du Dingling★**, tombeau de Wanli (1563-1620), seule sépulture impériale à avoir pu être fouillée en 1957-1958.

6
itinéraire

▲ Victor Segalen fut le premier Occidental à s'intéresser à la statuaire chinoise. De nos jours, les gardiens des tombeaux des Ming sont gardés à leur tour derrière des barreaux de fer. Photo du début du XXᵉ s.

Bada ling★

···⟐ 八达岭 (长城) À 33 km N des tombeaux des Ming. À 68 km N-O de Pékin. Bus 919 depuis Deshengmen. Des bus touristiques privés partent entre 6 h et 10 h (quand ils sont pleins) de l'esplanade Qianmen. Plus fiable : les excursions organisées par Beijing Hub of Tour Dispatch (départs t.l.j. entre 6 h 30 et 10 h du coin S-O de la place Tian'an men). Ouv. lun.-jeu. 7 h-19 h, ven.-dim. 7 h-22 h. Restaurants. Entrée payante.

Première section de muraille restaurée par la République populaire de Chine, elle appartient à une série de forts édifiés au XVᵉ s. pour protéger une vallée de la chaîne des Yanshan, au pied du mont Bada ling, enjeu précieux dans la stratégie de défense des Ming (1368-1644). D'où l'implantation serrée des forts que reliaient **deux lignes de remparts** et qu'encadraient des **tours de signalisation** dispersées le long des crêtes. Sa morphologie est un magnifique spectacle, sa fréquentation touristique un morceau d'anthologie du tourisme de masse en Chine, à moins de venir de très bonne heure. Sur la porte ouest du fort, on lit « verrou de l'entrée ouest » et « ligne avancée devant la passe Juyong ». Les murs ont entre 7 et 10 m d'épaisseur. À l'intérieur, des passages voûtés ont été aménagés tous les 100 ou 200 m pour monter sur le chemin de ronde où pouvaient circuler de front cinq chevaux ou dix hommes.

La terrasse des Nuages★★

···⟐ 云台 Yuntai. À 10 km S de Bada ling. Ouv. t.l.j. 8 h 30-17 h. Entrée payante.

Malgré la proximité de la Grande Muraille, cet ouvrage n'a rien à voir avec le système défensif. Il fut édifié en 1345, au temps de paix des Mongols, sur la route qui conduisait à Xanadu (Shangdu, la capitale du Haut, en Mongolie-Intérieure), où les empereurs Yuan séjournaient entre le quatrième et le neuvième mois lunaire. Imaginée par l'architecte népalais qui dessina le dagoba blanc de Pékin, la terrasse fut conçue comme les pagodes enjambant les routes du monde tibétain, mais les stupas qui auraient dû la surmonter ne furent jamais construits. Aujourd'hui, elle s'élève au milieu d'un parking, entre deux sections de Grande Muraille. Son **passage**, au parement de marbre gravé de prières en sanscrit, tibétain, mongol, ouighour, tangut et chinois, est une merveilleuse galerie de **bas-reliefs★★** où figurent les gardiens des quatre orients, surmontés de rangs de bouddhas assis.

Huanghua cheng★★

···❖ 黄花城 (长城) À 76 km N de Pékin. Bus n° 916 depuis la gare routière de Dongsi men pour Huairou (station Exposition Center), puis minibus bleu à destination de Erdaoguan (descendre à Huanghua cheng, au niveau de la poste). Au retour, le dernier bus part à 18 h. À 28 km N-E des tombeaux des Ming (voiture). Accès signalé en anglais. Entrée libre. **Carnet d'adresses** p. 127.

Ici, la Grande Muraille verrouille un vallon et escalade une petite retenue d'eau qu'il faut traverser à gué avant de franchir le mur. Côté est, elle grimpe brutalement vers Zhuangdao kou *(2 h de montée, superbe panorama)*. Côté ouest, elle monte à peine plus doucement (il faut parfois s'aider des mains pour progresser) vers Jiankou *(à 1 jour de marche)* et Mutian yu *(à 2 jours de marche)*. De ce côté-ci, on atteint au bout d'une heure d'ascension un quatrième bastion qui offre une vue à couper le souffle : le ruban de mur ondule comme une anguille, trace une épingle à cheveux en contrebas, puis repart en serpentant à l'assaut d'une autre crête.

Mutian yu★★

···❖ 幕田峪 (长城) À 50 km N-E des tombeaux des Ming. À 26 km E de Huanghua cheng. À 77 km N de Pékin. Bus de ligne n° 916 pour Huairou (depuis Dongsi men), avec changement pour Mutian yu. Accès possible en télécabine (côté O), en télésiège (côté E), ou bien par une rude montée (côté E). Option : descente en toboggan (côté E). Prévoir 3 h de visite en montant en télécabine et en redescendant à pied. Ouv. lun.-ven. 7 h 30-17 h 30, sam.-dim. 7 h 30-18 h. Entrée payante. Éviter les restaurants du site, chers et médiocres.

Elle appartient au même système de défense que Bada ling. Très rapprochés, les bastions dominent des pentes couvertes de chênes de Mongolie. On peut grimper jusqu'à une terrasse d'observation à l'ouest pour profiter du spectacle. Sur le bord intérieur, un haut parapet servait de garde-fou. Le mur était équipé de rigoles de drainage et de gouttières. Tous les 100 ou 200 m, une plate-forme de soutien a été aménagée en surplomb pour surveiller le pied de la muraille. Des tours à créneaux rendaient possible le tir au canon. La transmission des informations (très rapidement, tous les 500 km) se faisait par un système de signaux (feu de nuit et fumée le jour).

Sima tai★

···❖ 司马台 (长城) À 121 km N-E de Pékin. Bus n° 980 (depuis Dongsi men) avec changement à Miyun pour Sima tai. Ouv. t.l.j. de l'aube au crépuscule. Restaurants et téléphérique. Entrée payante. Prévoir 4 h de marche pour le site de Jinshan ling ; l'ascension étant particulièrement rude à partir de Sima tai, on profitera du paysage avec bien plus de plaisir en effectuant la randonnée depuis Jinshan ling.

Deux sources, l'une fraîche, l'autre tiède, alimentent un petit lac qui coupe en deux l'**ouvrage militaire** dominant ce vallon ombreux. Le secteur porte bien son nom de « terrasse des Sima ». Ici les escarpements forment de multiples points d'observation dans toutes les directions, sur lesquels ont été bâties plusieurs dizaines de tours de guet. La maçonnerie grimpe à l'assaut

▲ Est-elle vraiment visible depuis la lune ? On l'a longtemps dit... et cru. Las, en octobre 2003, Yang Liwei, le premier astronaute chinois envoyé passer 24 heures dans l'espace, a réduit ce mythe en poussière. Qu'importe, les jours de grand vent, on se sent une âme de guetteur sur le désert des Tartares, comme si, malgré tous ces fortins plantés sur les cols, toutes ces redoutes verrouillant les passages, quelque chose allait surgir par-delà le moutonnement des sommets.

monument
La Grande Muraille

Au Hebei, dès le IVe s. av. J.-C., les premières fortifications sont élevées par les Royaumes combattants de Qin, Yan et Zhao pour se défendre des incursions des cavaliers xiongnu *(p. 254)*. Le Zhao surtout, qui s'étend au nord vers la boucle des Ordos, souffre des razzias des nomades. On protège d'abord les cités en allongeant leurs remparts, puis les passes, puis les frontières du royaume, en exploitant au maximum la présence des obstacles naturels. Ces fortifications sont en terre damée, parfois renforcée de pierres. Ce sont ces lignes de défense contre les nomades de la steppe, mais aussi contre les autres royaumes chinois, qui deviendront la Grande Muraille.

De la ligne de défense à la zone frontière

En 222 av. J.-C., le Qin anéantit le Zhao. Les Xiongnu occupent alors la boucle du fleuve Jaune. Après l'unification de la Chine en 221 av. J.-C., Qin Shi Huangdi envoie le général en chef Mengtian à la tête d'une armée de 300 000 hommes contre-attaquer les Xiongnu pour reconquérir les Ordos. Durant vingt ans, l'armée du Qin restaure et raccorde les anciennes fortifications. L'empereur enrôle le peuple pour garder ses frontières, revêtir de pierre les tronçons réunis et construire à intervalles réguliers des bastions rapprochés.

L'épiderme du monde chinois

Si la Grande Muraille a un rôle défensif, c'est aussi une zone de contacts dès ses origines. Elle cristallise une idée contradictoire : assimilation entre les cultures (civilisation chinoise et tradition de la steppe) et rejet (monde agricole sédentaire contre monde pastoral nomade). La période d'assimilation a lieu sous la dynastie des Han, au début de notre ère. Après la fin des Han, et surtout après l'effondrement des royaumes Wei au Vᵉ s., la Muraille perd de son importance et est abandonnée. Son revêtement de pierre est pillé pour construire d'autres édifices. Sous les Tang, après 618, les frontières de l'empire sont repoussées bien au-delà du mur qui perd toute fonction *(carte p. 256)*

Un formidable rempart

La crainte du retour des Mongols pousse les Ming à restaurer la Grande Muraille à partir de la fin du XVᵉ s. Sa longueur totale (3 974 km) est divisée en neuf sections administratives, les zhen. Pendant cent soixante-dix ans, le rempart est entièrement recouvert de pierres taillées. On estime à un million les effectifs qui le gardaient. À la menace mongole s'ajoute, dès la fin du XVIᵉ s., celle des Mandchous qui forcent le dispositif à plusieurs reprises pour envahir la plaine centrale. Pendant les dernières années des Ming, le général Wu Sangui est chargé de les contenir. Il les rallie finalement lorsque, marchant sur Pékin, ces nomades y établissent la dynastie Qing en 1644.

Parcours de la Grande Muraille

À partir de son extrémité ouest, le rempart se dirige vers l'est à travers le corridor de Hexi, puis longe les marches méridionales du grand Gobi dans son parcours principal. Un bras secondaire se déploie à partir de Wuwei vers le sud-est pour encercler la boucle du fleuve Jaune et rejoint le mur principal à l'endroit où le fleuve infléchit son cours vers le sud, entre les provinces du Shanxi et du Shaanxi. La Muraille traverse alors les Ordos, le désert, le plateau de lœss, puis les grandes étendues herbeuses avant de se diviser de nouveau en deux murs parallèles, les murailles intérieure et extérieure des Ming. La ligne nord longe le piémont des Yinshan qui sépare la Mongolie-Intérieure de la province du Shanxi. Elle se termine à Juyong guan, près de Pékin, au nord des monts Taihang. L'autre bras traverse le plateau de lœss au nord du Shanxi, puis la chaîne des Taihang entre le Shanxi et le Hebei, avant de rejoindre la ligne nord à Juyong guan. Les deux bras réunis traversent encore 400 km à travers les crêtes des Yanshan, jusqu'à Shanhai guan et la mer de Chine. ●

◀ Plus ou moins entretenue au fil des dynasties, mais avec d'importantes réfections à l'époque Ming au XVIᵉ s., la Grande Muraille actuelle s'étend de la passe Shanhai, au bord de la mer, à Jiayu guan, au pied des monts Qilian et au nord du Gansu.

▼ À la clef de voûte de la terrasse des Nuages, bâtie en temps de paix, l'homme-oiseau Garuda prend son envol.

des échines montagneuses en décrivant un parcours vertigineux. Par endroits, ce n'est plus qu'un chemin de ronde, large de moins de 50 cm. C'est ainsi qu'elle monte, dans l'axe du site, mince comme un fil, vers la **tour de l'Immortelle** et la **Tour qui regarde la Capitale**★. Sur la section qui rejoint Jinshan ling, elle se mue en haut parapet, mur-écran et anti-invasions percé de meurtrières.

|| Jinshan ling★★

···⦂ 金山岭（长城）À 98 km S-O de Chengde. À 147 km N-E de Pékin. De Xizhi men, emprunter un bus pour Chengde et demander au chauffeur de s'arrêter à Jinshan ling. À la descente du bus, affréter un des véhicules privés stationnant dans l'attente des touristes. L'entrée du site est à 10 km E. Ouv. t.l.j. de l'aube au crépuscule. Entrée payante. **Carnet d'adresses** *p. 127.*

En venant de Pékin, la route traverse Gubei kou, l'une des passes colonisées par le grand rempart, qui escalade la montagne de part et d'autre de la route. Ce verrou stratégique fut fortifié sous les Ming, à la fin du XVIᵉ s. À l'est court la portion de Sima tai. Conçu comme un rempart de défense, Jinshan ling est continûment percé de meurtrières pour les archers. Situé sur la route

des ambassades pour Chengde, ce fut le premier site de la Grande Muraille connu en Europe à travers la série des *Vues de Chine*, publiée par Fisher à Londres et Paris (1843-1845).

Au pied du mur, un panneau indique «Zhuanduo passage» à droite et «Shaling passage» à gauche. Prenez le premier chemin pour effectuer une courte promenade sur le site. En empruntant le second, vous pourrez poursuivre jusqu'au site de Sima tai (*9 km, 4 h de marche, p. 121*). La montée est continue jusqu'au **bastion aux Cinq Yeux** (*1 h de marche*), ainsi appelé à cause de ses fenêtres. Au-delà, la Muraille n'est plus restaurée. Le pavement devient inégal. Le chemin de ronde est parfois si étroit qu'il faut le quitter pour des sentiers en contrebas. En remontant, on remarque des briques estampillées d'une inscription en quatre caractères «sixième année du règne de Wanli» (1563-1620). Moins escarpé que Sima tai, Jinshan ling déroule d'étonnants panoramas d'écharpes de muraille scandées de tours. Même en arrivant à pied, le secteur de Sima tai fait l'objet d'un droit d'entrée supplémentaire. ●

7 | Autour des tombeaux de l'Est des Qing★★

La voiture est la solution idéale. Il n'est pas commode de s'y rendre en transport en commun. Le mieux est d'affréter un taxi à la journée et d'effectuer le circuit Jixian/Qing Dongling/Huangya guan, avec retour sur Pékin ou avec une nuit au calme dans le village de Huangya guan.

Carte *p. 111.*

Carnet d'adresses *p. 127.*

Sur les petites routes qui filent ou serpentent entre deux rideaux de bouleaux, les voitures japonaises, les bus à air conditionné et les 4x4 *made in China* font place à des cohortes de transports ingénieux et bricolés. Un baudet caracole en tirant sa charrette pour doubler une bande de cyclistes. Un homme pousse une longue brouette lourdement chargée et profite de la pente pour s'asseoir un instant sur le bras de son convoi. Un *tuolaji*, motoculteur converti en triporteur à tout faire, lâche une pétarade en prenant son virage. Que Pékin semble loin !

‖ Jixian★

⋯⋗ 蓟县 À 122 km E de Pékin.

La vieille ville se trouve au nord de l'agglomération moderne et conserve, autour d'une rue enjambée de *pailou* aux couleurs vives, un bel ensemble monumental, composé d'une tour de la Cloche, d'un dagoba blanc et surtout d'un vieux temple bouddhique.

‖ Le temple de la Joie solitaire★★

⋯⋗ 独乐寺 Dule si. Ouv. t.l.j. 8 h-18 h. Entrée payante.

C'est une fondation bouddhique à porter à l'actif des Tang, au temps de la conquête du Nord-Est *(p. 93)*, et rebâtie par les Liao. Les bâtiments, y compris le pavillon d'accès, gardé par Heng le Renifleur et Ha le Souffleur, datent du XIᵉ s. Dans la cour, un **temple** à deux étages est dédié à Guanyin, dont il abrite une effigie de 16 m de haut, façonnée en argile sur une armature. Ceint d'un diadème de têtes de bouddhas, le *bodhisattva* est entouré des 18 *luohan*, évoluant sur les murs dans un paysage peint de vagues et de rochers. Exécuté sous les Yuan (XIIIᵉ s.), ce cycle peint des grands sages bouddhistes fut restauré sous les Ming et les Qing.

●●● *À voir aussi: hors de l'enceinte (à 300 m au S; ouv. t.l.j. 7 h 30-18 h 30; entrée payante), le **dagoba blanc**, dont la silhouette évoque ses homologues de Pékin, était l'une des pagodes du complexe.*

‖ Les tombeaux de l'Est des Qing★★

⋯⋗ 清东陵 Qing Dongling. À 36 km N-E de Jixian (125 km N-E de Pékin). Ouv. t.l.j. 8 h-17 h 30. Entrée payante. Patrimoine mondial de l'Unesco (2000).

Au pied des monts Changrui, c'est l'une des deux grandes nécropoles des Mandchous, l'autre se trouvant à 125 km à l'ouest de Pékin. Tous violés après la chute de l'empire, les tombeaux abritent les restes de **cinq empereurs**, dont Kangxi et Qianlong, figures majeures de l'empire mandchou, 15 impératrices et 136 concubines. Entièrement régie par le protocole chinois, la nécropole des Qing a bien plus fière allure que celle des Ming. Peut-être leur fengshui *(p. 262)* est-il plus favorable ? Lorsque la terre trembla à Tangshan en 1976, à une centaine de kilomètres de là, atteignant 8 sur l'échelle de Richter, elle ne fut pas endommagée. Aucune barrière métallique ne protège les statues du *shendao*, situé dans l'axe de la porte du Dragon et du Phénix du Xiaoling. On peut parcourir cette allée à pied, pour le seul plaisir d'embrasser du regard ce site grandiose (25 km²), avec ses palais funéraires aux murs pourpres posés sur fond de montagnes. Inscrit dans un périmètre de 200 km marqué de bornes rouges, blanches et bleues, le complexe funéraire est constitué de trois enceintes concentriques, où il était interdit de couper du bois et de faire paître des troupeaux. En son cœur, le **Xiaoling** est la sépulture de Shunzhi (1644-1662), premier empereur Qing à avoir gouverné la Chine depuis Pékin et qui découvrit ce site géomantique favorable à l'occasion d'une partie de chasse. À l'est du Xiaoling, le **Jingling** est la tombe de l'empereur Kangxi (1662-1722) et le **Huiling** celle de Tongzhi (1862-1875). Toutes deux sont simples et sans décor.

● **Le Yuling★★**. *à l'O du Xiaoling.* Le **tumulus**, enfermé dans une enceinte crénelée, fut aménagé pour l'empereur Qianlong (1736-1796). Il faut franchir d'immenses cours pavées (dont les salles présentent des expositions sans intérêt) pour l'atteindre. Devant la rampe d'accès, l'autel et la vaisselle du culte funéraire (tripode, vases et lampes) ont été taillés dans un marbre très pur. Aménagé sous le tertre, le **palais souterrain★★** (la tombe proprement dite) est ouvert au public, gardé par une porte aux vantaux de marbre sculptés de divinités bouddhiques. Vidée de son mobilier, la chambre funéraire est entièrement tapissée de dalles en marbre, sculptées en bas-relief d'objets bouddhiques de bon augure et de prières, tracées dans l'élégante écriture mandchoue. En montant sur le tumulus qui porte le pavillon de la stèle du défunt, on aperçoit les toits aux tuiles vertes de la sépulture où reposent les concubines de l'empereur.

● **Le Dingdong ling★**. *à l'O du Yuling.* Contrairement à l'usage, mais conformément à son ambition, l'impératrice douairière Cixi ne repose pas aux côtés de son époux Xianfeng (1851-1861) mais dans ce complexe de deux tombeaux jumeaux, aménagés pour elle et Ci'an, l'impératrice avec laquelle elle partagea la régence jusqu'à la majorité de Tongzhi.

‖ Huangya guan★

···▸ 黄崖关 （长城）À 28 km N de Jixian (132 km N-E de Pékin). Ouv. t.l.j. de l'aube au crépuscule. Entrée payante. **Carnet d'adresses** p. ci-contre.

Cette section orientale de la Grande Muraille s'appuie sur une passe étroite entre deux escarpements montagneux. On peut la parcourir sur 2 km. En contrebas, la forteresse est surnommée citadelle des Huit Trigrammes *(Bagua cheng)* car, vue du rempart, c'est un labyrinthe dont le tracé évoque pour les Chinois les combinaisons de trois traits pleins ou brisés du *Livre des mutations* (trigramme).

···▸ *On peut ensuite regagner Pékin par la jolie route de moyenne montagne qui traverse le district de Pinggu.* ●

Carnet d'adresses

© Agnès Boutteville

▲ Dans les rues de la capitale chinoise, les restaurants de poche défient les pelleteuses.

Carte *p. 111.*

Circuler

• **En bus.** Il n'existe plus de lignes régulières de bus touristiques pour les environs de Pékin, mais la société Beijing Hub of Tour Dispatch propose une dizaine de circuits d'une journée en bus : Tombeaux Ming, principaux tronçons aménagés de la Grande Muraille (Bada ling, Huanghua cheng, Mutian yu, Sima tai), temple de l'étang du Mûrier ou Tombeaux Qing de l'Est. Départs pour Bada ling et les Tombeaux Ming *t.l.j. entre 6h30 et 10h.* Pour les autres destinations, les départs ne se font que le w.-e. Rés. conseillée. Départs depuis le S-O de la place Tian'an men, mais en fonction de son trajet, le bus peut prendre des voyageurs devant le zoo (sur le parking proche de l'entrée), à Desheng men (au coin N-E de la tour), Xizhi men (devant la station du métro aérien) et Fuxing men (devant l'entrée du grand magasin Parkson). Info. et rés. ☎ 83.53.11.11. Les tarifs comprennent généralement le transport, l'entrée sur les sites et le déjeuner.

• **En excursion organisée.** Les hôtels touristiques de Pékin proposent des forfaits pour la Grande Muraille *(p. 122)*, avec véhicule, accompagnateur, assurance et droit d'entrée à Bada ling ou Mutian yu, couplé avec les tombeaux des Ming. Certains programment aussi Sima tai, Jinshan ling, Mutian yu et Huanghua cheng.

• **En voiture avec chauffeur.** C'est la solution la plus chère, mais elle présente l'avantage de la liberté, surtout pour la visite de la Grande Muraille. En négociant un départ matinal, on évite les hordes chinoises. On peut s'offrir 4h de randonnée au départ de Jinshan ling, en se faisant attendre au parking de Sima tai. Adressez-vous à votre hôtel, ou à une agence de voyages. En passant par une agence de voyages, compter 600 y la journée pour aller jusqu'à

budget

Pour une chambre double :

▲▲▲ de 50 à 80 €

▲▲ de 20 à 50 €

▲ de 10 à 20 €

À noter : 1 € = 10,40 y (2007). ●

Bada ling (1 h de trajet), 650 y pour Mutian yu/Huanghua cheng (1 h 30 de trajet env.) et au moins 1 000 y pour Sima tai/Jinshan ling (au moins 3 h de trajet). Les chauffeurs s'attendent généralement à un pourboire.

CHUANDIXIA

Visite *p. 116.* Indicatif tél. ☎ 010

▲ **Gufengyuan** 古风苑客栈 ☎ 69.81.63.98. *4 ch. de 4 à 8 pers. Siheyuan*, situé au milieu de la ruelle du haut du village. Modeste, mais ambiance authentique. Épis de maïs dans la petite cour, *kang* recouverts d'édredons à grosses fleurs, thermos, photos de famille des années 1960. S.d.b. commune avec douche carrelée et convenable.

▲ **Mingqing Guzhai** 明清古宅客栈 ☎ 69.81.81.29. *4 ch. de 3 à 8 pers.* Dans la rue principale du bas du village. Accueil sympathique. Chambres (*kang* ou lits au choix) réparties autour d'une grande cour protégée par un auvent de bambou. Sanitaires communs. Cuisine maison savoureuse.

DAJUE SI

Visite *p. 116.* Indicatif tél. ☎ 010

▲▲▲ **Minghui Teahouse** 明慧茶园 ☎ 62.46.15.67, fax 62.46.31.03, mhtea@263.net. *11 ch.* Cadre enchanteur, à une petite heure du centre de Pékin. Chambres standard et duplex très confortables perchés à flanc de colline, et 6 suites dans une cour latérale du bas. Attention : ne pas les confondre avec les chambres très médiocres situées près de l'entrée, qui sont gérées par la direction du temple. Bon restaurant de spécialités de Hangzhou et maison de thé réputée.

HUANGHUA CHENG

Visite *p. 120* Indicatif tél. ☎ 010

▲ **Xiaohong's Fortune Shop** 小红一路发财 ☎ 61.65.13.93. *4 ch.* Mᵐᵉ Sun Xiaohong tient auberge et boutique à l'entrée du site, juste en face de la poste. On peut s'y restaurer et passer une nuit sur le *kang* d'une de ses chambres. Ou bien simplement y faire un arrêt pour téléphoner, s'y ravitailler, acquérir des couvertures de survie pour bivouaquer sur la Grande Muraille.

HUANGYA GUAN

Visite *p. 126.* Indicatif tél. ☎ 022

▲▲ **Huangya Shanzhuang** 黄崖山庄宾馆 ☎/fax 22. 71.81.00. *80 ch.* Au pied du rempart, niché dans le fort des Trigrammes, petit hôtel conçu comme un village du Hebei, dans la verdure. Chambres simples mais propres et s.d.b. avec douche (eau chaude 6 h 30-8 h et 20 h-23 h) ou chambres de luxe autour d'une cour carrée traditionnelle (eau chaude en continu). Bon restaurant de spécialités campagnardes.

JINSHAN LING

Visite *p. 124.* Indicatif tél. ☎ 0314

▲▲ **Jinshan Ling** 金山宾馆 ☎ 84.02.46.28. *64 ch.* Ouv. mars-nov. Au pied de la Grande Muraille, des chambres aménagées dans un siheyuan. Carrelage au sol, clim., téléphone et TV.

TANZHE SI

Visite *p. 117.* Indicatif tél. ☎ 010

▲▲ **Jiafu** 嘉福饭店 ☎/fax 60.86.27.81. *24 ch.* Au pied des pentes boisées. Dommage que le siheyuan récent, autour duquel les chambres sont réparties, fasse autant carton-pâte ; s.d.b. douches. ●

À portée de Pékin

À portée de Pékin, c'est la Chine du Nord qu'on explore entre mer et montagne, entre Chinois et Barbares. Au « nord du fleuve [Jaune] », dans la province du **Hebei** et à **Chengde**, par-delà les passes gardées par la Grande Muraille, à mi-chemin de la capitale et des forêts de Mandchourie, des terres à blé et des pâturages à chevaux, on fait déjà un pas dans cette Chine extérieure où fusionnèrent les civilisations chinoise et nomade. À « l'ouest des monts [Taihang] », dans la province du **Shanxi**, terminus du Transmongol venu de l'Asie des steppes, le plateau de lœss fut le couloir de la diffusion du bouddhisme en terre chinoise au Vᵉ s.

···≯ **Carte Les essentiels** *en rabat de couverture.*

▲ Pingyao (dans le Shanxi), a le même visage aujourd'hui que durant la dynastie des Qing, alors qu'elle était un centre financier de la Chine.

8 | ♥ Chengde★★★, théâtre du pouvoir

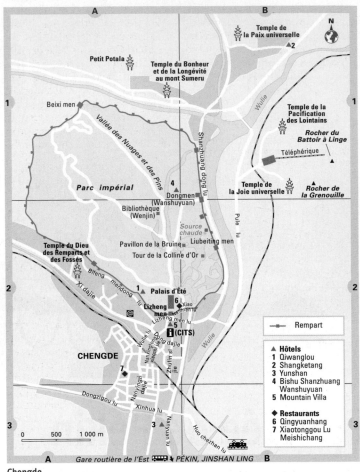

Chengde

À 256 km N-E de Pékin : route excellente ; l'autonomie d'un véhicule permet la visite de la Grande Muraille de Jinshan ling, situé à mi-parcours (p. 122).

Durée ; prévoir une journée pour la visite de Chendge et 2 jours pour la totalité de l'itinéraire proposé.

Bus et train depuis Pékin p. 154.

Carnet d'adresses p. 152.

Si Chengde (承德) fait encore très province quand on arrive de la capitale, elle n'est pas épargnée par les grands chantiers : les tours vitrées, les centres commerciaux et les restaurants clinquants ont éclos un peu partout, les voitures se sont multipliées, les marchés de nuit n'animent plus les rues populaires désormais «nettoyées», et la ville s'est peu à peu rapprochée des temples, jadis isolés en rase campagne. À moins de venir en semaine ou hors saison, il faut fuir le centre-ville ou explorer les temples les moins connus pour retrouver la tranquillité des lieux.

Durant tout le XVIIIe s., Chengde fut le grand théâtre diplomatique des Mandchous *(carte p. 261)*. Chaque été, la cour quittait Pékin pour le cadre plus clément de Jéhol, ainsi qu'on la nommait alors. Tout son décor est resté: une Cité interdite miniature, un parc reproduisant les paysages les plus célèbres du Jiangnan et des imitations de temples lamaïques tibétains.

|| Le palais d'Été★★

⋯⋗ 避暑山庄 **A2** Bishu shanzhuang. Ouv. t.l.j. 5 h 30-20 h 30 (parc), 7 h-17 h 30 (palais). Entrée payante.

De son vrai nom «Hameau de Montagne pour fuir la Chaleur estivale» *(Bishu shanzhuang)*, le palais d'Été de Chengde, établi par Kangxi en 1703, reprend en plus petit le plan de la Cité interdite, mais préfère à son apparat de pourpre et d'or la carte fonctionnelle et élégante d'un bureau de campagne. Les Mandchous y accueillaient les légations envoyées par les tribus cousines de la steppe.

Une ambassade bien plus lointaine y fut reçue l'été 1793: conduite par Lord Macartney, elle représentait le roi George III d'Angleterre, mais n'eut pas l'heur d'impressionner le souverain de l'empire du Milieu.

● **Le palais★ A2**. *Lizheng men*, la «belle porte principale» qui le dessert, est ainsi baptisée sur le cartouche accroché au linteau, dans la langue des Mandchous et dans celles des quatre peuples qu'ils soumirent (Tibétains, Chinois, Ouighours et Mongols).

La **porte du Méridien** *(Wumen)*, qui lui succède, avait des fonctions similaires à son homonyme de Pékin *(p. 62)*: de cette monumentale fenêtre d'apparition, l'empereur assistait aux parades militaires des Bannières et à la réception des hauts fonctionnaires et des ambassadeurs étrangers.

La **salle du Désintéressement et du Respect silencieux★★** conserve de rares meubles en santal pourpre. Leurs bas-reliefs s'inspirent d'un célèbre traité de l'époque sur la riziculture et la sériciculture (élevage des vers à soie). Au fond de la troisième cour, le **bureau des Quatre Connaissances★★** était le cabinet de travail de l'empereur. Tout de rusticité, ses lambris de bois brut font écho aux troncs noueux des pins de la cour. Il fait transition avec le **secteur privé** du palais: salle de la **Brume flottante et des Manières franches**, résidence de l'empereur *(au centre)*, chambres des concubines *(à l'ouest)* et **salle de la Grue et des Pins**, résidence de l'impératrice *(à l'est)*, où sont exposés porcelaines, émaux cloisonnés, laques sculptés ainsi que des horloges et verreries européennes.

On quitte le palais pour le parc en passant sous la Tour d'où l'on contemple les montagnes dans la brume.

● **Le parc★**. À l'orée de la steppe, une Grande Muraille en miniature de 25 km protège le parc de son **rempart pourpre** crénelé. Les empereurs Kangxi et Qianlong firent aménager des répliques des panoramas du Jiangnan *(p. 161)* sur 560 ha. Dans sa forme, le parc impérial n'est pas sans rappeler, avec ses fabriques, ses échappées naturelles savamment calculées, son dosage habile d'eaux, de collines et de forêts, les jardins de l'Europe du XVIIIe s. Qianlong en raffolait tant qu'il leur dédia un recueil de poèmes, illustré par des peintres célèbres.

La proximité du palais est dévolue aux eaux, avec le lac, ses îles et une source d'eau chaude. Au nord s'ouvre la **vallée des Nuages et des Pins**; des collines enfin occupent les 4/5e de la superficie à l'ouest. Au nord du lac, une allée ombragée conduit aux maigres vestiges du **Wenjing**, le pavillon où était serrée la «Collection complète des Livres des Quatre Bibliothèques» *(p. 134)*. Près de la Porte E **B1**, principale sortie du parc plus connue des autochtones sous le nom de Wanshu yuan, s'élève une **pagode octogonale**, unique vestige d'un temple construit pour commémorer les campagnes victorieuses de Qianlong au Turkestan.

|| Les temples lamaïques★★

⋯⋗ **A-B1 Entrée payante.**

Sur les douze fondations bâties entre 1713 et 1780 et administrées par le supérieur du temple des Lamas à Pékin *(p. 77)*, **cinq temples** ont été restaurés. Inspirés de hauts lieux du **lamaïsme** et conçus pour impressionner les légations de princes étrangers – éclats de toits d'or et de murs blancs ou rouge sang –, ils contrastent avec la sobriété du palais d'Été. Leur histoire est connue grâce à d'énormes stèles en **quatre langues** (chinois, mandchou, mongol et tibétain) érigées dans leurs enceintes. La visite du sixième **Panchen-lama** en 1780 signe leur apogée. Rare dérogation au plan axé sud-nord de l'architecture chinoise, ils sont disposés en couronne et regardent vers le palais d'Été.

| Le temple de la Paix universelle★

⋯⋗ 普宁寺 **B1** Puning si. Ouv. t.l.j. 7 h 30-17 h 30.

Inspiré en partie par Samye, le premier monastère tibétain, il fut édifié en 1755 pour fêter la trêve avec les Mongols occidentaux dans le cadre d'un front commun contre la Russie tsariste. Une partie des bâtiments est habitée par une cinquantaine de lamas.

Rien que de très traditionnellement chinois jusqu'à la troisième cour en terrasse, où s'élève le **pavillon du Mahayana★★**. Ses faux étages ont été construits autour d'une colossale **statue de Guanyin★★** aux mille bras et aux mille yeux. Haute de plus de 22 m, elle s'apparente aux effigies du temple des Lamas *(p. 77)*, et du temple de la Joie solitaire de Jixian *(p. 125)*, à la différence qu'elle est constituée d'un assemblage, laqué et doré, de bois de pin, de sapin et d'orme. Derrière ce pavillon débute l'évocation de Samye. Quatre **dagobas★** aux incrustations de céramique vernissée symbolisent les quatre grands événements de la vie du Bouddha

---

géo-politique
Le monde en petit

Depuis les années 1990, la Chine s'entiche des «mini-mondes» *(xiao shijie)*, parcs d'attractions où l'on visite, le temps d'un après-midi, Saint-Pierre de Rome, la statue de la Liberté et la tour Eiffel. C'est un peu – toutes proportions esthétiques gardées – ce que préfigurait Chengde. Voulant connaître le monde chinois pour mieux le contrôler, les Mandchous Kangxi (1662-1722) et Qianlong (1736-1796) entreprirent des voyages d'inspection vers le pôle commercial et culturel du Bas-Yangzi *(p. 209)*. Fasci-

nés, ils firent reproduire à leur retour les **beaux panoramas du Sud** dans les grands parcs du Nord. En commandant aux jésuites de la cour une perspective de **palais européens** pour le jardin de la Clarté parfaite *(Yuanming yuan, p. 114)*, ils affichèrent le même intérêt pour ce qui existait à l'autre bout du Vieux Monde. Idéologiquement située au centre, la Chine accueillait toutes les créations et les merveilles du monde connu. Ainsi, à Chengde, reproduisit-on tel site de Hangzhou ou de Suzhou, tout en abritant la totalité du savoir chinois dans la bibliothèque im-

périale *(p. 134)*. Fondés pour sceller la pacification des tribus de la steppe, les **temples lamaïques** affichaient un tour plus franchement politique. Entre monuments factices et allégories du pouvoir des nouveaux maîtres du monde, les architectures de Chengde rappellent celles de Versailles. D'ailleurs, la municipalité rêve d'un jumelage avec cette homologue française… ●

▶ Un art accompli du trompe-l'œil : la façade du palais rouge de Lhassa dressée par les Mandchous à l'orée de la steppe.

(naissance, éveil, premier sermon et nirvana). Ils matérialisent l'espace d'un **mandala**, dont les continents sont évoqués par des structures géométriques. Au nord, une rocaille clôt la citation tibétaine dans le registre des jardins chinois. Sur les terrasses latérales à cet axe central, des pavillons déploient **objets de culte★** et **effigies des divinités★** du lamaïsme.

Le petit Potala★★★

···⟩ 普陀宗乘庙 **A1** Putuo zongsheng miao. Ouv. t.l.j. 8 h-17 h. Entrée payante.

Construit pour célébrer, en 1771, le double anniversaire des 60 ans de l'empereur Qianlong et des 80 ans de l'impératrice douairière, cet ensemble ne manque pas d'ambition : le **palais-monastère de Lhassa** au Tibet lui a servi de modèle. Les festivités coïncidèrent avec la fin de la tragédie des Torgut : spoliée par les Dzoungares, puis opprimée par le tsar de Russie, cette tribu mongole tenta de regagner ses terres de l'Ili à marche forcée, lors d'un exode qui fit 85 000 morts. Qianlong leur fit acheminer argent, vivres, troupeaux, tentes et vêtements et reçut leur chef au palais d'Été de Chengde.

Un **porche surmonté de cinq dagobas★** débouche sur une voie qui serpente entre des cubes de maçonnerie, imitation du village de Schöl qui s'étend au pied du palais-montagne tibétain. Au bout, le trompe-l'œil est parfait : on voit se dresser les deux façades accolées du palais blanc et du palais rouge du Potala. Six niches en céramique émaillée, ornées de statues du **bouddha Amitabha**, imitent les ouvertures en trapèze des fenêtres tibétaines. Pur décor de cinéma, car, derrière, au lieu de pénétrer dans le dédale d'escaliers et de salles du palais de Lhassa, on débouche sur une cour fermée de galeries à la mode chinoise (exposition d'**objets d'art lamaïque★** d'époque Qing) et qu'occupe en son centre le **pavillon d'Or★★**. En montant

© Catherine Bourzat

sur les toits-terrasses des galeries, on plonge du regard à la fois sur les vagues de ses tuiles en bronze, couvertes de feuilles d'or, et sur les montagnes qui enchâssent le site de Chengde.

Le temple du Bonheur et de la Longévité au mont Sumeru★

···⟩ 须弥福寿庙 **A1** Xumi fushou miao. Ouv. t.l.j. 8 h-17 h 30. Entrée payante.

Élevé pour honorer la visite du sixième panchen-lama, c'est tout naturellement que ce temple adopte le modèle du Tashilumpo, résidence du second chef religieux du royaume du Tibet, après le Dalaï-Lama. Comme au petit Potala, une maçonnerie à la tibétaine, mais percée de vraies fenêtres, enveloppe une cour où se dresse la **Salle majestueuse et merveilleuse★★**, un pavillon chinois aux arêtes faîtières soulignées de dragons en bronze. À l'arrière, séparée par les rocailles

itinéraire 8

© Bertrand Gardel/hemis.fr

conseils
séjour insolite

Pour une halte insolite à Chengde, choisissez *Bishu Shanzhuang Wanshuyuan* (Rens. carnet d'adresses *p. 153*) : les chambres sont aménagées dans un village de yourtes planté au milieu des pins dans le parc du palais d'Été.

bibliophilie
Tout le savoir du monde

Entre 1772 et 1782, l'empereur Qianlong fit collationner à Pékin l'une des plus grandes bibliothèques du monde (Siku Quanchu, la Collection complète des Livres des Quatre Bibliothèques) : 79 337 tomes, classés en quatre catégories – canons classiques, histoire, philosophie et littérature ; un exemplaire fut déposé à Pékin, l'autre dans le pavillon de Wenjing à Chengde.

L'entreprise était telle qu'elle dépassait les moyens techniques de l'imprimerie et que l'ouvrage fut confié à des copistes. Derrière ce monument dédié à la connaissance, et digne du siècle des Lumières, se cache la volonté très politique d'un contrôle absolu du savoir, de sa teneur et de sa diffusion. En somme le même objectif, avec des moyens radicalement contraires, que celui qui avait conduit le premier empereur à faire brûler les livres. ●

▲ Les toits d'or du temple du Bonheur et de la Longévité au mont Sumeru.

d'un jardin chinois, une autre cour servit d'appartements au pontife lors de son séjour. Ses salles exposent bronzes et **objets liturgiques lamaïques★**. La silhouette gracile d'une pagode toute de céramiques vernissées clôt l'ensemble.

| Le temple de la Joie universelle★★

···⊱ 普乐寺 **B1** Pule si. Ouv. t.l.j. 8 h-17 h. Entrée payante.

Aucune citation architecturale tibétaine dans ce temple bâti en 1766 pour accueillir des légations des marches du Nord-Ouest, le Xinjiang, dont Qianlong venait d'achever la conquête. Mais il est moins chinois qu'il n'en a l'air. Dans sa dernière cour, une puissante terrasse supporte le **pavillon de la Lumière de l'Aurore★★**, une rotonde qui participe de la même prouesse technique que celle du temple du Ciel à Pékin *(p. 93)*. À l'intérieur, une structure cubique en bois ouverte de quatre portes permet de deviner un dieu tibétain tenant sa compagne enlacée. Les caissons sculptés du plafond laissent échapper un couple de dragons se disputant une perle. Tout cet emboîtement de structures dessine une succession de carrés et de cercles concentriques et forme le mandala de la divinité dont le temple de la Joie universelle est l'oratoire. Chinois en apparence, il est le plus tibétain dans sa conception. Son implantation non plus ne doit rien au hasard. Il s'élève dans l'axe d'une des curieuses formations rocheuses qui se dressent dans la cuvette de Chengde. Baptisée localement le «Battoir à Linge» *(Bangshui shan; desservie par un télésiège situé au pied du temple qui fonctionne t.l.j. 7 h 30-18 h; trajet 20 min)*, elle affecte, vue du temple, une forme phallique, en écho à l'union, aussi mystique que charnelle des divinités de la rotonde. La visite des galeries du pourtour de la terrasse plonge dans l'univers fantastique et magique du panthéon tibétain, à travers de superbes bronzes dorés des XVIIᵉ et XVIIIᵉ s.

| Le temple de la Pacification des Lointains★

···⊱ 安远庙 **B1** Anyuan miao. Ouv. t.l.j. 8 h-17 h 30. Entrée payante.

Son toit de tuiles noires contraste avec les couleurs éclatantes des autres. Un seul édifice, le Putu dian, subsiste de ce complexe élevé en 1764, sur le modèle d'un sanctuaire mongol de la vallée de l'Ili, détruit par les Mandchous lors du conflit dzoungare. Son immense cour servait d'enclos pour les chevaux des pèlerins. Un pavillon y abrite une collection de costumes et de masques du cham, le théâtre rituel lamaïque. Le Putu dian est dédié à Tara, «celle qui fait passer le gué», la Sauveuse du panthéon mongol et tibétain. Sa statue colossale occupe le centre de l'édifice dont les parois sont décorées du cycle de ses interventions surnaturelles. Les **peintures★** sont de belle facture, mais difficiles à lire dans la pénombre du temple.

|| Le temple du Dieu des Remparts et des Fossés

···⊱ 城隍庙 **A2** Chenghuang miao. Ouv. t.l.j. 7 h-21 h. Entrée payante.

Le dieu protecteur de la ville fut installé ici lors de la fondation de Chengde en 1703. Il n'a réintégré son rang et les lieux qu'en 2001. Des Chinois d'outre-mer ont financé la reconstruction de ce **temple taoïste** et de ses habitants: les statues des fonctionnaires et exécuteurs de ce dieu-juge qui siège, en compagnie de son épouse, dans la dernière salle. De part et d'autre, deux constructions logent chacune 30 divinités présidant aux destinées humaines. Ce sont les 60 dieux du cycle calendaire chinois que l'on sollicite et honore en fonction de son année de naissance. ●

9 | ♥ Une boucle dans la terre jaune★★

▲ Au nord du fleuve Jaune, les terres jaunes sont un imposant feuilletage de lœss que des générations de paysans cultivent en terrasses.

Carte Que voir ? *en rabat avant de couverture.*

Carnet d'adresses *p. 154.*

Prévoir une semaine de visite pour la totalité de l'itinéraire proposé.

À l'ouest de Pékin, au sud de la Mongolie, le **Shanxi** est frugal, ses habitants casaniers, attachés à leur sol rétif aux cultures. Le souci de lendemains malheureux développe l'économie de bas de laine, et les anecdotes vont bon train sur un écot familial transformé en fumée pour avoir été dissimulé dans le trou d'un *kang*, ou sur une liasse de billets oubliée pour avoir été cousue dans l'épaisseur d'une semelle de feutre. On hypothèque à court terme. Ici, ce sont les garçons qui mettent de côté l'argent du mariage qui coûtera au minimum 60 000 yuans en mobilier et électroménager. La journée nationale du Reboisement (12 mars) revêt beaucoup plus qu'une signification symbolique dans cette région menacée par l'érosion éolienne et dramatiquement concernée par la sécheresse. La nappe phréatique est en voie de disparition et les rivières ne sont plus que toponymes, lits stériles. Jusqu'aux abords de Taiyuan, la capitale provinciale, c'est un **pays de pasteurs** avec ses ânes, ses troupeaux de moutons et de chèvres et ses rares paires de bœufs qui labourent les arpents de terre laissés entre les remontées salines. **Habitats troglodytes** ou fermes de briques, les maisons tournent le dos au vent des steppes, dans le cadre majestueux mais fragile des **terrasses de lœss**, la terre jaune de Chine du Nord. Le printemps y est tardif, annoncé par la floraison des vergers et les pousses crues et timides du sorgho et du maïs, l'été explose dans le jaune acide du colza, et l'automne se fane de pourpre et d'or, avant le rude hiver glacé par les vents de Mongolie.

Le nord du Shanxi★★

Invité par le Premier ministre Zhou Enlai en 1973, Georges Pompidou découvrait, en visitant cet immense bassin charbonnier de la Chine du Nord, Yungang, le plus bel ensemble de statuaire rupestre de Chine, contemporain des bouddhas dynamités en Afghanistan en 2001. Il était temps. Toute ferveur religieuse y semblait éteinte. Le dernier de ses moines disparut d'ailleurs trois ans plus tard. En mars 2001, un comité d'experts de l'Unesco est venu étudier la possibilité d'inscrire le site au patrimoine mondial. Quant à Datong, elle n'en finit pas de connaître depuis dix ans des soubresauts de destructions et de reconstructions qu'il est difficile de qualifier d'urbanisme. À la fin des années 1980, elle surgissait à l'arrivée comme un mirage d'une page de correspondance de Victor Segalen. Un flot de tuiles grises roulait entre des monticules pelés ou béait sur des entrailles de charbon avec, pour seules notes de couleur, les sentences sur papier rouge collées aux vantaux des portes. Seuls rescapés, ses vieux temples surgissent comme des miracles, leurs statues et leurs peintures comme d'inexplicables miraculés.

Datong★★
aux statues d'argile

⋯ 大同 À 377 km O de Pékin (train). À 37 km de Pékin (bus, train). À 191 km N-O du Wutaishan (bus). À 355 km N de Taiyuan (bus, train). À 463 km N de Pingyao (train). Prévoir une journée de visite. **Carnet d'adresses** p. 154.

Si Datong se pare de très vieilles fondations religieuses, c'est qu'elle eut **plusieurs fois le rang de capitale** (carte p. 255).

Les Wei du Nord (386-534) s'y fixèrent les premiers, avant de déplacer leur centre de gravité vers le bassin moyen du fleuve Jaune. Sous les Liao (947-1125, p. 257), elle fut capitale de l'Ouest, quand Pékin était capitale du Centre. Toutes deux tombèrent aux mains des Jin en 1125. Tous ces souverains eurent en commun d'être d'origine nomade et de patronner le bouddhisme. Au début du XVe s., lorsque Pékin devint capitale des Ming, Datong fut chargée de garder les passes et la Grande Muraille à l'ouest. De ce temps, elle conserve une **tour du Tambour★**, épicentre et repère dans la vieille ville, et un **mur-écran★** qui protégeait l'entrée du palais du vice-roi. Orné d'un bas-relief en céramique vernissée, figurant neuf dragons s'ébattant parmi les nuages et les vagues, il a perdu beaucoup de son sens depuis que le palais qu'il gardait est parti en fumée (Jiulong bi; au centre, à l'E de la tour du Tambour; ouv. t.l.j. 7h30-19h30; entrée payante).

● **Les temples du Sutra de la Guirlande de Lotus★★**. 华严寺 Huayan si. Au centre, à l'O de la tour du Tambour. Ouv. t.l.j. 8h-18h. Entrée payante. Édifiées sous les Liao au XIe s., leurs salles à l'architecture sévère ont bien plus à montrer que les successions bien ordonnées et peuplées de statues tardives peinturlurées des temples bouddhistes chinois. On a rarement l'occasion en Chine de voir ces **toits imposants** sans courbure et reposant tout du long, et plus particulièrement aux angles, sur les jeux savants de bras de console chevillés en bois.

Dans le **temple d'En-Bas**, la salle principale contient une merveilleuse miniature de cet art de menuisiers : courant le long des murs, la **bibliothèque★★**, où étaient rangés les livres

9
itinéraire

de prières, a été conçue à l'imitation des palais de ce temps-là. Au centre de la salle trône la triade des bouddhas des trois âges (passé, présent, futur), entourés de leur cour façonnée dans l'argile : des *bodhisattva*, au visage joufflu et à l'expression aussi précieuse que des dames de la cour, et deux rangs de divinités, à l'air plus redoutable.

L'architecture du temple d'En-Haut, reconstruit sous les Jin, est tout aussi solennelle et contraste avec les dorures des statues de Bouddha, placées à l'intérieur sous la dynastie Ming.

● **Le temple de la Bienfaisance universelle★**. 善化寺 *Shanhua si.* à *l'extrême S du vieux centre. Ouv. t.l.j. 8 h-18 h. Entrée payante.* Les trois salles qui le composent ont été à l'origine érigées pendant l'ère Kaiyuan (713-742) de la dynastie Tang avant qu'elles soient reconstruites sous les Jin (XIIe s.). Elles dessinent la même **architecture austère et imposante** que les temples Huayan. Depuis plusieurs années, on ravive les couleurs de leurs **peintures★** du XVe s. et de leurs **statues d'argile★** qui remontent au XIe s.

| ♥ Yungang★★★ aux statues de pierre

⋯⋗ 云冈石窟 À 19 km à l'E de Datong. Minibus au départ de la gare ferroviaire *(p. 154). Ouv. t.l.j. 8 h 30-17 h 30. Entrée payante. Panneaux et fléchage bilingues. Photos interdites dans toutes les grottes. Prévoir 1 à 2 heures pour la visite. Patrimoine mondial de l'Unesco (2001).*

Maillon oriental d'une chaîne de fondations rupestres jalonnant la route de la Soie à partir du IIe s., Yungang, la «falaise des Nuages», est une page majeure du bouddhisme en Extrême-Orient, car un des laboratoires les plus anciens de la **diffusion de l'image de Bouddha en Asie**. Les travaux débutèrent en 489, un siècle après l'établissement de la capitale des Wei à Datong, dans la foulée de massives déportations de populations venues des régions du Nord-Ouest. Placé sous patronage impérial, le sanctuaire réclama le travail de 100 000 artistes sur une période de quarante ans. En 535, tandis que se poursuivait l'aménagement de la falaise, les Wei déplacèrent leur capitale à Luoyang, à quelque

charbon
L'or noir
de la terre jaune

Cité de près d'un million d'habitants, Datong vit du charbon. 300 000 mineurs travaillent dans les 15 gisements principaux, qui appartiennent toujours à l'État, plus les 300 mines secondaires, anciennes propriétés de l'armée, devenues celles du gouvernement local et de quelques particuliers. Ils bénéficient de quelques aménagements sociaux: travail 6 h par jour, retraite à 45 ans, salaire mensuel de 2 500 yuans (contre 1 000 à 1 500 pour la moyenne nationale) et fortes primes sur les heures supplémentaires. Ces conditions attirent une

main-d'œuvre venue des zones méridionales surpeuplées (Sichuan), qui retourne au pays au bout de trois ou quatre ans après avoir amassé un pécule. L'entreprise privée alimente les hauts fourneaux de poche. Sémaphores du paysage chinois depuis le Grand Bond en avant, ils sont tombés en désuétude, sauf ici où ils fument toute l'année.

bouddhisme
La grande ferveur

Au Ve s., le bouddhisme, qui existe depuis quatre siècles en terre chinoise, connaît un véritable boom sous le patronage des souverains étrangers de la Chine du

Nord. La présence des moines à la cour est recherchée pour le pouvoir de leurs prières. Des 30 000 monastères où vivaient 2 millions de religieux sous les Wei du Nord, presque rien n'a survécu. Les premières pagodes, en particulier, frappèrent l'imagination. Celle d'un des temples de Luoyang atteignait 200 m de haut! Ce fut aussi pour la Chine une phase d'assimilation de l'**imagerie bouddhique**, venue par les routes d'Asie centrale avec sa cohorte de divinités dépeintes à la mode indienne, de rois campés à la manière iranienne et de personnages drapés de plissés hellénistiques. ●

1 000 km au sud, lançant un nouveau chantier bouddhique et rupestre à Longmen *(carte p. 255)*.

Au pied de la falaise, une **exposition de photos** donne une idée des avatars du site. Laissé à l'abandon au XXe s., le monastère fut mis au pillage : 1 400 statues ont été emportées entre 1911 et le début de la Révolution culturelle. Il en reste tout de même 50 000 réparties dans 53 grottes. Yungang eut aussi à souffrir des séismes, dont le dernier remonte à 1989. Une promenade en balcon longe les sanctuaires rupestres. L'entrée débouche en face des grottes 5 et 6, mais, pour suivre l'ordre d'apparition, rendez-vous d'abord à gauche, du côté des grottes 16 à 20, les plus anciennes.

● **Grottes 16 à 20****. Occupées par des **colosses de pierre** (13 à 17 m de haut) taillés en quasi-ronde-bosse, elles sont inratables. Toutes composent autour de la triade des bouddhas des trois âges (passé, présent, futur), sévères et hiératiques, et de minuscules effigies de bouddhas assis, répétées à l'infini sur les parois rocheuses et les plis des robes des statues géantes.

● **Grottes 10 à 1*****. Plus profondes, elles forment de petits temples, à une ou deux salles, où l'on déambule le long de parois entièrement sculptées de bas-reliefs et de niches. À l'instar de nos églises romanes repeintes au XIXe s., les **couleurs** qui revêtent encore certaines ont été appliquées au XVIIe s., de même que les **revêtements de stuc**, fixés dans la paroi rocheuse grâce à des pieux. Quelques-unes conservent de la même époque des constructions en bois formant de fausses façades accrochées à la falaise, protégées par des avant-toits couverts de tuiles vernissées. Les thèmes représentés sont d'une grande richesse – existences antérieures de Bouddha sous des formes humaines et animales, vie du Bouddha historique – et font une large part au **sutra du Lotus**, un

© Be´trand Gardel/hemis.fr

▲ Un bouddha de pierre à la fenêtre d'une caverne de Yungang.

texte canonique très en vogue alors. Il relate la conversation mystique entre Sakyamuni et un bouddha des temps très anciens. Plusieurs parois campent l'entretien des deux sages, ainsi que l'effigie de **Maitreya**, le bouddha à venir, assis les jambes croisées et coiffé d'une tiare. Commanditées par des dignitaires de la cour, ces chapelles présentent une diversité mais aussi une liberté du traitement des sujets. On y assiste à une **sinisation de l'image bouddhique**, avec des détails d'architecture chinoise et une préférence pour le trait plutôt que pour le volume. En témoignent les plissés élégants des vêtements des personnages et les plafonds des grottes où évoluent des créatures célestes, danseuses et musiciennes, dans un tourbillon de volutes nuageuses.

itinéraire 9

▲ Xuankong si, le «monastère suspendu», garde une passe rocheuse sur la route

| Au piémont du Hengshan★

···⟩ **Durée:** prévoir 1 jour avec les visites. **En voiture:** circuit d'env. 160 km (Hunyuan/Yingxian/Huairen) à organiser au départ de Datong, ou itinéraire sur la route du Wutai shan. **En bus:** bus entre Datong et Hunyuan *(à 72 km S-E, voir p. 154)*, possibilité de loger sur place et de poursuivre le lendemain vers le Wutai shan. De Hunyuan, derniers bus pour Datong vers 18 h. **Carnet d'adresses** p. 155.

Sur la route du Hengshan, mont sacré des taoïstes, nombreux sont encore les **villages troglodytes**, en partie forés dans les dizaines de mètres d'épaisseur de lœss, en partie maçonnés de terre damée. Ils ont été construits sous les Mongols (dynastie Yuan, 1276-1368). Çà et là, d'autres baies perforent les falaises jaunes. Parfois de la taille d'un homme, elles servent d'abri quand déferlent les pluies d'été, affolantes et stériles; plus grandes, elles font office de silos. Et cette agriculture précaire depuis toujours se garde. Il suffit de voir, le long de la route, les **tours de guet**, hérissées comme des donjons depuis les terribles jacque-

ries qui s'allumèrent sous le joug des Mongols et que même le vent ne parvient pas à détruire.

Xuankong si★★, un « monastère suspendu »

···⟩ 悬空寺 À 5 km S-E de Hunyuan. Taxi ou moto-taxi de la gare routière. Ouv. t.l.j. 7 h-19 h. Entrée payante. Avis aux photographes: de mai à sept., le soleil éclaire la falaise jusqu'à midi, mais disparaît derrière les montagnes à 10 h en hiver.

Suspendu au surplomb d'une gorge, le monastère balisait deux voies de pèlerinage: l'ancienne route menant au complexe bouddhique du Wutai shan et la montée vers les temples taoïstes du Heng-shan. Aussi voit-on cohabiter dans ses chapelles les divinités de tous les panthéons, malgré une dominante bouddhiste (le dernier moine a quitté les lieux récemment, en 2000). Sous plusieurs épaisseurs de peinture, les effigies modelées dans l'argile remonteraient aux XVIᵉ-XVIIᵉ s. Ses pavillons en surplomb, juchés sur des pieux appuyés à la falaise, forment un pont de singes bariolé, que domine un barrage de régulation construit en 1958.

du mont des Cinq Terrasses.

© Catherine Bourzat

Yingxian*

···⟩ 应县木塔 À 51 km O de Hunyuan. Voiture ou taxi uniquement.

Ce bourg a été épargné par les verrues tapissées de carreaux de salles de bains qui font l'ordinaire de l'urbanisme en zone rurale. Au centre, une place cantonnée de maisons-boutiques dans le style Qing précède l'unique **pagode ancienne en bois du pays**★★ *(ouv. t.l.j. 7 h 30-19 h; entrée payante)* et tout ce qui subsiste de l'ancien temple du Palais de Bouddha, construit sous les Liao en 1056.

De vieilles **statues**★★ aux couleurs sourdes trônent à chacun des trois étages. Tour stratégique dominant un coin de plat pays, elle hébergea des vocations moins religieuses dont témoignent les impacts de balles dans la charpente, remontant aux guerres civiles des années 1920. Les cartels calligraphiés accrochés à ses auvents sont de la main de Kangxi et de Qianlong. Du dernier étage, on repère, émergeant des toits de tuiles grises à l'angle nord-est du village, l'éclat vernissé du **monastère de la Terre pure**★ *(Jingtu si; entrée libre).* Siège de l'association bouddhiste locale, sa salle principale conserve un plafond orné de faux pavillons remontant au XIIe s.

|| ♥ Wutai shan★★, Cinq Terrasses pour la Sagesse

···⟩ 五台山 À 191 km S-E de Datong (bus). À 231 km N-E de Taiyuan (bus, train). À 330 km S-O de Pékin (bus, train). Entrée du site payante (ouv. 24 h/24), de même que celle de chaque temple (ouv. 8 h-18 h). À visiter de préférence pendant la saison touristique (avr.-oct.). Prévoir 2 jours de visite. **Carnet d'adresses** p. 159.

●●● *Attention au climat d'altitude: en juil., mois le plus chaud, la moyenne est de 17 °C (28 °C maxi dans la journée et 10 °C la nuit).*

Les Wei du Nord de Datong parrainèrent la communauté monastique établie au Wutai shan, le mont des Cinq Terrasses. À nouveau **pèlerinage pour les bouddhistes d'Asie**, il a connu des âges sombres: moins de la moitié de ses 122 monastères a réchappé à la Révolution culturelle. Tous ont **Wenshu**, *bodhisattva* de la Sagesse, pour divinité tutélaire, trônant au milieu de ses pairs ou juché sur le lion bleu qui lui sert de monture.

Deux bouddhismes, deux dévotions se côtoient sur la montagne de Wenshu. Celui des **pèlerins** et des **lamas tibétains** venus, au prix d'un interminable voyage pour ceux qui n'ont pas les moyens de prendre l'avion, parcourir les derniers kilomètres de la route de montagne en prosternations répétées. Celui des **Chinois d'outre-mer** venus offrir à Bouddha le fruit de leurs économies dans l'espoir d'une meilleure vie future. Ils ont fait la prospérité des lieux et surtout des bonzes, équipés dernier cri de portables, télévisions et 4x4 de luxe.

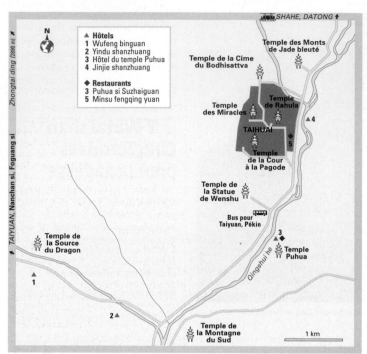

SHAHE, DATONG ↑

Zhongtai ding (2890 m)

▲ **Hôtels**
1 Wufeng binguan
2 Yindu shanzhuang
3 Hôtel du temple Puhua
4 Jinjie shanzhuang

◆ **Restaurants**
3 Puhua si Suzhaiguan
5 Minsu fengqing yuan

Temple des Monts
de Jade bleuté

Temple de la Cime
du Bodhisattva

Temple
de Rahula

Temple
des Miracles

TAIHUAI

▲ 4

◆
5

Temple
de la Cour
à la Pagode

Temple de
la Statue
de Wenshu

Bus pour
Taiyuan, Pékin

TAIYUAN, Nanchan si, Foguang si

Temple de
la Source
du Dragon

▲
1

Qingshui he

3 ▲
◆
Temple
Puhua

2 ▲

Temple de
la Montagne
du Sud

1 km

Wutai shan, le mont des Cinq Terrasses

Du printemps à l'automne, **2 000 moines**, nonnes et lamas vivent dans les monastères et débutent leur journée de prière chaque jour à 3 h 30. Les temples les plus anciens constituent le bourg de Taihuai, au pied du temple de la Cime du Bodhisattva.

Taihuai★★, au cœur des Cinq Terrasses

太淮 Une allée aux pavés inégaux serpente et monte à travers cette **agglomération de temples**, protégés par de hauts murs rouges. Elle débouche au pied des 108 marches du **temple de la Cime du Bodhisattva★** *(Pusading si)*. Une soixantaine de lamas vit sur cette éminence et se réunit trois fois par jour le temps des prières, chantées en tibétain et scandées par le son grave de la conque. Son prestige au temps des empereurs Kangxi et Qianlong qui le consacrèrent, d'après des stèles

de la cour, «plus beau point de vue du Wutai shan», lui vaut d'être le seul temple de la montagne sainte couvert de tuiles jaune d'or, couleur impériale. Les bâtiments sont de construction récente pour la plupart, mais présentent un superbe travail de claustras de bois sculpté. En redescendant, avant de quitter le labyrinthe d'allées, de cours et de temples, on voit dans la dernière salle du **temple de Rahula** *(Luohou si)* un drôle de **lotus mécanique★★** dont les pétales s'ouvrent et se ferment sur quatre bouddhas assis au milieu d'une farandole de divinités. En face, le **temple des Miracles★★** *(Xuantong si)* aurait été fondé à la fin du Ier s. apr. J.-C., aux premiers temps du bouddhisme en Chine. Dans la deuxième de ses cours, une insolite «salle sans poutres ni colonnes», vaste halle bâtie en brique, protège une pagode sculptée en bois. À l'arrière, une terrasse porte deux pagodes en métal, flanquant un **pavillon de bronze★★** du XVIe s. Restauré en 2000, il brille de tous ses ors et du rayonnement des mille effigies de bouddhas tapissant ses parois intérieures. Le temple des Miracles domine le **temple de la Cour à la Pagode** *(Tayuan si)* dont le **dagoba blanc★** est le symbole du Wutai shan.

| Les temples du Sud

···⊱ D'autres fondations sont dispersées dans un rayon de 2 à 10 km autour de Taihuai. Les plus belles s'élèvent au sud.

● **Le temple de la Statue de Wenshu** 殊象寺 *Shuxiang si* conserve la seule **statue ancienne du** *bodhisattva★* (XVIe s.), impressionnante image de bois sculpté du sage chevauchant son lion bleu, entouré des 500 *luohan*.

● **Le temple de la Montagne du Sud★** 南山寺, *Nanshan si; à 3 km*, est desservi par une bonne grimpette, puis par un escalier de 108 marches. Autour de la cour de la salle principale, des bâtiments à étages renferment de belles statues d'argile des dieux gardiens datant du XIIIe s. À l'arrière, un escalier latéral monte vers la plate-forme d'un second temple. Cantonnée de balustrades en marbre ciselées de hauts-reliefs illustrant des romans populaires du XVIe s., cette dernière forme un parfait belvédère sur les pentes du Wutai shan.

● **Le temple de la Source du Dragon★★** 龙泉寺 *Longquan si, à 5 km sur la route de Taiyuan.* Encore 108 marches pour se hisser vers ce temple conçu comme un petit palais ! Un mur-écran, taillé d'une bête fantastique, en dissimule l'entrée, marquée par un **portique★★** dressé en 1926. Tout de marbre blanc, il dessine une arche baroque où s'entrelacent lions, dragons et immortels. Dans une cour latérale s'élève une autre pièce en marbre sculpté : un **reliquaire ovoïde★★**, coiffé d'une imitation de charpente, conçu pour le moine Puji qui eut la faveur de l'impératrice Cixi.

| Du Wutai shan à Taiyuan★★

···⊱ Itinéraire de 230 km. Trajet : 4 h, 5 h 30 avec les détours et visites. Voiture indispensable pour la visite des temples.

LE TEMPLE DE LA LUMIÈRE DU BOUDDHA★★

···⊱ 佛光寺 Foguang si. Attention, temple mal indiqué, et uniquement en mandarin. Difficile à trouver sans un chauffeur originaire de la région. Aller jusqu'au bourg de Doucun (45 km S-O du Wutai shan), puis à dr. sur 5 km jusqu'à la petite borne blanche du hameau de Yanjiazai. Là, tourner une nouvelle fois à dr. et aller jusqu'au bout du chemin. Trajet : 1 h depuis Taihuai. Ouv. t.l.j. 8 h-19 h. Entrée payante.

Caché dans un repli des derniers escarpements du Wutai shan, il offre une perspective harmonieuse. Un mur-escalier de briques grises grimpe entre deux vieux pins jusqu'à la terrasse, où une paire de mélèzes rompt la ligne d'une toiture imposante. Sa **charpente★★**, portée par de savants bouquets de consoles aux angles, n'a pas bougé depuis sa construction en 857. Le **panthéon d'argile** qu'elle abrite et qui date de la même époque a connu un plus triste sort. Sous couvert de restauration, les 35 statues de l'époque Tang (dont celle de Wenshu, toujours sur son lion bleu) ont été ripolinées de couleurs criardes et, sous couvert de protection, enfermées derrière des barreaux épais. Tout autour, 296 statues de *luohan* tiennent sagement conseil depuis le XVIe s.

LE TEMPLE DE L'ÉCOLE CHAN MÉRIDIONALE★

···⊱ 南禅寺 Nanchan si. Attention, temple très mal indiqué, et uniquement en mandarin. Difficile à trouver quand on n'a pas de chauffeur originaire de la région. Après Doucun, aller vers l'O sur 48 km jusqu'au village de Dongyan, puis prendre à dr. et suivre la route sur 6 km. Au niveau de la fourche précédée d'un panneau noir, prendre le chemin du milieu et le poursuivre sur 1 km. Trajet : 1 h de route env. depuis Doucun. À 50 km N de Xinzhou, qu'une autoroute relie en 1 h 10 à Taiyuan (85 km). Ouv. t.l.j. 8 h 30-12 h 30 et 14 h 30-18 h 30. Entrée payante.

itinéraire **9**

Solitaire, il est posé sur le rebord d'un plateau de lœss, au-dessus des champs cultivés. À l'intérieur, une élégante petite salle de la fin du VIIIe s. renferme un groupe de **statues**** façonnées dans l'argile à la même époque.

Contrairement à celles du Foguang si, elles ont échappé à la peinture acrylique, conservant une discrète polychromie patinée par les siècles. Rendus au culte, ces bouddhas et bodhisattva en reçoivent les témoignages, sous la forme de corbeilles de fleurs en plastique, bien à l'abri derrière une disgracieuse grille métallique.

|| Le centre du Shanxi**

En pleine vallée irriguée par la **rivière Fen** et doté d'un riche sous-sol minier, le centre du Shanxi 山西 – **le Jin**, comme on disait jadis – est mieux loti que le nord de la province.

Au moment où la Chine se fonde sur le capitalisme rouge, cette visite ne manque pas de sel: ici naquirent les **premières banques privées**. Comme dans le Huizhou, le développement du négoce remonte à la fin du XVe s., sous les Ming, quand le Jin accueillit les premières *shangtun* ou «**colonies de marchands**».

En échange d'une mise en valeur par des travailleurs à gages et de la livraison des récoltes aux armées, les colons des *shangtun* reçurent des licences pour le commerce du sel, source de taxes jusque-là monopole d'État, et se forgèrent un sens aigu de la finance reposant sur le jeu des dépôts et des assignats. Jusqu'aux réformes de Deng Xiaoping, il n'était pas de bon ton d'évoquer cet âge d'or du business. Tout cela est terminé, on visite aujourd'hui les palais et musées du monde banquier.

| Taiyuan

⋯⋄ 太原 À 355 km S de Datong (bus, train). À 231 km S-O du Wutai shan (bus, train). À 108 km N de Pingyao (bus, train). À 508 km S-O de Pékin (bus, train). Prévoir une journée de visite. **Carnet d'adresses** *p. 157*.

Taiyuan n'est que gigantisme et pollution. Inutile, donc, de s'attarder dans la **capitale provinciale**. D'autant plus que, rayée de la surface de la Terre pour son esprit frondeur en 979 (elle fut noyée sous les eaux de la Fen après avoir été incendiée), puis en 1644 (sa population fut massacrée à l'occasion de l'avènement des Mandchous), elle donne peu à voir.

● **Musée provincial des Traditions populaires***. 山西省民俗博物馆 *Shanxi sheng minsu bowuguan. Shangma jie. Ouv. mar.-dim. 9 h-11 h et 14 h 30-17 h 30. Entrée payante.* On peut s'occuper une petite heure en rendant visite à cet ancien temple taoïste, ombragé de vieilles glycines au pied des tours ultramodernes de la place du 1er Mai, dans lequel, outre les statues et céramiques découvertes dans la région, on verra toute une salle consacrée… à l'épopée banquière !

● **Jinci, les temples des Gardiennes de l'Eau****. 晋祠 *À 25 km S de Taiyuan. Bus n°s 804 et 856 au départ de la gare ferroviaire, puis 10 mn de marche à travers l'immense parc avant d'arriver au temple. Ouv. t.l.j. 8 h-18 h. Entrée payante.* C'est un bois de sophoras, un complexe de temples et un lieu féerique traversé par les eaux d'une rivière. C'est aussi le lieu idoine où côtoyer la **religion des Chinois**. Par son nom, il est d'abord le «temple du Jin» *(premier complexe religieux rencontré en entrant, sur la g.)* dédié à un prince du XIe s. av. J.-C. considéré comme l'ancêtre tutélaire de la région. Par ses fonctions, il est plutôt dédié à la **Sainte Mère** *(Shengmu)*, maîtresse des eaux pluviales, dont le sanctuaire *(Shengmu dian ; au fond du parc)* est protégé par quatre guerriers, les **Hommes de Fer***, fondus à la fin du XIe s. La **double toiture**** de l'édifice, construit entre 1023 et 1031, est portée en façade par huit

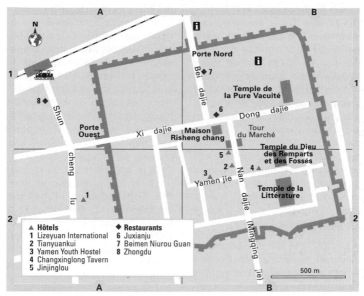

PINGYAO

colonnes où s'enroulent des **dragons en bois**★, nerveux et griffus. À l'intérieur, la Sainte Mère, coiffée d'un diadème et vêtue de la robe impériale, trône en compagnie de ses dames de cour. Ces statues★★★, presque grandeur nature, ont été modelées dans l'argile et revêtues d'une polychromie délicate. Drapées de robes fluides, coiffées de chignons serrés ou vaporeux, la bouche peinte et les sourcils épilés, elles ont, selon leur rang, une attitude sévère ou presque mutine. L'ensemble est doublement exceptionnel par sa qualité et parce qu'il est dédié au monde féminin. Un autre temple, restauré au XIXᵉ s. *(à dr. en sortant du Shengmu dian)* abrite l'effigie de la seconde **Mère de l'Eau** *(Shuimu)*. Elle marque l'emplacement d'une source précieuse qui irrigue quelques rizières aux abords du Jinci, fait exceptionnel en Chine du Nord. D'autres lieux saints de différentes époques, signalés par des stèles et des pavillons, disent le rôle sacré et nourricier de cet ensemble placé sous le signe de l'eau.

| ♥ Pingyao★★★, au pied d'un rempart

⋯⋗ 平遥 À 108 km S de Taiyuan (bus, train). À 463 km S de Datong (train). À 616 km S-O de Pékin (train). Un passe payant valable 3 jours permet de visiter les 20 temples, maisons-musées et autres sites touristiques de la vieille ville, remparts compris (à acheter dans tous les lieux concernés ; il n'est pas possible d'acheter des billets séparés ; rens. : www.pingyao trip.com). Ouv. des sites t.l.j. 8 h-19 h. Prévoir 2 à 3 jours pour la visite. **Plan** ci-dessus. **Carnet d'adresses** *p. 155.*

Avec son **enceinte de briques grises**, Pingyao surgit comme une vision d'un autre âge. Sa pauvreté l'a tenue à l'écart et donc protégée des grandes campagnes de développement des années 1960, qui s'accompagnèrent, à une poignée d'exceptions près, du démantèlement des anciennes fortifications. Jusque-là, toutes les cités chinoises s'abritaient derrière un rempart et les voyageurs devaient se presser, quand venait le soir, pour entrer dans la ville avant la fermeture des portes.

● **Le rempart**★. *Accès par les portes N, O et E. Ouv. t.l.j.* On peut monter sur cette enceinte crénelée, édifiée en terre damée avec parement de briques à la fin du XVe s. D'un périmètre de 6 km, elle est scandée, tous les 100 m environ, d'une tourelle. Quatre tours de guet occupent les angles. Mais le rempart ne craint plus rien : classé monument historique en 1986, il est inscrit au **patrimoine mondial de l'Unesco** depuis 1997. D'en haut, on découvre enfin Pingyao : toute une cité de *siheyuan*, toute une mer de tuiles grises, quadrillées par des rues et des ruelles qui se coupent à angle droit. Pingyao n'a pas changé depuis la dynastie Ming.

● **La cité****. La **rue de l'Ouest** (*Xi dajie*) est bordée de « drugstores » de zone rurale, où l'on se procure l'indispensable (Thermos, couvertures, pièces de rechange des motoculteurs et pharmacie). Il faut aller au hasard des ruelles et venelles, toutes restées dans leur jus, pour découvrir les petits métiers : marchands de riz, vendeuses d'œufs au poids, tailleurs et rémouleurs, gargotes où l'on tire les nouilles, échoppes où l'on abaisse les galettes. Le long de la **grand-rue du Sud*** (*Nan dajie*) rebaptisée **rue**

des Ming et des Qing, les autorités locales ont encouragé la restauration des demeures de notables, maisons-échoppes à deux étages sur rue aux façades sculptées de brique et de bois. Des volets en bois ferment les devantures, où des enseignes peintes annoncent d'un pictogramme antiquités, papeterie, sceaux ou restaurant. Certaines sont transformées en auberges de charme. Le commerce reconverti dans la banque tenait ici le haut du pavé. En témoigne la **maison Rishengchang***, « Prospérité du Soleil levant » **B1**, aujourd'hui musée des Banquiers du Jin. Pingyao est-elle un rêve de ce qu'on aurait pu faire à Pékin ? Difficile à dire. Si le charme est certain, la vétusté des maisons non réhabilitées est réelle.

● **Les temples***. Toute cité chinoise possédait, quelle que soit son importance, des dizaines de temples consacrés aux ancêtres tutélaires et aux dieux décideurs de la religion des Chinois. Pingyao ne fait pas exception. On y compte même une **église**, à nouveau en activité. À partir de la fin du XIe s., chaque circonscription murée

Dans *Fanshen* (coll. Terre Humaine, Plon, 1971), chronique détaillée des premières années du communisme en Chine, William Hinton décrit les séances des tribunaux populaires. Y étaient vilipendées les catégories « puantes » et tout particulièrement les **grands propriétaires fonciers**, les *dadizhu*, qui avaient maintenu la paysannerie dans un état de semi-esclavage par la pratique de l'usure. Jusqu'aux années 1990, tout ce qui évoquait le capitalisme et l'exploitation, comme les grandes demeures bâties par les banquiers et les marchands, fut occulté. La **nouvelle vague des cinéastes chinois** fut la première à révéler l'existence de ces somptueuses résidences, en y tournant ses films. En 1989, Zhang Yimou installe la blanchisserie qui sert de cadre à *Judou* (1990) dans le temple des Ancêtres de Nanping (*p. 232*). L'année suivante, il tourne *Épouses et Concubines* (1991) à huis clos, dans l'immense *siheyuan* du clan des Qiao près de Pingyao. Depuis, les temps ont changé. Le luxe et le raffinement de la « société féodale » sont dévoilés dans les palais de marchands, réhabilités en musées pour faire connaître la richesse de la culture populaire chinoise, en marge des grandes institutions religieuses et impériales.

monnaie
Laissez payer les petits papiers

La Chine inventa le **papier** au début de notre ère et l'imprimerie au XIe s. Il ne lui fut pas difficile de lancer les premiers assignats, dès la fin du VIIIe s., puis

(cheng) fut dotée d'un **temple du Dieu des Remparts et des Fossés**, haut fonctionnaire divin chargé de surveiller les vivants et de juger les morts pour le compte du dieu du Pic de l'Est (p. 135 et p. 176). Celui de Pingyao **B2** (Chenghuang miao) a été nettoyé, relevé et repeint de frais pour accueillir les statues flambant neuves des sbires et mandarins divins. Il ouvre par une belle porte au double toit retroussé, encadrée des tours de la Cloche et du Tambour. Dans les galeries de la cour latérale est, les tableaux composant les enfers sont explicites. À l'arrière du complexe, un oratoire suspendu est relié aux autres bâtiments par une double passerelle. Autre institution religieuse des cités murées, le **temple de la Littérature B2** (Wenmiao) servait au culte de Confucius au niveau local. Après de lourds travaux de rénovation, il abrite aujourd'hui le musée des Études sur Confucius, celui des Examens impériaux, ainsi qu'un **musée international de la Photographie** (encadré p. 157 ; il ne se visite qu'avec le passe permettant de voir tous les sites de la vieille ville ; ouv. t.l.j. 8 h-19 h). Une ancienne grande fondation taoïste, le **temple de la Pure Vacuité* B1** (Qingxu guan) abrite un musée de statues et de stèles découvertes dans les environs.

| Autour de Pingyao

····❧ Pas de bus pour accéder aux environs, mais il est facile d'affréter un taxi auprès des hôtels de Pingyao. Si l'on dispose d'un véhicule en venant de Taiyuan, on peut y faire étape avant de se faire déposer à Pingyao. Prévoir une demi-journée pour visiter le temple Zhenguo et la résidence de la famille Qiao (direction N-E), et une autre demi-journée pour découvrir le temple de la Double Forêt et la résidence de la famille Wang (direction S-O).

LE TEMPLE ZHENGUO

····❧ 镇国寺 Zhenguo si. Village de Haodong. À 15 km N-E de Pingyao. À 85 km S de Taiyuan. Ouv. t.l.j. 8 h-19 h. Entrée payante.

Il fut bâti au début du Xe s., ce qui fait de lui l'un des plus anciens bâtiments de bois encore debout dans le pays et l'unique témoignage architectural du style qui prévalait au temps des Cinq Dynasties (907-960). C'est un temple paisible et méconnu aux toits recourbés tapissés de tuiles grises ; son jardin fleuri peut se révéler propice à un arrêt pique-nique.

itinéraire **9**

● ● ● ● ● ● ● ● ● ● ● ● ● ● ● ● ●

l'emploi des effets de commerce – chèque, billet à ordre et lettre de change – imprimés à partir du XIe s. Les deux furent des initiatives privées, créées pour faciliter les transactions des marchands à travers l'empire. Mais très vite, l'État prit le relais, émettant une monnaie de papier, couverte par des dépôts de métal argent, puis de ballots de soie, aux XIIe et XIIIe s. Il fit en même temps l'apprentissage des fléaux du monde moderne : la diffusion des faux billets et surtout l'inflation, quand l'émission monétaire excédait un dépôt amenuisé par les crises et les guerres. La valeur des billets n'était souvent maintenue qu'au prix d'actes arbitraires et d'injustices de la part de l'État et de ses fonctionnaires. À partir de la fin des Ming, et plus encore sous les Qing (1644-1911) où la planche à billets était synonyme de mauvaise administration, l'empire en revint au paiement en métal argent pour le règlement des tributs et des taxes. Du coup, les marchands se constituèrent des réseaux de banques privées à travers le pays pour assouplir les règlements et échapper au système des convoyeurs de fonds. Ils créèrent ainsi des royaumes financiers à l'intérieur de l'empire, leurs lettres de change n'étant valables qu'auprès de leurs propres agences. ●

© Catherine Bourzat

▲ Sobre à l'extérieur, le palais des marchands de la famille de Qiao se pare de délicates sculptures en brique à l'intérieur.

Au fond de la première cour, le **hall des Dix Mille Bouddhas**, le plus ancien, tient son nom de la fresque aux élégants bouddhas rouge, ocre et olive qui l'habillent. Il abrite également onze hautes sculptures peintes de style Tang (618-907) représentant le Bouddha, des *bodhisattva* et leurs disciples. Dans cette même cour trône l'autre célébrité du temple : l'**arbre du dragon lettré** qui aurait été planté durant la dynastie Jin de l'ouest (265-316) et, en dépit d'un aspect rabougri, continue à fleurir.

De chaque côté du hall des Mille Bouddhas, une porte-lune permet de passer dans une seconde cour, et un second hall datant du début de la dynastie Ming (1368-1644). Celui-là a moins bien résisté aux ravages du temps et ne tient plus que grâce à une série de massives béquilles de bois. Ses fresques illustrant la vie du Bouddha et ses sculptures peintes ne sont plus accessibles au public. À gauche de la cour, la **salle dédiée au roi des Enfers**, qui y trône flanqué de deux moines-assistants et de quinze juges, offre un spectacle édifiant : des fresques naïves détaillant de manière extrêmement parlante les innombrables supplices qui attendent les pécheurs terrestres dans les flammes de l'au-delà.

LA RÉSIDENCE DE LA FAMILLE QIAO★★

⋯⋯▷ 乔家大院 Qiaojia dayuan. Village de Qiaojiabu, district de Qixian. À 55 km S de Taiyuan. À 45 km N de Pingyao. Ouv. t.l.j. 7 h 40-19 h. Entrée payante.

Trois cent treize pièces réparties sur 6 cours, subdivisées en courettes, et 0,9 ha : c'est bel et bien un palais que le clan des Qiao se fit construire à partir de 1755. Il a aujourd'hui été transformé en un somptueux musée sur les traditions populaires de Chine du Nord.

● **Mélodrame et *success story***. Pauvre et orphelin, l'ancêtre de la famille était parti tenter sa chance comme chamelier dans le désert de Gobi. Là-bas, il économisa sou à sou et s'associa avec un compatriote pour monter un petit commerce de fromage de soja et de fourrage à Baotou. Devenu roi du *doufu*, il en rapporta les gains au pays, permettant à son fils d'ouvrir la première maison de lettres de change des Qiao. Leur réseau d'agences s'étendit peu à peu sur toute la Chine. La famille ne connut un déclin brutal qu'avec la création de la Banque de la République de Chine, en 1926, qui émettait sa propre monnaie. L'invasion japonaise en 1937 précipita sa chute, et les membres de la famille Qiao se dispersèrent dans tout le pays.

● **Une architecture remarquable**. Protégée par un mur d'enceinte haut de 10 m, avec créneaux et tours d'angle, cette résidence de banquiers est une merveille d'architecture que l'on peut embrasser du regard depuis le belvédère qui s'élève dans le jardin de la cour sud-ouest. Ses porches et portes d'entrée, protégés par des murs-écrans, forment des **entrées théâtrales** rythmées par leurs sculptures en brique et les consoles en bois qui supportent leurs avant-toits. Dans les années 1930, 250 domestiques y vivaient encore au service d'une soixantaine de membres de la famille Qiao.

● **Le musée**. Il occupe toute la résidence. Dans la première cour, des tableaux retracent l'**histoire et la généalogie du clan des Qiao**. La deuxième comprend l'ancienne **salle de réception★**, avec ses étagères à décrochements garnies de porcelaines, et le **comptoir de change**. Y sont exposés meubles et photos de famille, miroirs de Venise, poêles allemands fixés sous verre et objets de toilette. La troisième est consacrée au commerce avec une amusante **collection d'enseignes★★**, objets de colporteurs, poids et mesures. Dans la quatrième, on a collecté des objets liés aux **traditions familiales** (naissance, arrangement du mariage, chambre nuptiale, palanquin de mariage). La cinquième, enfin, évoque l'**économie rurale** jusqu'au début du XXe s.

♥ LE TEMPLE DE LA DOUBLE FORÊT★★

⋯⋯▷ 双林寺 Shuanglin si. À 7 km S-O de Ping-yao. Ouv. t.l.j. 8 h 30-18 h. Entrée payante.

Il n'a cessé d'être restauré depuis sa fondation au Ve s. pour garder ses centaines de statues et statuettes d'argile, dont les plus anciennes remontent aux XIe-XIIe s. Quatre vigoureux **Rois célestes** gardent l'entrée où siège, à la place de l'habituel Bouddha ventripotent et rigolard, un élégant **Maitreya★★** couronné d'époque Ming. Derrière lui, **Guanyin** trône sur son île, au milieu des flots. Dans la cour qui suit, une salle abrite 18 superbes **portraits de *luohan*★★**.

En face, une autre expose la version bouddhiste de ce qui arrive aux pécheurs dans les **enfers**, sous la férule des démons à tête de bœuf et à tête de cheval. Encore une cour, cantonnée de deux salles, l'une pour conter dans tous les détails la **vie du Bouddha historique★★** à travers des tableaux d'une trentaine de centimètres de haut où des figurines retracent son cheminement spirituel dans une interprétation chinoise. L'autre déploie un **monde de** *bodhisattva***, éthérés et délicats, autour d'une statue de Guanyin aux mille yeux et mille bras. Le parcours s'achève sur un oratoire dédié aux Niangniang, les dames protectrices de l'enfantement, installées autour de l'effigie de la Dame du Taishan.

♥ LA RÉSIDENCE DE LA FAMILLE WANG*

⋯⊳ 王家大院 Wangjia Dayuan. Village de Jingsheng, district de Lingshi. À 65 km S-O de Pingyao (route de campagne ou autoroute jusqu'à la sortie Lingshi). Ouv. t.l.j. 8 h-19 h. Entrée payante. Prévoir environ 2 h pour effectuer la visite complète de la résidence.

La résidence a été aménagée graduellement entre le milieu du XVIIᵉ s. (règne de Kangxi, de la dynastie Qing) et le début du XIXᵉ s. (règne de Jiaqing). Ce gigantissime manoir, qui s'étale sur 123 cours et 1 118 pièces, abrita des siècles durant les nombreux membres que comptait la puissante famille Wang. Une famille originaire de la ville de Taiyuan, dont la généalogie remonterait à… 1312 *(v. ci-dessous)*. La visite de la résidence des Wang, épargnée par les guerres comme par les gardes rouges à cause de la pauvreté dans laquelle la région était tombée au XXᵉ s., permet de mieux connaître le cadre de vie des dynasties mandarinales du Shanxi.

Gaojiaya et **Hongmenbao** sont les deux parties distinctes (reliées par un pont de pierre) qui composent cette tentaculaire demeure. Pour une visite complète, le **parcours fléché** est assez bien fait. Vous pouvez également déambuler dans les multiples arrière-cours et sur les terrasses en laissant votre imagination vagabonder par-delà les remparts crénelés et les falaises ocre de lœss.

● **Gaojiaya.** C'est la partie la plus récente de la résidence et la plus somptueuse. Elle a été bâtie par le patriarche de la 17ᵉ génération du clan, Wang Rucong, et son frère Wang Rucheng pendant le règne de Jiaqing (1796-1811), apogée de l'influence de la famille Wang. Elle abritait, à l'avant, les espaces de réception officiels, l'arrière étant réservé aux appartements privés des deux chefs de clan et de leur famille proche, tous aménagés dans des *siheyuan* à trois niveaux. Au fond

---

dynastie
Le clan Wang

En 1312, l'ancêtre du clan Wang, nommé Wang Shi, s'installe dans le village de Jingsheng pour démarrer un petit commerce de produits fermiers. Il faudra treize générations avant que l'affaire familiale tourne suffisamment bien pour que les Wang se lancent dans un créneau : le commerce d'animaux. Sous le règne de Kangxi, se présente à eux l'opportunité qui va changer leur bonne fortune : alors qu'une rébellion menace le pouvoir de la dynastie Qing, le clan Wang fait don de chevaux aux troupes de l'empereur afin de l'aider à venir à bout des rebelles. Une fois ces derniers matés, le fils du Ciel se déplace en personne pour remercier la famille de son dévouement à l'empire. L'influence politique des Wang fait aussitôt un bond dans le comté, qu'ils ne tardent pas à administrer, se révélant des mandarins éclairés et philanthropes : ils instituent l'éducation gratuite pour les enfants des paysans, font aménager des routes, creuser des canaux, bâtir des ponts, des digues ou des silos à grains. Parallèlement, ils se font construire une magnifique demeure destinée à abriter tous les membres du clan et leur domesticité, soit plusieurs centaines de personnes. Au fil de générations devenues de plus en plus paresseuses et tombées sous la coupe de l'opium (un fléau qui se généralise dans l'empire au milieu du XVIIIᵉ s.), la splendeur des Wang s'amenuise. Une fois toute son influence auprès de la cour perdue et ses richesses largement dilapidées, une partie de la famille part s'installer dans le Sud. L'occupation japonaise puis l'arrivée au pouvoir des communistes achèveront de disperser les autres, après 27 générations passées dans le même village. Aujourd'hui, une partie des descendants du clan vit en Malaisie. ●

de la seconde cour privée de Wang Rucong, une immense **maquette** donne un aperçu de l'ampleur de cette résidence qui était en fait un village fortifié dans le village. Les bâtiments y étaient tous faits de brique, de bois et de pierre savamment sculptés, et les pièces de vie en ogive (caractéristiques du Shanxi) y étaient richement meublées, avec un grand souci du détail, qui se manifeste dans les moindres recoins : des figurines lilliputiennes en forme de lion encadrant le bas des portes aux animaux-poignées de métal en guise de rampe d'escalier. Le mobilier et les accessoires sont d'époque, mais il ne s'agit pas des originaux, dispersés au fil des déménagements de la famille ou saisis par les communistes. Pour les amateurs, l'aire jadis réservée à la mouture du grain de la résidence (*à g. de l'entrée*) vaut le détour : en son centre trône une énorme meule de pierre grise, et sous un auvent en bois sont exposés une charrue, une carriole et divers outils traditionnels donnant un aperçu des techniques agricoles les plus couramment utilisées à l'époque féodale.

● **Hongmenbao**. Ce « fort de la porte rouge », immense enceinte adossée à une colline, est la demeure originale du clan. Érigée entre 1739 et 1793 sous le règne de Qianlong (dynastie des Qing), cette enceinte fortifiée dispose d'une particularité architecturale célèbre : les quelque 770 cours qui la composent sont reliées entre elles par des allées pavées, disposées de telle sorte qu'elles forment l'idéogramme chinois « Wang » (nom de famille du clan, qui signifie également « roi »).

Certaines des cours carrées de cet interminable labyrinthe ont gardé l'élégance et la simplicité architecturale caractéristiques de l'ère Ming, d'autres ont été aménagées dans le style Qing, plus chargé. Dans l'ensemble, les bâtiments de cette enceinte sont moins sophistiqués et moins bien entretenus que celles de Gaojiaya (une partie des habitations est d'ailleurs fermée au public), mais les curieux pourront y voir la **distillerie** et la **fabrique de** *doufu* du clan, ainsi que des **expositions de calligraphie et de peinture traditionnelles**. Les sportifs, quant à eux, pourront se lancer à l'assaut des **remparts** de l'enceinte : ils seront récompensés par une vue plongeante sur une mer scintillante de tuiles grises. Les remparts furent longtemps faits de simple terre. Ils n'ont été couverts de brique qu'à l'époque où la résidence fut ouverte au public.

Mais faire du neuf avec du vieux pour stimuler le tourisme n'a jamais fait peur aux Chinois. L'enceinte qui se dresse juste à l'ouest du rempart en est un bon témoignage : il s'agit d'un complexe de loisirs privé comprenant hôtel, restaurants et commerces bâtis dans le plus pur style Wang, dont la visite est couplée avec celle de la résidence originale. ●

Carnet d'adresses

▲ Un petit creux ? Mordez dans un *baozi*, une brioche de pâte de riz à la vapeur fourrée d'une farce tantôt sucrée, tantôt salée.

Les **numéros en bleu renvoient aux hôtels et les numéros en rouge** renvoient aux restaurants localisés sur le plan de Chengde *p. 130*.

Sauf mention contraire, les lieux et adresses cités sont ouverts t.l.j.

‖ Chengde

Visite et plan *p. 130*. Indicatif tél. ☎ 0314

🛈 **CITS A2**, 11, Zhonghua lu (derrière l'hôtel Mountain Villa) ☎ 202.41.61, fax 202.74.84, citscd@ heinfo.net. Ouv. lun.-ven. 9h-12h et 14h30-17h, sam.-dim. 9h-12h.

Arriver de Pékin

● **En bus**. De Liuliqiao zhan, départ toutes les 20 mn entre 5h40 et 18h20. De Sihui zhan, 8 départs entre 7h et 16h30. Retour: de la gare routière de l'Est **B3**, bus toutes les 20 min (6h-17h30). Des minibus occasionnels qui partent du centre-ville amènent jusqu'à la gare routière de Dongsi men. Trajet 4h env. (à partir de la fin 2006, la nouvelle autoroute Pékin-Chengde, permet de réduire ce trajet à 2h30).

● **En train**. De Beijing zhan, rapide N211, départ 7h16. Retour: de la gare ferroviaire **B3**, rapide N212, départ 14h40. Trajet 4h30 env.

Circuler

Le bus n° 6 relie le palais d'Été à la zone des temples. Le bus n° 7 circule entre la gare et le palais d'Été. La bicyclette, que l'on peut louer dans la plupart des hôtels, est le moyen de locomotion idéal.

Hôtels

Sauf mention particulière, tous acceptent les cartes bancaires et sont équipés de chauffage (central ou air conditionné), indispensable l'hiver.

▲▲▲ **Qiwanglou** 绮望楼 **A2** 1, 1, Bifeng men donglu ☎ 202.43.85, fax 202.19.04. *80 ch.* Juché sur une colline qui domine le parc impérial. S.d.b. minuscules, chambres confinées et mobilier fatigué dans l'aile la plus ancienne, qui donne sur le jardin. Les chambres de l'aile moderne sont confortables, sans charme.

▲▲▲ **Shangketang** 上客堂 **B1** 2, Xi yuan, Puning si ☎ 205.88.88, fax 205.89.98. *89 ch.* Les chambres à la chinoise de ce *siheyuan* mitoyen du temple de la Paix universelle sont réparties autour d'un dédale de cours et de jardins. Piscine couverte, Spa tibétain, restaurants et grande revue-spectacle à thème «bouddhiste» le soir.

▲▲▲ **Yunshan** 云山饭店 **A3** 3, 2, Banbishan lu ☎ 205.58.88, fax 205.58.66. *219 ch.* Bâtiment peu attrayant. Chambres spacieuses, bien entretenues, donnant sur une rivière, ou sur les montagnes. Cuisine de qualité. Spa, accès Internet au *business center*, et ADSL dans les chambres.

▲▲ **Bishu Shanzhuang Wanshuyuan** 避暑山庄蒙古包度假村 **A1** 4 ☎ 216.35.80, fax 216.30.94. *48 yourtes. Ouv. mi-avr.-fin oct. uniquement. Pas de cartes bancaires.* Campement de yourtes pimpantes et relativement confortables (ce n'est pas le cas des chambres du bâtiment principal). S.d.b. avec baignoire (minuscule mais convenable). Une bonne option estivale pour les amateurs de verdure. Le prix de la chambre inclut une entrée au palais d'Été.

▲▲ **Mountain Villa** 山庄宾馆 **A2** 5, 127, Xiao Nanmen lu ☎ 202.55.88, fax 203.41.43, mvhotel@cd-user. he.cninfo.net. *391 ch.* En face de l'entrée du palais d'Été, un hôtel d'État rénové avec des prix allant du simple au triple. Restaurants, bureau de change et accès Internet.

Restaurants

Les hôtels servent une cuisine honorable, mais assez quelconque. La palette de pâtes (p. 40) du Hebei est plutôt servie dans les gargotes. Le *baimo*, un champignon local, dégage un arôme de truffe blanche dont on parfume les viandes sautées. L'été, on boit du lait d'amandes d'abricot.

♦♦ **Qingyuanhang** 庆元亨大酒楼 **A2** 6. *Ouv. 11 h-14 h 30 et 16 h 30-21 h 30.* Situé à dr. de la rangée des restaurants clinquants voisins de l'entrée principale du palais d'Été (p. 131). Spécialités locales. Goûter à l'étonnante pyramide de porc sauté

(gaidaorou) et aux œufs brouillés aux champignons blancs *(baimo chaojidan)*.

♦ **Xiaotonggou lu Meishichang** 小佟沟路美食城 **A2** 7. *Ouv. 6h-21h.* Cette immense et grouillante cafétéria du quartier commerçant propose une multitude de snacks de diverses régions. L'endroit est plus aseptisé que l'ancien marché de nuit (rasé en 2004), mais l'ambiance reste très couleur locale.

Adresses utiles

● **Banque de Chine A2**. À l'angle de Lizheng men lu et de Wulie lu. *Ouv. t.l.j. 8h-12h et 14h30-18h30 (15h30 l'hiver). Distributeur.*

● **Gare routière** 长途汽车东站 **hors pl. par A3**. Les bus qui font la liaison avec Pékin arrivent ou partent de la **gare routière de l'Est**, située à 8 km S-E du centre-ville. Le bus n° 118, qui part du palais d'Été, y conduit.

● **Internet A2**. Hongmenlian **wangba** 红门帘网吧 *Ouv. 8h-24h.* Chaîne locale qui gère deux salles au milieu de l'av. Xi dajie, à 5 min de marche de l'entrée du palais d'Été (pas de panneau en pinyin, mais enseigne verte avec idéogrammes rouges).

budget
Hébergement

Les prix s'entendent pour une chambre double :

▲▲▲ de 50 à 80 €

▲▲ de 20 à 50 €

▲ de 10 à 20 €

Restauration

Les prix s'entendent pour un repas complet (boisson non comprise) :

♦♦ de 5 à 10 €

♦ de 1 à 5 €

À noter : 1 € = 10,40 y (2007). ●

‖ Datong

Visite p. *137*. Indicatif tél. ☎ 0352

ⓘ **CITS**, dans l'enceinte de l'hôtel Yungang ☎ 510.10.21, fax 510.49.96, guojibu@datongcits.com. *Ouv. 8h-18h.* Une équipe francophone dynamique et performante. Excursions : Yingxian et Xuankong si, Wutai shan. Autres bureaux à la gare et en face du mur des Neuf Dragons (panneau «Datong Tourism Information Center»), informations et brochures en chinois.

Arriver

▶ **DE PÉKIN**

● **En train**. Depuis Xi kezhan (gare de l'Ouest), rapide N213, départ 10h10 ; train de nuit N205, départ 23h29.

Retour : N216, départ 8h52, trajet 5h env. ; train de nuit n° 2178, départ 22h30, trajet 8h env.

● **En bus**. Depuis Liuliqiao zhan, départs toutes les heures env. entre 7h40 et 17h30.

Retour : départs à 10h, 12h, 13h, 15h depuis Xinnan zhan. Trajet 4h env.

▶ **DU WUTAI SHAN**

● **En bus**. En saison touristique, départs à 7h30 et 12h30, de la rue principale de Taihuai (au niveau de l'hôtel Jinjie).

Retour : bus à 7h, 9h et 12h de la gare routière Xinbei zhan ; minibus à 8h30 et 14h de la gare routière Xinnan zhan. Trajet 5h env.

▶ **DE TAIYUAN**

● **En bus**. Depuis la gare routière centrale, départ toutes les 20 min de 7h à 19h.

Retour : toutes les 30 min entre 7h et 20h30 de la gare routière Xinnan zhan. Trajet 3h.

● **En train**. Rapide N266, départ 8h21.

Retour : rapide N265, départ 14h25. Trajet 6h env.

Circuler

Le centre se visite à pied. Le bus n° 4 relie la gare au temple du Sutra de la Guirlande de Lotus et finit sa course à Xinkaili (changement avec le bus n° 3 pour les grottes de Yungang).

Hôtels

Sauf mention contraire, les établissements cités acceptent les cartes bancaires.

▲▲▲ **Datong** 大同宾馆, 37, Yingbin xilu ☎ 586.86.68, fax 586.82.00, www.datonghotel.com. *221 ch.* C'est l'hôtel le plus flamboyant de Datong, le seul avec un jardin. Chambres impeccables et bien équipées. *Business center* et accès ADSL dans les chambres. Spa de luxe, discothèque.

▲▲▲ **Hong'an International** 宏安国际酒店, 28, Binxi lu (au S-O du centre) ☎ 586.66.66, fax 210.66.65, honganmail@sina.com. *200 ch.* Confort international. Piscine, Spa, tennis et jardin tropical couvert. Bon rapport qualité-prix des restaurants : buffet sino-occidental, *dim sum* cantonais et barbecue coréen.

▲▲ **Hongqi** 红旗大饭店, 11, Datong shizhan qianjie *(sur la dr. en sortant de la gare)* ☎ 536.61.11, fax 536.62.22. *101 ch. Pas de cartes bancaires.* Bien rénové. Chambres standard de taille moyenne, agréables et propres (s.d.b. avec douche). Tarifs raisonnables. *Business center* et accès ADSL dans les chambres. Sauna, salon de beauté. Restaurant chinois, Shuizhuyuan et fondue mongole.

▲▲ **Yungang** 云冈宾馆, 21, Yingbin donglu ☎ 586.38.88, fax 502.49.27. *158 ch.* Ce très vieil hôtel d'État a fait peau neuve pour un confort de bon aloi. Excellent buffet au petit déjeuner *(7h-9h)*. Communications Internet à des tarifs exorbitants. Poste.

▲ **Yungang binguan kefang erbu** 云冈宾馆客房二部, dans l'enceinte de l'hôtel Yungang, sur la dr. ☎ 586.38.80. *20 ch. Pas de cartes bancaires.* Chambres standards avec s.d.b. et chambres à trois lits bon marché et bien tenues. Les sanitaires communs le sont moins.

Restaurants

♦♦ **Yonghe Hongqi Meishicheng** 永和红旗美食城, 8, Yingbin donglu *(en face de l'hôtel Yungang)* ☎ 510.30.08. *Ouv. 11h30-14h30 et 18h-21h.* Plein à craquer tous les soirs, car on y festoie à bon compte. Spécialités *(p. 22)*: pigeon laqué *(kao yuge)*, et mouton rôti *(kaoyangji)*, en saison, pousses de sorgho et de champignons sautés *(xianggu youcai)*.

♦ **Jiulong Jiujia** 九龙酒家, 20, Yingbin donglu *(face à l'hôtel Yungang)* ☎ 510.22.56. *Ouv. 11h30-14h30 et 17h-21h30.* Bonne fondue mongole, cadre quelconque.

♦ **Liu Laolao Culiang Cun** 刘姥姥粗粮村, Caochangcheng beijie ☎ 602.23.33. *Ouv. 7h30-14h30 et 18h-21h30.* Ambiance chaleureuse et animée dans cette grande salle de style rustique où l'on sert de goûteuses spécialités des campagnes du Shanxi.

Shopping

Brocante sur la place aménagée, en face du mur des Neuf Dragons.

Adresses utiles

● **Banque de Chine**. Yinbin lu (150 m O de l'hôtel Datong). Ouv. t.l.j. 8h-18h pour le change, mais lun.-sam. 8h-12h et 15h-18h pour les opérations de retraits par carte bancaire et les chèques de voyage. Attention, le seul distributeur acceptant les cartes bancaires étrangères se trouve devant la succursale voisine du grand magasin Hualin, sur Xiao nanjie.

● **Gare ferroviaire**. Au N du centre-ville, à côté de l'hôtel Hongqi.

● **Gares routières**. La ville en compte deux. De celle du nord (**Xinbei zhan**), située sur Xinjian beilu (centre-ville): bus pour le Wutai shan et Pékin; départs pour Hunyuan toutes les 20 min entre 6h30 et 17h30, trajet 1h30 env. De celle du Sud (**Xinnan zhan**): bus pour Taiyuan, trajet 3h; le Wutai shan, trajet 5h; Pékin, trajet 4h env.

● **Internet**. Hongxing Wangba (à 200 m env. à gauche de l'entrée de la gare). Ouv. 5h-24h. Connexion à 2 y/h.

‖ Hunyuan

Visite *p. 140.* Indicatif tél. ☎ 0352

Hôtel

▲ **Hengjili** 恒吉利大酒店, Hengshan nanlu ☎ 833.56.66, fax 833.47.26. *33 ch. Pas de cartes bancaires.* La meilleure option hôtelière de ce gros bourg. Chambres confortables, s.d.b. petites mais propres. Bon restaurant.

Restaurants

♦ **Laoyemiao Fanzhuang** 老爷庙饭庄, Hengshan nanlu ☎ 832.39.97. Ouv. 9h-23h. Préparations à base de céréales de la campagne du Shanxi.

●●● *Aussi: Liu Ji Mianshi Dian, Hengshan nanlu. Ouv. 6h-20h. Convivial, tables dehors à g. de la gargote mitoyenne. Bols fumants de nouilles daoxiao mian garnis d'une sauce maison.*

‖ Pingyao

Visite et plan *p. 145.* Indicatif tél. ☎ 0354

⊕ **Gucheng Lüyou** 古城宾馆 **B1** *(au pied du rempart, à l'extérieur de la porte N)* ☎ 569.05.69. *Ouv. 8h-18h.* Agence du gouvernement local où l'on ne parle guère l'anglais mais cartes et brochures bilingues. S'adresser à l'hôtel Tianyuankui **2** *(p. 156)*.

Arriver

▶ DE TAIYUAN

● **En bus**. Départ toutes les 20 min de 7h à 19h de la gare routière Jiannan zhan.

Retour: toutes les 20 min de 6h à 18h30. Trajet 1h40.

● **En train**. 10 départs env./j. de 6h30 à 22h, dans les deux sens. Trajet 2h. Attention, ils ne s'arrêtent pas plus de 2 min.

▶ De Pékin

● **En train.** Depuis Xi kezhan (*gare de l'ouest ; p. 109*), train de nuit 2519, départ 19 h 43. Train de nuit 2520, départ 21 h 05. Trajet 11 h 30.

Circuler

Si tout est à portée de pas, on peut aussi emprunter des cyclo-pousses ou des mini-trains électriques qui font la navette entre les portes des remparts. Le vélo est une bonne option pour explorer la campagne avoisinante.

Hôtels

Les auberges de caractère, qui ont fleuri dans la vieille ville, sont le point fort de Pingyao. Prix 30 % plus élevés entre 1er mai-1er oct. Aucun n'accepte les cartes bancaires étrangères.

▲▲▲ **Lizeyuan International** 丽泽苑国际酒店 **A2** 1, 140, Shuncheng lu (*à 400 m au S de la gare, et un peu moins de la porte O de la vieille ville*) ☎ 567.68.88, fax 567.69.99, www.lzyhotel.com. *200 ch.* Le meilleur hôtel de Pingyao, pour ceux qui recherchent le confort plus que l'ambiance *kang* des auberges de la vieille ville. Certaines chambres offrent une belle vue sur les remparts. Restaurants chinois et occidental, piscine, Spa, salon de coiffure.

▲▲ **Tianyuankui** 天元奎客栈 **B2** 2, 73, Nan dajie (*à 100 m au S de la tour de la Cloche*) ☎ 568.00.69, fax 568.30.52, www.pytyk.com. *23 ch.* Chambres tout confort meublées à l'ancienne avec un goût très sûr. S.d.b. impeccables. Un dédale de couloirs débouche sur des cours

Shopping

Dans la vieille ville, la quincaillerie pseudo-antique fait florès mais, dans les commerces de campagne de Pingyao, on déniche de vrais souvenirs : des chaussons à semelles brodées, des couvertures chinoises à grosses fleurs, etc. ●

aménagées en coins lecture. Le seul défaut de cette auberge de charme est le nombres de voyageurs. Restaurant-bar, accès Internet, service de change et dynamique agence de voyages.

▲▲ **Yamen Youth Hostel** 衙门青年旅社 **B2** 3, 69, Yamen jie (*rue perpendiculaire à Nan dajie*) ☎ 568.39.75, fax 568.35.39. *24 ch.* Pas de dortoirs dans cette auberge de jeunesse membre de Hostelling International, mais des chambres doubles avec *kang*, toutes tendues du même tissu bleu et sobrement meublées de tables et chaises chinoises de bois clair. Propre et fonctionnel. Restaurant-bar, accès Internet.

▲ **Changxinglong Tavern** 昌兴隆民俗客栈 **B2** 4, 29, Chenghuang miao jie ☎ 568.41.88, fax 568.40.88. *14 ch.* Une adresse économique située dans une jolie cour toute en longueur. Les chambres au mobilier ancien sont un peu fatiguées. Petit restaurant.

▲ **Jinjinglou** 金井楼宾馆 **B2** 5, 29, Mingqing jie ☎ 568.37.51, pyjjl@pyonline.net. *20 ch.* À l'enseigne de la tour du Puits d'Or (autre nom de la tour du Marché), une auberge familiale à l'ambiance authentique et à l'accueil chaleureux, aménagée dans une cour traditionnelle des Qing, avec des chambres de tailles diverses (s.d.b. petites mais propres). Restaurant, accès Internet.

Restaurants

Spécialité de Pingyao, les salaisons de viande de bœuf (*gan niurou*) se présentent en tranches fines légèrement salées ou sont cuites à l'étouffée dans la sauce de soja. Goûter aussi aux champignons noirs sauvages ou aux galettes (p. 36). Pour manger pour trois fois rien, il est préférable de s'écarter du carrefour Xi dajie-Nanjie.

◆◆ **Juxianju** 聚贤居客栈 **B1** 6, 17, Xi dajie (*en face de Risheng chang*) ☎ 568.35.29. Ouv. 8 h-21 h 30. Établissement qui pratique les tarifs « vieille ville ». Une bonne option cependant pour ceux qui veulent goûter une cuisine locale réussie sans avoir à quitter le carré touristique.

♦ **Beimen Niurou Guan** 北门牛肉馆 **B1 7**, à 100 m au S de la porte N ☎ 68.33.42. *Ouv. 9h-22h.* Restaurant familial spécialisé dans les salaisons de bœuf locales, à accompagner de quelques entrées froides et d'une bière à la courge amère (*kugua*). Service très attentionné.

♦ **Zhongdu** 中都宾馆 **A1 8**, 1, Shuncheng lu (*en face de la gare*) ☎ 567.58.88. *Ouv. 6h-22h.* Très bonne cuisine à prix raisonnables dans un cadre banal. Une valeur bien plus sûre que les restaurants attrape-touristes aux vertigineux menus bilingues de la vieille ville.

Adresses utiles

● **Banque**. Pas encore de succursale de la Banque de Chine, ni de distributeur à Pingyao. Il est en revanche possible de changer du liquide à l'hôtel Tianyuankui **B2 2**.

● **Gare ferroviaire**. **A1** À 500 m de la porte O. Tenez-vous prêt à l'arrivée: 2 min d'arrêt maximum ! Réservation des billets à la gare, à l'hôtel **Tianyuankui B2 2** ou dans les autres auberges de la vieille ville. **Attention**, Pingyao n'est pas une tête de ligne et réserver pour Datong ou Pékin peut être impossible. Mieux vaut monter dans un train pour Taiyuan, quitte à voyager debout (trajet 2h) et de là poursuivre vers la prochaine destination.

● **Gare routière**. Située dans un récent bâtiment sino-baroque, elle est située à 1 km à l'E de la gare ferroviaire **hors pl. par A1**.

● **Internet**. Accès rapide et bon marché dans la grande majorité des auberges de la vieille ville.

|| Taiyuan

Visite p. 144. Indicatif tél. ☎ 0351

ⓘ **CITS**, 38, Pingyang lu (*au S de la ville*) ☎ 821.11.13, fax 722.94.16, citsjdb@yahoo.com.cn. Ouv. lun.-ven. 9h-12h et 14h30-18h. En cas d'urgence, car il est peu pratique (très excentré) et surtout peu

---

photographie
Pingyao, capitale de la photo

Si Pékin reste la capitale culturelle du pays et Shanghai celle du style, Pingyao se pose comme la capitale chinoise de la photo. Depuis 2001, la ville accueille dans ses murs historiques un **festival international de la Photo**. Calqué sur les festivals d'Arles ou de Perpignan (les trois premières années, son organisation fut d'ailleurs confiée à une équipe française), il donne chaque année lieu à des expositions et projections dispersées aux quatre coins de la vieille ville. Malheureusement, au fil des éditions, les censeurs communistes, toujours rétifs à laisser la réalité sociale chinoise s'exposer en grand format aux yeux du monde, ont progressivement repris le contrôle de la manifestation. Le festival de photo de Pingyao est aujourd'hui géré par le très officiel bureau de la propagande de la province du Shanxi, ce qui a atténué son attrait auprès des grands noms de la photo, locaux comme étrangers, qui les premières années avaient fait le voyage. Il reste toutefois un terrain d'échanges de regards et d'objectifs entre les photographes venus des deux côtés de la Grande Muraille.

www.pipfestival.com. ●

---

performant. Vous aurez de bien meilleures informations auprès des particuliers de Pingyao.

Arriver

▶ DE DATONG

● **En bus**. Depuis la gare routière Xinnan zhan, 2 départs/h entre 7h et 20h30.

Retour depuis la gare routière de Yingze dajie: départ toutes les 20 min de 7 h à 19 h. Trajet 3 h.

● **En train**. Rapide N256, départ 14 h 25.

Retour: rapide N266, départ 8 h 21. Trajet 6 h env.

▶ **DU WUTAI SHAN**

● **En bus**. Liaisons régulières avr.-oct, 2 départs/h entre 5 h 30 et 16 h 30.

Retour depuis la gare routière de l'Est (Dongke zhan): 8 départs entre 6 h 30 et 15 h 30. Trajet 4 h env.

● **En train**. Rapide N201, départ 3 h 42, trajet 4 h.

Retour: rapide N202, départ 21 h 30, trajet 3 h 30; ou N7096, départ 7 h 34, trajet 5 h 30.

▶ **DE PINGYAO**

● **En bus**. Départ toutes les 20 min de 6 h à 18 h 30. Retour depuis la gare routière Jiannan zhan: toutes les 20 min de 7 h à 19 h. Trajet 1 h 40.

● **En train**. 10 trains env./j. entre 6 h 30 et 22 h env., dans les deux sens. Trajet 2 h.

▶ **DE PÉKIN**

● **En bus**. Une autoroute relie la capitale à Taiyuan. Depuis la gare routière de Lizeqiao zhan, 4 départs/h entre 7 h à 15 h, puis 5 départs entre 17 h et 23 h 20. Retour depuis la gare routière de Yingze dajie: 2 départs/h de 6 h 30 à 17 h, arrivée à Lizeqiao zhan. Trajet: 6 h env.

● **En train**. Depuis Beijing zhan (*p. 109*), rapide N201, départ 21 h 13.

Retour: rapide N202, départ 21 h 30. Trajet: 10 h env.

S'orienter

Taiyuan s'étire sur des dizaines de kilomètres le long de la rive E de la Fen. Un repère: la gare ferroviaire, point de départ de Yingze dajie où s'échelonnent d'est en ouest la plupart des adresses. Au premier tiers, la place du 1er Mai (Wuyi guang-chang); à mi-parcours, le parc Yingze. Les rues est-ouest sont des jie, les autres des lu.

Hôtels

Sauf mention contraire, tous les établissements cités ci-dessous acceptent les cartes bancaires.

▲▲▲ **Shanxi Grand** 山西大酒店, 5, Xinjian nanlu (*donne sur l'extrémité O de l'avenue Yingze*) ☎ 882.99.99, fax 404.35.25, www.sxgh.com. *166 ch*. Le plus calme, dans une zone résidentielle mais excentrée. Chambres coquettes et tout confort. Restaurants chinois et occidental. Agréable salon de thé dans le hall. Centre de remise en forme et piscine. *Business center* et accès ADSL dans certaines chambres.

▲▲▲ **Yuyuan Grand** 愉园大酒店, 148, Kaihua si jie (*rue de grands magasins, au N de l'hôtel Yingze*) ☎ 882.33.33, fax 202.44.33. *260 ch*. D'immenses chambres et des couloirs feutrés. Centre de remise en forme avec piscine. Trois restaurants (coréen, chinois et international).

▲▲ **Bingzhou** 并州饭店, 118, Yingze dajie (*à hauteur de la place du 1er Mai*) ☎ 882.11.88, fax 403.35.40. *300 ch*. Réparties dans 3 bâtiments, de bonnes surprises (chambres calmes et propres) et de mauvaises (chambres sales, aveugles, eau chaude intermittente). *Business center* et accès ADSL dans certaines chambres.

▲▲ **Yingze** 迎泽宾馆, 189, Yingze dajie (*en face du parc Yingze, au centre de la ville*) ☎ 882.88.88, fax 882.66.88, book@shanxiyingze-hotel.com. *457 ch. Cartes bancaires uniquement dans l'aile O*. Chambres de luxe dans la nouvelle aile O de cet immense hôtel d'état très central. Celles de l'ancienne aile E sont assez décrépies, mais vastes et dotées d'un petit côté rétro. Restaurants chinois et occidentaux. Accès Internet, Spa, clinique, agence de voyages.

Restaurants

Outre les restaurants des hôtels Yuyuan Grand et Shanxi Grand, on peut manger en ville auprès des *kuaican* et *xiaochi*.

♦♦ **Tangdu**唐都大酒店, à l'angle S-O de Yingze dajie et de Taoyuan nanlu ☎ 415.11.18. *Ouv. 24 h/24.* Un peu clinquant, mais la cuisine chinoise servie ici est réputée (spécialités locales ou d'ailleurs).

♦ **Taoyuan nanlu** 桃园南路, en sortant du Shanxi Grand prendre la 1re rue à dr. et poursuivre jusqu'au bout de la rue. Restaurants bon marché, maisons de thé et épiceries fréquentés par les habitants du quartier.

♦ **Près de l'hôtel Yingze** 迎泽宾馆 Le soir, de nombreux marchands ambulants investissent le trottoir de l'hôtel et Liuxiang nanlu, une rue perpendiculaire. Au menu : brochettes, yaourts, nouilles, popcorn, au milieu des gadgets *made in China.*

Adresses utiles

● **Banque de Chine**. Près du carrefour Yingze dajie-Liuxiang nanlu. *Ouv. t.l.j. l'été 8 h-18 h, l'hiver 8 h-17 h 30.* Le seul distributeur acceptant les cartes bancaires étrangères se trouve à deux pâtés de maison plus à l'O, devant le siège provincial de la banque.

● **Gare ferroviaire**. Au centre-ville, au départ de Yingze dajie.

● **Gares routières**. Taiyuan en compte trois. La principale est située sur **Yingze dajie**, 500 m à l'O de la gare. La **gare routière de l'Est**, appelée **Dongke zhan**, se trouve à 3 km env. au N-E de la gare ferroviaire (bus nº 815). La **gare du Sud**, appelée **Jiannan zhan**, se trouve à 5 km au S-O de la gare ferroviaire (bus nº 611).

● **Internet**. Qianli Wangba, Liuxiang nanlu, 200 m env. au N de l'intersection avec Yingze dajie *(côté droit, entrer par la ruelle perpendiculaire au niveau du panneau argenté en mandarin)* ☎ 416.43.60. *Ouv. 8 h-23 h 30.* Une immense salle au look d'aquarium, point de ralliement des jeunes du quartier.

|| Wutai shan (Taihuai)

Visite *p. 142.* Indicatif tél. ☎ 0350

Taihuai offre une large gamme d'infrastructures touristiques. Hébergement bon marché et *kuaican* dans la rue principale du bourg, établissements plus luxueux et plus calmes au S, sur la route de Taiyuan. S'assurer d'avoir de l'eau chaude et du chauffage avant d'accepter une chambre très bon marché.

Arriver

Attention, la gare dite du Wutai shan est à Shahe à 50 km env. au N de Taihuai. Des navettes partant de la rue principale de Taihuai assurent le transport au départ et à l'arrivée des trains. Trajet 1 h 30.

▶ **DE DATONG**

● **En bus**. Liaisons régulières uniquement en saison touristique avr.-oct. Bus à 7 h, 9 h et 12 h depuis la gare routière Xinbei zhan ; minibus à 8 h 30 et 14 h depuis la gare routière Xinnan zhan. Retour : départ à 7 h 30 et 12 h 30 de la rue principale de Taihuai *(au niveau de l'hôtel Jinjie).* Trajet 5 h env.

▶ **DE TAIYUAN**

● **En train**. N 7096, départ 7 h 34, trajet 5 h 30 ; rapide Nº 202, départ 21 h 30, trajet 3 h 30. Retour : N 201, départ 3 h 42, trajet 4 h.

● **En bus**. Liaisons régulières en saison touristique avr.-oct. 8 départs entre 6 h 30 et 15 h 30 depuis la gare routière de l'Est. Trajet 4 h env. Retour : toutes les 30 min entre 5 h 30 et 16 h 30. Trajet 4 h.

▶ **DE PÉKIN**

● **En train.** Depuis Beijing zhan, N 201, départ 21 h 13. Retour : N 202, départ 1 h 25. Trajet : 6 h 30.

● **En bus**. Liaisons régulières uniquement en saison touristique. Départ de Liuliqiao zhan : départs à 8 h et à 16 h. Retour : départs à 8 h 30 et 16 h. Trajet : 6 h 30.

Circuler

Nombre de temples intéressants et d'hôtels se trouvent en dehors de Taihuai et sont éloignés les uns des autres de plusieurs km, il peut être judicieux de louer une voiture à la journée. Les plus sportifs pourront opter pour la location de vélo.

Hôtels

Aucun n'est équipé pour accepter les cartes bancaires étrangères.

▲▲▲ **Wufeng Binguan** 五峰宾馆 **1**, à 5 km du centre, près du temple Longquan ☎ 654.89.88, fax 654.89.98. *330 ch.* Clinquant et immense. Chambres de standing allant du 3 au 5 étoiles. Personnel sympathique et bon rapport qualité-prix. Spa, cybercafé, bar, discothèque.

▲▲▲ **Yindu Shanzhuang** 银都山庄 **2**, à 4 km du centre, sur la route de Taiyuan ☎ 654.88.88, fax 654.82.22. *120 ch.* Très bon confort (piscine couverte), sans chichi et très calme.

▲▲ **Hôtel du temple Puhua** 普化寺 (招待所) **3**, sur le côté droit de l'enceinte du temple *(2 km env. au S de Taihuai)* ☎ 654.24.36. *40 ch.* Ce paisible temple bouddhiste accueille depuis 2004 pèlerins et touristes qui acceptent le principe de la non-mixité. Confortables chambres de style chinois (s.d.b. immaculées), et économiques dortoirs à trois sur tatamis au 1er étage (pour les femmes, chambres propres, sanitaires communs moins convaincants).

▲ **Jinjie Shanzhuang** 金界山庄 **4**, au centre de Taihuai, côté montagne ☎/fax 654.55.68. *130 ch.* Bien situé et pas cher. Dommage que les chambres (et encore plus les s.d.b.) des bâtiments disposés autour de la cour de l'hôtel aient si mal vieilli.

Restaurants

Stands de nouilles et *kuaican* par dizaines dans la rue principale du bourg. Faisan (*shanji*), lièvre (*shantu*), champignons, légumes sauvages, les produits de la montagne sont réputés mais onéreux. À ne pas essayer n'importe où.

◆◆ **Minsu Fengqing Yuan** 民俗风情园 **5**, au bas de la rue principale de Taihuai, côté temples ☎ 654.55.05. *Ouv. 11 h-14 h et 18 h-22 h.* Adresse sûre pour goûter toutes les spécialités locales.

◆ **Puhua Si Suzhaiguan** 普化寺素斋馆 **3**, à dr. de la cour d'entrée du temple Puhua *(à 2 km env. au S de Taihuai)* ☎ (0350) 654.39.08. *Ouv. 11 h-23 h.* Cuisine végétarienne authentique dans ce temple bouddhiste, servie dans deux petites salles sans prétention, mais avec une jolie vue sur cour.

Adresses utiles

● **Gare ferroviaire**. La gare dite du Wutai shan est en réalité à **Shahe** à 50 km au N. Des navettes partant de la rue principale de Taihuai assurent le transport au départ et à l'arrivée des trains. Trajet 1 h 30.

● **Gare routière**. Départ des **bus pour Datong** sur la rue principale de Taihuai, à la hauteur de l'hôtel **Jinjie 4**. La gare routière, d'où partent les **bus pour Taiyuan et Pékin**, est située à 1 km env. au S de Taihuai. ●

© Stéphane Frances /hemis.fr

Shanghai

Lupu qiao I-C3, dernier né des ponts de Shanghai, soude en un arc magistral le destin des deux rives de la ville. L'une et l'autre se toisent de toute leur orgueilleuse *skyline*. **Puxi**, Shanghai rive gauche, hisse ses façades de briques de New York chinoise le long du Bund. En face, **Pudong**, Shanghai rive droite, déploie sur le fleuve une composition futuriste jaillie d'une friche durant la dernière décennie du XXᵉ s. Partout des tours de 30 étages et davantage. Des profils de verre et d'acier, signés des plus grands noms de l'architecture contemporaine et mondiale, entre lesquels glisse un viaduc qui tient lieu de périphérique à la métropole de la Chine nouvelle. La nuit, il baigne la ville du halo de ses néons violets. En bas, le ballet des autos troquées contre la horde des vélos, des quartiers qui se meurent sur le passage des pelleteuses pendant que d'autres naissent. Shanghai n'en finit pas d'essayer de nouveaux habits urbains, avec pour horizon l'Exposition universelle de 2010. Capri-

▲ Le jour se lève sur le Bund de Shanghai : exercices artistiques sur la toile de fond futuriste de Pudong.

cieuse, déconcertante, elle joue sur le registre *haipai*, la «fusion» des cultures d'Orient et d'Occident. N'est-elle pas, de toutes les villes chinoises, la plus métissée? Sûre d'elle, elle donne aux caciques de Pékin, malgré le départ des Shanghaiens de la direction du pays, la cadence de la Chine de demain.

Le triangle d'or du Jiangnan

Jiangnan: sud du delta du fleuve Yangzi, où les rivières et le système du Grand Canal impérial *(p. 209)* drainent depuis des siècles les produits d'une des terres les plus riches de Chine, sous la férule de puissants marchands; terre bucolique des poètes et des peintres, qui fut plusieurs fois dans l'histoire le refuge du pouvoir en péril. **Nankin**, première capitale des Ming *(p. 258)*, trace dans ce pays de riz, de thé et de soie la pointe nord du triangle de la Chine urbaine, riche, industrieuse. La cité cossue de **Suzhou** *(p. 211)* est son angle sud-ouest, reliée, par la voie du Grand Canal, à l'opulente **Hangzhou** *(p. 218)*, qui achève la figure du triangle au sud-est. Sous les Ming, puis les Qing, Shanghai est une bourgade prospère, qui joue le rôle

de plate-forme de transbordement entre les provinces de l'intérieur et les provinces côtières *(p. 163)*. Y vivent 300 000 à 350 000 âmes au milieu du XIXᵉ s. Sa richesse? Le **commerce du coton**.

Le temps des concessions

Le 17 novembre 1843, le destin de Shanghai bascule: elle est inscrite au nombre des **ports francs** que la ligue des Occidentaux exige de l'empire pour prix de sa victoire dans la guerre de l'Opium. Excellent choix. À cause du triangle qu'elle satellise, de la proximité de la mer et du Yangzi jiang qu'on peut remonter en bateau jusqu'à Chongqing, au cœur même de l'empire du Milieu. Anglais, Américains, Français obtiennent chacun de Pékin des terres jouissant du privilège d'exterritorialité, des concessions sur l'échelle du fleuve Huangpu.

Dix ans plus tard, le **soulèvement des Taiping** *(p. 260)* plonge le pays dans la guerre civile. Fuyant les violences, plus de 20 000 personnes des campagnes environnantes s'installent dans les zones initialement réservées aux étrangers. Shanghai devient une grande ville, majoritai-

---

repères
Quartier par quartier

Shanghai désigne à la fois une municipalité de 6 340 km² et un centre-ville de **dix arrondissements urbains**: Huangpu, Hongkou, Zhabei, Putuo, Changning, Jing'an, Huangpu, Xuhui, Luwan, Nanshi. Dans le centre-ville, les rues portent des noms de villes dans le sens E-O (Beijing lu, Nanjing lu) et de provinces dans le sens N-S (Henan lu, Sichuan lu). Les plus longues sont divisées en sections E (dong), O (xi), N (bei) et S (nan). Pour vous aider à vous repérer, nous

avons fait figurer **la traduction anglaise** des noms des divers centres d'intérêt de Shanghai, puisque c'est ainsi qu'ils apparaissent, aux côtés du chinois, dans la signalétique urbaine.

Du Bund à la place du Peuple (Huangpu) I-CD2 et **plan III**. Depuis le Bund, la rue de Nankin s'étire sur 1,5 km pour déboucher sur la place du Peuple, qui constitue le cœur de Puxi.

L'ancienne concession française (Luwan) I-B2-3 et **plan II**. Au sud de Huaihai zhonglu, des rues bordées de platanes cachent de nombreuses villas.

L'ancienne ville chinoise (Nanshi) I-D2-3 et plan IV. Repérable au tracé de l'ancienne muraille circulaire (aujourd'hui les boulevards Renmin et Zhonghua), elle mêle le vrai ancien et le faux.

Jing'an et Zhabei I-CD1. Autour de la rivière Suzhou, l'ancien Shanghai prolétaire.

Pudong I-D2. Sur la rive droite du Huangpu, une ville nouvelle face au Bund.

rement peuplée de Chinois, mais gérée par les étrangers. Les concessions étendent leurs territoires : les Français en direction de l'intérieur des terres, les Anglais – qui ont fusionné avec les Américains, créant une concession internationale – vers le nord et le long du Huangpu. En 1895 arrivent les Japonais, victorieux d'un conflit avec la Chine, qui extorquent à Pékin le droit d'implanter des **industries** à Shanghai. Tous les étrangers leur emboîtent le pas. Ils financent filatures, minoteries, banques, cotonnières, manufactures de toutes sortes, relayés, au moment de la Première Guerre mondiale, par la nouvelle classe d'entrepreneurs chinois des *compradores*. C'est l'**âge d'or de la banque et de l'immobilier**. Et le début du prolétariat industriel : des dizaines de milliers de Chinois louent leur *kuli* – littéralement « force de l'amertume », anglicisé en « **coolie** » – pour un salaire et des conditions misérables. Russes blancs, juifs apatrides : les transfuges des chaos de l'Europe affluent vers le « Paris de l'Orient » dont la population explose. À la veille de l'invasion japonaise, Shanghai compte 3 millions d'habitants, dont 20 000 à 30 000 étrangers. En 1943, les concessions sont formellement rétrocédées au régime chinois de collaboration avec le Japon.

La dure ligne rouge

L'arrivée des communistes au pouvoir en 1949 met un terme à l'épopée shanghaienne. Les vainqueurs de la guerre civile n'aiment pas cette ville qui symbolise le capitalisme et l'Occident. « Si Lénine a vu Shanghai, il est excusable ! », s'écrie déjà le journaliste Albert Londres en 1925. Les capitalistes nationaux sont expropriés en 1956, persécutés durant la Révolution culturelle. Les tycoons, les chefs de gang fuient à Taïwan et à Hong Kong. Les Shanghaiens sont mis au pas. Par dizaines de milliers, ils sont expédiés à la campagne. Shanghai sert encore de cobaye à la dure politique de restriction des naissances, avant sa mise en place en 1978. Placée sous administration directe de Pékin depuis 1927, la municipalité se voit confisquer par l'État 85 % de ses revenus annuels : la plus grande ville de Chine doit contribuer au développement du reste du pays. Dans les années 1980, Shanghai est **asphyxiée**, **polluée** par les industries implantées le long de la rivière

• • • • • • • • • • • • • • • • • • • •

géographie
Un long Fleuve

À 28 km au nord de Shanghai, grossi par les eaux du Huangpu qui traverse la ville, le **Yangzi jiang**, après sa course à travers les provinces du Sichuan, du Hubei, du Anhui et du Jiangsu, se jette dans la mer de Chine. Appelé aussi **Changjiang** (« Long Fleuve »), il est, avec ses 6 300 km, le troisième fleuve le plus long au monde, après le Nil et l'Amazone. Il débute sa course au Tibet avant de dévaler les contreforts du Yunnan sous le nom de Jinsha jiang (« fleuve aux Sables d'Or »).

conseils
Traverser le Huangpu

● **La plus classique** : en empruntant la ligne 2 du métro, jusqu'à la station Lu Jia Zui.

● **La plus rétro** : en montant à bord d'un des bacs qui font la navette entre les deux rives. Embarcadère à Puxi au S du Bund, à hauteur de l'immeuble Three on the Bund **II-C2**, débarcadère à hauteur de Dongchang lu, à Pudong. Toutes les 20 à 30 min selon l'affluence, 8 h-20 h 30, trajet 15 min.

● **La plus originale** : en empruntant entre 8 h et 22 h 30

le tunnel touristique du Bund (Bund Tourist Tunnel). Un quart d'heure de son et lumière psychédélique pour se préparer à aborder la rive futuriste ! Accès côté Puxi par le passage piéton souterrain face au Peace Hotel, sur le Bund. Sortie côté Pudong à Lujiazui, à 250 m O de la Perle de l'Orient. ●

introduction

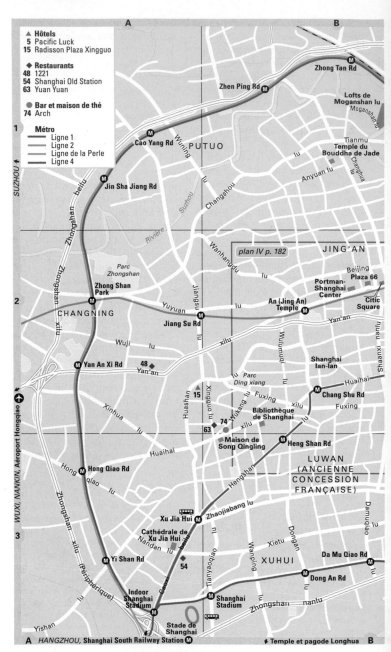

Hôtels
5 Pacific Luck
15 Radisson Plaza Xingguo

Restaurants
48 1221
54 Shanghai Old Station
63 Yuan Yuan

Bar et maison de thé
74 Arch

Métro
— Ligne 1
— Ligne 2
— Ligne de la Perle
— Ligne 4

Shanghai I : plan d'ensemble

introduction

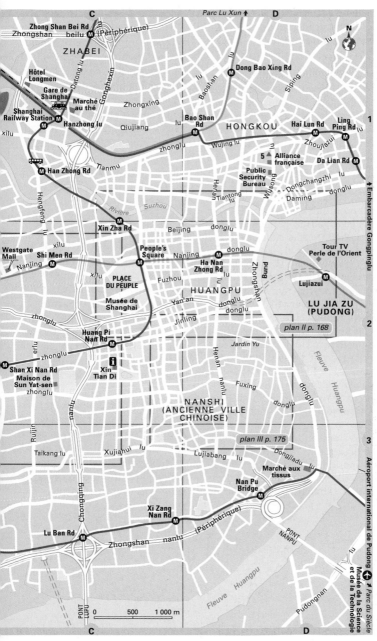

Shanghai est coupée en deux par le fleuve Huangpu. À l'ouest du fleuve, Puxi, la rive historique, se déploie entre le Bund (voir plan III, *p. 175*) et la rivière Suzhou, au nord. Pudong, à l'est du fleuve, est en pleine croissance jusqu'en 2030.

Suzhou. Elle manque de logements, les infrastructures font défaut et les transports sont saturés.

Nouvelle destinée dans les années 1990, quand deux anciens maires de Shanghai accèdent au pouvoir à Pékin : Jiang Zemin et Zhu Rongji deviennent respectivement Président de la république et Premier ministre. Le 18 avril 1990, ils donnent une impulsion décisive à la ville, en lançant la **nouvelle zone économique de Pudong**, la rive orientale du Huangpu restée à l'état de jachère urbaine faute de moyens pour franchir le fleuve. En moins de dix ans, grâce à un afflux massif des capitaux de la diaspora chinoise et aux investissements étrangers, on a bâti à Pudong 520 km², l'équivalent de 74 fois La Défense, creusé trois tunnels sous le Huangpu, dont un pour le métro, jeté quatre grands ponts (Nanpu, Yangpu, Xupu, Lupu), lancé des kilomètres d'autoroutes, un aéroport international et même un train à sustentation magnétique *(encadré p. 190)* ! Ce chantier pharaonique devrait être achevé en 2030. Mais la grande métamorphose shanghaienne ne s'arrête pas là. L'**Exposition universelle de 2010** et, plus encore, le projet d'urbanisme global « **Shanghai 2020** » font de Pudong un détail. Puxi, la vieille rive du Huangpu, est démantibulée puis reconstruite par arrondissements entiers. 38 millions de m² y ont été rasés par les pelleteuses depuis 1990, 2,7 millions de personnes déplacées entre 1992 et 2001. Le mouvement s'est intensifié depuis 2002, lorsque Shanghai a été sélectionnée pour héberger l'Exposition universelle : 340 000 personnes ont dû quitter Puxi cette année-là et 270 000 l'année suivante. Et où vont toutes ces personnes ? Vers les résidences, les barres et les tours qui ont poussé dans la banlieue de la future « Shanghai 2020 » : **11 villes nouvelles**, chacune vouée à une activité particulière – universités, activités portuaires, construction automobile, etc. –, chacune en passe de compter jusqu'à 1 million d'habitants. Pour irriguer l'ensemble, on construit 17 lignes de métro, 800 kilomètres de voies ferrées et de nouvelles autoroutes. Telle est le nouveau visage de Shanghai, qui renoue encore avec sa vocation portuaire en se plaçant au cœur d'un dispositif gigantesque équivalent à ce que serait le littoral de Dunkerque à Rotterdam entièrement équipé de docks. Vous avez le vertige ? Bienvenue à Shanghai ! ●

10 | Huangpu :
du Bund à la place du Peuple★★

▲ Le Bund, symbole de l'architecture néo-classique des années 1930.

Plan II *p. 168.*

Carnet d'adresses *p. 189.*

Prévoir 1/2 ou 1 journée complète avec la visite des musées de la place du Peuple (il existe un forfait groupé pour le musée de Shanghai, le musée d'Urbanisme et l'Opéra, en vente dans les trois sites). Remonter la rue de Nankin depuis le M° Henan zhong-lu pour débuter la visite ou, mieux, emprunter un taxi jusqu'au Peace Hotel **C1-1**.

C'est depuis le Bund de Puxi, la rive « historique » du Huangpu, qu'il faut découvrir Shanghai, forcément. Avec, en contrepoint, la place du Peuple, manifeste futuriste et cœur de la métropole tentaculaire.

‖ Le Bund (Waitan)★★★

⋯⋯▷ 外滩 **II-C1-2** Zhongshan dongyi lu.

Un méandre du Huangpu trace la courbe de ce «quai de débarquement» – c'est le sens du terme anglo-indien *bund*, qui remonte au temps de la concession internationale. Le Bund hisse sur le ciel de Shanghai la même *skyline* que découvraient à leur arrivée les passagers des Messageries maritimes dans les années 1930: hors l'Amérique, les plus hauts gratte-ciel du monde, orgueilleuses cathédrales néogothiques et Art déco dressées par le capitalisme et la finance de 1906 (**Palace Hotel**, auj. aile S du Peace Hotel **II-C1**) à 1940 (**Bank of Com-**

10
itinéraire

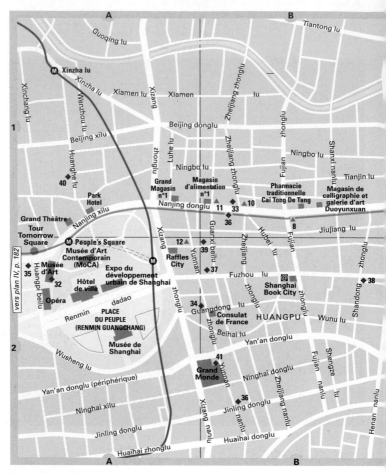

Shanghai II : du Bund à la place du Peuple (Huangpu)

munications, n° 40, **II-C2**). L'agence Palmer & Turner a signé les plus prestigieux. Une **promenade suspendue** le long du fleuve (*accès par passages souterrains*) permet d'en prendre la mesure, en contrepoint des totems futuristes de Pudong (*illuminations des deux rives t.l.j. 18h30-22h30*).

Au N du croisement avec Nanjing donglu

Conçus l'un et l'autre par l'agence Palmer & Turner, l'**hôtel de la Paix★★ II-C1 1** (Peace Hotel, 1926, *p. 191*) et la **Bank of China★★** (**II-C1** n° 23, 1937) voisine, sont deux **constructions emblématiques** du Bund. La sobre façade de la Banque de Chine est la seule à user de motifs traditionnels chinois (très discrets). **Victor Sassoon**, issu d'une des grandes familles juives qui financèrent nombre des constructions shanghaiennes, autorisa l'édifice à dépasser son hôtel, alors baptisé «Cathay», mais d'une hampe de drapeau seulement. Passé sa porte à tambour s'ouvrent les hautes nefs des halls, lambrissés de palissandre. Point d'orgue de ce **palace Art déco** au 8e étage avec le couloir aux **appliques Lalique★★** du Peace Hall et les baies en fer forgé

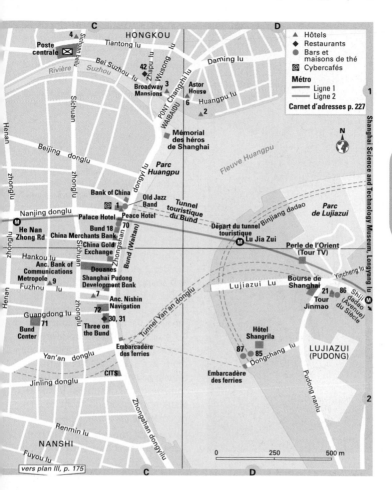

Ligne 1
Ligne 2

Carnet d'adresses p. 227

vers plan III, p. 175

du Dragon and Phœnix Restaurant. Au confluent du Huangpu et de la rivière Suzhou, la promenade se clôt avec le **parc Huangpu II-C1** qui fut interdit aux Chinois – et aux chiens – par le règlement de la concession internationale jusqu'en 1928. Infamie lavée par un **mémorial aux Héros de Shanghai** en béton, digne du monument aux Héros du Peuple de la place Tian'an men.

En face, de l'autre côté du **pont Waibaidu** de type Eiffel (1907), la façade du **Broadway Mansions II-C1 3** (1934) contraste par son modernisme caractéristique de

l'école de Chicago avec le néoclassicisme victorien de l'hôtel **Astor House II-D1 6** (1846-1910).

Au S du croisement avec Nanjing donglu

● **Le bâtiment des Douanes**** (II-C2 n° 13, 1927) est reconnaissable à son imposante horloge, encore en fonction, dont le carillon a été inspiré de Westminster.

● **L'ex-Hong Kong and Shanghai Bank**** (II-C2 n° 12, 1923), gardée par un **couple de lions en bronze**, abrita un temps l'hôtel de ville avant d'être rachetée par

10

© D.R.

la Shanghai Pudong Development Bank. Le bâtiment dispose d'un ample **atrium**** en rotonde, posé sur des colonnes de marbre et orné de mosaïques. On peut l'admirer depuis le **Bonomi Café**, logé au 2e étage de l'aile dr. *(ouv. t.l.j. 8h-23h).*

‖ La rue de Nankin

···❥ 南京东路 II-BC1 Nanjing donglu. Elle démarre au Peace Hotel et devient piétonne à partir du carrefour avec Henan zhonglu.

Même du temps où le communisme chinois n'avait pas emprunté la voie du capitalisme, elle était la rue des grands magasins de Shanghai, au même titre que la rue Wangfujing à Pékin. Les calicots rouges inscrits de caractères blancs qui servaient d'enseignes se sont envolés pour faire place à une forêt de néons et d'écrans vidéo à la mode de Tokyo. Les passerelles qui la franchissaient d'un trottoir à l'autre sont désormais inutiles : la rue de Nankin a été partiellement convertie en **artère piétonne**.

Le cabinet français d'architecture Arte-Charpentier (auteur de la station

• •

Que rapporter de la rue de Nankin ?

Rayon gastronomie, l'épicerie **Shao Wan Sheng** (n° 414), spécialisée dans les produits du Jiangnan, existe depuis les Qing. Au n° 630, **Sanyang Ningbo** vend les délices du Zhejiang. Le **magasin d'alimentation** n° 1 (n° 700) occupe le même bâtiment depuis 1926. Taikang, au n° 766, vend les spécialités chinoises les plus réputées : jambon du Anhui, sucreries multicolores à base de pâte de haricot, vin jaune *(huangjiu)* de Shaoxing,

champignons noirs parfumés du Heilongjiang, noix de Hangzhou...

Autre institution de la rue : le grand magasin de calligraphie **Duo Yun Xuan Art Gallery** (n° 422) propose toute la gamme des pinceaux, pierres à encre, cahiers, papiers, et accueille une librairie d'art au 2e étage ainsi que des expositions temporaires au 3e étage.

Jingdezhen Yishu Ciqi, (n° 1175-1183) vend de la porcelaine au kilomètre et de toutes les tailles.

Créée en 1882, la **pharmacie Cai Tong De Tang**

(n° 450) a tout gardé au dernier étage : les comptoirs en bois et en marbre, les étagères chargées de jarres remplies de remèdes, les petits box de consultation.

●●● *Attention : seuls les grands magasins restent ouverts jusqu'à 22h. Les horaires des boutiques traditionnelles sont plutôt 9h-18h.* ●

▲ Parmi les spécialités de Taikang, l'une des épiceries fines de la rue de Nankin : les fameux jambons du Anhui.

Saint-Lazare pour la ligne Météor à Paris) est l'auteur de ce kilomètre pavé de granit rouge. À la demande de la municipalité, il a joué la «French Touch»: bancs, candélabres, jardinières plantées autour de terrasses de café et groupes de statues en bronze grandeur nature.

Mais cet **espace urbain à la française** est surtout une occasion de vivre Shanghai en compagnie des badauds chinois – près de 1,5 million chaque jour! – qui s'y photographient à tour de bras, montent à bord du petit train électrique, s'arrêtent au spectacle d'un défilé de mode organisé par un magasin ou pour goûter aux produits d'une boutique de spécialités régionales.

|| La place du Peuple★★★

···⟫ 人民广场 II-A2 **M° People's Square.**

La rue de Nankin débouche sur la partie ancienne de cette esplanade, édifiée à l'**emplacement de l'hippodrome** de la concession internationale. Deux belles tours Art déco, œuvres de l'architecte Ladislaus Hudec (1893-1958), encadrent le carrefour avec Huanghe lu: *à g.*, le cinéma **Grand Theatre** (1933), *à dr.*, le **Park Hotel** (1934). Ce dernier est une excellente jauge de la grande mutation shanghaienne: jusqu'aux années 1990, il était, avec ses 24 étages, le point culminant de la ville. Il est désormais englouti sous l'ampleur des réalisations du tournant du siècle, dont la tour **Tomorrow Square** (2003), la plus haute de la rive de Puxi, à l'angle de Huangpi beilu.

Face à l'écrasant **palais de l'hôtel de ville**, l'actualité défile jour et nuit sur un écran géant. L'**Opéra** (1998) déploie ses ailes blanches de pagode *new age*. Le **musée de l'Urbanisme** (2000) lui donne la réplique dans la transparence de sa structure de verre, et le **musée de Shanghai** (1995) est un tripode géant qui emprunte sa forme aux

vaisselles antiques qu'il renferme dans ses flancs. Note finale de ce concert de culture, le **musée d'Art contemporain★★** (MoCA) est un cube transparent, échoué sous les frondaisons du parc du Peuple (*M° People's Park, porte 7, vis. t.l.j. 10 h-18 h, mer. 10 h-22 h; entrée payante; fonctionne sur le principe des expositions temporaires; programme des expositions www.mocashanghai. org; restaurant italien avec terrasse au dernier niveau*).

| L'exposition du développement urbain de Shanghai★★

···⟫ 上海市场规划展览 II-A2 Shanghai Urban Planning Exhibition Hall. Ouv. t.l.j. 9 h-17 h. Entrée payante (ou forfait groupé avec le musée de Shanghai et l'Opéra).

Sur cinq niveaux, avec un luxe de maquettes, d'images virtuelles et de consoles de simulation, Shanghai déploie son futur proche: «Shanghai 2020», un **projet d'urbanisme global** pour une agglomération de 20 millions d'habitants confrontée aux problèmes d'écologie et d'environnement. Des chiffres et des réalisations à faire tourner la tête!

À ne pas manquer: le 4e ét., avec la **maquette de 40 m²** du projet (échelle: 1/500). Agréable café panoramique au dernier étage et, le long de la sortie au sous-sol, une reconstitution pastiche du Shanghai des années 1930.

| Le musée de Shanghai★★★

···⟫ 上海博物馆 II-A2 Shanghai Museum. Ouv. t.l.j. 9 h-17 h, fermeture des caisses à 16 h. Entrée payante (ou forfait groupé avec le musée d'Urbanisme et l'Opéra). Photos autorisées. Location d'audiophones en français. Vestiaire à l'entrée, toilettes à chaque niveau, salon de thé au niveau 2. Catalogues et livres d'art en plusieurs langues en vente dans la librairie. Visite: 1 h 30.

Quatre niveaux composent une vaste fresque d'archéologie et d'art chinois.

Niveau 1

● **Galerie des bronzes*****. Plus de 400 pièces du XVIIIe s. av. J.-C. (Xia) au IIIe s. apr. J.-C. (Han) : armes, outils, vaisselle rituelle, masques d'animaux (dont celui du **glouton** ou *taotie*, créature mythique), instruments de musique. Les **bronzes**** les plus fameux atteignent leur apogée sous la dynastie **Shang** (XVIIe-XIe s. av. J.-C.) : formes plus raffinées et motifs figuratifs (oiseaux, scènes de chasse). Notez le **carillon**** à 14 cloches ayant appartenu au marquis de Su (Jin, IXe s. av. J.-C.) et les tambours rituels ornés de grenouilles, originaires du royaume de Dian (actuel Yunnan), où s'épanouit entre le IVe et le IIe s. av. J.-C. un art fantastique.

● **Sculptures****. Très belle collection de 120 pièces allant des Royaumes combattants (403-222 av. J.-C.) à la dynastie des Ming (1368-1644). À l'entrée se dresse un flûtiste : placée dans la tombe des notables, cette **statue en terre cuite*** des Han de l'Est (25-220) était un substitut (*ming-qi*) destiné à divertir les défunts. Aux environs de l'ère chrétienne, ces statuettes sont traitées avec un réalisme de plus en plus marqué.

À partir des **Wei du Nord** (386-535), l'influence du bouddhisme (*p. 255*) se fait sentir, la reproduction des bouddhas permettant à leurs commanditaires d'obtenir des mérites. L'iconographie bouddhique originaire de l'Inde est parfaitement assimilée en Chine et fortement stylisée.

Comme les Han, les Tang (618-907) moulent des **statuettes** destinées à accompagner les morts dans l'au-delà. Les femmes sont représentées avec coquetterie, formes rondes, rose sur les joues, chignons savamment agencés. Les temples et les sites rupestres sont ornés de puissantes sculptures, comme celle de ce **général** casqué, métamorphosé en gardien du temple. Entre

ses jambes, deux démons. Les yeux protubérants et la poitrine bombée dégagent une impression de force, à l'opposé du *bodhisattva* **en bois peint et doré**** de l'époque des Song (960-1279), au visage apaisé au-dessus d'un élégant drapé.

Niveau 2

● **Galerie des porcelaines et des céramiques*****. Elle débute avec la reconstitution d'un **atelier de fabrication** et des fours de cuisson. Du néolithique aux réalisations des Qing (1644-1911), elles ne sont illustrées que par des pièces d'exception comme le vase rebondi à tête de phénix des Jin de l'Ouest (265-316), couleur céladon (*encadré p. 239*), les **glaçures** «**trois couleurs**» des Tang, les monochromes – **céladons et porcelaines** – fabriqués sous les deux dynasties des Song (XIe-XIIIe s.), les premiers **bleus et blancs** inventés sous les Yuan (XIVe s.), les rarissimes **rouges de cuivre** à la robe de sang créés puis abandonnés sous les Ming au XVe s., et les délicates **coupes émaillées de rose** des Qing au XVIIIe s.

●●● *Pour en savoir plus* : *voir également Laques, émaux, céramique p. 45.*

Niveau 3

● **Galerie de peintures****. Plus de 120 peintures et rouleaux du VIIe au XXe s. Portraits, fleurs, paysages, oiseaux sont les thèmes favoris des peintres sous les Tang (618-907). Sous les Song (960-1279), la **peinture**, art de l'esprit par excellence, atteint son apogée : les artistes utilisent aussi bien la soie que le papier comme support, l'académie impériale des Arts prévaut, le style est tantôt intime, tantôt réaliste et les peintres quittent le statut d'artisan pour entrer dans le cénacle des lettrés.

Liang Kai**, au début du XIIIe s., peint les «Six Bonzes» de l'école du bouddhisme chan. Pour la qualité de sa peinture, très suggestive, il reçoit de l'empereur la distinction de la «Ceinture dorée». Autre peintre des Song, **Wang Shen** (début XIIᵉ s.) innove en associant peinture, littérature et calligraphie dans un sujet mettant en scène trois voyageurs cheminant dans la montagne le long d'une rivière.

Sous les Yuan (1280-1368), les deux peintres officiels, **Zhao Mengfu** et **Gao Kegong**, perpétuent les traditions des Tang et des Song, mais en s'écartant des conventions pour adopter un style plus libre.

Au XVIIᵉ s., une fraction de peintres s'épanche dans le style Xieyi, «sans contrainte». Dès lors, les artistes optent soit pour l'imitation des maîtres du passé, soit pour une expression libre de leurs émotions. **Dong Qichang** remet au goût du jour la peinture académique des lettrés. Seule importe la qualité du travail. Ses paysages sont monumentaux, ses coups de pinceau dynamiques. «Ceux qui ont des yeux pour voir reconnaîtront mon travail», dit-il.

Sous les Qing, **Zhu Da**★★ (1626-1705), le plus fou et le plus génial des peintres, donne à ses poissons et ses canards des expressions quasi humaines. Après lui, **Shi Tao**★★(1641-1720) fait rêver avec ses paysages épurés, tracés d'un pinceau économe et sûr.

NIVEAU 4

● **Costumes ethniques et masques**★. Ils proviennent des 56 **ethnies minoritaires** du pays, parmi lesquelles les Yao et les Miao. Des **masques de dixi**★★, théâtre populaire de Guizhou, sculptés dans le bois puis peints, composent des visages expressifs; ils représentent des personnages ou des animaux tirés de romans historiques traditionnels.

●●● *Pour en savoir plus sur les différentes dynasties chinoises: voir Quatre mille ans d'histoire p. 252.*

| L'Opéra★★

···▷ 上海大剧院 II-A2 Shanghai Grand Theatre. Ouv. t.l.j. 9 h-16 h. Entrée payante (ou forfait groupé avec le musée de Shanghai et le musée de l'Urbanisme).

Comme à Pékin, c'est à un **architecte français**, Jean-Marie Charpentier, qu'a été confiée la réalisation de ce lieu de prestige. Sa toiture aérienne est un véritable tour de force technique, qui nécessita la collaboration de l'armée de l'Air pour sa mise en place. Avec son marbre noir, ses boiseries, ses fauteuils de velours rouge, l'intérieur joue la carte d'un opéra à l'italienne, en total contraste avec la transparence dépouillée dans laquelle l'édifice apparaît sur la place. Jean-Marie Charpentier et son agence durent, pour l'ensemble de sa conception, se plier à toute une charte symbolique basée sur le fengshui *(p. 262)*.

| Le musée d'Art★

···▷ 手工艺博物馆 II-A2 Shanghai Art Museum. Ouv. t.l.j. 9 h-17 h. Entrée payante.

Il occupe l'ancien siège du club de la société hippique, qui hébergea longtemps le musée de Shanghai *(p. 171)*. Il fonctionne sur le principe des expositions temporaires, dont la très courue **Biennale d'art contemporain** en décembre (4ᵉ édition en 2004). Beau panorama de la place depuis son coffee shop, logé au 5ᵉ étage *(Kathleen's 5, p. 193)*.●

11 | Nanshi:
l'ancienne ville chinoise★★

© Catherine Bourzat

▲ La rue Fangbang version «Old Shanghai Street»: de vraies vieilles maisons rafraîchies à la peinture, des lanternes rouges façon vieille Chine.

···❖ 南市

Plan III *p. 175.*

Carnet d'adresses *p. 189.*

Pas de **M°** pratique: emprunter un taxi jusqu'au pavillon Huxing (carnet d'adresses, *p. 189*).

Durée: prévoir une journée de visites et promenade. Peut être enchaîné avec la promenade dans la concession française.

Au temps des concessions, Nanshi était une enclave chinoise enfermée, à l'ancienne mode, derrière un rempart circulaire. Le tracé de cette fortification abattue en 1912 est matérialisé par les rues Renmin et Fuxing. Jusqu'à la décennie 1990, la ville chinoise était un dédale de ruelles et de vieilles maisons où il faisait bon se perdre. Et puis sont venus les bulldozers et les promoteurs. Les abords du jardin Yu, qui est sa perle culturelle, ont été convertis en un Disneyland touristique à la chinoise, le bien nommé **Yu Garden Bazar**: immeubles de plusieurs étages coiffés de chapeaux chinois, logeant des restaurants vastes comme des halls de gare et des boutiques de souvenirs au kilomètre. Au premier abord, «la vieille ville», comme s'obstinent à l'appeler les guides chinois, est parfois déconcertante. En poursuivant la promenade le long de la **rue Fangbang** qui la traverse d'est en ouest, on quitte les paillettes touristiques pour la réalité: le siège des promoteurs de l'immobilier de grand luxe et la résistance des habitants des *lilong (p. 178)*, qui sont à Shanghai ce que les *hutong* sont à Pékin.

❤ Le pavillon Hu Xing ★★

···⧽ 湖心亭 III-B1 **Hu Xing Ting Teahouse.** Ouv. t.l.j. 8h30-22h. Entrée payante. Orchestre de musique traditionnelle : lun. à partir de 16h, sam. et dim. à partir de 18h30.

Il est une ravissante chinoiserie avec ses toits retroussés, posée sur un étang artificiel que traverse un **pont en zigzag** : pas de thé pour les mauvais esprits, qui ne savent se déplacer qu'en ligne droite ! Car le lieu est dédié à ce breuvage. Jadis, il était partie intégrante du jardin Yu : on y recevait les marchands d'étoffes. En 1855, il fut séparé de la résidence puis converti en **maison de thé** (*chalou*), qui est désormais la plus ancienne de Shanghai. Étrangement, malgré toute la cacophonie touristique environnante, il y règne une harmonieuse sérénité. Pouvoir de résistance de l'esprit du thé ? Au r.-d.-c., on déguste les crus

du moment à la théière (entre 20 et 25 y par personne), avec la douceur du jour à grignoter. L'étage est plus animé : on peut s'y restaurer de *dim sum* et s'y initier à l'art de déguster le thé au son de la viole à deux cordes.

❤ Le jardin Yu★★★

···⧽ 豫园 III-B1 **Yu Garden.** Ouv. t.l.j. 8h30-17h. Entrée payante.

On lui décline parfois la grâce et l'achèvement des jardins de Suzhou (*p. 214*). Il est pourtant une folie de **2 ha** qui joue avec maestria sur l'art de la surprise. Pour ceux qui n'aiment pas se perdre, un plan figure, sous la forme d'une peinture, à l'arrière de la première salle rencontrée.

Un dédale de sentiers guide les pas à travers courettes et rocailles, trompe-l'œil et ouvertures en forme de lune, de losange, de fiole ouvrant au regard leurs **perspectives** renouvelées. Par-

11

itinéraire

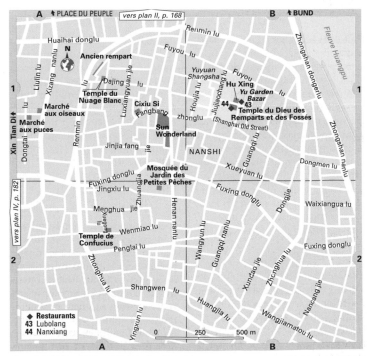

Shanghai III : l'ancienne ville chinoise (Nanshi)

© Bertrand Gardel/hemis.fr

▲ Le jardin Yu a été commandité sous les Ming par Pan Yunduan pour son père, fonctionnaire de haut rang.

tout l'**eau** est présente, rivières murmurantes ou sages bassins. Le jardin compte même un **théâtre de poche** dont la scène est ornée de boiseries rehaussées de feuilles d'or. On y oublie la ville environnante, on parvient même à échapper au flux continu des visites guidées qui le traversent au pas de course sur des itinéraires balisés. L'heureux propriétaire de cette délicieuse résidence ? Pan En, un fonctionnaire de la cour de justice du Sichuan. Son fils la lui fit aménager entre 1559 et 1577, sous la dynastie des Ming.

| Le temple du Dieu des Remparts et des Fossés

···⟩ 城隍庙 III-B1 City God Temple. Ouv. t.l.j. 8 h 30-16 h. Entrée payante.

Construit sous Yongle (1403-1424), empereur Ming, il est dédié aux dieux protecteurs de Shanghai, parmi lesquels **Qin Yubo**, un fonctionnaire du XIVe s. Le temple est réchappé de la grande orgie touristique du quartier : après avoir hébergé lui aussi des boutiques, il a finalement été rendu au culte. Le dieu des Remparts et des Fossés est un intercesseur trop important pour les désarrois d'aujourd'hui. Le temple s'anime début avril, lors de la **fête des Morts**.

| « Old Shanghai Street »

···⟩ 方浜中路 III-A1 Fangbang zhonglu.

C'est ainsi que la **rue Fangbang** s'autoproclame au sortir du « Yu Garden Bazar » : sur 300 m, on y a gardé – pour la photo – deux rangs de vieilles maisons, toutes converties au commerce touristique et à la restauration. On peut qualifier le résultat de « pittoresque » en effet, et certaines boutiques sont de vraies aubaines pour ceux qui aiment chiner en Chine.

Au débouché sur Henan nanlu, un *pailou* à l'ancienne marque la fin du tourisme nostalgique. À gauche, des tours. À droite, des tours. En face, une résidence pour nouveaux riches, **Sun Wonderland** (1996) : colonnes doriques, portiques romains, *putti* dodus et dieux égyptiens ! Au-delà, la rue Fangbang s'appelle Fangbang et se faufile crânement – pour combien de temps ? – au milieu des *lilong* et *shikumen* (p. 178) d'un pan de vrai « vieux Shanghai » : ne pas hésiter à lâcher son guide préféré pour le plaisir de s'y égarer.

♥ Dans le vieux Shanghai★★
···❯ III-A1-2

Au carrefour de la rue Fangbang avec une venelle, des échoppes vendent tout le nécessaire de papier que l'on brûle pour les morts : suivez-les, elles vous guideront, en logeant quelques *shikumen* sursitaires, vers le **Cixiu si** ♥ 慈修庵 **III-A1** (1870), un temple bouddhiste de poche baigné de fumées d'encens… une bulle de sérénité au pied d'un jet de gratte-ciel.

● **Au S de la rue Fangbang.** En empruntant Henan nanlu, on découvre, non loin du carrefour avec Fuxing donglu, l'imposante **mosquée du Jardin des Petites Pêches** 小桃园清真寺 **III-A2** (*Xiaotao yuan; ouv. t.l.j. 8 h-19 h; entrée payante*). Édifiée dans un style composite en 1927, elle est le point de ralliement des musulmans de Shanghai. Dans son prolongement, Zhuang-jia jie débouche sur Wenmiao lu, qui longe le **temple de Confucius★** 孔庙 **III-A2** (*Wenmiao; ouv. t.l.j. 9 h-17 h 15; entrée payante*), restauré en 1997. Le vieux maître serait heureux de voir que, chaque

automne, des étudiants nouent aux branches des camphriers de petites bandes de tissu rouge en guise de prière sur lesquelles ils écrivent leur nom aux côtés de celui de l'université où ils espèrent être admis. Dans la cour, de nombreuses stèles anciennes énumèrent les noms des lauréats aux concours mandarinaux d'autrefois. Le dimanche matin, elle accueille des stands de bouquinistes. Un **marché permanent de livres d'occasion** se tient sur Xuegong lu et Menghua jie à la sortie du temple (*ouv. t.l.j. 8 h30-15 h30*).

● **Au N de la rue Fangbang III-A1.** En remontant de quelques ruelles, on parvient dans Dajing lu : son **marché vivrier★★** dit, ô combien, la gastronomie fait partie de la culture des *lilong*.

Dajing lu quitte le périmètre de la ville chinoise en longeant le **temple taoïste du Nuage blanc★** 白云寺 **III-A1** (*Baiyun guan; ouv. t.l.j. 9 h-17 h 15; entrée payante*), reconnaissable à ses bâtiments jaunes. Il recèle des statues en bronze des Ming. Un pan rescapé de l'**ancien rempart** de l'enclave le jouxte.

Les marchés de Xizang lu et Dongtai lu★★
···❯ 西藏路, 东台路古玩市场 III-A1 Poursuivre jusqu'à Xizang nanlu. Ouv. t.l.j. 9 h-18 h.

À l'angle de Xizang nanlu – alias rue du Tibet – subsiste le dernier **marché aux oiseaux**, poissons, grillons et autres compagnies miniatures de Shanghai. À peine une rue plus loin débute le **marché aux puces de Dongtai lu ♥**, où l'on continue à débusquer des perles rares (objets d'usage, anciens emballages et réclames, vieilles montres, etc). ●

urbanisme
La trame de Shanghai

Le développement de Shanghai s'est fait par juxtapositions – concessions française, internationale, japonaise, enclaves chinoises de Nanshi et Zhabei. Shanghai est ainsi souvent décrite, à juste titre, comme «une ville de fragments». Au sein des différents territoires qui composèrent son histoire, apparut une forme d'organisation spatiale originale qui constituait à son tour une fragmentation en petites unités : les *lilong* ou *longtang*, dont la particularité est d'avoir été conçus par des urbanistes occidentaux pour loger la population chinoise. Bel exemple de la culture *haipai* qui a fondé la personnalité de Shanghai.

À l'anglaise, mais régi par le fengshui

Dans le Jiangnan, *lilong* désigne une venelle. À Shanghai, le terme «d'allée» convient davantage : sur un modèle le plus souvent emprunté aux *terraces*, les unités résidentielles anglaises, elles bordent des rangs de maisons en brique à deux ou trois étages. Ces quartiers miniatures, souvent dotés d'un style architectural propre – références, dans l'ornementation des façades, à des styles historiques ou régionaux, européens ou chinois – , surgirent dès la fin du XIXe s. dans les concessions pour établir les résidents chinois. Les derniers *longtang* furent bâtis au début des années 1940. Pour satisfaire la clientèle chinoise, il fallut se plier aux exigences du fengshui *(p. 262)* : les maisons sont toutes orientées vers le sud. Et respecter la hiérarchie des espaces, qui se décline du public à l'intimité du privé. L'habitation la plus répandue adoptait d'ailleurs le

principe d'organisation chinois autour d'une cour, dont l'accès était gardé par un puissant porche en brique, le *shikumen*, qui a laissé son nom à ce type de maison. La plupart des *shikumen* ont été construits dans les années 1910-1920.

La fin d'une culture

Avec l'instauration de la République populaire en 1949, il est arrivé aux *shikumen* ce qui est arrivé aux *siheyuan* pékinois : conçus à l'origine pour une famille élargie, ils en accueillirent plusieurs, dans une cité où la croissance naturelle faisait la population plus nombreuse, sans qu'elle ait les moyens de construire de nouveaux logements en quantité suffisante. Le phénomène provoqua un effarant entassement humain de 4 m² par habitant qui servit d'argument, lorsque la municipalité fut à nouveau en mesure de créer de nouvelles zones d'habitation dans les banlieues, pour raser les *shikumen* insalubres plutôt que les réhabiliter. Entamé dans le courant de la décennie 1990, le mouvement se poursuit malgré la résistance héroïque des habitants de la vieille trame shanghaienne pour qui *lilong* et *shikumen* sont d'abord toute une culture de village et de voisinage.

●●● *À savoir :* le réseau des *lilong* fait souvent les adresses shanghaiennes à tiroir. Elles se déclinent en : nom de la rue, n° du *long* (ou *block* en anglais), n° du bâtiment. Les *lilong* sont partout menacés de destruction. Sauf dans la concession française, où certains ont été classés : villas blanchies à la chaux de la cité Bourgogne **IV-B2** *(face au n° 572 de Shaanxi nanlu)* et de **Verdun Terrace** **IV-B1-2** *(entre Maoming nanlu et Shaanxi nanlu, au S. du Okura Garden)*, **pavillons** du bloc compris entre Fuxing zhonglu-Nanchang lu et Ruijin erlu-Maoming lu, lotissement paysager du *lilong* **Huyuan** **IV-B2** *(115 long, Taiyuan lu)*. ●

▲ Carrés de *longtang* au pied des nouvelles tours de Shanghai. Ce sont des sursitaires, pas des rescapés, condamnés à la destruction pour cause d'insalubrité et d'image de la ville. Mais leur disparition signera la mort de tout un esprit de quartier.

12 | ♥ Luwan : l'ancienne concession française★★

▲ Huaihai zhonglu, ancienne rue Joffre, traverse toujours l'ancienne concession française et toujours sous les platanes.

© Bertrand Gardel/hemis.fr

Plan IV *p. 182.*

Carnet d'adresses *p. 189.*

Mº Huang Pi Nan Rd (sortie nº 1) pour débuter la visite.

Prévoir une journée pour la balade, que l'on peut fractionner en réservant une autre journée pour les alentours de Huaihai zhonglu.

À voir tout près : la façade néo-classique en brique de l'ancien conseil municipal de la concession, aujourd'hui intégrée dans le complexe commercial **Shanghai Central Plaza**. Il est signalé, comme tous les bâtiments classés du quartier, par une plaque en bronze en chinois et en anglais.

En 1849, la Chine concède à la France une superficie de 66 ha au nord de la ville chinoise. Elle est limitée à l'est par le Huangpu, au nord par la concession britannique dont elle est séparée par un canal, le Yangjingbang (comblé par la suite,

emplacement de l'actuel Yan'an zhonglu). Dans sa grande tradition jacobine, le gouvernement français refuse de ratifier les nouveaux règlements municipaux de 1861 et fait échouer le projet de concession unique : la France préfère considérer sa concession comme une **annexe de l'Indochine** coloniale et la dote d'un **conseil municipal indépendant**. Jusqu'en 1943, l'enclave s'étend toujours plus à l'ouest de part et d'autre de l'avenue Joffre (actuelle rue Huaihai), jusqu'à l'arrondissement de Xujiahui.

Hormis la rue Huaihai, vendue aux grands magasins, Luwan est un des quartiers les mieux préservés du Shanghai ancien, avec ses rues ombragées de platanes, ses parcs, ses villas et ses terrasses de café. Prix de ce cachet préservé dans le contexte de la fièvre immobilière shanghaienne : le quartier est en voie de gentrification.

|| Xin Tian Di★★

新天地 Trois rangs de *lilong* aux *shikumen (p. 178)* propres comme des tours neuves, alignés au pied de gratte-ciel de verre et d'acier : la trame de Shanghai enfin réhabilitée ? Oui et non. Oui, car les *shikumen* ont fait l'objet d'une restauration soignée. Non, parce qu'ils ne l'ont pas été pour être restitués à leurs habitants.

Xin Tian Di veut dire « nouvel univers » : c'est une **enclave chic** et chère, exemplaire d'une vague d'opérations immobilières qui joue sur l'élégance rétro du patrimoine architectural de la concession française pour attirer les investisseurs. En l'occurrence, 170 millions de dollars ont été apportés par un tycoon de Hong Kong pour transformer ces 30 000 m^2 en un espace branché, pour expats et yuppies shanghaiens : concept stores, cafés design, restaurants, galeries d'art ou des scènes musicales.

C'est élégant, incontestablement. On y aurait aimé un supplément d'âme. Ironie de l'histoire, il n'était pas question au départ de conserver les *shikumen* mais, parmi eux, figure la demeure où eut lieu la conception de l'embryon de la Chine populaire :

la toute première réunion du Parti communiste chinois, à laquelle assistait le jeune Mao Zedong. C'est donc grâce au Timonier que les *shikumen* ont été sauvés des pelleteuses et que Xin Tian Di, devenu un concept à succès, s'exporte en Chine.

| Le musée du Premier Congrès du PCC★

···▷ 中国共产党一大会址政纪念馆 IV-C2
Museum of the CCP First National Congress. Ouv. t.l.j. 9 h-16 h. Entrée payante.

C'est un des paradoxes de Shanghai : influencée par l'Occident, elle fut aussi un laboratoire d'idées révolutionnaires pour avoir été le tout **premier foyer du prolétariat chinois**. Pour les intellectuels modernistes, le régime de la concession française, par la relative protection qu'il offre, permet de s'exprimer avec une certaine liberté. D'autant que le secrétaire général de cette réunion historique, Chen Duxiu, converti au marxisme en 1920, est un professeur de littérature francophile.

La maison qui abrita le congrès héberge les archives relatives aux **membres fondateurs du PCC**, parmi lesquels un jeune inconnu nommé Mao Zedong, et des docu-

12
itinéraire

---

mafia
Vénéneuses alliances

En 1914, le conseil municipal de la concession française admet en son sein deux conseillers chinois. Sur la liste des années 1929-1930, apparaissent deux nouveaux noms peu honorables : **Du Yuesheng** et **Zhang Xiaolin** sont des « têtes de serpent », à la tête de la Bande Verte et de la Bande Rouge, les puissants réseaux mafieux qui contrôlent Shanghai. Confrontée au problème de la sécurité au sein d'une

population en pleine croissance, l'administration française pactise avec ces diables depuis 1925 : elle leur consent le **monopole du trafic d'opium** dans la concession – avec versement d'un pourcentage sur les transactions – en échange d'une aide au maintien de l'ordre par leurs milices. Le 22 avril 1927, ce sont elles qui se chargent du grand nettoyage orchestré par Tchang Kaï-chek contre les communistes et les syndicalistes. En 1932, la France tente d'assainir ses coupables alliances.

Du Yuesheng accepte de s'effacer du devant de la scène, mais seule la victoire des communistes contre les nationalistes de Tchang Kaï-chek en 1949 met un terme au règne de la mafia à Shanghai : Du Yuesheng plie bagages pour Hong Kong. ●

ments témoignant de leurs idéaux et de leur engagement, comme leur journal et la traduction chinoise du *Manifeste du parti communiste* (sept. 1920).

| ♥ Le musée des Shikumen★★

···▷ 石库门博物馆 **IV-C2** Shikumen Open House Museum. Ouv. dim.-jeu. 10 h 30-22 h 30, ven.-sam. 11 h-23 h. F. lun. Entrée payante.

Mobilier et objets : tout y est pour savoir à quoi ressemblait la vie dans les *shikumen (p. 178)* durant les années 1930. À l'entrée de chaque *lilong*, le *Yanshi store*, ouvert 24 h/24 faisait office de drugstore : cigarettes, papier à écrire et alcool. La pièce de l'entresol ou *tingzitian*, équivalent des mansardes parisiennes, était louée aux voyageurs de passage et aux intellectuels sans le sou.

|| Autour des parcs

Les parcs de la concession française sont un de ses luxes enviés et copiés. Ils sont particulièrement courus des agences qui se chargent, entre autres détails de l'organisation des mariages, de l'album photo souvenir : se marier en blanc et sur fond d'Occident est un must.

| Le parc Fuxing★★

···▷ 复兴公园 **IV-C2** Accès par Yandang lu (piétonnière entre Huaihai zhong lu et Nanchang lu) et Xiangshan lu. Ouv. t.l.j. 6 h-18 h.

Chaque recoin des 10 ha de ce jardin public créé en 1906 est investi d'une fonction précise. Les joueurs de cartes officient dans la cour centrale au milieu des chorales, des sportifs et des écoliers. Les danseurs de tango s'entraînent face aux **statues de Marx et de Engels**.

Autour du petit bassin et dans la galerie couverte, des retraités taquinent l'*erhu*. Les personnes âgées se réunissent au *speaker corner*. Les adeptes du *taiji quan*, évoluent partout !

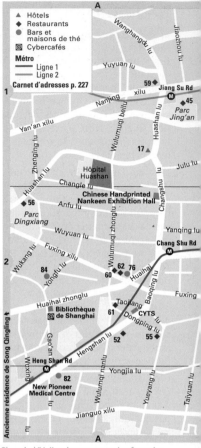

Shanghai IV : l'ancienne concession française

| La maison de Sun Yat-sen★

···▷ 孙中山故 **IV-C2** Former Residence of Sun Yatsen, 7, Xiangshan lu. Ouv. t.l.j. 9 h-16 h 30 (visites guidées uniquement). Entrée payante.

Fondateur du Guomindang, le parti nationaliste, le Dr Sun Yat-sen (1866-1925) est le **père de la République chinoise** de 1911. Évincé du pouvoir dès 1912, il installa dans cette maison de la rue Molière un «véritable ministère», où il poursuivit ses activités de juin 1918 à novembre 1924. La villa est un mémorial, avec le **bureau-bibliothèque**, où nationalistes et communistes se rencontrèrent en 1923, et la **chambre à coucher**. Sa femme Song Qingling *(p. 75)* vécut ici jusqu'en 1937, après quoi elle

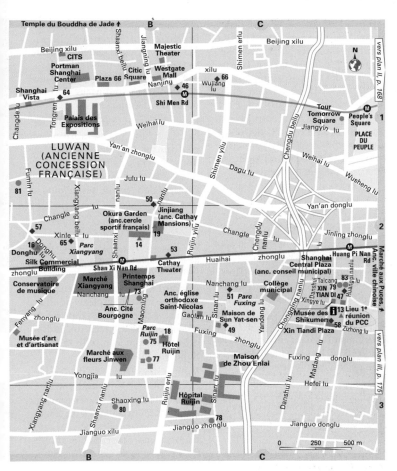

Temple du Bouddha de Jade ↑

Beijing xilu
CITS
Portman Shanghai Center
Plaza 66
Citic Square
Westgate Mall
Majestic Theater

Shanghai Vista
64
Nanjing xilu
46
Wujiang
66
Beijing xilu
Shimen erlu

Shi Men Rd

Palais des Expositions

LUWAN (ANCIENNE CONCESSION FRANÇAISE)

Changde lu
Tongren lu
Weihai lu
Yan'an zhonglu
Shimen yilu
Julu lu
Dagu lu

Tour Tomorrow Square
Jiangyin
People's Square
PLACE DU PEUPLE
Chengdu beilu
Weihai lu
Wusheng lu

81
Fumin lu

Okura Garden (anc.cercle sportif français)
50
Jinjiang (anc. Cathay Mansions)

Xiangyang beilu
Changle
57
Xinle lu
65
Parc Xiangyang
14
19
Changle
Yan'an donglu
Jinling zhonglu

16
Donghu lu
Donghu
Silk Commercial Building
Shaanxi
Shan Xi Nan Rd
53
Cathay Theater
Ruijin yilu
Huaihai
Changle
zhonglu
Chengdu nanlu
Shanghai Central Plaza (anc. conseil municipal)
Huang Pi Nan Rd
Marché aux Puces
Marché, ville chinoise

Conservatoire de musique
Marché Xiangyang
Nanchang
73
Printemps Shanghai
Maoming
Anc. Cité Bourgogne
Anc. église orthodoxe Saint-Nicolas
Nanchang lu
Collège municipal
83
Taicang
XIN 79
TIAN DI
47
Xinye lu
13 Lieu 1e réunion du PCC
58
Zizhong lu

51 Parc Fuxing
Maison de Sun Yat-sen
49
Musée des Shikumen
Xin Tiandi Plaza

Parc Ruijin
18
75
Hôtel Ruijin
77
Marché aux fleurs Jinwen
Fuxing
zhonglu
Maison de Zhou Enlai
Fuxing donglu
Hefei lu

Yongjia lu
Shaoxing lu
80
Hôpital Ruijin
78
Jianguo zhonglu
Jianguo donglu

Jianguo xilu

0   250   500 m

B   C

vers plan II, p. 168
vers plan III, p. 175

retourna dans la maison où elle avait passé son enfance (**hors pl. IV par A2** 1843, *Huaihai zhonglu; ouv. t.l.j. 9 h-16 h 30; entrée payante*).

| L'ancienne résidence de Zhou Enlai★

···⟩ 周恩来故 **IV-C2** *Former Residence of Zhou Enlai.* 73, Sinan lu. Ouv. t.l.j. 9 h-11 h et 13 h-16 h 30. Entrée payante.

La rue Sinan, ancienne rue Massenet, abrite quelques villas, dont celle de ce compagnon de Mao de la première heure. Il dirigea ici, avec son épouse, le bureau clandestin du PCC de Shanghai, de juin 1946 à mars 1947. Les réunions avaient lieu au r.-d.-c., l'étage servait de

dortoir pour les camarades. La demeure, bien plus austère que celle de Sun Yat-sen, dispose d'un **magnifique jardin intérieur**.

| Le parc Ruijin★

···⟩ 瑞金园 **IV-B2** *Ruijin Guesthouse.* Accès par Ruijin erlu et Maoming nanlu.

C'est l'immense propriété de H. E. Morriss, le fondateur du quotidien *North China Daily News* (le siège du journal occupait le n° 17 du Bund). Sur les 7 ha de son jardin, il entretenait chevaux et lévriers de course dans les années 1930. Pas besoin pour les coursiers d'aller bien loin: le **cynodrome** était mitoyen de la résidence (emplacement de l'actuel marché aux fleurs Jinwen). Les descendants Morriss vécurent dans les villas cossues dispersées dans le jardin (occupées aujourd'hui par les bars **Face**, *p. 197*, et **Art Deco Garden Café**, *p. 196*, et l'hôtel **Ruijin**, *p. 193*) jusqu'à l'arrivée des communistes au pouvoir en 1949. Ils furent alors expropriés et l'ensemble fut converti en lieu de séjour pour les nouveaux dirigeants du pays.

|| Autour de Huaihai zhonglu★

···⇢ 淮海岸中路 IV-BC2 **M°** Shan Xi Nan Rd. Remonter Maoming nanlu.

Bars et boutiques de mode jalonnent **Maoming nanlu** (ancienne rue du Cardinal Mercier) jusqu'au carrefour avec Huaihai zhonglu. En face s'élève la **façade Art déco★★** du **cinéma Guotai** (ancien Cathay Theatre, 1932), un des premiers créés à Shanghai. Pour le reste du décor, l'ancienne avenue Joffre n'a rien à envier au quartier des grands magasins parisiens et servira de guide pour aller dénicher quelques pépites architecturales de l'ancienne concession.

| L'hôtel Jinjiang★

···⇢ 锦江饭店 IV-B2 19 59, Maoming nanlu.

Conçu à l'origine par la compagnie immobilière de Victor Sassoon – descendant d'une lignée d'hommes d'affaires juifs bagdadi et principal promoteur immobilier du Shanghai des années 1930 – pour être une zone de lotissement, la **Cathay Mansion**, le secteur fut converti en hôtel en 1951. On prendra la mesure du projet initial en montant au bar du dernier étage de l'hôtel : de sobres petits **immeubles en brique★**, aux volumes Art déco, donnent sur un splendide parc arboré.

| L'hôtel Okura Garden★★

···⇢ 花园饭店 IV-B2 14 58, Maoming nanlu, en face du précédent.

Cet établissement japonais a incorporé une partie du plus luxueux club du temps de la concession : le **Cercle sportif français** (1926). Sur la dr. du hall d'entrée, un escalier en fer forgé débouche dans son ancien **salon★★**, aux colonnes modernistes surmontées de bas-reliefs néoclassiques.

Un vestibule conduit à la **salle de bal** qu'éclaire un extraordinaire **plafonnier fait de vitraux Art déco★★★**. Un éclat qui ne déplut pas à Mao : il descendait dans l'ancien club lors de ses séjours à Shanghai.

| L'hôtel Donghu★

···⇢ 东湖宾馆 IV-B2 16 70, Donghu lu. Revenir sur Huaihai zhonglu, puis prendre Donghu lu sur la dr.

Aujourd'hui séparé en deux par Donghu lu, le complexe hôtelier formait jadis une vaste propriété de **villas★** dispersées dans un jardin, du même type que celle du parc Ruijin *(p. 183)*.

Mais le propriétaire de l'ensemble était moins recommandable que M. Morriss : c'était **Du Yuesheng**, le plus fameux gangster du Shanghai des années folles *(p. 181)*, qui fit aménager l'ensemble à grands frais pour y loger ses quatre épouses, mais il n'y vécut jamais !

| Le musée d'Art et d'Artisanat★★

···⇢ 手工艺博物馆 IV-B2 Shanghai Museum of Arts & Crafts, 79, Fenyang lu. Ouv. t.l.j. 9 h-16 h 30. Entrée payante. Revenir sur Huaihai zhonglu, puis prendre Fenyang lu, en face.

Il est logé dans l'opulente **villa néo-Renaissance★★** (1905), où vivait le chef du conseil municipal.

En toute logique, cette demeure échut après 1949 à Chen Yi, le premier maire de la Shanghai communiste. Sa conversion en musée (ateliers au travail de papiers découpés, peinture, broderies sur soie et panneaux laqués) permet d'admirer à loisir les détails de son architecture. ●

13 | Pudong★

© Stéphane Frances/hemis.fr

▲ Jinmao, une pagode du 3ᵉ millénaire convertie en hôtel, toise le Shanghai du Bund de l'autre côté du Huangpu.

Plan II *p. 168-169*.

Carnet d'adresses *p. 189*.

Prévoir 3 h de visite les distances à couvrir à pied étant importantes.

Lujiazui, le «quartier» (de 32 km²) par lequel on aborde Pudong depuis Puxi, n'est qu'un tout petit morceau de l'immense ville nouvelle divisée en 4 zones de développement, chacune avec une fonction différente. Lujiazui, qui abrite la Bourse de Shanghai, est dévolue aux services et à la finance. Au nord, Waigaoqiao est un port en zone franche et Jinqiao, une zone industrielle où sont installées les entreprises étrangères. Elle comprend des centres commerciaux, un hôpi-

tal et une université. Enfin, au sud, des industries pharmaceutiques de pointe et des centres de recherche se sont développées autour du **musée de la Science et de la Technologie** de Zhanjiang (**hors pl. I par D3** M° *Shanghai Science and Technology Museum; ouv. mar.-dim. 9 h-17 h; entrée payante*). Mais ce qui attire chaque jour à Pudong les touristes comme des milliers de papillons, c'est la constellation d'ovnis architecturaux – totems futuristes, pagodes d'acier et tours de verre – qui satellisent une tour de télévision en forme de vaisseau spatial, baptisée avec arrogance «Perle de l'Orient» et, bientôt, le **Shanghai World Financial Center**, un gratte-ciel de 101 étages et 492 m de haut.

| La Perle de l'Orient*

···⯈ 东方明珠电视塔 II-D2 Oriental Pearl Tower, à la sortie du M° Lu Jia Zui. Ouv. t.l.j. 8h-21h30. Entrée payante (tarifs différents selon l'étage d'accès).

Avec ses 468 m, c'est la troisième tour de radio et télévision la plus haute du monde. On peut au choix se rendre au premier niveau (263 m) ou au niveau supérieur (350 m) : **vue spectaculaire** garantie !

| ♥ Le parc de Lujiazui

···⯈ 陆家嘴 II-D1-2 Lujiazui Central Green. Accès par Yincheng lu, au N, ou Lujiazui lu, au S. Ouv. t.l.j. 8h30-20h.

Aux pauses déjeuner, ses allées sont complétement envahies par les très sérieux cadres cravatés de Lujiazui, qui viennent profiter de ses pelouses et de son lac. Pris dans la gangue de béton des immeubles du quartier, ce parc est pourtant aussi couru pour les photos de mariage que ceux de la concession française. Note insolite, près de l'accès sud, d'une **maison en brique** à l'élégant pignon : sortie de l'année 1916, elle abrite un **musée** consacré au développement urbanistique du quartier (*Lujiazui Development Museum ; ouv. t.l.j. 8h30-20h ; entrée payante*).

| La tour Jinmao*

···⯈ 金茂大厦 II-D2 Face à la sortie S du parc, de l'autre côté de l'avenue. Panorama depuis le 88e étage (Observation Desk ; ouv. t.l.j. 8h30-21h ; entrée payante).

Plus haute tour de Chine, troisième au monde (420 m), la Jinmao s'élève telle une pagode d'aluminium. À ses pieds file jusqu'au parc des nouvelles technologies, Shiji dadao, l'avenue du Siècle, un boulevard sur 8 voies conçu par le cabinet Arte-Charpentier. Inaugurée en 1998, la tour abrite, dans un **déploiement de luxe** saisissant, l'hôtel Hyatt (*étages 56 à 85*), de nombreux bureaux et des cafés étonnants : du **Cloud 9** (*85e étage, p. 198*), le regard plonge vers l'atrium du Hyatt... 30 étages plus bas. Du 88e étage (*320 m, accès payant*), autre vertige : celui de la vue panoramique sur le Bund d'un côté, l'arche de la Bourse de Lujiazui de l'autre. ●

▲ La rivière Suzhou trace la ligne de démarcation avec Zhabei. L'ancien ghetto juif de Shanghai, ses quartiers prolétaires sont en plein lifting pour accueillir l'Exposition universelle.

© Patrick Frilet/hemis.fr

Plan I *p. 164-165.*

Carnet d'adresses *p. 189.*

Prévoir une journée de sauts de puce à effectuer en taxi.

L'arrondissement de Jing'an borde au nord l'ancienne concession française. La **rivière Suzhou**, qui se jette dans le Huangpu sous le pont Waibaidu *(p. 169)*, le sépare des arrondissements de Zhabei et Hongkou. Ils ont peu à montrer mais sont émouvants pour leurs quartiers populaires encore conservés et pour avoir été le théâtre de l'épopée syndicale et prolétarienne de Shanghai. Contée par Malraux dans *La Condition humaine*, elle prit fin avec le terrible **massacre du 22 avril 1927**, orchestré par Tchang Kaïchek, aidé des milices de la mafia

(p. 181). Comme dans l'arrondissement de Nanshi, la résistance y suit son cours entre les riverains, rejoints par l'escouade des artistes d'avant-garde de Moganshan lu, et les promoteurs qui, avant même d'avoir obtenu le nettoyage des eaux très polluées de la Suzhou, ont dressé sur ces berges des forêts de tours de 30 étages.

| Le temple du Bouddha de Jade★

···▸ 玉佛寺 I-B1 Yufo si. 170, Anyuan lu. Ouv. t.l.j. 8h-12h et 13h-16h30. Entrée payante.

À un jet de pierre de la rivière Suzhou, ce temple doit son nom à un **bouddha en jade blanc** rapporté de Birmanie en 1882. On dit qu'il échappa aux destructions de la Révolution culturelle grâce aux portraits de Mao et aux slogans collés sur ses portes et ses boiseries. La statuaire y est disposée selon un programme classique : à l'entrée, les quatre gardiens des orients entourent Mile, le bouddha rieur, et le général Weiduo protège l'enceinte du temple. Dans la deuxième salle, derrière un gigantesque **Bouddha Sakyamuni**** est adossée Guanyin sous sa forme de déesse de la Fécondité. L'effigie de Birmanie se trouve dans la troisième salle au 2e étage *(ticket supplémentaire)*. Dans une des pièces de l'aile gauche, un bouddha couché de taille plus modeste, lui aussi en jade.

♥ Les lofts de Moganshan lu**

···⇥ 莫干山路50号 **I-B1** Ouv. t.l.j. 10 h-19 h.

Ding Yi, la quarantaine, fut le premier artiste à venir installer son atelier dans cette friche industrielle, où tournent encore quelques manufactures d'un autre âge. Depuis 1986, il peint des alignements de croix à l'infini, toujours intitulés «Apparition de croix», suivis de l'année. **Pu Ji**, lui, peint de grands tableaux jaunes très **Pop Art**, où paraissent en filigrane les images de propagande maoïste qui ont baigné son adolescence. **Dérision**. C'est le maître mot de la trentaine d'ateliers d'artistes et des galeries qui les exposent, implantés au bord de la Suzhou, tout au bout de la très prolétaire

Moganshan lu. Au pied de tours géantes et vides, leurs lofts sont des îlots de bohème et un manifeste de dérision voulue. Objectif avoué et pour l'instant réussi : faire de cette portion de rive une sorte de Soho new-yorkais ou de Southwalk londonien. Signe de l'engagement, la **galerie Shangh'art**, pionnière de l'art contemporain shanghaien créée par le Suisse Lorenz Helbling en 1995, a quitté son espace huppé du parc Fuxing *(p. 182)*, dans la concession française, pour s'établir ici (bât. 16 et 18 ☎ 63.59.39.23, www.shangartgallery.com). Autres galeries : **BizArt**, bât. 6, 4e étage ☎ 62.77.53.58, www.biz-art. com. **Eastlink**, bât. 6, 5e étage ☎ 64.37.12.55. **Artsea Studio & Gallery**, bât. 7 ☎ 62.27.83.80, www. artsea.com.cn. **Art Scene Warehouse**, bât. 4, 2e étage. **U Gallery**, bât. 4, 1er étage ☎ 62.77.30.31.

♥ Le marché au thé de Datong lu*

···⇥ 大统路茶市场 **I-C1**

Il ne fait pas vraiment partie des itinéraires touristiques. Et c'est une aubaine : sous cette halle arrivent les meilleurs crus du Jiangnan (*Biluochun* de Suzhou, *Longjing* de Hangzhou, *Huangshan Maofeng* du Anhui), mais aussi de provinces plus lointaines comme le Fujian (*Oolong*) et le Yunnan (*Pu'er* et thé vert). Sinophone indispensable pour débattre des qualités de ces thés et de leurs prix imbattables. ●

Carnet d'adresses

▲ Une fringale ? Grand choix de salades de pâtes rafraîchissantes pour l'été.

● Indicatif téléphonique ☎ 021

● Plans de Shanghai : Plan I : *p. 164-165* (plan d'ensemble), Plan II : *p. 168* (du Bund à la place du Peuple), Plan III : *p. 175* (Nanshi), Plan IV : *p. 182* (ancienne concession française).

● Les numéros en rouge, bleu et vert renvoient aux adresses localisées sur les plans I à IV de Shanghai.

● Sauf mention contraire, les lieux ci-après sont ouverts tous les jours.

❶ Comme dans la plupart des villes touristiques chinoises, il faut se procurer, auprès de son hôtel, le dernier plan de la ville gratuit et bilingue. La plupart des établissements se chargent des réservations et émissions de billets pour la suite du voyage. Pour ne pas rater les musts de l'actualité shanghaienne, il faut faire main basse sur les magazines d'informations gratuits (*encadré p. 98*). Quelques brochures sont à glaner dans le hall des arrivées de l'aéroport de Pudong, ainsi qu'à l'adresse suivante : **Shanghai Information Centre for International Visitor**, n° 2, bloc 123, Xingye lu, Xin Tian Di, M° Huang Pi Nan Rd ☎ 63.84.93.66. *Ouv. 8 h-21 h* (accueil anglophone).

●●● voir *périodiques d'informations touristiques p. 192.*

Arriver

▶ En avion

● **Aéroport de Pudong hors pl. I par D3** (*à 35 km à l'E du fleuve Huangpu ; 1 h de trajet en bus, 30 min en taxi*). Accueille la quasi-totalité des vols internationaux et intérieurs.

Pour rejoindre le centre-ville :

● **Métro :** ligne du Maglev *(enca-dré ci-dessous)* jusqu'au M° Long-yang lu **hors pl. II par D2**, au S. de Pudong, toutes les 15 min, de 8 h 30 à 17 h 30, trajet 8 min.

● **Bus** (Airport Bus, départs de dif-férentes portes, balisés en anglais dans le terminal ; achat des billets à bord) : **n° 1** jusqu'à l'aéroport de Hongqiao **hors pl. I par A2**, toutes les 30 min, de 7 h 20 à 0 h ; **n° 2** jus-qu'au parc Jing'an **II-B1**, dans l'an-cienne concession française, toutes les 30 min, de 7 h 20 à 0 h ; **n° 5** jus-qu'à la gare de Shanghai **I-C1**, toutes les 20 min, de 7 h 30 à 23 h.

● **Navette :** au départ de la porte 6, niv. 1, dessert les grands hôtels du centre (présentez votre réservation).

● **Bus longues distances pour Hang-zhou** (trajet 3 h 30) et **Suzhou** (tra-jet 2 h) au départ de la porte 15, niv. 2, toutes les 90 min, de 10 h 30 à 19 h.

transports
Le rêve du Maglev

La Chine s'est offert ce qu'aucun autre pays n'a encore osé s'offrir : le Maglev, un **train à sustentation magnétique** mis au point par le consortium allemand Transrapid. Un engin du troisième type, sans locomotive, que des électro-aimants propulsent en lévitation à une hauteur de 150 mm et jus-qu'à une vitesse de pointe de 500 km/h. Il circule depuis mars 2004 sur 30 km, reliant en 8 min chrono l'aéroport international à la station de métro Longyang rd **hors pl. II par D2**, à l'extrême sud de Pudong, dans la grande banlieue de Shanghai. Le ter-minus du grand rêve chinois est au milieu de nulle part ! Et bien loin du projet initial qui était d'exploiter le Maglev pour relier Shanghai à Pékin, pas moins. Le coût du joujou est cause de tout : 1 milliard d'euros pour 30 km ! ●

● **Aéroport de Hongqiao hors pl. I par A2** Quelques lignes intérieures. Rens. sur les vols ☎ 62.68.89.18.

●●● *Pour en savoir plus : voir Aéro-ports, p. 288.*

▶ EN TRAIN

De Pékin, on arrive à la **gare centrale**, dite gare de Shanghai (Shanghai zhan) **I-C1** (M° Shanghai Railway Sta-tion). Rens. ☎ 63.17.90.90. Des trains de nuit effectuent le trajet en 14 h. Les plus pratiques : Pékin-Shang-hai : T13, départ 18 h, T21, départ 20 h ; Shanghai-Pékin : T14, départ 18 h, T22, départ 20 h.

Circuler

En métro ou en taxi, avec un peu de marche à pied, vous visiterez presque tout Shanghai.

● **En bus.** C'est un moyen de trans-port à éviter si vous ne faites qu'un bref séjour et si vous ne parlez pas chinois. Le service de bus touristi-ques du **Shanghai Sightseeing Bus Center I-A3** (Shanghai Stadium, Porte 12, Escalier 5, M° Shanghai Indoor Stadium) permet en revan-che de s'offrir de bons tours d'hori-zon de la ville. Le **n° 10** emprunte les artères commerçantes de Huaihai zhonglu, Nanjing donglu et Sichuan beilu avant de rejoindre le parc Lu Xun. Le **n° 7** permet de visiter plu-sieurs sites historiques dispersés dans la ville (résidences de Zhou Enlai, Sun Yat-sen, Song Qingling, Musée de Shanghai, Musée du pre-mier congrès du PCC) et le **n° 8** de profiter des illuminations de Shang-hai by night (temple Jing'an, Nan-jing lu, le Bund). Le **n° 3** peut être pris près du musée de Shanghai, sur Yan'an donglu, pour gagner la tour de télévision de Pudong.

● **En taxi.** Ils sont nombreux et il est très facile d'en trouver un (voyant rouge quand le véhicule est libre). Un peu moins aux heures de pointe (7 h-8 h 30 et 16 h-18 h 30) et les jours de pluie. Ils sont tous équipés d'un compteur : comptez 10 y pour les 2 premiers kilomètres puis 2 y/ km. La prise en charge passe à 13 y après 23 h. La course en ville coûte en moyenne 15 à 30 y.

● **En métro.** Le réseau est en pleine expansion dans la perspective de l'Exposition universelle de 2010 : il devrait passer de 4 à 15 lignes. Les billets s'achètent dans les gares, auprès des distributeurs automatiques, et coûtent 2 à 5 y selon la distance parcourue. La signalétique est claire, en chinois, pinyin et anglais. Pour trouver le bon quai de départ, il suffit de connaître le n° de ligne et le terminus de la direction qu'on doit emprunter. Durant le trajet, un haut-parleur annonce en chinois et en anglais l'arrivée dans les différentes stations. Les trains sont fréquents, au rythme d'une rame toutes les 6 min, de 5 h 30 à 22 h 30.

Ligne 1 : 13 stations de la gare de Shanghai, au N, à la station Xinzhuang au S, en passant par le quartier de la concession française et la place du Peuple (interstation).

Ligne 2 : liaison entre les deux rives du fleuve, du S de Pudong au parc Zhongshan, en passant par le Bund et la place du Peuple. **Pearl Line** : ligne aérienne (light train) entre la banlieue N (Jiangwan) et S (Xinzhuang), via le parc Zhongshan et la gare du Sud. **Ligne 4** : suit un parcours périphérique autour du centre.

Hôtels

Shanghai dispose de superbes bâtiments classés qui font partie de l'histoire de la ville où, à défaut de prendre une suite, vous pourrez prendre un verre.

▶ PRÈS DU BUND

Plan I *p.164-165*, **Plan II** *p. 168-169.*

▲▲▲ **Peace** ♥ 和平饭店 **II-C1** 1, à l'angle du Bund et de Nanjing donglu ☎ 63.21.68.88, www.shanghai-pea cehotel.com. *284 ch.* et *9 suites avec jacuzzi* où se déclinent les thèmes de la France, de l'Angleterre

(vue sur le Bund) ou de l'Espagne. Dommage : le service n'est pas toujours au diapason du décor.

▲▲▲ **Seagull** 海鸥饭店 **II-D1** 2, 60, Huangpu lu ☎ 63.25.15.00, www. seagullhotel.com. *400 ch.* Confort international. Vaut pour sa situation : vues sur le Huangpu et la rivière Suzhou.

▲▲ **Broadway Mansions** (Shanghai Dasha) 上海大厦 **II-C1** 3, 20, Bei Suzhou lu ☎ 63.24.62.60, www. broadway mansions.com. *400 ch.* Est resté un hôtel depuis sa création, en 1934. Chambres confortables, mais sans charme. Au 18ᵉ ét., terrasse avec vue sur le Huangpu et Pudong.

▲▲ **New Asia** 新亚大酒店 **II-C1** 4, 422, Tiantong lu ☎ 63.24.22.10, www.newasia hotel.com. *350 ch.* De l'hôtel élevé en 1934 ne reste que la coquille architecturale. Chambres ordinaires. Un bon rapport qualité-prix pour sa situation.

▲▲ **Pacific Luck** 金色富运大酒店 **I-D1** 5, 299, Wusong lu ☎ 65.32.98.00, fax 65. 25.97.25, plhotel@online.sh.cn. *170 ch.* Voisin de l'Alliance française, dispose d'un confort à l'américaine et d'un service efficace.

▲▲ **Pujiang** (Astor House) ♥ 浦江饭店 **II-D1** 6, 15-17, Huangpu lu ☎ 63.24.63.88, www.astorhouse hotel.com. *116 ch.* Un vieil hôtel (1846 : le premier du genre en Chine) inclassable avec toutes les catégories de chambre pour tous les budgets, du grand luxe au dortoir. Le service est, lui aussi, inégal. Mais avec un louable effort d'anglophonie. Les photos du magnifique hall d'entrée rappellent qu'il fut fréquenté par des célébrités, dont Einstein et Chaplin.

▲ **Captain's Hostel** ♥ 船长青年酒店 **II-C2** 7, 37, Fuzhou lu ☎ 63.23.50.53, www.captainhostel.com.cn. *50 ch.* Toutes les qualités: pas trop grand pour un service plus attentionné, des chambres décorées comme des cabines de bateaux à tous les prix. Un bon navire avec pont sur un coin de Bund: Noah's Ark, le bar avec terrasse du 6e ét.

▌ AUTOUR DE LA RUE DE NANKIN

Plan II *p. 168-169*. M° He Nan Zhong Rd et People's Square.

▲▲▲▲ **Sofitel Hyland** 海仑宾馆 **II-B1** 8, 505, Nanjing donglu ☎ 63.51.58.88, www.accorhotels.com. *389 ch.* Très grand confort et agrément du tronçon piétonnier de la rue de Nankin à portée de pas.

▲▲▲▲ **Yangtze** 扬子饭店 **II-A2** 12, 740, Hankou lu ☎ 63.51.78.80, www.e-yangtze.com. *183 ch.* Un hôtel colonial (1930) rénové et idéalement placé. Bons services.

▲▲ **Metropole** 新城饭店 **II-C2** 9, 180, Jiangxi lu ☎ 63.21.30.30, www.metropole hotel-sh.com. *140 ch.* Très bien situé, avec le supplément du cachet: architecture du Chicago des années 1920 et lustres Lalique d'un établissement construit en 1930 pour Victor Sassoon.

▲ **Chunsheng Jiang** 春申江宾馆 **II-B1** 10, 626, Nanjing donglu ☎ 63.51.57.10, fax 63.51.65.12, csjhotel@shnanjingroad.com. *70 ch.* Au cœur de la rue de Nankin. Accueille surtout des touristes chinois, mais possède quelques chambres à 3 et 4 lits avec sanitaires à des tarifs intéressants.

▲ **East Asia** 东亚饭店 **II-B1** 11, 680, Nanjing donglu ☎ 63.22.32.23, fax 63.22.45.98. *144 ch.* Prix raisonnables, confort honorable en pleine rue de Nankin.

▌ DANS L'ANCIENNE CONCESSION FRANÇAISE

Plan I *p. 164-165* et **plan IV** *p. 182*.

▲▲▲▲▲ **88 Xin Tian Di** 88 新天地酒店 **IV-C2** 13, 380, Huangpi nanlu, M° Huang Pi Nan Rd ☎ 53.83.88.33, fax 53.83.88.77. *50 ch.* Aussi chic que son quartier, Xin Tian Di. Chambres au décor raffiné et élégant, conçues comme des studios. Service parfait.

▲▲▲▲▲ **Okura Garden** ♥ 花园饭店 **IV-B2** 14, 58, Maoming nanlu, M° Shan Xi Nan Rd ☎ 64.15.11.11, fax 64.15.88.66, www.gardenhotels-shanghai.com. *500 ch.* Une piscine de 25 m, 5 restaurants et un coffee shop ouv. 24 h/24, des chambres parfaites: le luxe à la nippone, avec l'agrément d'un parc et des beaux restes du Cercle sportif français.

▲▲▲▲▲ **Radisson Plaza Xingguo** 上海兴国宾馆 **I-A2** 15, 78, Xingguo lu ☎ 62.12.99.98, www.radisson.com/shanghaicn_plaza. *190 ch.*

Certes un peu excentré, mais avec un parc agréable, sur lequel donne le lumineux centre de remise en forme. Concilie très grand confort, modernité, beaucoup de goût et un service exceptionnel.

▲▲▲▲ **Donghu** 东湖宾馆 **IV-B2** 16, 70, Donghu lu, M° Shan Xi Nan Rd ☎ 64.15.81.58, www.donghu-hotel.com. *300 ch.* Par chance, on n'y croise pas le fantôme du chef de la mafia durant les années folles *(p. 181)*, puisqu'il ne vécut pas dans cette propriété. On y bénéficiera en revanche d'un décor soigné, d'un bon confort et d'un excellent rapport qualité-prix.

▲▲▲▲ **Jing'an** 静安宾馆 **IV-A1** 17, 370, Huashan lu, M° Jing An Temple ☎ 62. 48.00.88, www.jinganhotel.net. *150 ch.* Établissement historique : construit dans les années 1920, il hébergea la mairie jusqu'en 1966. On peut ne pas aimer ses sombres lambris de palissandre, mais on appréciera les chambres donnant sur le jardin.

▲▲▲▲ **Ruijin** ♥ 瑞金宾馆 **IV-B2** 18, 118, Ruijin erlu, M° Shan Xi Nan Rd ☎ 64.72.52.22, www.shedi.net.cn. *62 ch.* Le service est gentiment aléatoire et la réception exécrable. On ne peut pas tout avoir : les chambres, toutes anciennes (sauf les équipements sanitaires, tout confort) et immenses, ont un charme fou que ne dépare pas le parc, posé au cœur de la concession comme une bulle de verdure et de paix.

---

budget
Restauration

Prix pour un repas complet (boisson non comprise) :

♦♦♦♦ de 30 à 100 €
♦♦♦ de 10 à 30 €
♦♦ de 5 à 10 €
♦ de 1 à 5 €
À noter : 1 € = 10,40 y (2007). ●

▲▲▲▲ **Jinjiang** 锦江饭店 **IV-B2** 19, 59, Maoming nanlu, M° Shan Xi Nan Rd ☎ 62.58.25.82, www.jinjiang hotelshanghai.com. *150 ch.* Moderne, la construction joue admirablement dans sa décoration avec la sobriété Art déco des bâtiments de l'ancienne Cathay Mansions environnants. Très grand confort.

▶ **À Pudong**

Plan II *p. 168-169.*

▲▲▲▲▲ **Grand Hyatt** 金茂 凯大酒店 **II-D2** 21, Jinmao Tower, M° Lu Jia Zui ☎ 50.49.12.34, www.hyatt.com. *555 ch.* Pour le vertige inouï d'une baie donnant sur le Bund et Pudong, depuis le 60e ou le 80e ét. de la plus haute tour chinoise, avec l'élégance d'une chambre Art déco, des bars et restaurants décoiffants et une piscine perchée sur le toit.

Restaurants

▶ **Près du Bund**

Plan II *p. 168-169.*

♦♦♦ **Whampoa Club** 黄浦会 **II-C2** 30, Three on the Bund (5e ét.) ☎ 63.21.37.37. *Ouv. t.l.j. 11h30-14h30 et 17h30-23h.* Si vous êtes prêt à casser votre tirelire pour de la haute cuisine shanghaienne dans un décor très chic.

♦♦ **New Heights** 新视角 **II-C2** 31, Three on the Bund (7e ét.) ☎ 63.21.09.09. *Ouv. t.l.j. 11h30-15h30 et 18h-23h30.* Sa terrasse offre une vue à 180° sur les deux rives de Shanghai. On peut en profiter en grignotant une salade ou en sirotant un cappuccino. Animation par des DJ's en soirée.

▶ **Autour de la rue de Nankin**

Plan II *p. 168-169.*

♦♦♦ **Kathleen's** 5 上海美术馆5 楼 **II-A2** 32, au 5e ét. du Shanghai Art Museum ☎ 62.27.22.21. *Ouv. 11h30-23h30.* D'honorables snacks internationaux pour une belle vue sur la place du Peuple.

♦♦♦ **Latina** 锦江拉丁餐厅 **II-B1 33**, 479, Nanjing donglu ☎ 64.72.27.18. *Ouv. 11 h 30-15 h et 17 h 30-23 h 30.* Cuisine mexicaine. Ambiance de fête et formule avec viande à volonté.

♦♦♦ **Xian Heng** 咸亨酒店 **II-B2 34**, à l'angle de Yunnan lu et Guangdong lu ☎ 63.17.89.90. *Ouv. 11 h-20 h 30.* La maison mère a été fondée par le père de Lu Xun. Dans son établissement ouvrier, on mangeait, appuyé au comptoir, les spécialités de Shaoxing qu'on retrouve ici : fèves, carrés de soja parfumé et arachides cuites à l'eau. À arroser du vin jaune de Shaoxing.

♦♦ **Gongdelin** 功德林 **II-A2 35**, 447, Nanjing xilu ☎ 63.27.02.18. *Ouv. 11 h-21 h 30.* Cuisine végétarienne à base de champignons et *doufu* dans un décor chic.

♦♦ **Juelin Vegetarian** 觉林 **II-B2 36**, 250, Jinling donglu ☎ 63.26.01.15. *Ouv. 6 h 30-19 h 30.* Variations végétariennes autour de la pâte de soja frite et du jambon de légumes.

♦♦ **Wan Jia Denghuo** ♥ 万家灯火 **II-B2 37**, 666, Fuzhou lu (3ᵉ ét.) ☎ 63.50.78.78. *Ouv. 11 h-14 h et 17 h-21 h 30.* Cuisine raffinée de Hangzhou dans une salle de 1 000 couverts. On peut y choisir *de visu* rouleaux de pâte de soja, purée de pois au jaune d'œuf, côtes de porc panées en papillote.

♦♦ **Xing Hua** Lou 杏花楼酒店 **II-B2 38**, 343, Fuzhou lu ☎ 63.55.37.77. *Ouv. 7 h-20 h.* Vapeurs, cochon de lait et douceurs dans une des institutions cantonaises de Shanghai. Pâtisseries à côté.

♦ **Guxiang Tesi Hundun** 故乡特色混沌 **II-B2 39**, 716, Hankou lu ☎ 63.60.84.94. *Ouv. 24 h/24.* Quelque 70 variétés de ravioles (*hundun*).

♦ **Huanghe lu** 黄河路小吃 **II-A1 40**, au N de la place du Peuple. *Ouv. 10 h-2 h.* Poissons, fruits de mer et nouilles.

♦ **Yunnan nanlu** 云南南路小吃 **II-B2 41**. *Ouv. 10 h-21 h 30.* Stands de brochettes ouighoures et toutes sortes de marmites jusqu'à la rue Jinling.

♦ **Zhapu lu** 乍浦路小吃 **II-C1 42**. *Ouv. 10 h-22 h.* Stands de fruits de mer.

▶ Dans l'ancienne ville chinoise

Plan III *p. 175.*

♦♦♦ **Lubolang** 绿波廊酒楼 **III-B1 43**, 115, Yuyuan lu (*à côté de la maison de thé*) ☎ 63.28.06.02. *Ouv. 7 h-14 h et 17 h-0 h.* Le choix de *dim sum* est vertigineux, mais la fréquentation touristique et le service aléatoire n'aident pas toujours à y goûter en toute quiétude.

♦ **Nanxiang** 南香包子饭店 **III-B1 44**, 85, Yuyuan lu (*face à l'étang du jardin Yu*) ☎ 63.55.42.06. *Ouv. 7 h-21 h.* Les *xiaolong bao*, les ravioles shanghaiennes, sont fourrées à toutes les farces. La meilleure ? Le crabe.

▶ Dans l'ancienne concession française

Plan I *p. 164-165* et **plan IV** *p. 182-183.*

♦♦♦♦ **Bali Laguna** 巴厘岛餐厅 **IV-B2 45**, 189, Huashan lu (*dans le parc Jing'an*) ☎ 62.48.69.70. *Ouv. 11 h-14 h 30 et 18 h-22 h 30.* Saveurs indonésiennes et affinement, à découvrir en terrasse, sur le jardin ou à l'intérieur avec vue sur les arbres.

♦♦♦♦ **Meilongzhen** ♥ 梅龙镇酒家 **IV-B1 46**, 1081, Nanjing xilu ☎ 62.56.27.18. *Ouv. 11 h-14 h et 17 h-22 h.* Cuisine du Sichuan dans une maison de 1938. Les anguilles frites à l'ail sont un délice, le thé est servi à la mode sichuanaise dans des théières en cuivre à bec élancé. Service hélas inégal.

♦♦♦♦ **Ye Shanghai** 夜上海 **IV-C2 47**, à l'angle de Taicang lu et Huangpi nanlu, Xin Tian Di ☎ 63.11.23.23. *Ouv. 11 h 30-14 h 30 et 17 h 30-23 h.*

Fine cuisine shanghaienne sur un fond nostalgique des années 1930.

♦♦♦ **1221** ♥ **I-A2 48**, 1221, Yan'an xilu *(au fond d'une cour et au bout d'une allée qui donne sur l'avenue, à hauteur de Panyu lu)* ☎ 62.13.65.85. *Ouv. 11 h 30-14 h et 17 h-23 h.* Un restaurant chinois auquel sont indéfectiblement attachés les expats de Shanghai. Cuisine soignée et service impeccable.

♦♦♦ **Baci** 意大利烹调风格 **IV-C2 49**, 2, Gaolan lu *(à l'entrée du parc Fuxing)* ☎ 53.83.22.08. *Ouv. 11 h 30-2 h.* Cuisine internationale peu dépaysante, à se réserver à l'heure du brunch et les jours de beau temps pour profiter pleinement de la terrasse sur le parc. Les ven. et sam. soirs, l'étage est envahi par une jeunesse chic et les rythmes ensoleillés de la salsa.

♦♦♦ **Di Shui Dong** 滴水洞 **IV-B1-2 50**, 56, Maoming nanlu (2ᵉ ét.) ☎ 62.53.26.89. *Ouv. 11 h-1 h.* Cuisine du Hunan en bilingue, sur des tables de bois recouvertes de nappes à carreaux : porc ou chien braisé, intestins de porc sautés au poivre.

♦♦♦ **Folk** 鲜墙房 **IV-C2 51**, 57, Nanchang lu ☎ 63.72.98.93. *Ouv. 10 h-14 h et 17 h-23 h.* Une belle salle, ornée de la collection d'objets populaires du propriétaire et dédiée à la cuisine du Jiangnan : poulpe en sauce épicée parfumé à l'écorce d'orange et poulet vapeur rehaussé d'extrait de crabe.

♦♦♦ **Le Garçon Chinois** 乐加尔松 **IV-A2 52**, long 9, Hengshan lu ☎ 64.45.79.70. *Ouv. 18 h 30-1 h.* Plus pour l'ambiance d'une ancienne villa, nichée au fond d'une allée boisée, que pour la carte de spécialités espagnoles.

♦♦♦ **Quanjude** 全聚德 **IV-B2 53**, 786, Huaihai zhonglu ☎ 54.03.72.86. *Ouv. 11 h-23 h.* Canard laqué à la pékinoise sous le plafond à caissons d'une immense salle.

♦♦♦ **Shanghai Old Station** ♥ 上海老站 **I-A3 54**, 201, Caoxi beilu ☎ 64.27.22.33. *Ouv. 11 h 30-13 h 30 et 17 h-21 h 30.* Cet ancien couvent de nonnes catholiques a gardé ses lambris et ses appliques des années 1920. Cuisine shanghaienne fine. Deux vieilles voitures de chemin de fer (dont celle de l'impératrice douairière Cixi) sont garées à demeure dans le jardin attenant.

♦♦♦ **Xi's Garden** 席家花园 **IV-A2 55**, 1, Dongping lu ☎ 64.72.90.41. *Ouv. 11 h-14 h et 17 h-21 h 30.* Bonne cuisine locale dans une maison Art nouveau. Goûter les crêpes aux huit trésors.

♦♦♦ **Xian Yue Hien** 申粤轩饭店 **IV-A2 56**, 849, Huashan lu *(dans le parc Dingxiang)* ☎ 62.51.11.66. *Ouv. 7 h-0 h.* Cuisine chinoise méridionale dans l'ancienne propriété d'un grand mandarin des Qing. Très fréquenté par les Shanghaiens.

♦♦ **Baoluo** ♥ 保罗酒家 **IV-A2 57**, 271, Fumin lu *(entre Changle lu et Donghu lu)* ☎ 62.79.28.27. *Ouv. 11 h-6 h.* Cuisine de Shanghai. Toujours bondé malgré ses 480 couverts. Goûter les écrevisses pimentées et le bœuf sauce moutarde.

♦♦ **Crystal Jade** ♥ 翡翠酒家 **IV-C2 58**, Xin Tian Di Plaza (2ᵉ ét.) ☎ 63.85.87.52. *Ouv. 11 h 30-15 h et 17 h-23 h.* Assortiments du meilleur de la cuisine vapeur, versions cantonaise et shanghaienne mêlées.

♦♦ **Darling Harbour** 百乐门博客餐厅 **IV-A1 59**, Para-mount Hotel, 1728, Nanjing xilu (19ᵉ ét.) ☎ 62.48.04.18. *Ouv. 11 h-4 h.* Spécialités du Sichuan et vue panoramique sur la ville.

♦♦ **Hot Pot King** ♥ 来福楼 **IV-A2 60**, 1416, Huaihai zhonglu *(à l'angle de l'uxing xilu)* ☎ 64.74.65.45. *Ouv. 11 h 30-14 h et 17 h-23 h.* Large choix, en bilingue, dans le cadre épuré du béton brut et des bois flottés.

♦♦ **Pin Chuan** ♥品川 **IV-A2 61**, 47, Taojiang lu ☎ 64.37.93.61. *Ouv. 11 h-14 h 30 et 17 h-22 h.* Une vieille maison shanghaienne et un service soigné pour les saveurs du Sichuan.

♦♦ **Planet Shanghai IV-A2 62**, 1428, Huaihai zhonglu ☎ 64.73.59.96. *Ouv.* 10 h 30-1 h. Si vous préférez pâtes et hamburgers aux saveurs chinoises… Bon marché.

♦♦ **Yuan Yuan** 圆苑 **I-B2 63**, 201, Xingguo lu ☎ 64.33.91.23. *Ouv.* 11 h-23 h. Les classiques de Shanghai et d'excellents fruits de mer en font une adresse courue des Shanghaiens.

♦ **Bi Feng Tang** 避风塘 **IV-B1 64**, 1333, Nanjing xilu ☎ 62.79.07.38. *Ouv.* 10 h-5 h. Une chaîne cantonaise prisée des Shanghaiens. Canard rôti au miel, pâtés de riz glutineux au poulet et à l'œuf, pousses de colza au soja.

♦ **Grape** 葡萄园酒家 **IV-B2 65**, 55, Xinle lu ☎ 64.72.04.86. *Ouv.* 10 h-0 h. Dans une église orthodoxe désaffectée, une cuisine traditionnelle shanghaienne servie avec grâce et sourire. Goûtez le poisson mandarin farci aux haricots noirs.

♦ **Wujiang lu** 吴江路 **IV-C1 66**, M° Shi Men Rd. Farandole de *xiaochi* dans cette rue piétonnière à deux pas du palais des Expositions.

Bars, salons de thé

Pour la journée, Shanghai offre terrasses, lieux avec vue et antres insolites et le soir le choix des restaurants est large. Quant à la musique, on l'écoute plus qu'elle ne fait bouger. Pour la géographie de la scène musicale : la rue des bars de Maoming nanlu **IV-B2** est sur son déclin (pour qui veut boire un verre au son d'une musique envahissante), Hengshan lu **IV-A3-82** se maintient, Julu lu **IV-B-81** entretient sa réputation sulfureuse et Tongren lu **IV-B1** monte.

❱ **PRÈS DU BUND**
Plan II *p. 168-169.*

Bar Rouge ♥ II-C1 70, 18, Zhongshan dongyi lu ☎ 63.39.11.99. *Ouv.* 11 h 30-23 h (2 h le w.-e.). Au 7e ét. de l'ancienne Chartered Bank of India, Australia, and China (1923) du Bund, le must du Shanghai des yuppies. Cocktails sublimes. Cuisine à éviter. À fréquenter le soir quand s'illuminent ses lustres et, face à la terrasse, les néons de Pudong. La musique est alternativement intime et envahissante.

CJW II-C2 71, 222, Yan'an dong-lu, au 50e ét. du Bund Center ☎ 63.39.17.77. *Ouv.* 11 h 30- 14 h 30 et 18 h-22 h 30. Proscrire sa cuisine et se contenter d'un verre pour profiter du plus élevé des panoramas de la rive gauche du Huangpu, à l'intérieur ou en terrasse. Jazz en soirée.

M on the Bund 米氏西餐厅 **II-C2 72**, 20, Guangdong lu *(à l'angle du Bund)*, 7e ét. *Ouv.* 11 h 30-23 h *(2 h le w.-e.).* Un des pionniers des cafés chics, chers et branchés avec vue sur le Bund et Pudong. Cuisine à fuir. Jazz le sam. soir.

The Old Jazz Band ♥ 和平饭店老年爵士乐 **II-C1 1**, Peace Hotel, 20, Nanjing don glu. *Ouv.* 20 h-22 h, *au bar du r.-d.-c.* Un groupe de jazz pour swinguer comme au temps des années folles.

❱ **DANS L'ANCIENNE CONCESSION FRANÇAISE**
Plan I *p. 164-165* et **plan IV** *p. 182-183.*

1931 IV-B2 73, 112, Maoming nanlu ☎ 64.72.52.64. *Ouv.* 11 h 30-0 h. La cuisine chinoise est inégale, mais le bar mise sur le charme du Shanghai années 1930. Jazz en soirée.

Arch I-B2-3 74, 439, Wukang lu ☎ 64.66.08.07. *Ouv.* 10 h 30-2 h. Café doublé d'un bar, dans un lieu ultra-contemporain, rendez-vous des intellectuels.

Art Deco Garden Café IV-B2 75, 118, Ruijin erlu *(dans le parc Ruijin)* ☎ 64.72.52.22. *Ouv.* 12 h-1 h. Rien d'extraordinaire pour les papilles, mais tout le plaisir d'une terrasse sur le beau parc Ruijin.

Cotton Club IV-A2 76, 1428, Huaihai zhonglu. *Ouv.* 19 h 30-2 h. Le rendez-vous des fous de jazz et de blues.

Face ♥ **IV-B2** 77, 118, Ruijin erlu (*dans le parc Ruijin*). *Ouv. 12 h-1 h 30.* Endroit cosy avec vue sur le parc Ruijin. D'énormes fauteuils de cuir d'où l'on peut admirer des sculptures de Ganesh ou des bouddhas. La musique quand vient le soir n'est jamais trop forte.

La Fabrique 乐法贝 **IV-C3** 78, 8-10, Jianguo zhonglu. *Ouv. 22 h 30-2 h.* Vidéos et mix en direct par les DJ's les plus adulés de la scène mondiale.

La Maison 乐美颂 **IV-C2** 79, 181, Taicang lu, Xin Tian Di. *Ouv. 19 h 30-2 h.* Musique tous les soirs (salsa le mar., R&B ven. et sam., jazz le dim.).

Old China Hand Reading Room 汉源书店 **IV-B3** 80, 27, Shaoxing lu, www.shanghaipress.com. *Ouv. 10 h-0 h.* Tenu par deux fous de Shanghai, un salon de thé-bibliothèque avec des tas d'ouvrages sur la ville à feuilleter (en anglais). Musique classique et café léger au prix fort.

People 7 人间荧七 **IV-B1** 81, 805, Julu lu ☎ 54.04.07.07. *Ouv. 11 h 30-1 h.* Un bar immense dans un lieu insolite, dont tout, y compris les toilettes, est conçu en d'étranges énigmes. Étonnant.

Real Love 真爱 **IV-A3** 82, 10, Hengshan lu. *Ouv. 20 h-2 h.* Endroit souvent bondé. Ambiance rock ou techno, selon le DJ du soir.

TMSK (Tou Ming Si Kao) 透明思考 XX厅 **IV-C2** 83, Taicang lu, Xin Tian Di ☎ 63.26.22. 27. *Ouv. 14 h-0 h.* Un vrai Vasarely en 3D avec son décor de verres et de couleurs multicolores jusqu'aux vins et cocktails qui sont servis dans des verreries multiformes ! Groupes de musique en soirée.

Yongfu Elite 雍福会 **IV-A2** 84, 200, Yongfu lu ☎ 54.66.27.27. *Ouv. 11 h 30-0 h.* Un bar archi chic, au décor époustouflant, dans l'ancienne villa du consulat britannique.

---

panoramas
Shanghai avec vue

Shanghai la narcissique ne se lasse pas de se mirer. Toujours plus haut.

Côté Bund, les immeubles des années folles sont rénovés et transformés en *after* follement chics, où les *happy few* du XXIe s. sirotent leurs cocktails avec, pour toile de fond, le quartier d'affaires de Lujiazui. *M on the Bund (p. ci-contre)* a ouvert le bal en 1999 en investissant le n° 5, suivi par le *Three on the Bund*, le n° 3, un édifice néoclassique de 1916 – ancien siège de la Union Insurance Company –, resté *the place to be* avec son Spa Evian et la fastueuse Shanghai Gallery of Art, installée au 3e ét. Dernier né, le n° 18 joue le glamour au 7e ét. avec le *Bar Rouge (p. ci-contre)*, le luxe au r.-d.-c. avec une boutique Cartier. Charme rétro intact en revanche au *Dragon and Phoenix*, le restaurant chinois du *Peace Hotel (8e ét., ouv. 11 h-14 h et 17 h-23 h)*, qui offre aussi le panorama du ballet des barges sur le fleuve depuis son toit-terrasse.

Côté Pudong, les étages de la tour de télévision *(p. 185)* hissent le regard toujours plus haut au-dessus des deux rives. En soirée, les baies de la brasserie *Paulaner (p. 198)* déploient la féerie du Bund illuminé.

Côté ville, on peut s'offrir une vue aérienne de Shanghai en empruntant le *gaojia*, le périphérique suspendu au-dessus de la ville à 20 m de haut. Et juger de la composition de la place du Peuple depuis le dernier étage du musée d'Urbanisme, du *Kathleen's 5 (p. 193)*, le restaurant du Shanghai Art Museum, ou, plus spectaculaire, de la réception de l'hôtel *JW Marriott*, située au 38e ét. de la tour Tomorrow Square (Mingtian Guangchang, à l'angle de Nanjing xilu et Huangpi beilu). ●

▶ À Pudong

Plan II *p. 168-169.*

B.A.T.S. I-D2 85, r.-d.c. de l'hôtel Shangrila, Pudong. *Ouv. 19h30-2h. F. lun.* Musique live tous azimuts tous les soirs.

Cloud 9 II-D2 86, Jinmao Tower (87e ét.) ☎ 50.49.12.34. *Ouv. 18h-0h, 12h-0h les w.-e.* Les tarifs de ce bar sont aussi vertigineux que son emplacement : au 86e ét., soit à 460 m d'altitude ! Se munir d'une petite laine : la climatisation est glaciale.

Paulaner Brauhaus 宝莱纳 **II-D2** 87, Binjiang dadao *(à côté de l'hôtel Shangrila de Pudong)* ☎ 68.88.39.35. *Ouv. 17h-2h.* Bien plus que pour l'exotisme d'une pression allemande assortie de bretzels, à fréquenter le soir pour l'extraordinaire vue sur le Bund illuminé.

Shopping

▶ Grands magasins

Ils sont ouv. t.l.j. 9h-21h. **Populaire et bon enfant, Nanjing donglu II-ABC1** demeure la principale artère commerciale, tandis que sur **Huaihai zhonglu** et **Nanjing xilu IV-ABC2** se côtoient, sur 6 km, les grandes chaînes internationales. **Isetan**, grand groupe japonais, est présent sur les deux artères. La rue Huaihai accueille **Maison Mode** (n° 1312), le **Printemps** (n° 939-947), **Time International** (n° 550), plusieurs *department stores* chinois dont le **Shanghai Women Articles's Department Store** *(à l'angle de la rue de Chongqing)*, un **Pacific Department Store** (Taipingyang, *à l'angle de Huangpi nanlu)*, énorme chaîne que l'on retrouve dans toute la ville, **Watson's** *(à l'angle de Ruijin erlu)*, ou encore le **Parkson Shopping Center** *(à l'angle de Shanxi nanlu)*. Trois grands magasins géants toisent les trottoirs de Nanjing xilu **IV-B1**, non loin du M° Shi Men Rd : **CITIC Square** (n° 1168), **Plaza 66** (n° 1266) et **Westgate**

Mall (n° 1038). Le dernier-né de ces temples des grandes marques mondiales est le **Raffles City II-A2**, qui se dresse à l'angle de Xizang zhonglu et de Fuzhou lu, à deux pas de la place du Peuple.

▶ Marchés permanents

Marché au tissu de Dongjiadu lu I-D3 *(au S-E de la ville chinoise)*. *Ouv. 8h-17h.* Un flot de métrages très bon marché, du synthétique au naturel. Nombreux tailleurs pour se faire couper du sur-mesure.

Marché aux fleurs Jinwen IV-B2, Maoming lu. *Ouv. 8h-20h.* Dans le quartier du parc Ruijin, une immense verrière abrite le plus grand marché aux fleurs de la ville. Chaque matin, dès 6h, des camions affluent pour déverser des fleurs importées du monde entier, de Chine, bien sûr, et principalement du Yunnan.

Marché Xiangyang IV-B2, Xiangyang nanlu. *Ouv. 9h-20h30.* Vêtements, sacs, bijoux et babioles pour trois fois rien. Et marchands crampons de contrefaçons.

Marché aux oiseaux de Xizang lu **III-A1** *(p. 177)*. **Marché aux puces** de Dongtai lu **III-A1** *(p. 177)*. **Marché au thé** de Datong lu **I-C1** *(p. 188)*. **Marché des livres d'occasion** de Xuegong lu **III-A2** *(p. 177)*.

▶ Antiquités

Outre le marché de Dongtai lu, voir les boutiques de Old Shanghai Street **III-AB1** (particulièrement 457, Fangbang lu).

Shanghai Antique & Curio Store II-B2, 218-240, Guangdong lu ☎ 63.21.46.97. *Ouv. 9h-17h.* L'établissement lui-même est centenaire, c'est dire.

▶ Mode, textile et décoration

Chinese Handprinted Blue Nankeen Exhibition Hall II-B2, 637, Changle lu, au fond du lilong 24 ☎ 54.03.79.47. *Ouv. t.l.j. 9h-17h.*

À la fois un musée consacré aux teintures traditionnelles «bleu de Nankin», des batiks utilisant une réserve à base de pâte de riz glutineux et de haricot, et une jolie boutique d'objets et vêtements réalisés avec ces étoffes.

Hongyou Tianxiang IV-B2, 72B, Maoming beilu ☎ 64.73.87.56. *Ouv. 10 h-22 h.* Comme dans les boutiques voisines, un large choix de *qipao* dans le style années 1960 : pour s'habiller comme Maggie Cheung dans le film *In the Mood for Love*.

Jooi Design I-C3, 210, Taikang lu *(au S de l'hôpital Ruijin)* ☎ 64.73.61.93. *Ouv. 10 h-18 h.* Deux stylistes danoises créent de magnifiques accessoires de mode et des objets pour la maison avec des broderies chinoises.

Madame Mao's Dowry IV-A2, 70, Fuxing xilu ☎ 64.37.12.55. *Ouv. 10 h 30-20 h.* Meubles et objets vernaculaires en provenance du nord de la Chine, artisanat d'art contemporain et une sélection d'accessoires et d'objets pour décorer la maison.

Shanghai Lan-lan IV-C2, 7, Xiangshan lu *(à côté de la maison de Sun Yat-sen)* ☎ 64.74.22.40. *Ouv. 9 h-17 h.* Beau choix de batiks à prix doux : vêtements, sacs, jouets…

Shanghai Tang IV-B2, 59, Maoming nanlu *(à l'entrée de l'hôtel Jinjiang)* ☎ 54.66.30.06. *Ouv. 10 h-20 h.* Mode et accessoires branchés revisités par le fameux concept store de Hong Kong.

Shanghai Trio IV-A2, 37, Fuxing xilu ☎ 64.33.89.01. *Ouv. 9 h-18 h.* Le plus beau du textile chinois décliné en pochettes, sacs et mallettes.

Shirt Flag IV-B2, 330, Nanchang lu ☎ 54.65.30.11. *Ouv. 11 h-21 h 30.* La styliste Shan Qizhi revisite avec humour l'imagerie maoïste pour estampiller T-shirts et accessoires.

Silk King II-B1, 819, Nanjing xilu ☎ 62.15.31.14. *Ouv. 9 h 30-22 h.*

Grande chaîne proposant un large choix de soieries. Choix de coupons pour se faire confectionner un vêtement sur mesure.

Xiaohuayuan Xieye Fazhan Gongsi III-B2, 246, Zhejiang zhonglu ☎ 63.22.53.25. Souliers à l'ancienne : chaussures en toile, escarpins, etc.

▶ **ARTISANAT**

Dehe Taoci Gongsi III-A1, 615-621, Renmin lu ☎ 63.28.80.62. Céramiques et porcelaines à des prix intéressants.

Yu Garden Bazar III-B1. *Ouv. 8 h 30-20 h 30.* Aux abords du jardin Yu, des kilomètres de boutiques et grands magasins pour acheter tout ce qui se fabrique comme souvenirs de Chine, du jade sculpté au cerf-volant.

▶ **PEINTURE ET CALLIGRAPHIE**

Hormis **Duo Yun Xuan** *(p. 170)*, institution de la rue de Nankin, la rue de Fuzhou est consacrée aux arts du pinceau.

Shanghai Meishu Yongping Shangdian II-C2, 402, Fuzhou lu ☎ 63.52.59.22. *Ouv. 9 h-17 h.* Pinceaux, pierres à encre, cahiers et papiers.

Yang Zhen Hua II-C2, 290, Fuzhou lu ☎ 63.22.31.17. *Ouv. 9 h-17 h.* Excellente adresse pour les pinceaux.

▶ **LIVRES ET DISQUES**

N'oubliez pas de faire un tour dans les **librairies des musées** après la visite. Celles du **musée de Shanghai II-A2**, du **musée d'Art II-A2** et du **Shanghai Urban Planning Exhibition Hall II-A2** sont particulièrement bien fournies.

Shanghai Book City II-B2, 465, Fuzhou lu ☎ 63.52.22.22. *Ouv. 9 h 30-18 h 45, ven.-dim. jusqu'à 21 h.* Sur 5 ét., la plus grande librairie de Shanghai. Livres et cartes disponibles en anglais et en français. **Cybercafé** au 2e ét.

Librairie du Peace Hotel II-C1 1, 20, Nanjing donglu *(dans la mezzanine au-dessus du hall d'entrée)*. *Ouv. 10h-19h*. Nombreuses publications en anglais sur Shanghai en particulier et sur la Chine en général.

Shanghai Yinyue IV-B2, 8, Fenyang lu ☎ 64.33.73.36. *Ouv. 9h30-19h*. Au sud du conservatoire de musique; bon choix de disques dans une ambiance traditionnelle.

Used Books Division of Foreign Language Bookstore II-B2, 89, Shengze lu ☎ 63.73.13.54. *Ouv. 9h-17h*. Vieux livres anglais, français, russes ou chinois, revues et cartes postales.

▶ Thé

Outre le marché au thé de Datong lu *(p. 188)*, de nombreux détaillants sur Huaihai zhonglu et dans la rue de Nankin.

Huangshan Tea Company IV-B2, 605, Huaihai zhonglu ☎ 53.06.29.74. *Ouv. 9h-22h*. Vieil établissement proposant les meilleurs crus de Chine. Livres à disposition pour les passionnés.

▶ Photos

Cybermart IV-C2, 282, Huaihai zhonglu ☎ 63.90.80.08. *Ouv. 10h-20h*. Grand magasin d'informatique avec un large choix d'accessoires pour le numérique.

Guanlong Photographic Equipment Company II-C1, 180, Nanjing donglu ☎ 63.23.86.81. *Ouv. 9h-21h*. Fournitures pour le numérique et l'argentique et développement.

Spectacles

Situation des plans *p. 189*.

Rés.: **Shanghai Cultural Information and Booking Centre** ☎ 63.29.10.25, www.culture.sh.cn.

●●● *Pour connaître la programmation et les horaires des spectacles, consultez les gratuits (encadré p. 192)*.

▶ Opéra et concerts

Lyceum Theatre II-B2, 57, Maoming lu ☎ 62.56.55.44. Opéra chinois et spectacles pour enfants dans un décor de 1931.

Majestic Theatre II-B1, 66, Jiangning lu ☎ 62.17.24.26. Danse contemporaine et musique traditionnelle sous une coupole de 1941.

Shanghai Grand Theatre III-A2, 300, Renmin dadao ☎ 63.72.87.02. *Sur place, guichets ouv. 9h-19h30*. Ballets, musique classique occidentale et chinoise dans le superbe opéra conçu par Charpentier. Rés. indispensable.

Yifu Theatre III-A2, 701, Fuzhou lu ☎ 63.51.46.68. La salle la plus cotée pour les opéras chinois.

▶ Cirque

Portman-Shanghai Center Theatre I-B2, 1376, Nanjing xilu ☎ 62.79. 89.48. Spectacle d'acrobaties 19h-21h (se renseigner sur la fréquence).

▶ Cinéma

Alliance française I-D1, 297, Wusong lu ☎ 63.57.53.88. *Ven. à 18h30, entrée libre*. Films français sous-titrés en anglais ou en chinois.

Shanghai Film Art Centre I-A2, 160, Xinhua lu ☎ 62.80.40.88. Films étrangers en V.O., notamment pendant le festival international du Film (mi-juin).

Sports et loisirs

La plupart des grands hôtels possèdent piscine, sauna, salle de remise en forme ouverts aux non-résidents moyennant un forfait.

Adresses utiles

Situation des plans *p. 189*.

▶ Agences de voyages

CITS (China International Travel Service) II-B1, 1277, Beijing xilu, pièce 702, 7e ét. ☎ 62.89.30.06, www.scits.com. *Ouv. lun.-ven., 9h-*

17 h. Pour un accueil francophone ; **II-B2** Guangming Bldg, 2, Jinling donglu *(à l'angle avec le Bund),* 1er ét. ☎ 63.23.87.70. *Ouv. lun.-ven., 9 h-17 h.* Pour les réservations de billets de train et d'avion.

CYTS (China Youth Travel Service Shanghai) II-A2, 2, Hengshan lu, Changshu lu ☎ 64.73.32.66, www.scyts.com.cn. *Ouv. t.l.j. 9 h-17 h.* Anglophone. Tous types de prestations.

Shanghai Vista IV-B1, 1515, Nanjing xilu ☎ 63.81.85.49 (ou 08.70.46.59.28. depuis la France), www.shanghaivista.com. *Ouv. lun.-ven., 9 h-18 h.* Agence francophone, proposant réservations d'hôtels, transferts et services de guides.

▶ Alliance française

I-D1, 297, Wusong lu ☎ 63.57.53.88, www.alliancefrancaise.org.cn. Une bibliothèque de 5 000 volumes et la presse en français.

▶ Banques

Bank of China III-C1, sur le Bund (n° 23). *Ouv. 9 h-17 h.* Succursales dans tous les quartiers de Shanghai.

● **Distributeurs**. Ils se trouvent à côté du Peace Hotel **III-C1**, sur le Bund ; **rue Huaihai** au carrefour de Huangpi beilu **II-C2**, dans la concession française.

▶ Compagnies aériennes

La plupart des hôtels peuvent se charger des réservations et reconfirmations. Bureaux ouv. 9 h-17 h 30 env. Cartes bancaires acceptées.

Air China ☎ 52.39.72.27.

Air France ☎ 63.50.92.58.

China Eastern Airlines ☎ 62. 76.33.22.

▶ Consulats

France II-B2, 689, Guangdong lu, 2e ét. ☎ 61.03.22.00, www.consul-france-shanghai.org. **Belgique**, 127, Wuyi lu ☎ 64.37.65.79. **Suisse**, 319, Xianxia lu *(Far East International*

Plaza, bât. A, 22e ét.) ☎ 62.70.05.19. **Canada II-B1**, 1376, Nanjing xilu *(Shanghai Portman Center, West Bldg, pièce 604)* ☎ 62.79.84.00.

▶ Gares ferroviaires

Billetterie : possibilité d'acheter son billet moyennant commission, auprès des hôtels et des agences de voyages, ainsi qu'au r.-d.-c. de l'hôtel Longmen **I-B1**, près de la gare. 777, Hengfeng lu ☎ 63.17.93.25. *Ouv. 8 h-11 h 30 et 13 h-17 h.*

Shanghai Railway Station (Shanghai zhan) I-C1, M° Shanghai Railway Station. Trains pour Suzhou (1 h 10), Hangzhou (1 h 50), Tunxi (11 h 30) et Pékin (14 h). Informations disponibles en anglais.

Shanghai South Railway Station (Shanghai nanzhan) hors pl. I par A3. Trains pour Hangzhou.

▶ Gares routières

Notez qu'il existe des bus directs pour Suzhou et Hangzhou au départ de l'aéroport international de Pudong *(p. 189)*.

Shanghai Sightseeing Bus Center I-A3, Shanghai Stadium, Porte 12, esc. 5, M° Shanghai Indoor Stadium. Gare des bus touristiques, confortables et climatisés. Formules **aller simple** ou **excursion** A/R à la journée, entrée comprise. Dessert : Hangzhou, Suzhou, Tongli, Wuzhen, Xitang, Zhouzhuang et Zhujiajiao. Attention : certaines destinations ne sont desservies que les w.-e. Informations disponibles en anglais.

Hengfeng lu Bus Station, I-C1, M° Han Zhong Rd. Bus pour Pékin (13 h), Hangzhou (2 h 30), Tunxi (Huangshan shi, 8 h) et Suzhou (1 h 30).

Xujiahui Bus Station hors pl. I par A1, 211, Hongqiao lu, M° Xu Jia Hui. Bus pour Suzhou (1 h 30).

▶ Internet

Les adresses des cybercafés bougent beaucoup. Et il y en a un peu partout : dans les cafés des galeries commerciales du métro, dans les librairies ou les *coffee shops* de grands magasins. Renseignez-vous auprès de votre hôtel qui, de toute façon, et quelle que soit sa catégorie, disposera d'un accès Internet, voire de la possibilité de connecter votre ordinateur portable par l'intermédiaire de son réseau. Une adresse centrale : **China Telecom II-C1**, 30, Nanjing donglu. *Ouv. 7 h-22 h 30.*

▶ Poste et téléphone

Poste centrale III-C1, 276, Sichuan beilu ☎ 63.07.73.33. *Ouv. 7 h-19 h.* Les bureaux de poste de quartier sont reconnaissables à leur bandeau vert.

▶ Santé

● **Hôpitaux et centres médicaux**. Les établissements suivants disposent d'équipes anglophones, parfois francophones et, pour certains, de services d'urgences. **World Link Medical and Dental Center I-B2**, 1376, Nanjing xilu, Portman-Shanghai Center, suite 203 ☎ 62.79.76.88 *(ouv. lun.-ven. 9 h-19 h, sam. 9 h-16 h, dim. 9 h-15 h).* **Huashan Hospital Foreigners' Clinic IV-A1**, 12, Wulumuqi zhonglu (service pour les étrangers au 19e ét.) ☎ 62.48.99.99 poste 2531. **Ruijin Hospital II-B3**, 197, Ruijin erlu ☎ 64.37.00.45 poste 668-101. **New Pioneer International Medical Center IV-A3**, 910, Hengshan lu, Geru Bldg, 2e ét. ☎ 64.69.38.98 *(24 h/24).*

● **Pharmacies**. **Watson's II-B2**, 787, Huaihai zhonglu. *Ouv. 9 h-22 h.* Médicaments occidentaux. Autres adresses : **Shanghai Portman Center II-B1**, 1376, Nanjing xilu ☎ 62.79.83.82. **Pharmacie n° 1 III-B1**, 616, Nanjing donglu ☎ 63.22.45.67. *Ouv. 9 h-22 h.* Médecine traditionnelle chinoise et médicaments occidentaux.

▶ Visa

Public Security Bureau I-D1, 333, Wusong lu ☎ 63.57.66.66. *Ouv. lun.-sam. 9 h-11 h 30 et 13 h 30-16 h 30.* Environ 3 jours de délai. *Voir aussi encadré p. 279.* ●

À portée de Shanghai

Les provinces du Zhejiang, du Anhui et du Jiangsu forment une **ceinture d'eau et de riz** autour de Shanghai. Il a fallu attendre le VIIe s. et les **travaux du Grand Canal** entrepris sous les Sui (605-611 ; *p. 209*) pour que ces terres humides soient **reliées au bassin du fleuve Jaune**. Sous la dynastie des Song (960-1279), la pression des Jürchen, populations barbares, devient insoutenable au nord. La capitale de l'empire est transférée de Kaifeng à Hangzhou. La région connaît alors son heure de gloire. Les paysans du Anhui profitent de ce développement et se transforment en **commerçants itinérants**. Revenus dans leurs villages, ils construisent de **splendides demeures**. Dans ce pays de thé et de soie, de jardins et de villages d'eau, l'effervescence urbaine se rapproche. La campagne est désormais quadrillée d'autoroutes. **Ce monde rural est en crise** : si le Jiangsu est prospère, Anhui et Zhejiang voient nombre de leurs habitants quitter leurs terres pour grossir les rangs des travailleurs migrants, sans domicile fixe.

Carte Que Voir ? *en rabat de couverture.*

Carnet d'adresses *p. 236.*

▲ De l'eau, de douces collines, des buissons de thé, des maisons chaulées : un pan de campagne du Jiangnan immémorial.

15 | Dans la campagne des eaux (Shuixiang)★★

© Jean-Baptiste Rabouan/hemis.fr

▲ Sur un canal de Tongli, perspective de ponts en dos d'âne pour laisser le passage aux barges et à leurs charges.

···➔苏州

Accès voir *p. 206*.

Programme. Prévoir 4 à 5 jours pour tout visiter. Mais même si chaque village a son caractère propre, les visiter tous peut s'avérer répétitif. Mieux vaut faire une sélection en fonction de nos indications, du temps et du budget dont vous disposez.

Carte Les essentiels *en rabat de couverture*.

Carnet d'adresses *p. 236*.

Incroyable ! À une paire d'heures d'autoroute de Shanghai, on trouve de vieux villages resurgis presque intacts du passé ! Et qui, il y a dix ans, ne figuraient pas dans le moindre programme de voyage !

Aucune route, autre que canaux et rivières, ne reliait ces villages au reste du pays. Déjà, lors de l'invasion du Jiangnan par les Japonais en 1937, cet **enclavement aquatique** les avait épargnés. Il a fallu la création du maillage dense des communications dans l'arrière-pays de Shanghai pour les arracher finalement à l'isolement. Mais aucun n'a voulu céder son héritage séculaire pour le prix de son entrée dans le monde. Au contraire : ponts, canaux, maisons de thé, temples ancestraux, riches demeures… tout y a été systématiquement répertorié pour être protégé. Aujourd'hui, ces vieux villages sont des **musées à ciel ouvert** pour des centaines de milliers de visiteurs chinois stupéfaits d'arpenter ce passé rescapé. En moyenne, 2 000 à 3 000 habitants vivent encore dans leurs vieilles maisons. C'est bien souvent l'eau des canaux qui sert pour la lessive, la vaisselle et les légumes du potager. La modernité existe, mais reste cantonnée au dehors, en de vilaines micro-villes de plusieurs dizaines de milliers d'habitants, qui font mentir la jolie dénomination donnée à ces villages : *Shuixiang*, la « campagne de l'eau ».

De campagne, il n'y en a plus du tout : les constructions ne sont pas bien hautes, mais elles sont continues. Mais de l'eau, il y en a partout : elle court dans les chenaux qu'enjambent les ponts cambrés, dans l'immense lac Tai et dans l'antique voie impériale du Grand Canal où le trafic permanent des barges reste un spectacle unique de ce pays des eaux *(p. 209)*.

|| Zhujiajiao★

···❖ 朱家角 À 40 km S-O de Shanghai (Sightseeing Bus Center : départ des bus toutes les 30 min, 7 h 30-11 h, trajet 1 h ; retours toutes les 30 min jusqu'à 16 h). À 50 km S-E de Suzhou *(p. 211)*. Ouv. t.l.j. 7 h 30-17 h. **Carnet d'adresses** p. 245.

40 km : autant dire la banlieue de Shanghai. De fait, Zhujiajiao est la destination n° 1 du week-end « à la campagne » des Shanghaiens. Jusqu'au dimanche après-midi, le parking, immense, est bondé et les ruelles du vieux village pleines à craquer. Et les habitants de Zhujiajiao sont contents : pas une devanture de bois qui ne s'ouvre sur un magasin, un café, un restaurant.

Peu étendu, le village a plus de charme que d'intérêt : on peut se dispenser du billet supplémentaire pour la visite des musées. Il est facile de s'y repérer. On débouche en haut de **Daxin jie**, la rue Neuve, qui descend le long du canal, puis se prolonge par **Beida jie**, la rue du Nord, jusqu'au confluent du canal avec la rivière Caogang. Une batterie de quatre ponts en dos d'âne relie Daxin jie à **Xihu jie** qui court sur l'autre rive du canal. Xihu jie dessert la **poste★**, bâtie sous les Qing et dotée d'une superbe façade en briques rouges, un ancien entrepôt qui propose, entre autres spécialités locales, un assortiment original de légumes saumurés (aubergines, choux, poivrons…), le **temple des dieux de la ville★** et mène jusqu'au **monastère Yuanjin** qui toise de ses murs jaunes le trafic fluvial.

Passé le **pont Fangsheng★★**, un ouvrage Ming à cinq arches (1571) jeté sur la rivière Caogang, on entre sur le ♥ **versant paisible de Zhujiajiao**. Les rangs de boutiques à devantures de bois font place aux façades de maisons passées à la chaux à la mode du Jiangnan et alignées le long d'un autre canal. On y embarque en sampan pour découvrir Zhujiajiao au gré de l'eau. Dans ce quartier s'étend le **jardin Kezhi★**, résidence du mandarin Ma Wenqing à la fin du XIXᵉ s.

Presque aussi étendu que le Zhujiajiao marchand, il est bien plus tranquille et cache dans l'une de ses cours un lieu idéal pour passer la nuit loin des rumeurs de la ville *(Majia Shifu, p. 245)*.

|| ♥ Xitang★★★

···❖ 西塘 À 31 km S-O de Zhujiajiao, province du Zhejiang. À 71 km S-O de Shanghai (Sightseeing Bus Center : départ des excursions t.l.j. à 8 h 30, les w.-e. à 9 h, trajet 3 h 30). À 86 km S-E de Suzhou *(p. 211)*. À 120 km N-E de Hangzhou *(p. 218)*. Centres d'intérêt signalés en anglais. Ouv. t.l.j. 8 h-17 h 30. **Carnet d'adresses** p. 245.

Rusticité et élégance sont la marque de ce village qui – pour combien de temps ? – a choisi de ne pas sacrifier aux flonflons du folklore touristique le cachet de ses bois grisés par la pluie et de ses pavés usés par les passants. Un **chapelet de lacs au nord** en interdit longtemps l'accès par ce côté.

En entrant par l'étroite et longue **venelle de la famille Su** *(Sujia long)*, la magie opère. À l'autre bout se déploie le triple maillage qui compose les villages du Shuixiang : des ruelles pavées où donnent les commerces à devantures en bois, des canaux et rivières enjambés tantôt par des ponts cambrés, tantôt par des passerelles couvertes, et des quais de débarquement. Xitang y a ajouté une singularité : chaque famille a doté le débarcadère de sa demeure d'un auvent. Courant sur plusieurs centaines de mètres, ils forment parfois des **galeries★★** continues, scandées de colonnes posées sur des tambours de pierre, comme le long de la **rue de la Palissade du Nord** (*Beizha jie, au N-E du village*). Autre particularité de Xitang : ses **venelles★** ou *long*, dont la plus étroite n'est pas plus large que 30 cm. Cantonnées par les hauts murs en brique des résidences de notable, elles évitaient la propagation du feu d'une demeure à l'autre.

La venelle des Su longe ainsi l'enceinte du **jardin de l'Ouest★★** (*Xiyuan*), un joli arrangement de rocailles bordant une pièce d'eau qui agrémentait la résidence de la famille Zhu au XVIIᵉ s. Un mariage unit la destinée des deux familles, à l'image de la passerelle qui enjambe la venelle reliant ainsi les deux maisons. Dans l'une et l'autre sont exposées des **calligraphies sur éventail**, œuvres d'un poète de la République.

Perpendiculaire à la venelle des Su, la **rue de l'Ouest★** (*Xijie*) borde ces demeures. En la poursuivant sur la g., on atteint le **pont Huanxiu★★** (jolie vue sur les galeries couvertes, de l'autre côté du canal). Reliant les deux rues principales de Xitang, il est considéré comme le centre du village. En face, **Shipi long★**, la venelle « à peau de pierre » s'enfonce sur 70 m entre deux maisons.

Plusieurs petits **musées à thème** (signalés en anglais) complètent la visite. Les plus notables sont le **Zhang Zheng Root Carving Art Museum★**, qui présente 300 meubles, bibelots et sculptures, tous taillés dans des racines noueuses et étranges selon une vogue du Jiangnan à la fin des Ming, et le ♥ **Button Museum★** : la fabrication des boutons, en passementerie de soie en particulier, est restée une spécialité de Xitang ; le musée dresse l'inventaire historique de cette manufacture.

● ● ● ● ● ● ● ● ● ● ● ● ● ● ● ● ●

Conseil
Visiter le Shuixiang

Accès. En bus. Tous les villages sont proposés en excursion A/R à la journée au départ du **Shanghai Sightseeing Bus Center I-A3,** (*p. 190*). **Hangzhou** (*p. 237*) et **Suzhou** (*p. 241*) disposent aussi de bus touristiques pour certains. **En taxi.** C'est la formule la plus souple si vous souhaitez organiser vos visites en itinéraires. Les villages ne sont jamais à plus de 10 km des sorties d'autoroute Shanghai-Suzhou et Shanghai-Hangzhou. **En excursion organisée.** Nombreuses offres auprès des hôtels de Shanghai, Suzhou et Hangzhou. **En bateau. Suzhou Overseas Tour** (*p. 241*) propose des croisières privées en bateau à destination de Zhouzhuang (*p. ci-contre*) et Tongli (*p. 208*). Il est également possible de naviguer entre ces deux villages en affrétant un bateau privé sur place, dans l'un ou l'autre.

Visite. Entrée payante (entre 60 et 100 y) ; libre pour les enfants de moins de 1 m. Billetterie à l'entrée des villages. **Trois types de billets :** billet donnant accès au périmètre des vieux quartiers ; billet comprenant en outre les entrées des musées, jardins et vieilles demeures (à faire poinçonner aux entrées ; toutes payantes, elles peuvent être aussi réglées aux entrées de site, séparément) ; billet d'accès aux vieux quartiers + supplément promenade en bateau sur les canaux. Prévoir 2 h de visite pour chaque village.

Orientation. Un plan schématique figure au dos des billets d'entrée de chaque village.

▶ Dans les bourgs du Shuixiang, l'eau est la voie majeure.

|| Zhouzhuang★★

···✈ 周庄 À 35 km N de Xitang, province du Jiangsu. À 85 km S-O de Shanghai (Sightseeing Bus Center: départs des bus t.l.j. 7 h, 9 h, 12 h et 14 h; retour jusqu'à 16 h 30; trajet 2 h). À 38 km S de Suzhou (bus, p. 241). À 142 km N-E de Hangzhou. Ouv. t.l.j. 7 h 30-17 h. Centres d'intérêt signalés en anglais. **Carnet d'adresses** p. 245.

Depuis que le président Jiang Zemin l'a honoré de sa visite en 2001, Zhouzhuang est devenu quasi infréquentable les week-ends. La fréquentation touristique est un peu plus calme le reste du temps et, même si les commerces ont envahi la moindre maison, cette Venise chinoise entièrement cernée par un cordon de lacs a vraiment fière allure. Zhouzhuang, «la villa des Zhou», doit son nom à Zhou Di, riche marchand Song du XIᵉ s. qui délaissa sa demeure pour se retirer dans un couvent bouddhiste qu'il avait fait construire sur ses terres. S'attarder dans les anciennes demeures de notables donne à la visite un supplément de sérénité. La **Hall of Zhang's Residence**★★ (1440) est un bel exemple de la sobriété qui prévalait en matière d'architecture et de mobilier au temps des Ming.

L'opulence des Zhang se jauge à la taille de l'ensemble: pas moins de 60 pièces, articulées sur sept cours intérieures, et couvrant 1 800 m². Les salles de l'arrière étaient dédiées aux loisirs: thé, musique, mah-jong et calligraphie. Elles donnent sur un jardinet que traverse le canal privé des Zhang.

La **Hall of Shen's Residence**★★ (1742) possédait un embarcadère privé sur la rivière Nanbeishi, qui partage le vieux Zhouzhuang du nord au sud. Les portes aux linteaux de brique sculptés, l'incroyable hauteur des pièces sous plafond, les meubles incrustés de marbres veinés y traduisent le goût pour l'ostentatoire des mandarins sous les Qing.

La **rue du Centre**★ (*Zhongshi jie*) est la moins commerçante. Elle dessert le **Chengxu Daoyuan**, un ancien temple taoïste.

À côté, on fait démonstration du filage et du **tissage du coton**. En face, une ♥ **maison de thé** ouvre sur un canal. On y donne des *pingtan*, les ballades rimées accompagnées au luth qui se chantaient dans le Jiangnan (*ven.-sam. 9 h 30-16 h 30, dim. 9 h 30-21 h 30*).

© Bertrand Gardel/hemis.fr

15

itinéraire

Au bout de la rue, le **Mi Building** accueillait les réunions des intellectuels et poètes du Nanshe, le cénacle littéraire du Jiangnan dans les années 1920.

Au nord de la ville s'élève l'ancien **théâtre du village** (*Ancient Stage*), qui abrite une mini-collection de costumes et donne encore des représentations de *kunqu* (*ven.-sam. 18 h et 19 h*), le très raffiné opéra du Jiangnan qui fut l'ancêtre de l'opéra de Pékin.

‖ ♥ Tongli★★

···⊰ 同里 À 18 km N-E de Zhouzhuang, province du Jiangsu. À 80 km O de Shanghai (Sightseeing Bus Center: départs des excursions t.l.j. 7 h 30 et 9 h 30, trajet 2 h 30). À 23 km S de Suzhou (bus, *p. 241*). À 160 km N.-E de Hangzhou (excursions, *p. 236*). Ouv. t.l.j. 7 h 45-17 h. Accès des centres d'intérêt fléché en anglais. **Carnet d'adresses** *p. 243*.

Tongli a su trouver l'équilibre subtil entre les aspirations des touristes et les besoins de ses habitants. C'est le moins «musée» des villages du Shuixiang. Les boutiques sont contenues le long de la **rue des Ming et des Qing** (*Ming Qing jie*) qui tient lieu de centre. La nature est plus présente, sous la forme des vieux arbres qui bordent les canaux et, pour peu qu'on y loge, on goûte réellement au mirage bucolique d'une «campagne de l'eau». Seul le **jardin de la Retraite et de la Réflexion★★★** (*Tuisi yuan, au N de Ming Qing jie*) trouble la paix des lieux: il sert périodiquement de cadre aux studios de Pékin pour ses films d'époque, au point que le parvis d'entrée est devenu un mini Sunset Boulevard, dont les pavés égrènent les films et leurs stars. Avant toute cette agitation, il fut la résidence de Ren Lanshang, un haut fonctionnaire militaire de l'empereur Guangxu (1875-1908), qui s'y retira après sa tombée en disgrâce.

Le mandarin cultiva son jardin, superbe exemple du mariage entre préceptes philosophiques et moraux, constructions et nature recomposée qui fondaient autrefois cet art du paysage. Il s'organise autour d'un **étang central** que bordent rocailles et pavillons, dont les toits dessinent le corps sinueux d'un dragon. C'était là tout ce que connaissait du monde la jeune fille de la maison, triste brodeuse recluse dans sa **chambre★** à l'étage.

On peut se dispenser de la visite du **Chongben Hall**, autre demeure de notable convertie en musée Grévin des coutumes locales. En face, **deux ponts en dos d'âne★★** enjambent deux bras de canal. Déguisés à l'ancienne mode, les touristes y reproduisent une ancienne tradition nuptiale: traverser les ponts à tour de rôle, gage de félicité conjugale.

Au bout de la **digue de l'Est** (*Dongdai*), la **♥ Nanyuan Teahouse★** est un bel établissement qui remonte au début de la République. On y sert toujours le thé, au milieu d'une belle collection de vaisselles anciennes.

‖ Wuzhen★★

···⊰ 乌镇 À 140 km S-O de Shanghai (Sightseeing Bus Center: départ des excursions t.l.j. 8 h 45, trajet 3 h 30), province du Zhejiang. À 90 km S de Suzhou (bus, *p. 236*). À 80 km N-E de Hangzhou (excursions, *p. 240*; bus, *p. 237*). Ouv. t.l.j. 7 h 20-18 h. Centres d'intérêt indiqués en anglais et numérotés. Location d'audioguides en anglais. **Carnet d'adresses** *p. 244*.

Wuzhen plaira à ceux qui souhaitent se concentrer sur l'architecture du Shuixiang: c'est à peine si on remarque la présence des habitants de ce beau village musée. Il étire ses façades de bois gris le long de deux rues, de part et d'autre de la rivière Dongshi, reliée au système du Grand Canal (*p. 209*). Celle de l'Ouest concentre boutiques de souvenirs et restaurants; le long de celle de l'Est s'échelonnent les principaux lieux de visite de la ville.

On accède à la **rue de l'Est** par un **pont couvert★** équipé d'une double galerie: un dispositif, dit «des

▶ Train de péniches sur le
Grand Canal près de Suzhou.

géo-politique
Voies des eaux

En 6 000 ans, les fleuves Yangzi jiang, Huaihe et Huang-he
ont apporté tant d'alluvions qu'ils ont rajouté de la terre
au continent. De leurs caprices est né le *Shuixiang*, le pays
d'eau du Jiangnan : une constellation de lacs, reliés par des
cours d'eau et des canaux. Jusqu'à une période récente, la
circulation des hommes et des marchandises s'effectuait
plus par ces voies que par la route ; on pouvait remonter vers
la Chine du Nord et le bassin du fleuve Jaune grâce aux ouvrages du Grand Canal impérial. Le grenier à riz du Jiangnan fut
ainsi en relation directe avec les centres du pouvoir du bassin
du fleuve Jaune à partir du VIIe s. et avec la région de Pékin à
partir de la fin du XIIIe s.

Le Grand Canal impérial
Élaboré sur plusieurs siècles, c'est un véritable système
de communication par les eaux. Son origine remonte au
tournant du VIe s., quand les rivières navigables de la Chine
orientale sont mises en réseau par le creusement de canaux.
Larges de 40 m, longés par une route et jalonnés de relais,
ces canaux relient Hangzhou aux cités du bassin du fleuve
Jaune et à Tianjin, au nord de la péninsule du Shandong. Pour
acheminer le riz, les Song (960-1279) construisent de nouveaux tronçons équipés d'écluses. Sous les Yuan, le réseau
est étendu de Tianjin à Pékin, leur capitale. Le système du
Grand Canal demeurera inchangé jusqu'à nos jours.

Un enjeu politique
Le lien de l'eau entre Nord et Sud fut vital pour l'empire. La
responsabilité de son entretien était une des plus hautes
charges de l'administration impériale. Qui voulait contrôler
le pays devait maîtriser le système du Grand Canal. Ce fut
l'un des objectifs principaux des Mandchous au XVIIe s. Kangxi
(1662-1722) et Qianlong (1736-1796) organisèrent chacun six
voyages d'inspection du fonctionnement du réseau jusqu'aux
côtes du Zhejiang. Voyageant à bord d'une barge équipée
comme un palais flottant, ils faisaient étape dans les résidences impériales régionales, chez de hauts fonctionnaires ou
sous la tente. Le périple des empereurs mandchous ne relevait pas seulement du contrôle des eaux, mais de la volonté,
politique, de se concilier les populations du grenier à riz de la
Chine, et de la démarche, très intellectuelle, de s'imprégner
du meilleur de la culture lettrée chinoise, dont le Jiangnan est
toujours considéré comme le fleuron. ●

On circule toujours sur le
Grand Canal. Entre Hangzhou
(p. 218) et Suzhou *(p. 211)*,
des bateaux à cabines couvrent le trajet en 14 h *(p. 240
et 241)*, mais la croisière, ef-
fectuée de nuit, présente peu
d'intérêt pour le spectacle du
trafic fluvial. Pour s'en faire
une idée, emprunter les bateaux-bus de Hangzhou : un
trajet de 30 min sur le Grand
Canal pour 3 y *(voir Circuler
p. 236)*. On peut également
canoter sur les douves de
Suzhou *(p. 217)* qui sont rac-
cordées à son système.

canards mandarins», qui séparait le passage des piétons des deux sexes. Il débouche face à la devanture d'une ancienne **pharmacie★** *(Xiangshan House, n° 1)*.

Toutes bâties en bois, les **maisons★★** de Wuzhen sont séparées par des murs pare-feu montés en brique, dont les pignons forment des «oreilles» au-dessus des toits de tuiles grises. Dans la courette arrière, desservie par un portique en briques sculptées, un «puits du ciel» recueille les eaux pluviales. Les plus vastes ont été converties en musées à thème.

La collection du **musée du Lit★★** *(n° 2)* réunit des pièces remarquables : lit Ming en palissandre aux pieds «en sabots de cheval», profond lit Qing avec emplacements pour retirer ses chaussures et se laver les pieds. Le musée voisin *(n° 3)*, consacré aux **traditions**, présente d'intéressants costumes des Qing.

Dans la **distillerie Sanbai★** *(n° 4)*, on fabrique depuis 1880 un alcool à 55°, stocké dans de belles jarres pansues *(dégustation gratuite)*. Dans la cour de la ♥ **teinturerie Hong Yuan Tai★** *(n° 5)*, des mètres de **batik** sèchent sur de hauts portiques. Cette technique de teinture est une spécialité du delta du Yangzi jiang : avant teinture, des motifs à la pâte de haricot et à la chaux sont appliqués sur le tissu au tampon de bois ou au pochoir, formant autant de réserves où la couleur ne pénétrera pas.

Le **musée des Bois gravés★** *(n° 6)* est logé dans le cadre somptueux de la maison des Xu, dont le **patio★★** et les **plafonds★★★** sont entièrement ouvragés. Le **musée de Numismatique** *(n° 7)* présente peu d'intérêt. Le n° 8 et le n° 9 correspondent à **l'école où enseignait le père de Mao Dun** et à la maison où le romancier originaire de Wuzhen *(p. 74)* passa son enfance.

La visite s'achève sur la place où se dressent face à face une ancienne **scène de théâtre★** *(n° 13)* et le **temple taoïste Xiu Zhen** *(n° 11)*. Moyennant un ticket, on peut y interroger sa destinée et y brûler d'énormes bâtons d'encens. ●

16 | Suzhou★★

© Catherine Bourzat

▲ Une porte en forme de lune, une passerelle qui zigzague sur une pièce d'eau, des échappées sur un pavillon, des arbres, des rocailles : le jardin chinois, c'est l'art de surprendre le promeneur.

···⋗ 苏州
À 84 km O de Shanghai (bus, train).
À 181 km N de Hangzhou (bus *p. 241*;
bateau *p. 237*).
Plan *p. 212-213*.
Carnet d'adresses *p. 241*.

«Sugiu est une très noble cité et grande. Et vous dis très véritablement qu'il y a bien six mille ponts de pierre dans cette cité, sous lesquels une galère ou deux pourraient bien passer», écrivait Marco Polo. Une ville d'eau et de canaux : le Vénitien avait trouvé sa Venise en Chine ! Si cette description restait valable à la fin du XXᵉ s., elle ne l'est plus. Délégant à Tongli et Zhouzhuang, ses voisines, le soin de perpétuer pour les touristes le passé du Shuixiang, Suzhou a troqué sa panoplie de canaux contre de froids habits de béton,

son cachet d'élégante du Jiangnan contre le **high-tech** et les **capitaux de Singapour**. Seuls 3 % de ses revenus proviennent du tourisme contre 55 % pour l'industrie : c'est tout choisi. Le **Suzhou Industrial Park** (SIP) est le fruit de ces amours capitalistiques. Inauguré en 1999, c'est le Pudong de Suzhou : une ville nouvelle de 80 km², 5 fois la superficie de la vieille ville murée, qui accueille aujourd'hui plus de 7 000 entreprises, et toujours plus d'investissements.

Alors, le voyageur a-t-il sa place à Suzhou ? Oui, à condition de la visiter le guide à la main, en prenant pour mentors **Shen Fu** et **Lu Wenfu**, deux écrivains natifs de la ville qui chacun à leur manière – le premier sur le ton de la confidence d'un bourgeois de la fin du XVIIIᵉ s., le second, disparu en 2005, sur

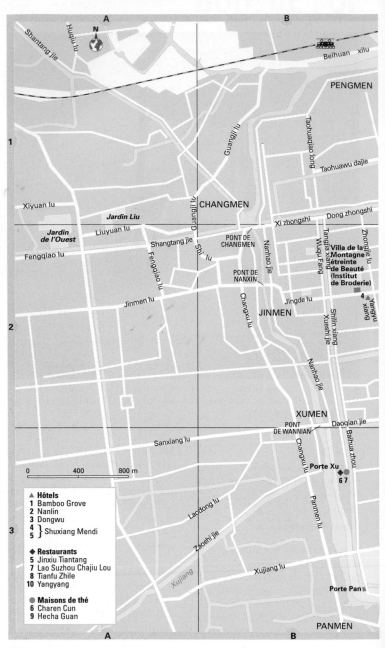

Suzhou

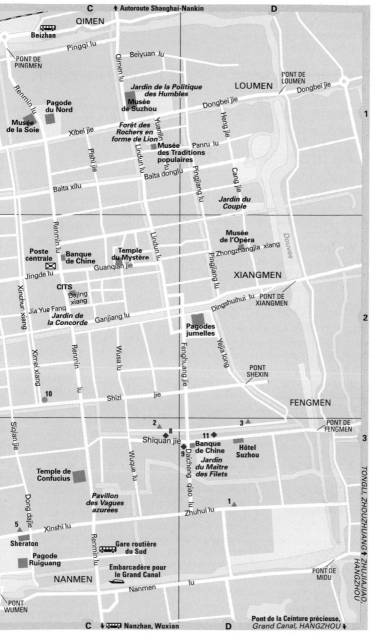

↑ Autoroute Shanghai-Nankin

QIMEN

Beizhan

PONT DE
PINGMEN

Pingqi lu

Beiyuan lu

Qimen lu

**Jardin de la Politique
des Humbles**

LOUMEN

PONT DE
LOUMEN

Dongbei jie

Renmin lu

**Pagode
du Nord**

**Musée
de Suzhou**

Dongbei jie

**Musée
de la Soie**

Xibei jie

**Forêt des
Rochers en
forme de Lion**

Yuanlin lu

Heng jie

Pishi jie

Lindun lu

**Musée
des Traditions
populaires**

Panru lu

Baita donglu

Pingjiang lu

Cang jie

Baita xilu

**Jardin du
Couple**

Renmin lu

Lindun lu

**Musée
de l'Opéra**

Douves

**Poste
centrale**

**Banque
de Chine**

**Temple
du Mystère**

Guanqian jie

Zhongzhangjia xiang

Jingde lu

XIANGMEN

Xinchun xiang

CITS

Dajing
xiang

Pingjiang lu

Jia Yue Fang

**Jardin de
la Concorde**

Ganjiang lu

Dingshuihui lu

PONT DE
XIANGMEN

Ximei xiang

Renmin lu

Wusa lu

**Pagodes
jumelles**

Fenghuang jie

Yejia long

PONT
SHEXIN

● 10

Shizi jie

FENGMEN

Siqian jie

2 ▲
Shiquan jie

8

3 ▲

11 ◆
**Banque
de Chine**

PONT DE
FENGMEN

Wuque lu

9 ◆ Daicheng qiao

**Hôtel
Suzhou**

TONGLI, ZHOUZHUANG

**Temple de
Confucius**

**Jardin
du Maître
des Filets**

Dong dajie

**Pavillon
des Vagues
azurées**

Zhuhui lu

1 ▲

ZHUJIAJIAO,
HANGZHOU

5 ▲

Xinshi lu

Sheraton

Renmin lu

**Gare routière
du Sud**

**Pagode
Ruiguang**

NANMEN

**Embarcadère pour
le Grand Canal**

lu

Nanmen

PONT DE
MIDU

PONT
WUMEN

C ↓ 🚌 Nanzhan, Wuxian

D

Pont de la Ceinture précieuse,
Grand Canal, HANGZHOU ↓

celui de la gourmandise – révèlent l'exquise culture des gens d'ici. Pour en débusquer les signes encore visibles dans la cité bétonnée, suivez les panneaux en bronze apposés ici et là par la municipalité. Ils vous conduiront à une poignée de **jardins anciens**, petites merveilles et expression parfaite de ce qu'est la culture chinoise lettrée.

|| Au fil des jardins★★

La visite de trois ou quatre jardins cités ci-dessous (inventaire non exhaustif) et des sites à proximité fera le programme parfait d'une journée. Votre plaisir sera doublé si la balade se fait à vélo *(location auprès de tous les hôtels)* : l'ancien périmètre de Suzhou est peu étendu (4 km de la gare **B1**, au N, à Nanmen lu **C3-D3**, au S). Reste à savoir que la quiétude des jardins est totalement perturbée en début de matinée et d'après-midi par les groupes : ces lieux n'ont pas été conçus pour une foule de gens, encore moins pour le volume sonore déversé par le casque-micro des guides locaux.

···❖ Jardins ouv. t.l.j. 7 h 30-17 h 30 (marsmai et sept.-nov.), 8 h-17 h (mai-août et déc.-fév.). Entrée payante. Informations très complètes (en anglais) sur les neuf jardins ouverts au public sur le site du Suzhou Municipal Administrative Bureau of Gardens, www.szgarden.sz.js.cn/en/yl.htm.

| ♥ Le jardin du Maître des Filets★★★

···❖ 网师园 **D3** *Garden of the Master of Nets.* Accès par Shiquan jie, puis par un lacis de ruelles. Mi-mars-mi-oct. soirées musicales t.l.j. 19 h 30-21 h 30 (musique classique, pingtan et kunqu).

Au XIIe s., Song Zongyuan, un notable local, construisit ce tout petit jardin et le nomma « Retraite du Pêcheur », hommage à une vie rustique et simple. La résidence fut rachetée à la fin du XVIIIe s. par Qu Yuancun, à qui elle doit sa scénographie magistrale et ses dénominations poétiques.

Tandis que dans l'aile ouest les salles de la réception s'ordonnent avec rigueur sur le classique plan axial, le reste de la résidence épouse les fantaisies de la composition du jardin. Le point d'orgue de celui-ci est un **étang★★★** de 400 m², où Qu a déployé tous les **artifices du trompe-l'œil** pour donner l'illusion d'un espace plus grand : l'eau semble glisser sous les rocailles et les

---

Le secret de l'art des jardins

C'est le lettré Shen Fu qui le livre, en quelques lignes, dans ses *Six récits au fil inconstant des jours* :

« En ce qui concerne l'art des jardins, avec aménagement d'architectures, de collines, de rocailles et de fleurs, le succès ne dépend pas seulement de la complexité du dessin, ni de l'étendue du terrain ou du nombre de rochers, et ce n'est pas une simple question de travail ni d'argent ; en fait tout le secret tient dans ces quelques principes : créer de **petits** espaces clos au sein de vastes étendues ; donner une **illusion d'étendue** quand l'espace est réduit ; donner de la densité aux vides en matérialisant l'irréel ; alterner le mystère et l'évidence, les approches faciles et les retraites profondes. »

Les lettrés du Jiangnan cultivèrent le plaisir de la retraite, l'art de la villégiature et celui des jardins. Repus de la voie difficile des préceptes confucéens et des intrigues de la vie publique, les mandarins retirés prônèrent, au cours des siècles, l'**éloge de la simplicité**, l'existence sans artifices du pêcheur – le « Maître des Filets » pour citer un jardin fameux de Suzhou –, à condition toutefois de cultiver son esprit en même temps que son jardin.

Dans leurs demeures construites à leur mesure et à leur guise, les officiels, mais aussi les riches marchands, les notables, les généraux en retraite ou les hommes de lettres influents recevaient, lisaient, buvaient et déclamaient des poèmes.

ponts en pierre, tandis que chaque pavillon offre un panorama différent. Parfaite maîtrise du précepte «toute la nature dans une graine de moutarde».

Dans la tradition classique, le jardin chinois est aussi conçu comme une peinture en trois dimensions : cadrés par des ouvertures aux formes variées, les **arrangements de pierres et de plantes★★★** de Qu se découpent comme des lavis à l'encre sur les murs chaulés de blanc. Le goût pour la **référence littéraire** et la métaphore est une autre facette de l'art de composer un jardin. Nommé «en lavant le ruban du chapeau dans l'eau claire», le kiosque de la berge sud rappelle ainsi une chanson célèbre, allégorie du mandarin intègre : «Si l'eau de la rivière Canglang est propre, je lave le ruban de mon chapeau. Si elle est sale, j'y lave mes pieds.»

| Shiquan jie★

···╬ 十全街 **D3-C3** À 5 min à pied du jardin du Maître des Filets et à 10 min des douves. Ombragée de platanes, cette rue, avec le canal qui court parallèlement, est ce qui tient lieu de vieille ville à Suzhou. À goûter sans modération, d'autant qu'elle concentre nombre de restaurants et boutiques sympathiques.

| Le pavillon des Vagues azurées★

···╬ 沧浪亭 **C3** *Surging Waves Pavilion.* Renmin lu.

Ni le nom, ni la composition de ce jardin n'ont changé depuis que le poète Su Sunqing des Song du Nord en fit sa résidence au XIe s. Les constructions aux toitures retroussées bâties sous les Qing respectent le dispositif scénique original.

Ce dernier intègre le **canal** qui borde la propriété, grâce à une **galerie couverte★★** qui y multiplie les ouvertures à travers des fenêtres à claustra. Les «vagues azurées» auxquelles Su fit allusion ne sont ni celles du canal, ni celles de la **pièce d'eau** du jardin, mais celles que dessinent les **collines artificielles** couvertes de bambous, qui s'élèvent au-dessus des rocailles. Au sommet, un **kiosque** en permet la contemplation. Le poète des Song a rigoureusement recomposé la nature dans son jardin, en suivant la règle qui veut qu'un paysage soit fait de montagne et d'eau.

16

itinéraire

---

rocaille
Passion des pierres étranges

La pierre est l'un des éléments les plus importants du jardin chinois.

Loin d'être purement décorative, la rocaille est l'**évocation de la montagne** dans l'espace clos du jardin. Sont recherchées dans la nature les pierres qui, par leurs veines et leurs formes, sont déjà porteuses d'un fort pouvoir d'évocation. Les calcaires polis et perforés par l'érosion du **lac Tai**, près de Suzhou, ont été particulièrement prisés.

Les pierres étranges ont fait l'objet de **collections** dès l'époque Tang (618-907).

Sous les Song du Nord, elles sont regardées comme de véritables œuvres d'art transmises d'une génération à une autre. On les place dans le jardin comme on expose des statues en Occident.

L'empereur Huizong (1082-1135) crée un bureau spécial à Suzhou chargé de recueillir les pierres et les plantes destinées à orner les parcs et les jardins impériaux. L'acheminement par le Grand Canal de certaines de ces pierres hautes de plusieurs mètres nécessite la levée de corvées de milliers d'hommes. ●

| Le temple de Confucius

⋯⇢ 文庙 **C3** *Wenmiao*. Renmin lu. Ouv. t.l.j. 8 h 30-11 h 30 et 12 h 30-16 h 30.

Les lieux sont froids et les salles désertes, hormis une statue du maître et des stèles. Ils sont désormais dédiés au commerce des antiquités dont les boutiques occupent une partie des cours.

| Le jardin de la Concorde

⋯⇢ 怡园 **C2** *Joyous Garden*. Renmin lu.

À deux pas du quartier commercial piétonnier de Guanqian jie, ce n'est pas le plus réussi des jardins de Suzhou. Son charme tient au fait qu'il est surtout fréquenté par les retraités, qui viennent jouer aux cartes et siroter le thé au bord de son plan d'eau.

| Le musée de l'Opéra★

⋯⇢ 戏曲博物馆 **D2** *Jinwu Huiguan*. 14, Zhongzhangjia xiang ☎ 727.37.41. Ouv. t.l.j. 8 h 30-16 h 30. Entrée payante.

Il est installé dans l'ancien siège de la guilde des marchands du Jin (Shanxi), construit sous Guangxu à la fin du XIXᵉ s., et qui, comme d'ordinaire, possédait son propre **théâtre★** *(représentations payantes à la demande)*. Masques, costumes et livrets font spécifiquement référence au *kunqu* ♥, une forme de théâtre chanté qui vit le jour dans la région au XVIᵉ s. Le tout, poussiéreux, mériterait d'être mieux mis en valeur. Dans le bâtiment voisin sont donnés quotidiennement des récitals de *pingtan*.

| ♥ Le jardin du Couple★★

⋯⇢ 耦园 **D1** *Couple Garden Retreat*. Cangjie.

Deux jardins attenants à la demeure proprement dite, celui de l'Est et celui de l'Ouest, valent son nom à cette résidence des Ming. Le premier s'organise sur le thème de la montagne et de l'eau. Son pavillon est réputé pour sa **claustra★★** en forme de lune. Dans le bois de la cloison ont été taillés

le bambou, le pin et le prunus, qui sont les trois compagnons des rigueurs de l'hiver. Le **jardin de l'Ouest★** joue sur une déclinaison plus architecturale, avec des pavillons abritant des bibelots de lettrés. L'ensemble est ceint sur trois côtés par un canal relié aux anciennes douves.

| La forêt des Rochers en forme de Lion★★

⋯⇢ 狮子林 **C1** *Lion Grove Garden*. Yuanlin lu.

Conçu en 1342 par un moine amateur de rocailles, ce jardin fut profondément remanié par ses propriétaires à la fin du XVIIIᵉ s. Justement nommé, il recourt abondamment aux arrangements de **pierres étranges** et de rochers dont les formes évoquent des animaux sculptés. La composition – sa pièce maîtresse est un labyrinthe construit en avancée sur la pièce d'eau – est plus ludique qu'esthétique. Erreur de goût des nouveaux riches de ce temps-là selon le jugement acerbe de Shen Fu *(p. 214)* : « L'ensemble fait plutôt penser à un tas de scories, qu'on aurait recouvert de mousse et taraudé de tunnels à la façon d'une fourmilière. » Le jardin échut finalement aux Pei, ancêtres de l'architecte de la pyramide du Louvre, qui en firent don à la municipalité en 1949. Leur temple ancestral, attenant au jardin, abrite un **musée des Traditions populaires★**.

| Le jardin de la Politique des Humbles★★

⋯⇢ 拙政园 **C1** *Humble Administrator's Garden*. Dongbei jie.

Le nom de ce jardin du début du XVIᵉ s. est tiré d'une maxime que n'aurait pas reniée Voltaire : « Cultiver son jardin pour subvenir à ses besoins, voilà ce qu'on appelle la politique des humbles. » Cette réflexion inspira visiblement Wang Xianzheng, le créateur des lieux, qui y vit sans doute un écho à sa propre carrière : accusé de corruption, ce haut fonctionnaire fut destitué de ses fonctions et se retira à Suzhou pour y cultiver son jardin.

Le visiteur va de surprise en surprise. Déployé sur plus de **5 ha**, le jardin ouvre des **perspectives★★** renouvelées au gré des déambulations, ce que les traités consacrés au jardin appellent «des visions lointaines dans un espace clos». L'eau, qui occupe plus de la moitié de la superficie du jardin, favorise l'artifice. L'été, elle se couvre de lotus. Au fond du jardin, vous découvrirez une belle **collection de bonsaïs★**.

| Les douves

···≯ 护城河 Des bateaux à godille naviguent sur le quart N-E : embarcadères au jardin de la Politique des Humbles **C1** et au jardin du Couple **D1**. Des bateaux-bus circulent au départ de la gare ferroviaire **B1** en direction du secteur N-O du Grand Canal **hors pl. par A1** et de la porte Pan **B3**.

Leur présence matérialise l'ancien tracé de la cité murée des Ming. Courant sur les quatre côtés de la vieille ville, elles appartiennent au système du **Grand Canal** (p. 209).

| Le musée de la Soie★

···≯ 中国丝绸博物馆 **C1** Renmin lu, face à la pagode du Nord. Ouv. t.l.j. 9 h 30-17 h 30. Entrée payante.

Il y a maintenant plus de 5 000 ans que l'on exploite le fil du bombyx dans le delta du Yangzi jiang, et Suzhou est un de ses épicentres. Moins bien présenté que celui de Hangzhou (p. 225), ce musée de la Soie vaut néanmoins le détour : fragments de soie du Xinjiang et brocarts fabriqués sous les Tang (618-907) ou les Song (960-1279), brodés au fil d'or et d'argent, reconstitution d'une **salle d'élevage traditionnel des vers à soie**, rouets, bobines et métiers à tisser,

dont certains sont en service. À la sortie du musée, une **boutique** propose des pièces et des ouvrages de soie.

●●● Pour en savoir plus sur la soie voir p. 46.

| ♥ La villa de Montagne étreinte de Beauté★

···≯ 环秀山庄 **B2** Mountain Villa with Embracing Beauty. 262, Jingde lu. Ouv. t.l.j. 8 h 15-16 h 45. Entrée libre.

Ce jardin est l'œuvre du dresseur de pierres Gu Yuliang (1764-1830) des Qing. Recourant aux pierres du lac Tai (p. 215), il a créé un véritable **massif montagneux★★** avec ses pics, ses vallées, ses cavernes et ses abrupts.

Les salles de l'ancienne résidence abritent l'**Institut de Broderie★**. On peut y voir les ouvrières à l'œuvre et admirer les tableaux de soie. Les plus remarquables sont les broderies **double face**, dont la réalisation constitue une prouesse technique : l'ouvrage est en effet d'une égale qualité sur son endroit comme sur son envers. Dans les années 1960, cet art fut porté à son apogée par des artisans de Suzhou.

| ♥ Le jardin Liu★★★

···≯ 留园 **A1** Lingering Garden. Liuyuan lu. Ouv. t.l.j. 8 h-16 h 30. Entrée payante.

Créé en 1593 sous les Ming et agrandi par la famille Sheng sous les Qing, à la fin du XIXe s., c'est un **morceau d'anthologie de l'art du jardin chinois**. Pièces d'eau et arrangements de pierres, portes et fenêtres multiformes cadrant pour l'œil un pan de paysage reconstitué, pavements de galets imitant des rivières, galeries couvertes et ponts en zigzag : tout y est. Au nord, des pavillons accessibles par de longs corridors émergent parmi des pics rocheux. ●

16

itinéraire

© Jean-Baptiste Rabouan/hemis.fr

▲ Inouï dans la nouvelle Chine urbaine : un immense lac forme le centre de la (très) grande ville de Hangzhou.

···❥ 杭州

À 201 km S-O de Shanghai (bus, train, excursions).

À 181 km S de Suzhou (bus, bateau).

À 243 km N-E de Tunxi (bus).

Plan *p. 220-221.*

Carnet d'adresses *p. 236.*

Au cœur des Chinois, Hangzhou est une forme de paradis. Et réussit le tour de force, malgré une fréquentation touristique affolante, de le rester. C'est une splendide **cité-jardin** bordée par des collines de théiers et baignée par les eaux paisibles du célébrissime lac de l'Ouest. Idéale au printemps et à l'automne, elle offre, dans la touffeur estivale, le spectacle admirable de la floraison des lotus. Est-ce parce qu'elle eut l'heur d'être administrée jadis par deux des plus grands poètes chinois, Bai Juyi au début du IXᵉ s. et Su Dong-po au début du XIᵉ s. ? Est-ce parce qu'au XIIᵉ s. elle fut **capitale des arts et des lettres** en devenant celle de l'empire, quand la cour des Song trouva refuge sur les berges du lac de l'Ouest, fuyant ses terres du fleuve Jaune tombées aux mains des barbares du Nord *(p. 255)* ? Indifférente au luxe tapageur qui sert de norme aux villes chinoises d'aujourd'hui, elle préfère cultiver le raffinement élégant que prisaient les lettrés de jadis. Son **académie des Beaux-Arts**, logée dans une superbe architecture contemporaine, la confirme en son rang de reine des arts : c'est la plus célèbre du pays. Pour compléter le tableau paradisiaque, il fait bon vivre à Hangzhou, y compris pour le voyageur de passage. Il y règne une prospérité de bon aloi. Le passé n'est pas étranger à cet héritage. Tête de pont du Grand Canal impérial au sud *(p. 209 ; embarcadère p. 240)*, foyer de quelques-unes des meilleures manufactures de **soie**, de **céramiques** et de **thé**, Hangzhou fut cité de marchands comme elle fut ville de lettrés.

|| Le ♥ lac de l'Ouest et ses berges★★

···ᕼ 西湖 **BC1-2-3** *West Lake*. Parcs riverains ouv. de 8 h à 17 h (entrée libre, sauf mention contraire). Pour les croisières, voir p. 240. Prévoir une demi-journée pour chacune des promenades.

Le cœur de Hangzhou est liquide. C'est un lac naturel de près de 7 km² qui s'est formé à l'emplacement de l'ancien estuaire du fleuve Qiantang sur la mer de Chine. Des digues élevées de main d'homme ont éternisé l'ouvrage de la nature. Elles sont l'œuvre des mandats de Bai Juyi (772-846) et Su Dongpo (1036-1101), les deux préfets poètes de Hangzhou. Le second laissa en outre ces vers au lac de l'Ouest :

« Le lac ensoleillé est moins joli que le lac sous la pluie

Le lac sous la pluie est moins joli que le lac brumeux

Le lac brumeux n'égale pas le lac sous la lune. »

Depuis, les Chinois comptent le lac de Hangzhou parmi les paysages célèbres de leur pays, que chacun se doit de visiter un jour. Le lac change au fil des saisons, mais aussi selon les points de vue d'où il se donne à contempler. Passionnés d'inventaires, les Chinois ont répertorié les dix plus beaux panoramas. Rangés sous des dénominations poétiques, ils sont admirés par les touristes d'aujourd'hui, qu'ils se promènent à pied ou en bateau.

La municipalité veille jalousement sur sa perle touristique. Si les rives est et nord ont été saccagées par des constructions modernes, celles de l'ouest et du sud ont été livrées aux mains des jardiniers, qui excellent dans l'arrangement des camphriers, des érables, des saules et des osmanthes. Quant au gros de la circulation automobile, il n'a pas le droit de cité sur les berges : partout des tunnels dérobent le trafic et sa pollution.

| La digue de Bai et la rive nord★

···ᕼ 白堤 **C1-2** *Bai Causeway*. Bus Y9.

Le **pont brisé★ C1** fut le théâtre d'un coup de foudre célèbre dans l'opéra chinois, entre le lettré Xu

légendes
La marque de la perle

Compagnons de jeu avec le ciel pour marelle, un dragon et un phénix découvrirent par un beau matin une pierre. Captivés par la pureté de son éclat, ils décidèrent de la transformer en bijou. Métamorphosée en perle, la matière suscita la convoitise de Wangwu Niangniang, la mère de l'Empereur de Jade. Profitant du sommeil des deux insouciants, elle s'empara de la gemme.

Mais voilà que, cachée au plus profond du palais de la dame cupide, la perle ne rayonna plus. À l'occasion de son anniversaire, Wangwu Niangniang ne put résister au plaisir d'exhiber le précieux bijou. Aussitôt sortie de son coffret, la pierre se réveilla comme un soleil, dardant ses rayons puissants. Alertés par cette lumière, le dragon et le phénix fondirent sur le palais. Il s'ensuivit une terrible rixe, où chacun voulut se saisir de la perle. Échappant à la mêlée, celle-ci

roula, roula, et finit par tomber sur la Terre. Là où elle avait touché le sol naquit un merveilleux lac aux eaux limpides, le lac de l'Ouest, blotti dans l'écrin que forment la montagne du Dragon de Jade et celle du Phénix. ●

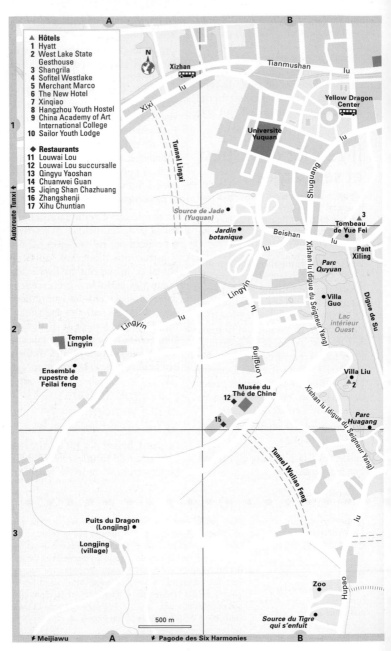

▲ **Hôtels**
1 Hyatt
2 West Lake State Gesthouse
3 Shangrila
4 Sofitel Westlake
5 Merchant Marco
6 The New Hotel
7 Xinqiao
8 Hangzhou Youth Hostel
9 China Academy of Art International College
10 Sailor Youth Lodge

◆ **Restaurants**
11 Louwai Lou
12 Louwai Lou succursalle
13 Qingyu Yaoshan
14 Chuanwei Guan
15 Jiqing Shan Chazhuang
16 Zhangshenji
17 Xihu Chuntian

Autoroute Tunxi

Xizhan

Tianmushan lu

Yellow Dragon Center

Xixi lu

Tunnel Lingxi

Université Yuquan

Shugeneng

Source de Jade (Yuquan)

Jardin botanique

Beishan lu

Tombeau de Yue Fei

3

Pont Xiling

Parc Quyuan

Xishan lu (digue du Seigneur Yang)

Villa Guo

Lac intérieur Ouest

Lingyin lu

Lingyin

Temple Lingyin

Ensemble rupestre de Feilai feng

Longjing

Musée du Thé de Chine

12

15

Villa Liu

2

Digue de Su

Parc Huagang

Xishan lu (digue du Seigneur Yang)

Tunnel Wuliao feng

Puits du Dragon (Longjing)

Longjing (village)

Zoo

Hupao

Source du Tigre qui s'enfuit

500 m

↯ Meijiawu

A

↯ Pagode des Six Harmonies

B

Hangzhou

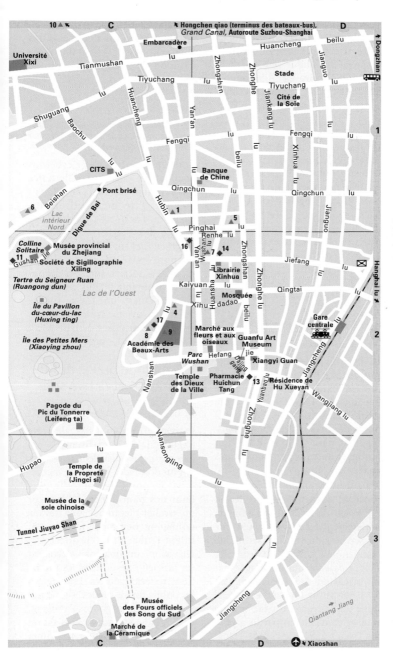

10 ▲ ↖

C

↖ Hongchen qiao (terminus des bateaux-bus),
Grand Canal, Autoroute Suzhou-Shanghai

D

→ Dongzhan

Embarcadère

Huancheng   beilu

Jianguo

Université
Xixi

Tianmushan

lu

Zhongshan

Zhonghe

Stade

Jiankang lu

Tiyuchang

Tiyuchang

Cité
de la Soie

Huancheng

Shuguang

Baochu

Yan'an

Fengqi

lu

beilu

Fengqi   lu

Xinhua

lu

1

CITS

Qingchun

lu

Banque
de Chine

Qingchun   lu

Jianguo

Beishan

● Pont brisé

Hubin

Digue de Bai

▲ 1

Pinghai

lu   ▲ 5   lu

Renhe

Jiefang   lu

Hanghai lu ↗

6

Lac
intérieur
Nord

Colline
Solitaire

Musée provincial
du Zhejiang

11   Gushan Jie

Société de Sigillographie
Xiling

16

Yan'an

Huansha

7 ▲ 14

Zhongshan

Zhonghe lu

⊠

Qingtai

Tertre du Seigneur Ruan
(Ruangong dun)

Librairie
Xinhua

Kaiyuan

lu

Île du Pavillon
du-cœur-du-lac
(Huxing ting)

Lac de l'Ouest

Huansha

Xihu
dadao

Mosquée

beilu

Île des Petites Mers
(Xiaoying zhou)

lu   ▲ 4

17 ▲

8   ◆ 9

Académie des
Beaux-Arts

Nanshan

Marché aux
fleurs et aux
oiseaux

Parc
Wushan

Hefang

Guanfu Art
Museum

jie   Xiangyi Guan

Gare
centrale

lu

Jiangcheng

2

Temple
des Dieux
de la Ville

Pharmacie
Huichun
Tang

13   Résidence de
Hu Xueyan

Zhonghe

Yanbian

Wangjiang lu

Pagode du
Pic du Tonnerre
(Leifeng ta)

Wansongling

lu

Hupao

lu

Temple de
la Propreté
(Jingci si)

lu

Musée de la
soie chinoise

Tunnel Jiuyao Shan

lu

3

Musée
des Fours officiels
des Song du Sud

Jiangcheng

Qiantang Jiang

Marché de
la Céramique

C

D

◉ ↖ Xiaoshan

Xian et une serpente travestie en belle dame et sincèrement amoureuse. Il ouvre la voie de la digue du préfet Bai, qui dessert l'île de **la colline Solitaire C2**. Agrémentée de **jardins** et de **pavillons**, celle-ci abrite le **musée provincial du Zhejiang*** (panorama historique de la province avec de remarquables pièces du néolithique et de l'âge du bronze ; *ouv. mar.-dim. 9h-16h30*), l'illustre **restaurant Louwai Lou** *(p. 238)* et la **Société de sigillographie Xiling**. Logée, depuis 1904, dans un joli parc qui s'étage à flanc de colline, cette société savante se consacre à l'art de graver des sceaux. Elle recèle quelques vieilles stèles et des arrangements de rocailles *(ouv. t.l.j. 8h30-16h30)*.

| La digue de Su et la rive ouest***

···⊱ 苏堤 **B2-3** *Su Causeway*. Bus Y2 et Y9.

La digue du préfet Su s'étire en une promenade bordée de saules de près de 3 km. Depuis la rive, elle découpe sur l'horizon une ligne de frondaisons que rythment **six ponts cambrés**. À l'extrémité nord-ouest, le **parc Quyuan B2** et son jardin de lotus sont magnifiques en été.

Xishan lu emprunte le tracé de la **digue du seigneur Yang**, édifiée au XVIe s. sous la dynastie des Ming et entièrement relevée en 2003. Elle dessert les plus beaux jardins de Hangzhou. La ♥ **villa Guo** **B2** *(entrée payante)* fut aménagée par un marchand de soie au début du XXe s. Son jardin est baptisé « le Ciel dans un Miroir » : un lac miniature, agrémenté d'un pavillon posé sur l'eau, y reflète le ciel de Hangzhou. Sa voisine, la **villa Liu B2**, est depuis les années 1950 l'hôtel où descendent les dirigeants de Chine et d'ailleurs *(West Lake State Guesthouse, p. 237)*. Les simples mortels peuvent profiter de son emplacement privilégié, au moins le temps d'un thé. À l'extrémité sud-ouest, le **parc Huagang** **B2-3** est un ancien jardin privé d'un mandarin des Song. Lui aussi possède une pièce d'eau où s'ébattent des milliers de carpes rouges.

| Les îles*

···⊱ **C2** Des bateaux à moteur circulent sur le lac (p. 219). Seul le tertre du Seigneur Ruan n'est pas desservi.

Trois îles artificielles s'échelonnent sur les eaux du lac : le **tertre du Seigneur Ruan** *(Lord Ruan's Mound)*, l'**île du Pavillon-du-Cœur-du-Lac** *(Mid-Lake Pavillon)* et l'**île des Petites Mers** *(Lesser Yingzhou Isle)* sur laquelle zigzague un pont entre ses quatre pièces d'eau. De sa rive sud, on découvre le panorama le plus célèbre du lac de l'Ouest, qui figure sur les billets de 1 yuan : **trois pagodons en pierre**, disposés à fleur d'eau par le préfet Su Dongpo.

| La pagode du Pic du Tonnerre* et la rive sud

···⊱ 雷峰塔 **C2** *Leifeng Pagoda*. Bus Y1 et Y9. Ouv. t.l.j. 7h30-21h. Entrée payante.

La restitution, en 1999, de cette pagode de 977 fut financée par l'armée à qui appartient le terrain. On lui doit l'idée singulière de desservir ce **point de vue**, le plus haut des panoramas du lac, par un escalier mécanique. Les travaux donnèrent lieu à des fouilles qui furent retransmises en direct à la télévision : on imaginait découvrir un fabuleux trésor dans les fondations restées inviolées. Les attentes du public furent déçues : on ne mit au jour qu'un pagodon en argent, un bouddha en bronze assis sur un lotus et une planche à imprimer les sutras. Ils sont présentés dans un pavillon au pied de la pagode. D'après la légende, celle-ci fut dressée pour emprisonner la serpente blanche amoureuse du lettré Xu Xian. À l'intérieur de l'édifice, une suite de peintures relate cette très fameuse histoire d'amour. Au pied de la pagode, de l'autre côté de la route, s'élève le mur jaune du **temple de la Propreté** *(Jingci si; ouv. t.l.j. 7h30-16h30; entrée payante)*, dont elle était une dépendance.

|| ♥ Autour de Hefang jie★★

╍╍┅ 河坊街 **D2** Bus n°s 8 et 35. Boutiques ouv. t. l.j. 9 h-22 h. Durée de la visite : une demi-journée.

La rue Hefang est un de ces quartiers piétonniers « à l'ancienne » devenus incontournables dans les villes chinoises contemporaines. Le dosage entre folklore touristique et centres d'intérêt y est très réussi. La rue débute au pied de la colline du **parc Wushan**, où le **temple des dieux de la ville** *(Chenghuang miao; ouv. t.l.j. 7h30-22h; entrée payante)* offre le panorama le plus urbain de Hangzhou et de son lac.

| L'artère piétonnière Hefang jie★★

● **Le marché couvert aux fleurs et aux oiseaux** 花鸟市场 **D2**. *Ouv. t.l.j. 8h-18h.* Si vous n'avez pas eu l'occasion de faire un tour dans le marché aux fleurs et aux oiseaux de Shanghai, celui de Hangzhou, situé au départ de la rue, vaut le détour : il comporte trois niveaux, desservis pas des escaliers mécaniques, où découvrir les passions chinoises pour les fleurs, les grillons, les poissons.

● **La pharmacie Hu Qing Yu Tang★★ D2**. *Dajing gang. Pharmacie ouv. t.l.j. 8h-20h; musée ouv t.l.j. 8h-17h. Entrée payante.* Elle fut créée en 1874 par Hu Xueyan. Dans la magnifique **salle des transactions** du r.-d.-c., on fait toujours emplette, dans de jolis emballages rouges, de préparations traditionnelles à faire macérer dans l'alcool pour la beauté, la longévité et l'équilibre du yin et du yang.

Au-dessus des imposants comptoirs en bois, des étagères supportent jarres en porcelaine et boîtes en étain. À l'étage, un **musée** (explications en chinois) évoque l'histoire des grands pharmaciens chinois et expose une variété impressionnante de médicaments à base de plantes et d'animaux, parmi lesquels certaines compositions insolites : pastilles de tortue, crème d'os de tigre, peau d'âne, cornes de cerf...

● **Le Guanfu Art Museum★ D2**. *Hefang jie. Ouv. t.l.j. 9h-21h. Entrée payante.* Ce musée occupe une maison restaurée de la fin des Qing. Y est exposée une sélection de **meubles anciens**, avec commentaires (en anglais) sur les types de bois et la distribution des pièces dans la maison. À l'étage est présentée une collection d'orfèvrerie en argent.

● **Xiangyi Guan★ D2**. *Voisin du précédent. Ouv. t.l.j. 8h-21h. Entrée payante.* Cet intéressant **musée** consacré au **tabac** et à l'**opium** expose pipes en bambou et en bois, narguilés traditionnels en métal, flacons à priser et réclames des premières firmes chinoises de tabac, lancées à Shanghai au début du XXe s.

● **La pharmacie Huichun tang**. *Voisin du précédent. Ouv. t.l.j. 8h-20h.* Autre vénérable officine de la pharmacopée traditionnelle.

| La résidence de Hu Xueyan★★

╍╍┅ 胡雪岩故居 **D2** *Former Residence of Hu Xueyan*. À l'angle de Yuanbao lu et Wangjiang lu. Bus nos 8 et 155. Ouv. t.l.j. 8 h-17 h. Entrée payante.

Les hauts murs aveugles qui entourent la demeure de Hu Xueyan (1823-1885), le fondateur de la pharmacie Hu Qing Yu Tang, trahissent l'importance sociale de cette famille au XIXe s. Originaire du Huizhou, M. Hu fit carrière dans la banque. Il eut l'heureuse idée de mettre ses richesses au service du général Zuo Zhongtang, qui avait besoin de finances pour mater une rébellion locale : le financier accéda ainsi à la dignité de mandarin ; il reçut le rang de gouverneur, le

© Photothèque Hachette

▲ Tri des cocons avant le jour du grand marché. Estampe extraite du *Livre de l'industrie de la soie*, Bibliothèque municipale de Poitiers.

privilège de porter la robe jaune des fonctionnaires de l'empire et le droit de monter sur un cheval. Autant dire qu'il se retrouva propulsé dans le gotha de ce temps-là. Au fil des cours et des salles à claustras, on se fait une idée du train et de la puissance de la famille Hu. Leur résidence a la taille d'un petit palais, restauré avec grand soin. Son cœur est une **pièce d'eau**★★ bordée de rocailles et que domine un pavillon, dont les miroirs et le lustre à pampilles furent commandés en Europe par M. Hu.

|| Le vallon du temple de la Retraite merveilleuse★★

···⊱ **A2** Bus Y1 et Y2. Ouv. t.l.j. 8 h-16 h. Entrée payante. Prévoir 2 h pour la visite.

Lorsque le moine indien bouddhiste Huili arriva à Hangzhou en 326, il fut émerveillé par la beauté des pics enserrant ce vallon et décida d'y faire ériger un temple, dûment baptisé «temple de la Retraite merveilleuse» *(Lingyin Temple)*. Sous les dynasties Song et Yuan

(xᵉ-xivᵉ s.), des mains anonymes ont taillé plus de 300 images votives dans la paroi rocheuse, devenue l'ensemble rupestre de Feilai feng.

| L'ensemble rupestre de Feilai feng★★

飞来峰 Succession de cavernes et de trouées à ciel ouvert, le site est empreint de magie et de mystère: Feilai feng ne signifie-t-il pas «le pic venu à tire d'aile»? Attention à ses malices: le sol calcaire est très glissant et le vague sentier aménagé le long de la falaise périlleux. L'accès est gardé par les **statues des généraux Heng et Ha**. Les lieux sont placés sous la protection de **Jigong**, le moine fou *(voir ci-contre)*. L'autre figure célèbre du lieu est **Mile**, le bouddha ventru, dont l'effigie goguenarde est visible en quittant la 3ᵉ grotte. À la sortie du site, un superbe ensemble de statues de l'époque des Song représente cinq moines en grande conversation. Le stupa que l'on dépasse en remontant vers le temple abriterait les reliques du moine fondateur Huili.

| Le temple de la Retraite merveilleuse★

灵隐寺 *Lingyin Temple* Sous les Tang (618-907), le sanctuaire, **haut lieu de culte du Jiangnan**, abritait plus de 3 000 moines et comptait 7 salles. Détruit à de nombreuses reprises, le bâtiment actuel (1950) ne possède même plus de dortoir pour les pèlerins, mais garde un restaurant végétarien donnant sur une charmante petite cour *(à dr. de la 2ᵉ salle)*. Parmi les statues rescapées, le **bouddha Sakyamuni** de la majestueuse 2ᵉ salle (33 m de hauteur de plafond !) est fait de 24 blocs de bois de camphrier sculptés et assemblés. Dans son dos, un gigantesque **bas-relief en argile** (des années 1950-1960) réalisé par des professeurs des Beaux-Arts raconte le merveilleux voyage de 53 enfants sur la voie du bouddhisme et leur initiation auprès de 150 personnages, légendaires ou sacrés. La 3ᵉ salle (1991) abrite Yaoshi Fo, le **bouddha Maître des Remèdes**, ainsi que les 12 généraux du zodiaque. L'aile gauche, inaugurée en 2000, est dotée d'une salle aux 500 *luohan*.

|| **Les musées à thème**★★

Hangzhou abrite **trois grands musées nationaux**, consacrés à trois grandes découvertes chinoises, toutes cultivées jusqu'à l'excellence : la soie, le céladon et le thé. Une muséographie et des collections remarquables dont on aurait tort de se priver.

| Le musée de la Soie chinoise★★

···⚲ 中国丝绸博物馆 **C3** *National Silk Museum of China.* Bus Y3. Ouv. t.l.j. 8 h-16 h 30. Entrée libre. Prévoir 1 h de visite.

Trois pavillons ultramodernes explorent les métamorphoses du bombyx et la gamme infinie des soieries chinoises, depuis la découverte des possibilités offertes par cette fibre, de 600 à plus de 1 000 m de long, il y a plus de 5 000 ans. Le **pavillon 1** est consacré à l'**histoire de la soie en Chine**. On y découvre l'étonnante diversité des techniques de tissage déployées à partir des Tang (618-907) et d'autres types de travaux textiles, comme l'impres-

17

itinéraire

---

bouddhisme
Un étrange moine

Connu dans la religion populaire comme le «moine fou», Jigong aurait vécu à Hangzhou sous les Song du Sud (1127-1279). L'iconographie traditionnelle le représente dépenaillé, le regard coquin, un éventail en lambeaux à la main. Grâce aux nombreuses histoires où il fait figure de héros décalé, il a permis à la branche du boud-dhisme chan dont il relevait de se diffuser largement parmi les couches populaires. Jigong est connu pour son espièglerie. Il n'hésite pas à s'affranchir des interdits religieux pour arriver à ses fins.

soie
Le cycle du cocon

Un climat tempéré favorable à l'élevage des vers et une terre fertile propice à la culture du mûrier ont favorisé le développement de la **sériciculture** dans l'arrière-pays de Shanghai. Le printemps est la meilleure saison de production. L'ensemble du processus, de l'élevage du ver à l'obtention du cocon, s'étend sur un mois. Les œufs sont d'abord entreposés pendant six jours dans une pièce à température constante. Après sa naissance, le ver mue quatre fois avant de faire son cocon sur des claies de paille de riz. Il

l'achève en cinq jours. Dès le lendemain, les producteurs expédient les ballots de cocon par bateaux, charrettes, palanches ou mulets à l'entrepôt d'État le plus proche afin d'y vendre la production saisonnière. Des centaines de paniers sont alignés, comptés, pesés puis vidés dans de grandes corbeilles. Les cocons sont ensuite passés au four pour tuer la chrysalide, puis rejoignent l'usine de dévidage. ●

17

itinéraire

sion et la broderie. La salle consacrée au costume et à son rôle dans la société chinoise est le clou du musée, avec des robes et des manteaux de gaze et de brocart, vieux de plus de 1 000 ans pour certains.

La robe jaune impériale y fait l'objet d'un décryptage de la symbolique de ses motifs. Le **pavillon 2** expose les différentes étapes de la **sériciculture**, depuis l'élevage des vers à soie jusqu'au dévidage des cocons et au tissage des écheveaux *(p. 225)*. Dans le **pavillon 3** sont présentés différents modèles de **métiers à tisser**. Un **défilé de mode**, avec des mannequins en chair et en os, y est organisé toutes les heures.

| Le musée des Fours officiels des Song du Sud★

···⟩ 南宋窯博物館 **C3** *Southern Song Imperial Kiln Museum*. Bus Y3. Ouv. t.l.j. 8 h-16 h 30. Entrée libre. Prévoir 1 h de visite.

Au temps où la cour des Song du Sud trouva refuge à Hangzhou, les fours de la ville atteignirent la perfection dans l'art de décliner les jaunes, les bleus, les verts des grès et reçurent le privilège d'apposer sur les pièces de leur fabrication le sceau *guan*, «officiel».

Les bâtiments du musée s'élèvent dans un **parc**, où a été mis au jour l'emplacement des ateliers et **fours du XIIe s.** (au fond du parc). Les explications et un diaporama aident à la compréhension : dans le four, «en forme de dragon», la température s'élevait par paliers pour atteindre 1 400 °C.

Les salles d'exposition articulent la visite en trois sections : l'**histoire des grès verts ou céladons**, l'**esthétique** en vogue sous les Song – prônant subtilité, discrétion et modestie –, et les itinéraires empruntés par la **céramique chinoise à travers le monde** à partir du Moyen Âge.

| ♥ Le musée du Thé de Chine★★

···⟩ 中国茶叶博物馆 **B2** *National Tea Museum of Chine*. Bus Y3. Ouv. t.l.j. 8 h-16 h 30. Entrée libre. Prévoir 1 h de visite.

L'histoire du thé est présentée à travers sa mention dans les textes au cours des âges et les vaisselles qui servirent à sa **préparation** et à sa **consommation** : jusqu'au décret impérial de 1391 qui en proscrivit l'usage pour lui substituer la vente des feuilles en vrac, le thé était commercialisé sous la forme de galettes compressées. On apprend ici encore mille autres choses sur les métamorphoses du Camellia Sinensis en six couleurs : le blanc, le jaune, le vert, le bleu-vert, le rouge et le noir. Dans le **beau jardin** qui s'étend à l'arrière du musée, on peut s'initier, auprès de plusieurs maisons de thé, aux arcanes de ses préparations.

|| La pagode des Six Harmonies★

···⟩ 六和塔 **Hors pl. par A3** Bus n° 4. Ouv. t.l.j. 8 h-18 h. Entrée payante.

Fondée en 970 sous les Song et reconstruite après un incendie en 1121, la pagode des Six Harmonies joue un **rôle géomantique** : située sur le mont du Croissant de Lune, elle domine les eaux de la rivière Qiantang et est chargée de dompter ses violents mascarets (jusqu'à 9 m d'amplitude).

Les Six Harmonies font référence à **six règles fondamentales** destinées aux moines : harmonie du corps, du langage, de l'esprit, de la pensée, résistance à la tentation et à la richesse. Face à la pagode, le premier **pont ferroviaire** de Chine, conçu et réalisé par Mao Yisheng entre 1934 et 1937, enjambe le fleuve Qiantang. Derrière, une colline jalonnée d'une centaine de **reproductions de pagodes chinoises** est aménagée en promenade. ●

▲ Dans les collines qui moutonnent à l'ouest de Hangzhou, on cultive depuis plus de deux siècles un cru prisé des thés de Chine : le Longjing ou Puits du Dragon.

●●● *Pour une pause thé…* : pas un lieu de l'hédoniste Hangzhou qui ne soit l'occasion de savourer le moment et la saveur du thé. Voici nos préférés (plan de Hangzhou *p. 220*) : les maisons de thé de Hefang jie **D2** *(p. 239)*, la terrasse du Sofitel **C2** *(p. 237)*, le merveilleux jardin de la villa Guo **B2** *(p. 222)* ; le temple des dieux de la ville dans le parc Wushan **D2** *(p. 223)*.

●●● *À voir ou savourer aussi* : dans le village de Longjing (**A3**, bus Y3) et dans celui de Meijiawu (hors pl. par **A3**, à 10 km au S-O du centre, bus Y4), les paysans producteurs de thé organisent des démonstrations de cueillette et de torréfaction (t.l.j. 8 h-17 h 30).

thé
Un thé à Hangzhou

Un arrière-pays de collines, dont l'altitude varie entre 600 et 900 m, et un climat doux et humide favorisent la culture du théier au Jiangnan, qui produit trois des grands jardins les plus réputés : *Puits du Dragon* (Long-jing), *Pic velu* (Maofeng) et *Spirales de Jade du Printemps* (Biluochun).

Un berceau du thé

Ici, le thé est considéré comme le plus subtil des breuvages. Il a accompagné et inspiré peintres, poètes et calligraphes. L'usage de son infusion remonte au temps des dynasties de Nankin et de leurs cénacles bouddhistes : on le sirotait pour soutenir les longues séances de méditation. Lu Yu, avec son *Traité du thé*, lui donna au VIIIe s. ses titres de noblesse en énumérant les ustensiles indispensables à sa préparation, la vaisselle idoine à sa consommation – céladons relevant ses reflets de jade, ou porcelaines ambrées – et quantité d'anecdotes relatives à la qualité et à la température de l'eau pour réussir l'alchimie de ce nectar des tisanes.

Le Puits du Dragon

Les prix de ce cru célèbre s'envolent jusqu'à plus de 10 000 y la livre ! Le puits, cause de cette appellation d'origine, existe : il a donné son nom (Longjing **A3**) à un village situé à la frange ouest de Hangzhou. Après la cueillette, les feuilles sont lavées puis déshydratées avant d'être torréfiées dans des fours électriques. À chaque saison sa variété. La récolte qui donnera le meilleur thé a lieu début avril, juste avant la fête des Morts. En effet, après la longue période hivernale de dormance, les jeunes pousses sont gorgées de sève. La fin du printemps est aussi une période propice à la cueillette. À partir du mois d'octobre, des fleurs blanches apparaissent dans les théiers et l'arbre entre en hibernation. ●

18 | Tunxi, le Huizhou et les monts Jaunes★★

▲ Reflet dans l'eau d'un village du Huizhou.

Carte Les essentiels *en rabat de couverture.*

Carnet d'adresses *p. 243.*

En passant de Hangzhou à Tunxi, on quitte la riche province du Zhejiang pour celle du Anhui, plus pauvre et enclavée. Le Huizhou est son tiers sud. Le paysage y ondule avec grâce autour de **superbes villages** fondés du temps où de puissants marchands écoulaient à bon prix les articles du Huizhou : l'encre à diluer, les pierres à encre pour ce faire et le thé. Demeurent leurs imposantes **maisons à double cour** et aux toits « en crinière », et les **portiques d'honneur** élevés pour des fonctionnaires loyaux et des femmes vertueuses. Mais le Hui-

zhou est célèbre en Chine pour les Huangshan, ou monts Jaunes. Des milliers de visiteurs gravissent leurs marches chaque jour pour assister aux jeux de leurs abrupts avec les nuages.

‖ Tunxi★ (Huangshan shi)

···⊹ 屯溪 À 243 km S-O de Hangzhou (bus) À 350 km S-O de Suzhou (train). À 444 km S-O de Shanghai (avion, train, bus). **Carnet d'adresses** *p. 243.*

Grâce à son aéroport relié à toute la Chine, Tunxi est la **porte touristique des monts Jaunes**, d'où son autre nom de Huangshan shi, « Huangshan-ville ». Coupée par la **rivière Xin'an** qu'enjambe un joli pont construit sous les Ming

(1368-1644), elle entretient les raffinements de la culture lettrée en confectionnant encre et papier. Tunxi mérite plus que de servir de simple étape avant l'excursion. Mais, si décidément vous aspirez à la campagne, il est possible de loger dans l'un des villages des environs.

| ♥ La fabrique d'encre Lao Hu Kai★

⋯⋯⋗ 胡开文墨厂 Prendre Yan'an lu face au vieux pont. La ruelle qui dessert la fabrique y débouche, au pied du parc Lao hu shan. Ouv. t.l.j. 7 h 30-11 h 30 et 13 h 30-17 h 30. Entrée payante.

Depuis deux cents ans, Lao Hu Kai est la fabrique la plus célèbre du pays. À Tunxi, pas une journée ne se passe sans que des visiteurs ne viennent assister à l'élaboration de ses bâtonnets vendus sous la marque Hu Kai Wen. Trois types d'encre sont produits dans cette usine à base de **suie de pin**, d'huile et de bois. On y ajoute parfois des os d'animaux, de la gomme et des herbes médicinales. Une fois confectionnée, la pâte est mélangée, martelée, chauffée au four, séchée, polie, peinte de motifs en creux, polie une deuxième fois puis emballée. Mais il existe plus de mille variétés d'encre. Celle à base d'huile (très noire et plus chère) est réservée à la calligraphie. Pour la peinture, on utilise la *caimo*, obtenue à partir de pierres et de colle. Les prix varient de quelques yuans à 150 y le petit bâtonnet d'un *liang* (50 g). Les bâtons d'encre les plus sophistiqués, retravaillés au ciseau et parfois rehaussés d'or, véritables œuvres d'art, sont purement décoratifs.

| ♥ Laojie★★

⋯⋯⋗ 老街 Accès par un *pailou*, en face de l'hôtel Huashan. Boutiques ouv. 8 h-21 h 30.

C'est une «vieille rue» véritable. Elle conserve un chapelet d'anciennes maisons de marchands, reconnaissables à leur structure carrée et cossue, à l'abri derrière un crépi de chaux et des galeries en bois. Restaurées, ces habitations abritent tantôt des restaurants, tantôt des boutiques où l'on chine bibelots de lettré et vraies belles antiquités.

Au n° 137, on vend à la feuille le **papier** *xuan*, prisé des calligraphes. Le n° 133 dispose d'un choix d'**antiquités** de qualité. Derrière une splendide façade, dont l'étage en bois est entièrement sculpté, le n° 143 est un musée privé de **céramiques anciennes** *(entrée payante)*. Le n° 188 est une galerie exclusivement consacrée aux **pierres à encre**: des pièces contemporaines taillées avec art dans les schistes réputés du Huizhou. Elle voisine une **pharmacie traditionnelle**. Au-delà, fin des charmes du passé: Laojie débouche sur un complexe commercial piétonnier peu dépaysant.

|| ♥ Les villages des marchands du Huizhou★★

On peut soit organiser ces visites en un circuit d'une journée au départ de Tunxi, soit choisir de se poser à Hongcun et de visiter les autres villages en rayonnant à bicyclette.

⋯⋯⋗ **Logement à Hongcun**: voir le carnet d'adresses p. 244.

Circuit depuis Tunxi: à organiser en voiture avec chauffeur, auprès des hôtels ou des agences de voyages de Tunxi (négocier fermement les prix, qui ont tendance à s'envoler).

Accès aux villages: entrée payante pour chaque village. Ouv. t.l.j. 8 h 30-17 h 30.

| ♥ Hongcun★★★

⋯⋯⋗ 宏村 À 66 km N-O de Tunxi. **Carnet d'adresses p. 244.**

Hongcun ne comptait que peu de maisons quand le riche clan des Wang y établit son fief sous les Song du Sud (1127-1279). Quelques incendies plus tard, les villageois décidèrent de rebâtir entièrement le village et de donner à son plan la forme d'un buffle, symbole de l'eau. S'il est difficile de retrouver la forme exacte du bovin, l'étang central (censé figurer l'estomac de la bête), les petits canaux (ses intestins) et les deux arbres vieux de 400 ans (ses cornes) sont toujours là. L'ensemble est charmant. On y accède par un petit canal dont le pont est une copie du pont brisé de Hangzhou *(p. 219)*. Ni nom de rue, ni balisage ne vous aiguillera dans le dédale des venelles, mais il est impossible de se perdre dans ce minuscule village.

Sur la centaine de **maisons bâties sous les Ming** et les **Qing** que compte Hongcun, ♥ **Chengde tang★★** (1865) est la mieux conservée. C'est la demeure de Wang Tinggui, riche marchand de sel ; on y dénombre neuf puits du ciel, symboles de richesse et de prospérité *(p. 62)*. Aux extrémités est et ouest du fronton intérieur de la première cour, deux panneaux circulaires en forme de sapèque (ancienne monnaie chinoise) sont le signe d'une volonté de s'enrichir ; de leur côté, les salles de mah-jong, de jeux d'échecs, de *tanqing* (piano chinois), le salon d'étude, le salon de peinture et jusqu'à cette pièce munie d'un banc de bois sculpté où l'on fumait l'opium témoignent du goût des loisirs et des plaisirs du propriétaire des lieux.

Xidi★★

⸪ 西递 À 15 km S-E de Hongcun.

Fondé sous les Song du Nord (960-1127), Xidi compte surtout des **demeures construites sous les Qing★** au XIXe s. Passé le grand portique dédié à Hu Wenguan, commerçant célèbre sous les Ming (1368-1644), on s'engage dans une succession de venelles pavées et bordées de hauts murs. **Hu Wenguan** s'enrichit et devint, à 42 ans, préfet de Jiaozhou, une grande ville de la région. À 65 ans, il était de retour à Xidi. Sa **maison** est ornée de bas-reliefs sculptés de feuilles qui symbolisent l'homme lié à ses racines. Sur la table centrale du maître de maison, un miroir *(jing)* et un vase *(ping)* expriment par homonymie la sérénité *(jing-ping)* du lieu, propice à l'étude et au repos. Xidi s'enorgueillit aussi du **Taoli Yuan★**, demeure du marchand Hu Yuanxi, du **jardin Dong** et du **Zhuimu Tang**, temple des ancêtres dédié à l'empereur Taizong (626-649), de la dynastie des Tang.

---

légendes
La lumière du Bouddha

Le **Foguang**, ou lumière du Bouddha, est un phénomène que l'on ne rencontre que rarement aux Huangshan. Cette aura aux couleurs de l'arc-en-ciel peut apparaître subitement dans le creux des rochers. On l'observe depuis les hauteurs. La montagne semble alors comme irradiée par le cercle lumineux. Les portefaix racontent qu'autrefois les pauvres gens, impressionnés par cette manifestation céleste, se jetaient dans le vide,

attirés par ce jet de couleur fugace. Magie naturelle ou grâce céleste, la lumière du Bouddha ne touche que quelques visiteurs...

hébergement
Un secret à protéger

Longtemps, le Huizhou fut considéré comme une Arcadie, une contrée où la vie s'écoulait paisiblement, au seul rythme des saisons. Les esprits les plus poètes y localisaient Taoyuan, la Source des Pêchers, porte secrète d'un monde de paix et d'immortalité. Le succès touristique des Huangshan en a malheureusement décidé autrement. Partout, les routes à quatre voies quadrillent la campagne. Le paysage est gâché par des affiches panoramiques, vilaines mises en abyme des beautés construites ou naturelles de cette partie du Anhui. Hormis les villages classés des environs de Tunxi, le béton a tout envahi. Le Huizhou a sacrifié sa tranquillité au veau d'or du tourisme. C'est légitime : sans lui, la région n'est pas bien riche. Les paysans du Anhui grossissent toujours les rangs des *mingong*.

© Catherine Bourzat

Mais dans toute cette foire au développement touristique, il n'y a ni harmonie, ni équité. Sauf à **Chawu**, le village du Français Julien Minet et de son ami peintre Tang Guo.

Pas de route asphaltée pour y arriver, mais une piste caillouteuse. Pas d'avenues bordées de réverbères, mais des venelles pavées qui épousent le cours sinueux des canaux. Pas de rangées de boutiques de souvenirs, juste une poignée d'artisans qui travaillent comme autrefois, avec passion pour ce qu'ils font. Le tout dans un décor sorti d'une peinture ancienne au lavis. Chawu est un minuscule coin de beauté tranquille, que chacun peut goûter : Julien Minet a fait de sa *demeure de charme* un gîte.

Pour vivre des jours sereins, savourer des légumes du jardin et du *doufu* fait du matin, randonner dans les champs de thé et écouter le vent dans les pins. Ni plus ni moins que l'esprit de Taoyuan retrouvé. Mais, chut ! l'accès de Chawu doit rester un secret, Internet est l'unique clef du séjour à la Source des Pêchers.

Rens. et réservations www. chawu.com ou ☎ (00.86) 1.37.05.18.72.77. ●

▲ Le village de Hong-cun aux superbes ponts de pierre est inscrit au patrimoine mondial de l'Unesco.

| Nanping★

···⟶ 南屏 À 16 km S-O de Hongcun, via Yixian.

C'est ici que Zhang Yimou, à la recherche d'une atmosphère et d'un cadre traditionnels, a tourné *Judou* (1989) avec Gong Li. On peut encore voir le décor et les photos du film dans le **temple des ancêtres Ye★**, bâti sous les Ming puis restauré sous les Qing. Cette illustre famille donna trois hauts mandarins au village sous les Qing (1644-1911). Le temple servait alors de cour de justice locale. Plus récemment, le metteur en scène taïwanais Ang Lee s'est lui aussi épris du petit village de pierre : son film en costumes *Tigre et Dragon★* (2000) a été tourné dans les venelles de Nanping.

|| ♥ Le parc national des Huangshan★★★

···⟶ 黄山 À 70 km N-O de Tunxi (**modalités d'accès** p. 243). Entrée payante. Téléphériques (prix non compris dans le billet d'entrée) ouv. 7 h-16 h (avr.-mai), 6 h 30-17 h 30 (juin-oct.), 9 h-14 h (nov.-mars), env. 1 h 30 de queue les w.-e. Prévoir deux demi-journées d'excursion au départ de Tunxi, dont 1 nuit sur place dans l'un des deux hôtels du sommet. Site très bien balisé en chinois et anglais. **Carnet d'adresses** p. 243.

La **montagne Jaune** *(Huangshan)* occupe une place particulière dans l'imaginaire des Chinois. Muse de roc et de ciel, elle a inspiré de nombreux artistes, comme Shi Tao (1641-1720) qui, sous les Song, a dessiné ses brumes agrippées aux rochers. Des pins parasols s'accrochent à ses aspérités. Au-dessus de la plaine de Tunxi s'élèvent 72 pics, happés par la mer de Nuages. Les Huangshan se divisent en **cinq secteurs**, Donghai (est), Qianhai (sud), Xihai (ouest), Tianhai (centre) et Beihai (nord). La randonnée qui suit permet de voir ces trois derniers, les plus spectaculaires pour leurs formations nuageuses, désignées par le suffixe *-hai* signifiant «mer [de Nuages]».

▲ Spectacle de nuages des Huangshan.

| Beihai★★ et Tianhai★★

···⟶ 北海, 天海 4 h de marche aller-retour au départ de l'hôtel Beihai, à 1 km de la crête de l'Oie blanche *(White Goose Ridge)*, station d'arrivée du téléphérique du Yungu si.

Le panorama de **Beihai**, la mer [de Nuages] du nord, est visible depuis la terrasse de l'hôtel Beihai *(Carnet d'adresses, p. 240)*, ou encore en montant à la **Terrasse rafraîchissante** *(Refreshing Terrace)*. Le **Pic où l'on commence à y croire** *(Beginning to Believe Peak,* 1 683 m ; on peut également y monter : 1 km depuis la station de téléphérique) est l'un des points culminants de Beihai.

Il est aussi l'une des formations rocheuses célèbres des Huangshan : une hache géante semble l'avoir fendu du sommet à la base. Il domine toute une série de pics étranges qui semblent sortir du sol comme des pousses de bambous. C'est précisément la configuration très tourmentée de cette vallée

© Michel Gotin/hemis.fr

qui est à l'origine de la formation des mers de nuages : ceux-ci, littéralement bloqués entre les parois rocheuses, sont agités par des tourbillons. De l'avis général, le panorama de Beihai est un spectacle à observer au **lever du soleil** (vous n'y serez pas tout seul).

De l'hôtel Beihai, empruntez le chemin qui monte – une allée dallée, entrecoupée de marches – vers le relais de télévision du **pic de la Clarté** (*Bright Summit Peak*, 1 860 m, à 2,5 km de l'hôtel). Le relais fait office de belvédère du panorama de Tianhai. Par temps clair, vous apercevrez non seulement les autres points culminants des Huangshan, le **pic de la Capitale céleste** (*Heavenly Capital Peak*, 1 810 m) et le **pic de la Fleur de lotus** (*Lotus Flower Peak*, 1 864 m), au S, mais aussi, au N, le Yangzi et le massif de Jiuhua shan, l'une des montagnes sacrées bouddhiques.

| Xihai★★★

西海 Boucle de 2 h, au départ de l'hôtel Xihai, équidistant (1 km) de l'hôtel Beihai et de la station d'arrivée du téléphérique de Taiping. Ou randonnée à poursuivre depuis le pic de la Clarté, en empruntant les marches très raides qui descendent, en suivant des saignées rocheuses, vers le *Rocher volant* (*Flying Over Stone*). De là, un chemin de crête rejoint le Pavillon où se dispersent les nuages (à 3 km du pic de la Clarté).

Depuis l'hôtel Xihai, des marches descendent sur 500 m vers le **Pavillon où se dispersent les nuages** (*Cloud Dispersing Pavilion*). On y découvre le panorama de **Xihai**, la mer [de Nuages] de l'ouest. Il s'agit de 72 pics, dont les parois rocheuses composent un écrin de couleur rouge aux formations nuageuses. L'effet de polychromie est spectaculaire au coucher du soleil. Poursuivez vers le **pavillon des Nuages rouges** (*Red Cloud Peak*, à 1 km du Pavillon où se dispersent les nuages), qui offre un autre point de vue de Xihai. ●

▲ Arpenteurs des monta-
gnes et des fleuves de leur
terre immense, les Chinois
ont toujours sillonné leur
pays. Illustration extraite
de la *Vie des empereurs
de Chine au* XVIIIᵉ S., XIXᵉ S.,
Bibliothèque nationale de
France, Paris.

religion
Montagnes, randonnées et pèlerinages

Solitaires ou en bandes, au moindre week-end prolongé,
les Chinois sillonnent les pentes et les replis de leurs montagnes, savourant le spectacle d'un rocher, d'un pin griffu,
d'une volute de nuage ou d'une nappe de brume. Les montagnes sont, comme les veines de la Terre, parcourues par le
qi, le souffle originel qui anime toute chose. Les gravir, c'est
retourner aux sources.

Le miroir du cosmos

La peinture classique l'a célébrée ainsi à l'envi à partir du
IXᵉ s., confiant aux jeux de l'encre la traduction de ses escarpements taillés à coups de hache, aux jeux du vide l'expression de l'eau et des nuages. La littérature a conté sa beauté
jusqu'à cette *Montagne de l'âme*, objet de la quête initia-
tique du long roman du prix Nobel Gao Xingjian.

Les sages taoïstes se sont cachés dans ses grottes pour y
percer le secret de l'immortalité. Les ermites bouddhistes s'y
sont réfugiés pour méditer. Les temples en sont la réplique
construite par les hommes, tous desservis par une unique
porte appelée *shanmen*, la «porte de la Montagne».

Les garants de l'ordre

«Une seigneurie doit avoir l'appui de ses Monts et de ses Fleuves. Quand la Montagne s'écroule ou que la Rivière tarit, c'est un présage de ruine», explique Marcel Granet dans *La Civilisation chinoise* (Albin Michel, 1968). C'est ainsi que l'on en vint à rendre un culte à ces puissances. Souverain suprême, le Fils du Ciel était lui aussi requis pour ces sacrifices. La stabilité de son empire était garantie par cinq montagnes, symboliquement distribuées aux quatre directions et au centre. La légende du géant Pangu relate leur apparition : à sa mort, sa tête devint le pic sacré de l'Est, son ventre le pic du Centre, son bras gauche le pic du Sud, son bras droit le pic du Nord, ses pieds le pic de l'Ouest.

Un monde bien ordonné

Ces cinq directions rattachaient les pics sacrés à d'autres ensembles classés par cinq, comme les éléments fondamentaux (bois, feu, terre, métal et eau), les planètes de la voûte céleste et les viscères du corps de l'homme. Au cours des âges, les cinq pics sacrés se fixèrent sur cinq montagnes bien réelles. Le Midi fut au Hengshan, près de Hengzhou (Hunan), l'Ouest au Huashan (Shaanxi), le Nord dans le massif des Hengshan (Shanxi), le Centre au Songshan (Henan) et l'Est au Taishan (Shandong). Tant de symétrie pourtant ne parvint pas à niveler la puissance de ce dernier. Associé au Levant, qui préside au renouveau, il est par excellence celui qui assemble et dispense les souffles vivifiants.

Sous la dynastie des Tang (618-907), le bouddhisme se forgea une cosmogonie similaire, en installant ses quatre grands *bodhisattva* sur quatre montagnes. Pour rendre hommage à Wenshu, les pèlerins font l'ascension du Wutai shan (Shanxi, *p. 141*). Dans les bambous et les brumes du mont Emei, au Sichuan, ils ont bâti des temples à Puxian. Les abrupts de granit du Jiuhua shan (Anhui) sont la demeure de Dizang. Putuo shan, lieu d'élection de Guanyin, est une île en mer de Chine, au large de Ningbo (Zhejiang). ●

▼ En gravissant les degrés du Taishan à leur rythme, mais avec toute l'obstination dont leurs vieilles jambes sont capables, les aïeules sollicitent la protection des dieux pour leur descendance.

Carnet d'adresses

▲ Attention ! Livraison de bidons !

|| Hangzhou

杭州 **Visite** *p. 218*. **Plan** *p. 220-221*. Indicatif tél. ☎ 0571

ⓘ Plans et brochures en anglais sont mis à disposition par le Bureau de tourisme dans les hôtels de toutes les catégories et sur Internet: www.gotohz.com/inter/en/index.jsp (en anglais). Deux mensuels bilingues gratuits permettent de se tenir au courant des bonnes adresses du moment; distribués dans quelques hôtels et restaurants, ils sont également consultables en ligne: *Intouch Zhejiang* www.intouchzj.com et *Get Out Now* www.morehangzhou.com.

Arriver

▶ DEPUIS L'AÉROPORT INTERNATIONAL DE PUDONG

● **En bus.** Porte 15, niv. 2: départ toutes les 90 min, 10 h 30-19 h, trajet 3 h 30. Terminus au **Yellow Dragon Center B1**.

▶ DEPUIS SHANGHAI

● **En bus.** De Hengfeng lu Bus Station *(p. 201)*: départ toutes les 90 min, 7 h-19 h, trajet 2 h 30.

● **En excursion.** Du Shanghai Sightseeing Bus Center *(p. 201)*: départ sam. et dim. 8 h, retour 16 h.

● **En train.** De Shanghai Railway Station *(p. 201)*: 5 trains par jour, premier départ à 7 h 30, trajet 1 h 50. **Attention**: certains trains partent/arrivent de **Shanghai South Railway Station** *(p. 201)*: se faire préciser la gare de départ au moment de l'achat du billet.

▶ DEPUIS SUZHOU

● **En bus.** Au départ de **Nanzhan** *(p. 242)*: départ toutes les 30 min, 6 h 30-19 h, trajet 3 h.

Circuler

● **En bateau.** Sur le lac de l'Ouest. Service de bateaux à moteur au départ de Hubin lu, du restaurant

Louwai Lou, au pied de la colline Solitaire **C2**, du pont Xiling **B2**, au N-E du lac (t.l.j. 8 h-17 h, départ toutes les 40 min). On trouve aussi des bateaux privés à toute heure, notamment le long de la digue de Su. **Sur le Grand Canal impérial**. Des bateaux-bus circulent sur la section du Grand Canal impérial qui se trouve au N de la ville (départ de l'embarcadère principal **C1** ; terminus à Hongchen qiao **hors plan par C1**, t.l.j. 6 h 30-18 h, départ toutes les 20 min, trajet 30 min).

● **En bus.** Il existe un réseau spécial de bus desservant les sites touristiques. Ils sont reconnaissables à la lettre Y qui précède leur n° et à leur bardage en bois. Leurs arrêts sont signalés en chinois et en anglais. Plan du réseau dans tous les kiosques. Circulation t.l.j. 6 h 30-21 h.

● **En taxi.** La prise en charge est de 10 y. Au-delà de 4 km, 1,20 y par km supplémentaire.

● **À vélo.** Hangzhou est une ville idéale pour les promenades à vélo. Location dans tous les hôtels pour un prix raisonnable.

Hôtels

Les **numéros en bleu** renvoient au **plan p. 220-221**. La plupart des hôtels de notre sélection disposent d'un étage ou de quelques chambres avec vue sur le lac.

▲▲▲▲▲ **Hyatt** 杭州凯悦酒店 **C1** 1, 28, Hubin lu ☎ 87.79.12.34, www. hangzhou.regency.hyatt.com. *390 ch.* Un ovni chic et high-tech posé sur la promenade de Hubin lu. Déco très élégante et une des plus belles vues sur le lac. Impressionnant buffet ◆◆◆ de cuisines du monde dans le restaurant du r.-d.-c..

▲▲▲▲▲ **West Lake State Guesthouse** 西湖国宾馆 **B2** 2, 7, Xishan lu ☎ 87.97.98.89, www.xihustatehotel.com. *480 ch.* Si vous pouvez vous l'offrir, c'est là que descendent les grands de ce monde. Déco pompeuse. Échappées superbes sur le lac depuis le merveilleux jardin de la villa Liu. Service irréprochable.

budget
Hébergement
Pour une chambre double :

▲▲▲▲ de 80 à 150 €

▲▲▲ de 50 à 80 €

▲▲ de 20 à 50 €

▲ de 10 à 20 €

Restauration
Prix pour un repas complet (boisson non comprise) :

◆◆◆◆ de 30 à 100 €

◆◆◆ de 10 à 30 €

◆◆ de 5 à 10 €

◆ de 1 à 5 €

À noter : 1 € = 10,40 y (2007). ●

▲▲▲▲ **Shangrila** 杭州香格里拉饭店 **B1** 3, 78, Beishan lu ☎ 87.97.79.51, www.shangri-la.com. *383 ch.* Le grand luxe dans des bâtiments construits à flanc de colline, au milieu d'un jardin luxuriant. Chambres spacieuses. Excellents buffets ◆◆◆ les w.-e. (11 h 30-14 h) dans les deux restaurants : version fourchette dans l'aile E, version baguettes dans l'aile O.

▲▲▲▲ **Sofitel Westlake** 杭州素菲特西湖大酒店 **C2** 4, 333, Xihu dadao ☎ 87.07.58.58, www.sofitel.com. *200 ch.* Élégance à l'ancienne et équipements dernier cri rendent le séjour très agréable, même si le service n'est pas toujours à la hauteur. Le **coffee shop** ◆◆ de plain-pied sur la rue est une bonne adresse pour une pause déjeuner ou un brunch.

▲▲▲ **Merchant Marco** 马可波罗假日酒店 **D1** 5, 38, Pinghai lu ☎ 87.01.88.88, www.mcmhotel.com. *141 ch.* Dans le secteur commercial de Hangzhou, bon confort sans surprise, mais avec plus de convivialité que la plupart des hôtels de cette catégorie. Clientèle plutôt asiatique. Très bon **restaurant japonais** ◆◆◆ au 2ᵉ ét.

▲▲▲ **The New Hotel** 杭州新新饭店 **C1 6**, 58, Beishan lu ☎ 87.99.90.90, www.thenewhotel.com. *160 ch.* Atmosphère surannée de cet ancien palace de 1922, construit au bord du lac. Confort et service de qualité. Bon rapport qualité-prix. Agréable restaurant (cuisine du Sichuan et du Jiangnan) au r.-d.-c., avec baie vitrée sur le lac.

▲▲▲ **Xinqiao** 杭州新桥饭店 **D2 7**, 176, Jiefang lu ☎ 87.07.66.88, www.hzxqhotel.com. *409 ch.* Au cœur du quartier des grands magasins. Bon confort, mais sans caractère. Restaurant de spécialités du Jiangnan au dernier étage. Centre de remise en forme avec piscine.

▲▲ **Hangzhou Youth Hostel** ♥ 杭州国际青年旅舍 **C2 8**, 101, Nanshan lu (en face des Beaux-Arts, accès fléché en anglais) ☎ 87.91.89.48, www.hzhostel.com. *25 ch.* Le cadre – une cour intérieure plantée de bambous et une terrasse avec un coin de vue sur le lac – est charmant, les chambres très agréables et le budget modique. Il existe des **lits en dortoir** ▲ avec s.d.b. commune très design. Et, par-dessus le marché, une mine d'informations pour visiter Hangzhou et le reste de la Chine ! Attention quand même, c'est une auberge de jeunesse : les portes ferment entre 2 h et 7 h du matin.

▲ **China Academy of Art International College** 中国美术学院国际教育学院 **C2 9**, Campus des Beaux-Arts, bât. 9, 3e ét. (à g. de l'entrée du campus, au-dessus d'un concessionnaire de voitures étrangères) ☎ 87.16.47.13, www.chinaacademyofart.com. *35 ch.* Des chambres tout confort, avec air cond./chauffage et TV. Le réfectoire des étudiants est situé au r.-d.-c. du bât. Et pléthore de leurs restaurants favoris à proximité. Le tout pour une somme modique.

▲ **Sailor Youth Lodge** 杭州水手国际青年旅舍 **hors pl. par C1 10**, 202, Xinyifang shangjie ☎ 88.23.63.92, www.hzshuishou.com. *15 ch.* Du lit en dortoir à la chambre avec s.d.b. et terrasse donnant sur le canal voisin : une bonne adresse pour petit budget dans un nouveau quartier commercial. Impeccable mais un peu excentré.

Restaurants

Les **numéros en rouge** renvoient au **plan p. 220-221**. On trouvera à se restaurer dans la rue pour trois fois rien, mais les gens de Hangzhou préfèrent aller au restaurant.

♦♦♦ **Louwai Lou** 楼外楼 **C2 11**, 30, Gushan jie ☎ 87.96.90.23. Établissement de renom fondé en 1848. Ce «pavillon au-delà des pavillons» posé sur le lac de l'Ouest évoque un poème de Su Dongpo, ancien gouverneur de la ville, qui donna son nom à un plat de porc *(Dongpo rou)*. Pour déguster le poulet rôti du mendiant, la soupe de feuilles de nénuphar, le poisson du lac sauce aigre-douce et le jambon de Jinhua à la vapeur et au sirop. **Succursale** dans le jardin du musée du Thé **B2 12** pour goûter à la marmite au thé (☎ 87.96.45.46).

♦♦♦ **Qing Yu Yaoshan** 庆饫药膳 **D2 13**, Dajing gang ☎ 87.02.59.22. Face à l'ancienne pharmacie de Hu Qing Yu, une adresse pour s'essayer à la cuisine chinoise version diététique et pharmacopée (menu en anglais) : porc à la poudre d'or, poisson à la sauce étrange et dragon sur la lune.

♦♦ **Chuanwei Guan** 川味观 **D2 14**, 123, Huansha lu ☎ 87.91.76.69. Une des trois adresses de cette chaîne dédiée à l'incontournable marmite du Sichuan. Grand choix de viandes, poissons et légumes à cuire dans le bouillon. Menu en anglais avec photos.

♦♦ **Jiqing Shan Chazhuang** ♥ 吉庆山茶庄 **B2 15**, Longjing lu ☎ 87.99.92.72. Une guinguette bordée d'un ruisseau, à l'orée du parc du musée du Thé. Pour savourer dehors le canard séché mariné au soja, les pieds de cochon, la soupe et autres plats populaires locaux.

◆◆ **Zhangshenji** 张生记 **C2 16**, 33, Shuangling jie ☎ 86.02.66.66. Un palais gastronomique de cinq étages au cœur de la ville. Sa spécialité ? La potée de canard entier.

◆ **Xihu Chuntian** 西湖春天 **C2 17**, 101, Nanshan lu ☎ 87.03.55.51. Face au Beaux-Arts de Hangzhou, un lieu chic et pas cher : grand buffet de *dim sum* à grignoter avec un bol de thé ou un verre de vin.

Bars, musique

Avec plusieurs universités et une dynamique école des Beaux-Arts, les soirées à Hangzhou sont jeunes. Leurs pôles ? **Nanshan lu C2**, en face du campus des Beaux-Arts, et **Shuguang lu B1**, près de ceux des universités Yuquan et Xixi. Les bonnes adresses changent vite : consultez les mensuels gratuits pour connaître celles du moment *(p. 236)*.

Shopping

Au paradis des touristes, le shopping est roi, et judicieusement organisé en quelques hauts lieux. Une sélection incontournable !

Cité de la soie 丝绸城 **D1**, des dizaines de boutiques de métrages, ombrelles, vêtements et accessoires le long de Xinhua lu et Jiankang lu *(ouv. 8h30-17h30).*

Hefang jie 河坊街 **D2**, thé, antiquités, soieries, artisanat (ciseaux, baguettes et éventails fabriqués à Hangzhou sont réputés) : impossible de ne pas trouver son bonheur dans ses boutiques *(ouv. t.l.j. 9h-22h).*

Marché de céramiques 陶瓷市场 **C3**, Nanfu lu. En sortant du musée des Fours officiels (qui vend de belles copies de céladons anciens), vous trouverez un large choix de vaisselle sur ce marché en plein air *(ouv. 8h30-17h30).*

Marché de vêtements Siji Qing 衣服市场部 **hors pl. par D2**, 29-39 Hanghai lu. Boutiques de vêtements et de chaussures à la mode

du moment, logées dans une bonne douzaine de grands magasins *(ouv. 10h-22h).*

Zhejiang Foreign Language Bookstore 浙江外国语书店 **C-D2**, 466, Fengqi lu (près de l'angle avec Yan'an lu). Choix d'ouvrages en anglais *(ouv. 8h30-17h).*

Adresses utiles

● **Aéroport.** Xiaoshan **hors pl. par D2**, à 27 km au S-E de la ville. Rens. horaires ☎ 86.66.12.34. Vols pour

---

céramique
Du vert et du feu

Le savoir-faire des céramistes de Chine repose largement sur leur maîtrise précoce de la cuisson mais aussi sur la subtile alchimie des différents composants de la pâte argileuse et de la couverte vitrifiée qui la protège. Cette connaissance, empirique puis systématique, a permis la production de deux grandes familles de céramiques : les **céladons** et les **porcelaines**. Les premiers, appelés grès verts *(qingci)*, doivent leur couleur au taux d'oxyde de fer présent dans l'argile et la couverte, et de ses réactions au feu. Cuit en atmosphère réductrice (en limitant l'apport d'oxygène dans la chambre de cuisson), l'oxyde de fer se transforme en oxyde ferreux, colorant la matière en bleu-vert ou noir, selon sa densité. Si, au contraire, on cuit la céramique en présence d'oxygène (cuisson oxydante), il se forme un oxyde ferrique qui donnera des tons du jaune ambré au brun rouge. Les porcelaines, au contraire, reposent sur une pâte – le kaolin – et une couverte d'une grande pureté, où le fer n'existe plus qu'à l'état de traces.

●●● Pour en savoir plus sur la céramique, voir *p. 45*. ●

Pékin (2 h). **Navettes** pour le centre-ville toutes les 30 min, 6 h-20 h.

● **Agence de voyages.** CITS **C1**, 1, Shihan lu ☎ 85.05.91.79. *Ouv. lun.-ven. 8 h 30-17 h 30.*

● **Banque de Chine. D2**, 320, Yan'an lu. *Ouv. 8 h-12 h et 14 h-17 h 30.*

● **Embarcadère du Grand Canal. C1**, bus n°s 7, 55 et 502. Départ t.l.j. à 17 h 30 pour Suzhou, arrivée à 7 h le lendemain matin ; le parcours s'effectue aux mêmes horaires depuis Suzhou *(p. 236)*. Billetterie à côté du quai de départ (138, Huangcheng beilu ; *ouv. 10 h-17 h 30*) ou auprès de CITS **C1**.

● **Gare ferroviaire. D2**, bus n°s 7, 11, 151 et Y2. Trains pour Shanghai (nombreux départs, trajet 1 h 50) et Pékin (13 h 30). **Billetterie :** Huansha lu, à côté de l'hôtel Xinqiao **D2 7**.

● **Gares routières.** Xizhan (gare de « l'ouest ») **A1**, Xixi lu. Bus pour Tunxi (départ toutes les 60 min, 7 h 20-18 h, trajet 3 h) et le parc des Huangshan (départ toutes les 30 min, 6 h 20-14 h, trajet 4 h). **Dongzhan (gare de « l'est ») hors pl. par D1**, Genshan xilu. Bus pour Shanghai (toutes les 30 min, 6 h 15-19 h 30, trajet 2 h 30), Suzhou (toutes les 30 min, 7 h-19 h 30, trajet 3 h) et Wuzhen (1 h 15). **Yellow Dragon Center (gare routière touristique) B1**. Bus directs pour l'aéroport international de Pudong ; excursions pour Tongli (2 h 30) et Wuzhen.

● **Poste D2**, 1, Jiefang lu, à l'angle de Huancheng dong lu. *Ouv. 8 h-17 h.*

‖ Huangshan
(parc national des)

黄山 **Visite** *p. 232.* Indicatif tél. ☎ 0559

Arriver

La majorité des visiteurs des monts Jaunes viennent en voyage organisé depuis toute la Chine et, si le parc lui-même est très bien conçu, l'accès en solo n'est pas très pratique. Desservie par avion, train et bus, la ville de Tunxi *(p. 228)* est le moyen de s'y rendre le plus commode. Vous gagnerez un temps précieux, et ne dépenserez pas forcément beaucoup plus d'argent, en vous adressant aux **agences de voyages de Tunxi** *(p. 244)* pour organiser votre excursion. D'avr. à oct., elles proposent des départs t.l.j., avec des formules qui vont de l'excursion aller-retour à la journée, au séjour d'une nuit sur place. Excursions sur demande le reste de l'année. Au sommet, préparez-vous à payer le prix fort pour le moindre achat.

Il existe deux points d'accès, à pied ou en téléphérique, au parc des Huangshan : **Tangkou** au S (nombreuses possibilités d'hébergement), et **Taiping** au N (un hôtel de bon confort). La gare routière de **Tangkou** est à 1,5 km de Damen, la « Porte » des Huangshan, et leur accès le plus emprunté. De là, 2 départs d'ascension sont possibles, tous desservis par des navettes au départ de la gare routière ou de Damen. La voie la plus fréquentée part du **Yungu si** (Cloud Valley Temple, à 12,5 km N-E de Damen) : montée par les **marches de l'Est** (6,5 km, 3 h) ou **téléphérique** jusqu'à la **crête de l'Oie blanche** (White Goose Ridge), non loin de l'hôtel Beihai. Une voie moins courue part de la station thermale de **Wenquan** (à 5 km N. de Damen) : montée à pied, par les **marches de l'Ouest** (15 km, 6 à 7 h avec un très fort dénivelé) ou en **téléphérique**, depuis le Ciguang ge jusqu'au **pic de l'Écran de Jade** (Jade Screen Summit). **Taiping**, alias Huangshan qu, le 2e point d'accès, est à 73 km au N. de Tangkou. La **station de téléphérique** du même nom se trouve à 21 km N-E de l'agglomération. Comme à Wenquan, des marches doublent son parcours pour faire l'ascension à pied. Les télécabines montent jusqu'au **Pavillon où se dispersent les nuages** (Cloud Dispersing Pavilion), non loin de l'hôtel Xihai.

Hôtels

Les établissements les moins chers se trouvent à Tangkou. Au sommet, quelques dortoirs économiques et trois hôtels de luxe : chambres très confortables, doudounes à disposition pour les jours de grand froid, cuisine chère et exécrable. Dans tous les cas, rés. indispensable (auprès des agences de voyage de Tunxi).

▲▲▲▲ **Huangshan Shilin** 黄山狮林, Beihai ☎ 558.40.40. 162 ch.

▲▲▲▲ **Beihai** 北海, Beihai ☎ 558.25.55. 181 ch.

▲▲▲▲ **Xihai** 西海, Xihai ☎ 558.88.88. 136 ch.

‖ Suzhou

苏州 **Visite** *p. 211*. **Plan** *p. 212-213*. Indicatif téléphonique ☎ 0512

ℹ Le tourisme à Suzhou ne se conçoit qu'en groupes organisés. Rien n'est prévu pour guider le voyageur en solo. Mais muni d'un bon plan et d'un vélo, Suzhou se visite sans difficulté. Quelques informations à glaner sur www.aroundsuzhou.com/english/eindex.htm et www.suzhou.gov.cn/English/Travel/Travel.shtml.

Arriver

▶ DEPUIS L'AÉROPORT DE PUDONG

● **En bus.** Porte 15, niv. 2 : départ toutes les 90 min, 10 h 30-19 h, trajet 2 h.

▶ DEPUIS HANGZHOU

● **En bus.** Au départ de Dongzhan *(p. ci-contre)* : toutes les 30 min, 7 h-19 h 30, trajet 3 h.

▶ DEPUIS SHANGHAI

● **En bus.** De Hengfeng lu Bus Station *(p. 201)* : départ toutes les 30 min, 6 h 30-20 h, trajet 1 h 30. De **Xujiahui Bus Station** *(p. 201)* : départ toutes les 60 min, 7 h 15-16 h 30, trajet 1 h 30.

● **En excursion.** Du Shanghai Sightseeing Bus Center *(p. 201)* : départ t.l.j. 8 h, retour 16 h.

● **En train.** De Shanghai Railway Station *(p. 201)* : départ toutes les 60 min, trajet 1 h 10.

Circuler

● **En bateau.** *Voir p. 236.*

● **En bus.** Le réseau des bus locaux est simple à utiliser (circulation 7 h-17 h). Les lignes figurent sur les cartes touristiques, en vente partout.

Hôtels

Les **numéros en bleu** renvoient au **plan** *p. 212-213*.

▲▲▲▲ **Bamboo Grove** 竹辉饭店 **D3** **1**, 168, Zhuhui lu ☎ 65.20.56.01, www.bg-hotel.com. *300 ch.* Tout près du centre, vrai grand confort et détails de charme. Centre de remise en forme avec piscine. Au r.-d.-c., **restaurant** ♦♦ avec excellent buffet Asie/Occident.

▲▲▲▲ **Nanlin** 南林 **C3** **2**, 20, Shiquan jie ☎ 68.01.78.88, www.nanlin.cn. *210 ch.* Totalement rénové, il conserve ses caractéristiques des années 1950 : vastes couloirs et petites chambres. Quelques vieux arbres au jardin.

▲▲ **Dongwu** 东吴饭店 **D3** **3**, 24, Shiquan jie ☎ 65.19.36.81, fax 65.19.45.90. *220 ch.* Dépend de l'université de Suzhou. Intéressant pour le prix et la situation. Pour les amateurs d'hôtels d'État (service peu enthousiaste et chambres modérément bien tenues). Quelques chambres ▲ en dortoir.

▲▲ **Shuxiang Mendi** ♥ 书香门第一 **B2** **4**, 277, Jingde lu (face à la villa de Montagne étreinte de Beauté) ☎ 65.21.73.88, www.ssinn.com.cn. *26 ch.* Joue très justement la carte de la modestie : petit mais bien conçu, nickel et pas cher. Autre adresse au S-O de la ville, face au Sheraton de la porte Pan, avec un ▲ restaurant-cafétéria sympa(**C3** **5**, 282, Xinshi lu ☎ 68.01.73.88. *81 ch.*).

Restaurants

Les **numéros en rouge** renvoient au **plan p. 212-213**.

Suzhou est une ville de gourmets et recèle de délicieux restaurants. Seul hic : tous les menus sont en chinois. Dans le quartier piétonnier de **Guanqian jie C2**, au S du temple du Mystère, vous trouverez des établissements dans toute la gamme des prix et où l'on peut choisir ses plats d'après photo.

♦♦♦ **Jinxiu Tiantang** 锦绣天堂 **B3 6**, 109, Baihua zhou (près de la porte Xu, ancien ouvrage des remparts) ☎ 65.18.87.77. Au r.-d.-c., on choisit les plats de Suzhou d'après photo ; dans les étages, on les déguste dans des salons privés.

♦♦ **Charen Cun** 茶人村 **B3 7**, 99, Baihua zhou *(près de la porte Xu)* ☎ 65.18.17.77. Élégant salon de thé (mobilier ancien et racines de bambou). Grand choix de friandises. Concert de *pingtan* (ballade chantée, accompagnée au luth) en soirée.

♦♦ **Lao Suzhou Chajiu Lou ♥** 老苏州茶酒楼 **C3 8**, 234, Shiquan jie ☎ 65.29.05.40. Lu Wenfu, son écrivain gastronome de patron n'est plus, mais l'établissement perpétue sa carte de spécialités locales (en chinois et sans photos, hélas !). Goûtez les petits poissons d'argent, les jujubes au vin de riz et les gâteaux de riz aux pignons.

♦♦ **Tianfu Zhile** 天府之乐 **D3 9**, à l'angle de Shiquan jie et Fenghuang jie ☎ 65.20.08.87. Tournant radicalement le dos à la douceur de leur cuisine, les gens de Suzhou adorent goûter ici aux feux du Sichuan.

♦ **Hecha Guan ♥** 和茶馆 **C2 10**, 66, Daoqian jie ☎ 65.23.77.78. Une maison de thé joliment décorée, avec un buffet varié pour grignoter selon ses envies, sucré ou salé.

♦ **Yangyang** 洋洋饺子店 **D3 11**, 420, Shiquan jie ☎ 519.27.28. Le rendez-vous des touristes amateurs de ravioles chinoises, consacré à l'unanimité par tous les guides de voyage.

Shopping

Suzhou est une des capitales de la soie. Autres spécialités locales : broderie, éventails en bois de santal, perles de culture, théières. **Shiquan jie** regroupe les adresses les plus intéressantes, dont une **librairie** avec un bon choix de livres sur la ville et la culture chinoise (à 100 m de l'hôtel Suzhou **D3**, *ouv. 9 h-18 h*).

Adresses utiles

● **Agences de voyages**. CITS **C2**, 18, Dajing xiang ☎ 62.02.22.72, www.citssz.com. *Ouv. lun.-ven. 9 h-17 h 30*. **Suzhou Overseas Tour B1**, 104, Beihuan xilu, en face de la gare ☎ 67.54.89.06. Organise des croisières privées en bateau à destination de Zhouzhuang (*p. 207*) et Tongli (*p. 208*).

● **Banque de Chine D3**, à l'angle de Shiquan jie et Daicheng qiao lu ☎ 251.49.83. *Ouv. 8 h 15-17 h 15*. Distributeur de billets à l'extérieur.

● **Embarcadère du Grand Canal C3** près de l'angle Renmin lu-Nanmen lu. Départ t.l.j. à 17 h 30 pour Hangzhou, arrivée à 7 h le lendemain matin ; le parcours s'effectue aux mêmes horaires depuis Hangzhou (*p. 237*).

● **Gare ferroviaire B1**, au N de la ville. Trains pour Shanghai (nombreux départs, trajet 1 h 10), Pékin (Z86, départ 19 h 28, trajet 11 h 30) et Tunxi (trajet 10 h).

● **Gares routières**. Beizhan **C1** (gare du « nord », à côté de la gare ferroviaire). Dessert Shanghai (terminus à Hengfeng lu, *p. 241*, départ toutes les 60 min, 7 h-19 h, trajet 1 h 30) et Zhouzhuang (toutes les 30 min, 7 h 30-16 h, trajet 50 min). **Nanzhan hors pl. par C3** (gare du « sud », à l'angle de Renmin lu et du périphérique). Bus pour Wuzhen (2 h) et Hangzhou (3 h). **Wuxian hors pl. par C3** (peu pratique : dans la banlieue S, bus n° 1). Bus touristiques pour Tongli (30 min) et Zhouzhuang (40 min).

● **Poste C2**, 1401, Renmin lu (à l'angle de Jingde lu). *Ouv. 8 h-20 h*.

‖ Tongli

同里 **Visite** *p. 208*. Indicatif tél. ☎ 0512

❶ www.china-tongli.com/website/html/english/ (en anglais).

Hôtels

▲▲▲ **Shide Tang** 世得堂, 158, Mingqing jie ☎ 63.33.66.66, www.china-hotel-guide.com/jiangsu/tongli/shide-hotel.htm. *25 ch.* Cours à bonsaïs et rocailles, boiseries et meubles de style dans une ancienne résidence de marchand convertie en hôtel. Bon confort (air cond., moustiquaires, douches) et grand calme.

▲▲ et ▲ **Jingyi Tang** ♥ 敬仪堂 à côté du Chongben Hall ☎ 63.33.88.05. *8 ch.* Accueil en chinois, mais avec toute la chaleur des frères Wang qui ont fait de leur demeure, ancien *yamen* (tribunal) de Tongli, un petit

paradis. Charmant jardin et excellente table d'hôte. Air cond., moustiquaires, W.-C., formules avec ou sans s.d.b.

Restaurants

Nombreux stands ambulants et échoppes à *xiaochi* le long de **Ming Qing jie**. Au menu : jambonneau mariné, graines de ginkgo, boulettes de riz glutineux, poisson du lac Tai.

♦ **Jin Tongli** 金同里饭店 (*à dr. de l'entrée du jardin Tuisi*) ☎ 63.33.18.08. Les Gao accueillent sans façon et en chinois : allez à la cuisine choisir vos légumes.

‖ Tunxi (Huangshan shi)

屯溪 **Visite** *p. 228*. Indicatif tél. ☎ 0559

❶ Ce haut lieu du tourisme chinois est conçu pour... les Chinois. Vous ne trouverez aucun guide francophone dans la région (www.huangshantour.com).

Arriver

▶ **DEPUIS HANGZHOU**

● **En bus.** De Xizhan (*p. 236*) : départ toutes les 90 min, 7 h-16 h 30, trajet 3 h.

▶ **DEPUIS SHANGHAI**

● **En avion.** Vols quotidiens en soirée depuis l'aéroport de **Pudong** (*p. 185*), 1 h de vol.

● **En train.** De Shanghai Railway Station (*p. 201*) : n° 818, départ 7 h 43 ; n° 2182, départ 15 h 04.

▶ **DEPUIS SUZHOU**

En train. K45, départ 23 h, trajet 10 h.

Hôtels à Tunxi

▲▲▲▲ **Huashan** 华山宾馆, 3, Yan'an lu ☎ 232.88.88, hshsbg@mail.hs.ah163.net. *183 ch.* Confort à l'américaine au cœur de la ville, en face de Laojie. Piscine.

▲▲▲ **Huishang Birthplace** 徽商故里大酒店, 12, Xianren Dong lu ☎ 235.83.88, hsglhotel@vip.sina.com. *72 ch.* Bon compromis de confort moderne et d'élégance à l'ancienne, doublée de l'agrément d'un très joli jardin. Dommage qu'il soit très excentré (au N de Tunxi) par rapport aux centres d'intérêt.

▲▲ **Laojie Men** ♥ 老街门客栈 1, Laojie ☎ 253. 44.66, www.oldstreet-hotel.com.cn. *24 ch.* À l'entrée de Laojie : que rêver de mieux ? Très bien conçu et entretenu, avec un décor charmant. Seul bémol : le carrefour bruyant.

▲▲ **Lao Shanghai** 老上海大酒店, 266, Laojie ☎ 251.36.36. *25 ch.* Au cœur de Laojie, des chambres fonctionnelles au-dessus d'un restaurant.

Chambres chez l'habitant à Hongcun

▲▲ **Zaixiang** 宰相食府 maison la plus proche de l'entrée du village ☎ 554.13.38. *4 ch.* La maison et les lits : tout est beau et ancien. Mais un peu riquiqui. Claustrophobes s'abstenir : quasiment pas d'ouvertures. S.d.b. commune.

▲ **Huaide Tang** 坏德堂, maison mitoyenne du Chengde Tang ☎ 554.11.52. *6 ch.* dont 2 avec s.d.b. Très rustique : le tout est de le savoir.

▲ **Shuren Tang** ♥ 树人堂客栈 à 50 m du Chengde Tang ☎ 554.10.09. *11 ch.* Des chambres modernes et plutôt confortables autour de la courette ancienne. Bon restaurant.

Restaurants

Les meilleurs sont dans Laojie.

♦♦**Lao Shanghai** 老上海大酒店, 266, Laojie ☎ 251.36.36. Bonne cuisine du Jiang-nan dans un cadre banal.

♦♦ **Meishi Renjia** ♥ 美食人家 au bout de Laojie ☎ 251.22.22. À l'enseigne des « gastronomes », on se régale de tout. Et facilement : il n'y a qu'à choisir ses plats dans les vitrines. Annexe à côté avec service à table.

Adresses utiles

● **Aéroport**. 1, Jichang lu ☎ 953. 41.14. À 4 km N du centre-ville. Prendre un taxi.

● **Agences de voyages**. Pour organiser une excursion aux Huang-shan *(p. 232)* et visiter les villages de la région. CITS, 1, Binjiang xilu ☎ 253.77.45 ou 251.27.71, www.huangshantours.com (en anglais). CTS, 27, Xin'an beilu ☎ 252.01.23, terrytour@hotmail.com (en anglais).

● **Banque de Chine**. Juste après la première intersection de Laojie. *Ouv. 8 h-12 h et 14 h 30-18 h.*

● **Gare ferroviaire**. À l'extrémité de Xin'an lu, à l'O de la ville. Trains pour Shanghai : n° 820, départ 7 h 38 ; n° 2184 : départ 22 h 07. Trajet 10 à 12 h.

● **Gare routière**. À 1 km à l'O de la gare ferroviaire. Bus pour les Huangshan, Shanghai (départs à 5 h 40 et 19 h 10, trajet 8 h), nombreux départs pour Hangzhou (5 h 10-16 h, trajet 3 h).

‖ Wuzhen

乌镇 **Visite** *p. 208.* Indicatif tél. ☎ 0573

❶ www.wuzhen.com.cn/wuzhen. eng/survey/ (en anglais).

Hôtel

▲▲ **Midnight** ♥ 子夜饭店 3, Ziye lu (en face du parvis d'accès au site) ☎ 872.88.88, www.wuzhen.com.cn. *40 ch.* Tout à fait digne de porter le nom (*Minuit*) du roman le plus célèbre de Mao Dun ! Des chambres très confortables et bourrées de charme (dans un bâtiment qui n'en a pourtant aucun). Restaurant avec formule buffet. Piscine.

Restaurants

♦♦ **Fengyuan** 锋源酒楼, dans une vieille maison de la rue de l'Ouest ☎ 871.80. 48. Joli cadre et menu en anglais, mais touristique et bruyant. Éviter d'y loger (*13 ch. à* *l'ét.*) : ▲▲▲ prix astronomiques pour une s.d.b. commune !

♦ **Dongfang** 东方酒店, l'un des restaurants à dr. du parvis d'accès au site ☎ 871. 97.77. On n'y parle pas anglais mais l'accueil est jovial. Le cadre est quelconque mais la cuisine délicieuse (jambonneau mariné au soja, légumes frais, caillé de soja puant).

‖ Xitang

西塘 **Visite** *p. 205.* Indicatif tél. ☎ 0573

🛈 www.xitang.com.cn (en anglais).

Hôtel

▲ **Shende Tang** ♥ 慎德堂 à l'angle de Xijie et Shipi long ☎ 456.75.82. *8 ch.* Dans la plus ancienne demeure du village (XVIᵉ s.), dont l'histoire est une épopée familiale ! Même si les briques sculptées des portes ont été martelées durant la Révolution culturelle, restent les dragons qui serpentent sur les poutres et quantité d'objets et de meubles d'époque. Un lieu extraordinaire. Qu'importe que les s.d.b. soient sommaires.

Restaurant

Dans les ruelles, les gourmands glaneront plusieurs variétés de gâteaux pour accompagner le thé.

♦♦ **Liuhe** 六和酒家, à l'entrée de la venelle de la famille Su, sur la dr. ☎ 433.32.17. Excellentes spécialités locales, sans chichi : coquillages marinière, rouleaux de légumes en peau de soja, potée au poulet.

‖ Zhouzhuang

周庄 **Visite** *p. 207.* Indicatif tél. ☎ 0512

🛈 www.zhouzhuang.net (en anglais).

Hôtels

▲▲ **Zhenfeng Renjia** ♥ 贞丰人家 à côté du temple Chengxu Daoyuan ☎ 57.21.60.36. *14 ch.* Beaucoup

de cachet : lits anciens, meubles en palissandre. Air cond., TV, moustiquaires et (petites) s.d.b. dans le cadre d'une vieille demeure.

▲▲ **Zhengu Tang** 贞固堂, à l'entrée de la vieille ville, face au Taiping Bridge ☎ 57.21.20.09. *6 ch.* de toutes tailles, avec s.d.b. (vétuste) dans une demeure bicentenaire. Meubles à l'ancienne et couvre-lits en batik.

Restaurants

Attention : fermeture à 18 h en semaine, à 21 h les ven. et sam.

♦♦ **Shenting**, à côté de la Hall of Shen's Residence, en face du Fu'an Bridge. ☎ 57.21.80.59. Très connu (donc touristique) pour son fameux jarret de porc de Wenshan, la soupe de boulettes de porc aux trois saveurs et des coquillages pêchés dans la région. Accueil anglophone.

♦ **Louwailou**, face au Zhengu Tang, de l'autre côté du Taiping Bridge ☎ 57.20.11.88. Une des guinguettes sympa du secteur : cuisine chinoise simple et bon marché.

‖ Zhujiajiao

朱家角 **Visite** *p. 205.* Indicatif tél. ☎ 0512

Hôtel

▲▲ **Majia Shifu** 马家食府, dans le jardin Kezhi ☎ 59.24.46.78. *6 ch.* Shanghai est tout près et semble bien loin au cœur de ce jardin. Grand confort.

Restaurants

♦ **Liguang Dian** ♥ 力光店新点 366, Bei dajie ☎ 592.47.57. À l'entrée de la ruelle. Spécialités locales : rondelles de lotus fourrées au riz glutineux, friture de porc, haricots…

♦ **Maison de thé** 茶馆, 208, Bei dajie, face au musée des Ponts. Belle vue sur le pont Fangsheng. ●

repères

Comment len descent grant valee. Vant len se part te celle valee que ie vous ay compte abone trouue len vne grant descendue. Car sachies que len cheuanche ij. iournees ce deuale toutes fois a deuln. Et en toute celle desce due na chose qui a compter face. fors seullement que il y a vne grant place ou il tiennent aucune fois grant marche. Car toutes les gens de celle contree y viennent aucunes iours nommez, et tien

repères
Les dates qui ont fait la Chine

v. 5000 av. J.-C. Europe : apparition de l'agriculture, domestication des animaux.

v. 3300 av. J.-C. Écriture cunéiforme.

v. 2500 av. J.-C. Pyramides d'Égypte.

v. 1900 av. J.-C. Palais de Minos à Cnossos (Crète).

1894-1595 av. J.-C. Premier empire babylonien.

970 av. J.-C. Salomon édifie le temple de Jérusalem.

▲ Le récit de Marco Polo de son séjour en Chine (*p. 258*) est mêlé de merveilles. Les miniaturistes qui ornèrent son livre ne se sont pas privés d'y rajouter leur touche (chasses du Grand Khan).

Pages précédentes : Moines et laïques en prière dans un temple bouddhique.

| Préhistoire

6000-2000 av. J.-C. Néolithique.

5000 av. J.-C. Début de la culture du millet et de l'élevage des porcs.

| Premières dynasties

XXIIIᵉ-XVIᵉ s. av. J.-C. Dynastie des Xia.

v. 1765-v. 1066 av. J.-C. Dynastie des Shang. Apparition des premières cités fortifiées (1650). Métallurgie du bronze. Débuts de l'écriture chinoise.

XIVᵉ s. av. J.-C. Invention du système décimal.

v. 1050-771 av. J.-C. Dynastie des Zhou de l'Ouest.

770-221 av. J.-C. Dynastie des Zhou de l'Est. Guerres d'hégémonie : époque des Printemps et Automnes (722-484) ; époque des Royaumes combattants (403-222).

| Premières cités

VIIᵉ s.-VIᵉ s. av. J.-C. Apparition de la métallurgie du fer.

v. 555-479 av. J.-C. Vie de Confucius.

VIᵉ s.-Vᵉ s. av. J.-C. Vie de Lao-tseu, fondateur du taoïsme.

221-207 av. J.-C. Dynastie des Qin. Fondation du premier empire chinois.

v. 221 av. J.-C. Construction de la Grande Muraille.

Naissance d'un empire

IIIᵉ s. Fondation de Pékin.

206 av. J.-C. - 8 apr. J.-C. Dynastie des Han de l'Ouest.

100 av. J.-C. Invention du papier. Le confucianisme devient doctrine d'État.

9-23. Dynastie des Xin.

Iᵉʳ s. Invention de la brouette et de la boussole.

25-220. Dynastie des Han de l'Est. Crises agraires et insurrections.

220-265. Époque des Trois Royaumes (Wei, Shu, Wu).

304-589. Les Seize Royaumes (nord) et les Six Dynasties (sud).

v. 450. Extension du bouddhisme à toute la Chine.

577. Invention des allumettes.

581-618. Dynastie des Sui. Réunification partielle du Nord et du Sud.

618-907. Dynastie des Tang. Extension vers l'Asie centrale.

812. Invention du papier-monnaie.

Les empires mobiles

902-979. Époque des Dix Royaumes (Sud).

907-960. Époque des Cinq Dynasties (Nord).

907-1234. Dynasties non chinoises du Nord : (947-1125) Liao (Kitan) ; (1115-1234) Jin (Jürchen).

960-1279. Dynastie des Song : Song du Nord (960-1127) ; Song du Sud (1127-1279). Capitale à Hangzhou.

v. 1000. Découverte de la poudre, utilisée à des fins militaires.

1036-1227. Dynastie non chinoise du Nord-Ouest : Xia de l'Ouest (Tangut).

1206. Gengis Khan fonde la confédération mongole, qui domine la Chine.

1280-1368. Dynastie des Yuan (Mongols). Capitale : Pékin.

Des Ming à l'empire manchou

1368-1644. Dynastie des Ming. Capitale : Nankin en 1369, puis Pékin en 1421. Expulsion des Mongols.

1377. Construction des palais de Nankin.

1407. Début de la construction de la Cité interdite à Pékin.

1600. Les jésuites à Pékin.

1644-1911. Dynastie des Qing.

1786-1788. Expédition militaire des Qing au Vietnam.

1839-1842. 1ʳᵉ guerre de l'opium.

Le grand chaos

1851. Population : 432 millions.

1856-1860. 2ᵉ guerre de l'opium.

1894. Guerre avec le Japon.

1905. Fondation du Guomindang, le parti nationaliste, par Sun Yat-sen.

1911. Fin de l'Empire.

---

753 av. J.-C. Fondation mythique de Rome.

VIᵉ s. av. J.-C. Empire perse.

536-480 av. J.-C. VIᵉ de Bouddha (Inde).

509 av. J.-C. Naissance de la République romaine.

v. 280 av. J.-C. Construction de la bibliothèque d'Alexandrie.

148 av. J.-C. La Grèce devient province romaine. Destruction de Carthage.

108 av. J.-C. Invasions chinoises en Corée.

27 av. J.-C. Début de l'Empire romain.

250. Persécution des chrétiens dans l'Empire romain.

Vᵉ s. Invasions des Francs en Gaule.

v. 600. Âge classique de l'Empire maya.

800. Sacre de Charlemagne, empereur d'Occident.

962. Naissance du Saint Empire romain germanique.

1095. Début des croisades en Terre sainte.

1226-1270. Règne de Saint Louis.

1275-1291. Voyages de Marco Polo. L'Occident découvre la Chine.

1337-1453. Guerre de Cent Ans.

1347-1348. Grande épidémie de peste en Europe.

1519. 1ᵉʳ tour du monde par l'expédition Magellan-El Cano.

1557. Premier comptoir européen en Chine : le Portugal à Macao.

1770. James Cook en Australie.

1804-1815. Règne de Napoléon Iᵉʳ.

1842. Hong Kong devient colonie britannique.

1861. France : 37,7 millions d'habitants.

▲ Bodhisattvas.
▲ Dieu tibétain.

1914. Le Japon entre en guerre aux côtés des Alliés.

1917. Révolution russe.

1921. Création du PCI (Parti communiste international).

1925. Introduction du suffrage universel au Japon.

1937-1938. Procès staliniens.

1945. Bombe atomique sur Hiroshima et Nagasaki.

1945-1955. Guerre froide.

1949. Fondation de la RDA.

1950-1953. Guerre de Corée, avec intervention chinoise dès 1950.

1953. Mort de Staline.

1954. Les Français quittent le Viêtnam.

1960. Khrouchtchev dénonce le « gauchisme chinois ».

1965-1973. Les États-Unis interviennent dans la guerre du Viêtnam.

1975. Fin de la guerre du Viêtnam.

1976. Putsch militaire en Thaïlande.

1911-1949. République nationaliste. Sun Yat-sen, premier président.

1921. Fondation du PCC (Parti communiste chinois) à Shanghai.

1925. Mort de Sun Yat-sen.

1927-1937. Longue Marche.

1928. Tchang Kaï-chek président de la Chine.

1937-1945. Guerre sino-japonaise.

1945-1949. Guerre civile entre nationalistes et communistes.

De Mao à nos jours

1949. Fondation de la République populaire de Chine. Mao président de la République.

1950. Traité d'amitié, d'alliance et d'assistance avec l'URSS.

1951. Annexion du Tibet.

1953. Premier recensement général de la population.

1957. Campagne des Cent Fleurs.

1958-1962. Grand Bond en avant.

1964. Premier essai nucléaire. Recensement de la population, gardé secret jusqu'en 1982.

1965-1969. Révolution culturelle.

1971. Admission à l'ONU.

1972. Visite du président des États-Unis, Richard Nixon, à Pékin.

1975. Deng Xiaoping, vice-président du PCC. Population : 927,8 millions.

1976. Mort de Mao Zedong. Deng Xiaoping est démis de ses fonctions.

1977. Deng Xiaoping est rétabli dans ses fonctions.

1978. Lancement du programme des Quatre Modernisations (agriculture, industrie, défense nationale, sciences et techniques).

1979. Reprise des relations diplomatiques avec les États-Unis. Renforcement des mesures de planification des naissances. Création de quatre zones économiques spéciales. Début de libéralisation économique.

1982. XIIᵉ Congrès du PCC.

1984. Déclaration commune sino-britannique sur Hong Kong.

1985. Début de la réforme économique dans les villes. Aux 31 villes ouvertes aux étrangers, le gouvernement en ajoute 67 autres, plus 87 avec permis spéciaux. Population : 1,0702 milliard.

1989. Répression du mouvement étudiant à Tian'an men.

1991. Visite de Jiang Zemin (président de la commission des affaires militaires) en URSS.

1992. Orientation vers une économie socialiste de marché.

1993. Jiang Zemin président de la République populaire de Chine. Chen Kaige reçoit la palme d'or au festival de Cannes pour son film *Adieu ma concubine*.

1996. Signature du traité d'interdiction globale des essais nucléaires (CTBT). Population : 1,215 milliard.

1997. Mort de Deng Xiaoping.

1998. La crise asiatique commence à toucher la Chine.

1999. Violentes manifestations à Pékin devant les ambassades de Grande-Bretagne et des États-Unis. Signature d'accords bilatéraux avec les États-Unis en vue de l'entrée à l'OMC. Population : 1,2668 milliard.

2000. Xᵉ plan quinquennal (2000-2005).

2001. Entrée de la Chine dans l'OMC. Pékin ville d'accueil des jeux Olympiques.

2002. 16ᵉ Congrès du PCC. Shanghai est retenue pour l'Exposition universelle de 2010. Début du chantier de transfert des eaux Sud-Nord.

2003. Renouvellement des équipes dirigeantes et début de ma mise en eau du barrage hydraulique des Trois Gorges.

2005. Le dernier tronçon de voie ferrée reliant Golmud à Lhassa, sur 1140 km et à 4 000 m d'altitude, est posé.

2008. Organisation des Jeux olympiques à Pékin.

1977. Le Cambodge attaque le Vietnam.

1979. Deuxième choc pétrolier.

1982. L'Irak envahit l'Iran.

1986. Catastrophe de Tchernobyl.

1989. Chute du mur de Berlin. Début de l'effondrement du bloc communiste.

1991. Guerre du Golfe. Fin de l'URSS et création de la CEI.

1992. Ouverture des frontières commerciales en Europe.

1993. Cambodge : retour au pouvoir de Sihanouk.

1996. Population en France : 58 millions d'habitants.

1997. Rétrocession de Hong Kong à la Chine. Crise financière asiatique.

1998. Effondrement du rouble et crise économique en Russie.

1999. Bombardement accidentel de l'ambassade de Chine à Belgrade par l'Otan. Rétrocession de Macao à la Chine.

2000. Début d'un rapprochement entre la Corée du Nord et la Corée du Sud.

2001. Attentats à New York et à Washington. Conflit en Afghanistan.

2002. Conflit israélo-palestinien.

2003. Guerre en Irak.

2004. Attentats de Madrid. Élargissement de l'UE à 25 membres. Réélection de George W. Bush à la présidence des États-Unis.

2005. Mort du pape Jean-Paul II. Attentats de Londres.

2006. Dossier nucléaire en Iran. Guerre au Liban. ●

也通用银行
100
壹佰圆

© Catherine Bourzat

histoire
Quatre mille ans d'histoire

▲ **Qin Shi Huangdi, premier de la longue lignée des empereurs de Chine,** vaut 100 yuans sur la monnaie qu'on brûle en offrande.

●●● *Les neuf cartes de l'histoire de Chine se déroulent toutes sur le fond (en blanc) des frontières du pays depuis 1949. Pékin et Shanghai sont présentes à chaque étape pour faire comprendre le rôle que ces villes et leurs régions jouaient dans le contexte politique de l'époque. Les capitales des empires et royaumes sont signalées par un* *.

Quatre mille ans ! Une histoire vertigineuse, d'autant que, même si l'institution impériale qui la traverse a pris fin en 1911, elle promène jusqu'à nos jours d'innombrables références culturelles. Il n'y a plus d'empereur, plus de timonier, mais l'histoire reste un des ciments du monde chinois. En puisant sans cesse dans ses anecdotes, pour justifier telle réforme ou incriminer telle mesure, la Chine a inventé l'«historiquement correct». Son inventeur, le **scribe et historien Sima Qian** (135-93 av. J.-C.) jeta les bases d'une succession dynastique, débutant avec les **Xia** en 2207 av. J.-C. Le rituel s'est perpétué jusqu'au début du XXᵉ s. Chaque nouveau pouvoir, même d'origine étrangère, se plaçait sous les auspices d'un nom dynastique chinois. Ainsi la «Lumière» (Ming) d'une autorité chinoise rétablie en 1368 succéda-t-elle aux Mongols qui avaient régné sous le signe du «Commencement» (Yuan).

Cette vision d'**une histoire sans solution de continuité** s'accompagna longtemps de l'idée que la Chine était le produit d'une culture née dans le bassin du fleuve Jaune, pays du Milieu qui grandit par cercles concentriques grâce à la puissante force d'attraction de sa civilisation et à quelques conquêtes. Elle est plutôt le résultat d'un brassage de peuples et d'une juxtaposition de cultures sur un territoire vaste. Pôles politique et économique d'aujourd'hui, Pékin et Shanghai en furent deux actrices, l'une comme zone de transition entre Chine et steppe dès le IIIᵉ s. av. J.-C., l'autre comme centre du commerce à partir du Vᵉ s. apr. J.-C.

|| Chacun cherche son centre : XVIIᵉ-IIIᵉ s. av. J.-C.

Après un **néolithique** aux belles céramiques, focalisé sur la culture du millet en Chine du Nord et dans le bassin du Huanghe, et celle du riz dans le delta du Yangzi jiang, paraissent, autour de 1650 av. J.-C., les **premières cités** entourées de murailles, prémices des premiers États de Chine : les *guo*.

| Des royaumes du bronze...

Venu des zones côtières vers le XVIIᵉ s. av. J.-C., le **clan royal des Shang** domine ce monde organisé jusqu'au XIᵉ s. av. J.-C. Son pouvoir se fonde sur une métallurgie du bronze qui, sans être précoce, est d'une haute technicité. Ce métal fournit à l'aristocratie ses armes (haches, épées, hallebardes), mais aussi une vaisselle fondue. Ainsi dédicacés, tripodes et bassins reçoivent donc dans la période Shang les **premiers signes d'une écriture,** qui forme aussi des suites de questions gravées sur des carapaces de tortue pour interroger les oracles. Au XIᵉ s., une **nouvelle maison royale, les Zhou**, perpétue cet héritage.

| ... aux principautés du fer

●●● *Carte I*

En octroyant des fiefs en échange d'une allégeance, les **Zhou** tissent un **réseau féodal** à partir du IXᵉ s. Aux seigneurs les prérogatives et les terres, aux paysans le travail, les corvées et la conscription obligatoire. Durant cette période des Printemps et Automnes (722-484 av. J.-C.),

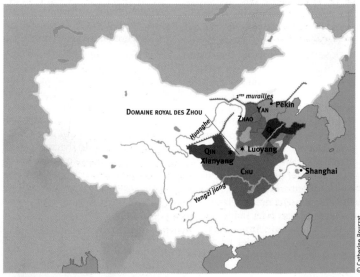

I- L'âge des Royaumes combattants (403-222)

© Catherine Bourzat

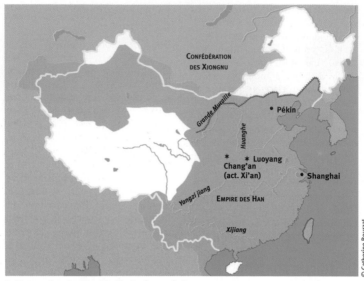

II- L'expansion des Han à la fin du IIᵉ s. av. J.-C.

l'équilibre fondé par les Zhou évolue vite vers la **guerre pour l'hégémonie**; d'autant qu'autour des principautés du Milieu, les **Zhongguo** (nom que se donne la Chine aujourd'hui), agglomérées autour de **Luoyang, la capitale royale**, se forment des États puissants puisque périphériques, et donc ouverts sur le monde d'alors. Le Qi, le Chu et le Qin dominent la scène de ces **Royaumes combattants**, que la **découverte du fer** au VIᵉ s. dote d'armes redoutables. Le **Qi** dispose d'une belle façade maritime. Le **Chu** développe une riche culture matérielle et perfectionne une armée d'infanterie autour des lacs et des marais du Bas-Yangzi. Tourné vers la steppe, le **Qin** lui emprunte ses techniques de cavalerie, tout en se défendant de ses incursions: vers 300, le Qin ainsi que le Zhao et le Yan élèvent les **premières murailles** contre les Barbares du Nord. De plus en plus puissant, le Qin lance ses cavaliers et ses chars, annexant le domaine royal en 256, unifiant les poids et mesures sur les territoires dont il prend le contrôle. En 222, le Qi, dernier résistant, tombe. C'est la fin d'un monde.

‖ La Chine en construction: IIIᵉ av. J.-C.-Xᵉ apr. J.-C.

S'étant rendu maître des anciennes principautés, le **Qin** (prononcé *tsin*, le mot donnera au pays ce nom de «Chine») fonde **le premier empire**, organisé en 36 commanderies, et élargit l'horizon chinois en conduisant des expéditions vers le sud et l'ouest. **État autoritaire**, il mobilise l'abondante main-d'œuvre de ses conquêtes autour d'immenses chantiers, tels **Xianyang**, la capitale et ses palais, le tombeau du premier empereur, gardé par des milliers de soldats d'argile et, surtout, la Grande Muraille, dont les premiers tronçons sont restaurés et prolongés vers le cours supérieur du fleuve Jaune. En 207 av. J.-C., Shi Huangdi s'éteint. La dynastie Qin ne lui survit pas, mais l'organisation de l'empire centralisé est prolongée avec l'**avènement des Han** en 206 av. J.-C.

‖ Les Han: le grand bond dehors
●●● *Carte* **II**

Parallèlement à la création de l'empire, sur ses marches nord, les

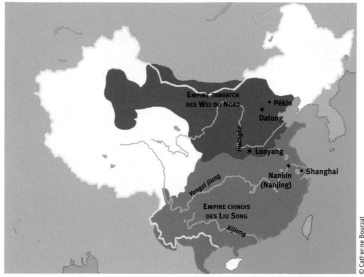

III- La partition au vᵉ s.

nomades **Xiongnu** se sont organisés en confédérations toujours plus puissantes à partir du ivᵉ s. Pendant un siècle, les Han s'emploient à contenir, puis à supprimer cette menace, en s'appuyant sur le système défensif de la Grande Muraille. Après avoir joué le rôle de rempart, notamment dans la région de Pékin, préfecture d'empire, elle sert de base aux immenses armées lancées à la conquête de l'Ouest. Les Han, en effet, à travers leurs démêlés avec les Xiongnu, avaient découvert le fonctionnement de la route de la Soie, un **cordon d'oasis** déployées à travers l'Asie centrale qui écoulait vers l'Occident les étoffes dont les Chinois avaient le secret. L'empire déploie des moyens considérables pour s'en assurer le contrôle. En 25 apr. J.-C., **la capitale est transférée de Chang'an à Luoyang.** Crises agraires et insurrections secouent dès lors les Han de l'Est. Le mouvement des Turbans Jaunes, un des courants messianiques d'inspiration taoïste, précipite leur chute. L'empire explose en 220, dépecé par les généraux chargés de réprimer les Turbans Jaunes.

| Les Wei du Nord

●●● *Carte* **III**

Le pays reste morcelé du début du iiiᵉ s. à la fin du viᵉ s. Le cours du **Yangzi jiang** dessine une ligne de partage entre une **Chine du Sud**, où le commerce se développe autour de Nankin, et une **Chine du Nord**, où se succèdent des dynasties d'origine barbare. L'une d'elles, les Wei du Nord, fondée par des tribus tabgatches de Mongolie, contrôle la route de la Soie tout en se sinisant peu à peu. Ses souverains patronnent une religion venue de l'ouest, le **bouddhisme**, qui reçoit également une audience favorable auprès des empereurs de Nankin. L'essor de cette doctrine est le phénomène le plus marquant de ce haut Moyen Âge chinois.

| Le lien de l'eau entre Nord et Sud

En 581, les Sui mettent fin au jeu de kaléidoscope des royaumes qui se succèdent et se partagent le pays, en le réunifiant partiellement. L'empereur Yang lance un **lien durable**

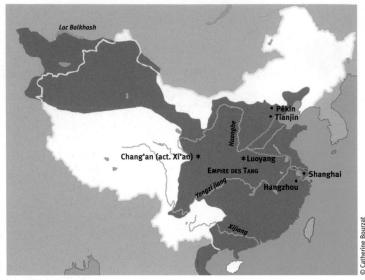

© Catherine Bourzat

IV- L'État des Tang au VIIIᵉ s.

entre les deux Chines du Nord et du Sud, avec le creusement, de 605 à 611, d'un **réseau de canaux** sur 2 000 km entre Hangzhou et Tianjin. Ce Grand Canal impérial *(p. 209)* assure à la région de Pékin, tête de pont de l'empire au nord-est, un ravitaillement constant alimenté par le riche domaine rizicole du delta du Yangzi jiang.

| La conquête de l'Ouest
●●● *Carte* **IV**

Les Li, une famille métissée de sang tabgatch, parachèvent l'unification des Sui et fondent la dynastie des **Tang** en 618. Leur politique de conquête mène les armées chinoises aux portes de Samarcande. Une **société cosmopolite** anime les métropoles et les ports. Des chrétiens nestoriens y côtoient des mages de Perse. La **route de la Soie** bat son plein. La **défaite des Chinois contre les Arabes en 751**, sur la rivière Talas, au sud du lac Balkhash, met un frein à cette expansion et ouvre la **progression de l'Islam** au sein des populations turques d'Asie centrale. En 755, la rébellion conduite

par An Lushan, un général cantonné à Pékin, amorce le long déclin des Tang, traversé d'insurrections massives qui, comme à la fin des Han, aboutissent à l'émiettement de l'empire en 907.

|| Les empires mobiles : XIᵉ-XIIIᵉ s.

Pendant plus de mille ans, les Chinois ont fait du Bas-Yangzi une riche région rizicole à vocation commerciale, et de Pékin leur principale position de contrôle et d'expansion au nord-est. Avec le Xᵉ s., la seconde leur échappe, devenant, jusqu'au XIVᵉ s., une marche vers la Plaine centrale, drainée par le fleuve Jaune, pour les peuples de la steppe.

| Le dernier empire du fleuve Jaune
●●● *Carte* **V**

Une **renaissance culturelle**, doublée d'une évolution vers une société urbaine, marque la **restauration de l'empire par les Song** en 960. Mais, pour la prospérité, il faut payer le prix de la paix. Des centaines de mil-

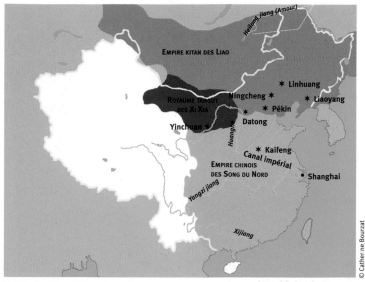

V- Chinois, Kitan et Tangut au XIe s.

repères

© Catherine Bourzat

liers de rouleaux de soie et de lingots d'argent sont envoyés chaque année à la cour des Kitan. Ce peuple, venu de Mongolie orientale, règne sous le nom de **Liao**. Il domine la Chine du Nord, mais aussi toute la steppe, à l'exception de l'enclave des Tangut, peuple qui contrôle la route de la Soie et auquel les Song versent aussi tribut. Le **rayonnement des Kitan**

est tel que, pendant des siècles, leur nom déformé en **Cathay** sera celui de la Chine pour les peuples persans, turcs et slaves. En 1126, une comète traverse le ciel de Kaifeng, capitale des Song, où les arts et les lettres s'épanouissent sous le patronage de l'empereur Huizong. Malgré ce mauvais présage, tout danger semble écarté. Les Chinois viennent

---

histoire
Visiteurs du Moyen Âge

Au Moyen Âge, les Mongols, après avoir suscité la terreur en Occident, instaurent la Pax Mongolica, garantissant une stabilité certaine des communications à travers l'Eurasie. Les «fléaux de Dieu» représentent désormais un espoir d'alliance pour l'Europe chrétienne contre l'Islam. Délégués apostoliques et ordres prêcheurs prennent les chemins de Karakorum ou de Khanbalik à la rencontre du grand Khan. Certains ont rapporté le récit

de leurs aventures et les exploits de leurs missions.

1245-1247. Voyage du franciscain italien Jean de Plan Carpin, envoyé par Innocent IV et le concile de Lyon, muni de deux lettres : *Dei patris immensa* destinée au roi des Tartares et *Cum simus super* suppliant les chefs des églises dissidentes d'Orient de rallier Rome.

1249. Des émissaires du général mongol Eljigideï repartent de Chypre, escortés par les envoyés de Saint Louis, les dominicains André de Longjumeau et Jean de Carcassonne. Ils gagnent Saint-Jean-d'Acre, Antioche, Mos-

soul et enfin Ourguentch, au sud de la mer d'Aral.

1253-1255. Voyage du franciscain flamand Guillaume de Rubroek, envoyé de Saint Louis, ou du moins porteur d'une lettre de recommandation de sa main.

1289. Le franciscain Jean de Montcorvin quitte Venise, porteur de deux lettres du pape Nicolas IV : l'une pour Argun (Perse), l'autre pour Qubilaï (Chine). Il atteint la Perse en 1291, puis Khanbalik (Pékin) où il est reçu par le successeur de Qubilaï. En 1308, il est sacré archevêque de Khanbalik. Il y demeurera jusqu'à sa mort en 1328. ●

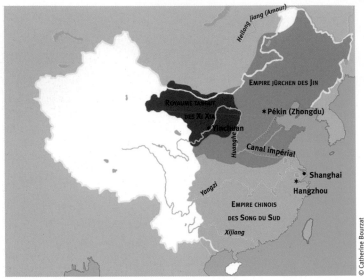

Heilong jiang (Amour)

EMPIRE JÜRCHEN DES JIN

✳ Pékin (Zhongdu)

ROYAUME TANGUT
DES XI XIA

Yinchuan

Huanghe

Canal impérial

● Shanghai
✳ Hangzhou

Yangzi

EMPIRE CHINOIS
DES SONG DU SUD

Xijiang

© Catherine Bourzat

VI- Chinois, Jürchen et Tangut au XIIe s.

de pactiser avec les Jürchen, ancêtres des tribus mandchoues, qui laminent les Liao. Mauvaise pioche. Les nouveaux venus prennent Kaifeng, franchissent le fleuve Jaune et harcèlent le pouvoir chinois qui se réfugie dans le delta du Yangzi jiang.

La Chine se recentre au sud

●●● *Carte* **VI**

Hangzhou accueille la cour des Song du Sud en 1138. Une nouvelle paix coûteuse est négociée avec les Jürchen, qui règnent à Pékin sous le nom de Jin. Toujours privée de ses routes caravanières vers l'Asie centrale, la Chine cherche une ouverture sur la mer. Une marine est créée, soutenue par le perfectionnement de la **technologie navale** (boussole, gouvernail d'étambot). Tirant enseignement des défaites, l'armée se modernise, n'enrôle plus que des mercenaires et, grâce à la poudre, met au point explosifs et armes à feu. L'artisanat évolue vers une **production semi-industrielle** : la céramique grâce à l'amélioration des techniques de cuisson, la filature grâce au métier à tisser à fonction-

nement hydraulique. L'**imprimerie** permet la diffusion des traités, des textes religieux et des romans.

Les enfants du loup, nouveaux Fils du Ciel

●●● *Carte* **VII**

En 1206 s'ouvre une grande page de l'**épopée des empires nomades**, lorsque **Gengis Khan** fédère les tribus mongoles, issues de l'union d'une biche et d'un loup. La Pékin des Jin est prise en 1215. En 1260, Qubilaï, petit-fils du Grand Khan, parachève les conquêtes orientales, puis instaure la **dynastie des Yuan** à Pékin. La Hangzhou des Song tombe en 1276. La Chine est engloutie dans la Pax Mongolica que traversent au XIIIe s. les **premiers visiteurs d'Extrême-Occident**, **missionnaires** tels que le Flamand Guillaume de Rubroek et l'Italien Jean de Montcorvin *(p. 257)*, ou **commerçants** comme les Polo de Venise. Le vieux canal impérial est restauré et son parcours entre Hangzhou et Pékin raccourci. Les acquis de la civilisation chinoise bénéficient à l'occupant mongol qui fait peser sur le pays un joug discriminatoire et de terribles pressions fiscales.

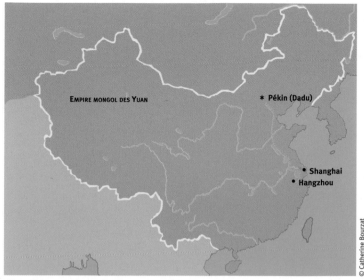

EMPIRE MONGOL DES YUAN

✴ Pékin (Dadu)

● Shanghai
● Hangzhou

© Catherine Bourzat

VII- La Chine sous la domination mongole à la fin du XIIIᵉ s.

|| De la lumière à la pureté : XIVᵉ-XVIIIᵉ s.

L'attitude des Mongols allume les feux de la révolte que mène Zhu Yuanzhang à partir de 1359 au Anhui. Neuf ans plus tard, il fonde à **Nankin** une dynastie sous l'égide de la lumière, les Ming, et s'empare de Pékin, capitale des Yuan. La **reconquête est achevée**, mais le **pays est ruiné** par l'exploitation mongole et dévasté par la guerre. Il faut reconstruire la Chine. Les Ming s'y emploient en donnant **priorité à l'économie agraire** pendant un demi-siècle.

| L'empire du Milieu se fixe au nord

●●● *Carte* **VIII**

La **répartition des forces** entre un pôle politique et stratégique au nord du Huanghe et un pôle économique et culturel dans l'estuaire du Yangzi jiang est l'héritage de la décision de Yongle, troisième empereur des Ming, de transférer la capitale de Nankin à Pékin en 1421. Les Mongols sont expulsés, et la Grande Muraille, restaurée, retrouve son rôle de frontière de l'empire. Organisée en provinces régies par des vice-rois de la famille impériale, la carte de la Chine moderne se dessine. Mais les Ming, certes entreprenants (des **expéditions maritimes** conduisent les Chinois sur les côtes de Somalie, avant même que l'Espagne ne finance le projet de Christophe Colomb), deviennent méfiants. Les côtes, infestées de pirates, se ferment au commerce. Les eunuques, grands intendants du régime, ponctionnent une économie pourtant florissante. La police secrète génère **malaise et corruption**. Le dernier demi-siècle se déroule sur fond de crise, tandis que les **Portugais** prennent pied dans le delta de la rivière des Perles.

| Les Mandchous agrandissent la Chine

●●● *Carte* **IX**

Miné par une jacquerie partie des terres jaunes, le **régime Ming tombe** comme un fruit mûr aux mains des Mandchous en 1644. Descendants des Jürchen, ils s'installent à Pékin et s'arrogent le titre dynastique de Qing, les «Purs». Leur pre-

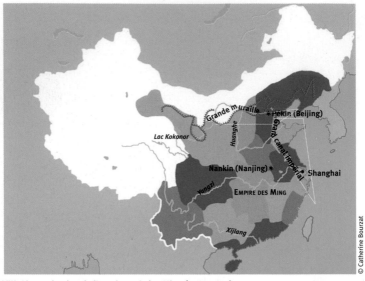

© Catherine Bourzat

VIII- L'organisation de l'empire sous les Ming (1368-1644)

mier siècle de pouvoir est temps de conquête. Occupant la Mongolie et le Turkestan, ils tracent une longue frontière avec la Russie des tsars. Le Tibet passe sous protectorat en 1720. Pékin règne sur un empire de 11 500 000 km² contre 9 736 000 aujourd'hui. Au XVIIIe s., elle est capitale des Lumières.

Avec la présence des jésuites ingénieurs à la cour, les empereurs se passionnent pour la peinture à perspective, les fontaines aux eaux jaillissantes, l'horlogerie, ou la gravure sur cuivre. L'essor est d'une ampleur fabuleuse, mais provoque des crises de croissance à partir des années 1820-1850. L'immensité coûte cher.

Le grand chaos : 1850-1949

En 1855 s'abat une terrible catastrophe. Le fleuve Jaune déplace brutalement son cours du nord au sud de la péninsule du Shandong. Mais couve un fléau bien plus grave. Les Occidentaux, qui payaient jusque-là en dollars d'argent (taëls) leurs achats (thé, porcelaine, soie), offrent désor-

mais plus que ce qu'ils achètent, et le règlent en coton indien puis, à partir de 1830, en **opium** de contrebande. Aucune grande muraille n'enraye l'inversion du mécanisme monétaire et l'hémorragie qui en résulte. Les Qing perdent les guerres de l'opium et font face à la plus grande révolution de l'histoire du pays, le **Taiping** (1850-1864).

Le temps du dépeçage

L'empire s'étiole et **concède des territoires** aux Russes, aux Allemands, aux Japonais, aux Français du Tonkin et aux Anglais des Indes. Le 1er janvier 1912, Sun Yat-sen proclame la République à Nankin. Il meurt treize ans plus tard. Le pays devient la proie des seigneurs de la guerre, puis, dans les années 1920, l'enjeu entre les nationalistes et les communistes, qui s'ancrent au plus profond des terres chinoises en menant la Longue Marche à travers les zones rurales de 1927 à 1937. L'expansionnisme japonais, qui a débuté avec l'occupation du Mandchoukouo en 1931, donne l'occasion d'une trêve pour constituer un **front**

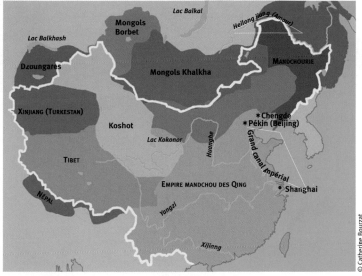

repères

IX- L'empire mandchou au XVIIIe s.

commun jusqu'à la défaite nippone en 1945. La guerre civile reprend de plus belle. En janvier 1949, Pékin tombe aux mains de l'armée populaire de libération, et les nationalistes s'exilent à Taïwan.

Le rouge est mis : 1950 à nos jours

Les années 1950 sont celles de la libération nationale, d'une émancipation conduite sur le modèle des Soviétiques. En 1958, Mao Zedong rompt avec la dictature du prolétariat en lançant celle des communes populaires et de l'ultra-collectivisme avec le Grand Bond en avant. L'échec est si retentissant qu'il doit se retirer du pouvoir.

Un timonier à la barre

Pour reprendre le contrôle de l'appareil du Parti, Mao lance une arme inédite. Pendant plus de dix ans, la Grande Révolution culturelle prolétarienne plonge la Chine dans un chaos total, prolongé par la Bande des Quatre, menée par la veuve du Timonier, mort en 1976.

Les années Deng

Fin 1978 s'impose Deng Xiaoping, un vétéran du Parti qui met à l'ordre du jour **les Quatre Modernisations** – agriculture, industrie, défense nationale, sciences et techniques – prônées par Zhou Enlai, le Premier ministre des années Mao. En mars 1979, il réprime la cinquième, la modernisation, réclamée par les étudiants, tout en lançant une politique de réforme et d'ouverture avec la création de **quatre zones économiques spéciales** sur les côtes méridionales. Un planning familial autoritaire limite les naissances à un enfant par famille. Jusqu'à la mort de Deng Xiaoping en 1997, la barque chinoise est menée par la double injonction de la ligne dure, qui réduit la **manifestation de Tian'an men en 1989**, et du **pragmatisme économique** qui ouvre les villes côtières aux investissements étrangers en 1984, puis invente le socialisme de marché en 1992. La mort de Deng Xiaoping scelle la fin de la dynastie des timoniers, tandis que la Chine est lancée dans la course au rang de puissance mondiale. ●

© Catherine Bourzat

▲ Porches et portiques revêtent dans les temples une double fonction porteurs du nom de l'édifice, ils matérialisent la voie d'accès vers le cœur du sanctuaire, en accord avec les lois de la géomancie.

architecture
Entre ordre et pérennité

Fondé au IIIe s. et restauré par les dynasties successives... : c'est ce qu'apprend le voyageur à la visite d'un temple. Levant les yeux sur le bâtiment, il le découvre identique à celui visité la veille, «fondé au Ve s. et restauré à la fin de l'empire». Aux antipodes d'une architecture occidentale fixée dans la pierre et rythmée par les innovations techniques et stylistiques, l'architecture chinoise se base sur la pérennité de ses modèles et la fugacité de ses réalisations : bâties en bois et en terre, les constructions ne sont pas faites pour résister au temps. À quelques exceptions près, ce que l'on a sous les yeux date, au plus tôt, du début du XXe s., le plus souvent de réfections contemporaines. Pourtant, cette architecture est pleine d'originalité. Il faut poser son regard ailleurs que sur les façades pour le découvrir.

La géomancie, ordre naturel

Temples ou palais frappent par la rigueur de leur horizontalité et le rythme de leur parcours. Leur plan s'étire en une succession de portes-pavillons ouvrant sur des cours cantonnées de galeries, où des terrasses supportent de grandes salles au plan rectangulaire. Cet ensemble s'adosse toujours au nord pour regarder vers le sud. Selon les lois de la géomancie, il faut recueillir le maximum d'influences favorables, qui arrivent par le sud, et dévier les souffles néfastes qui viennent du nord. Il faut aussi veiller à ce que le tigre blanc, animal emblématique de l'ouest, direction associée à la mort et au déclin, ne domine pas le dragon vert, qui représente l'est, symbole du renouveau.

La stèle, mémoire du lieu

Portes et pavillons, tout est étiqueté d'une inscription, sous forme de grands cartouches en bois fixés à la façade. Choisi à la fois pour exalter l'édifice et le placer sous les meilleurs auspices, le nom est le point final de la démarche géomantique. En Chine, la dénomination prime sur son objet. Les palais s'envolent en fumée, mais les noms restent.

Autre indice de la valeur accordée à la dénomination plus qu'à la forme et du souci de conserver l'écrit plus que la construction : la stèle. Tous les hauts lieux ont leur forêt de stèles, bibliothèque consignant fondations, visites célèbres, travaux de réfection et d'embellissement, dédicaces de poètes ou d'empereurs inspirés. Taillée dans la pierre, elle est faite pour durer. C'est pourquoi aussi on juche souvent ces monolithes sur le dos d'une tortue, garante d'une éternelle stabilité. Finalement, c'est la stèle et aussi, parfois, quelques thuyas ou ginkgos centenaires qui disent l'âge du lieu.

Des constructions bien ordonnées

Seuls le contenu – un trône ou un panthéon divin – et quelques détails dans la symbolique des couleurs et des nombres *(p. 62)* différencient un palais d'un temple, et seul le nom, encore, distingue la nature des fondations religieuses. L'entrée est souvent précédée d'un mur-écran empêchant le passage des mauvais esprits.

Vient ensuite une première cour où se dressent la tour de la Cloche à droite et la tour du Tambour à gauche *(p. 76)*. De là, on passe dans une deuxième cour, suivie de une à trois autres, chacune pourvue d'une salle appelée *dian*. Des colonnes, parfois noyées dans une maçonnerie, portent sa toiture, couverte de tuiles canal. La forme incurvée des toits, si particulière à l'architecture extrême-orientale, repose sur un extraordinaire empilement de poutres et déborde sur un jeu savant de bras de consoles, leviers taillés dans le bois pour équilibrer les poids intérieurs et extérieurs.

Les temples bouddhiques apportent une belle excentricité dans cet ordre, avec leurs pagodes *(ta)*. D'abord parce que ce sont des tours, de plan carré ou polygonal, rompant l'horizontalité de l'ensemble, ensuite parce qu'elles sont en dur pour la plupart. À l'origine, ce sont des reliquaires, inspirés d'un monument indien, le stupa – terme qui traduit parfois aussi ces constructions chinoises –, enchâssant une dent de bouddha, les restes d'un vénérable ou un texte saint. Mais certaines sont «vides», dressées à titre purement commémoratif ou dans un souci géomantique, afin de redresser de quelques mètres, par exemple, un dragon vert que dominerait un tigre blanc. ●

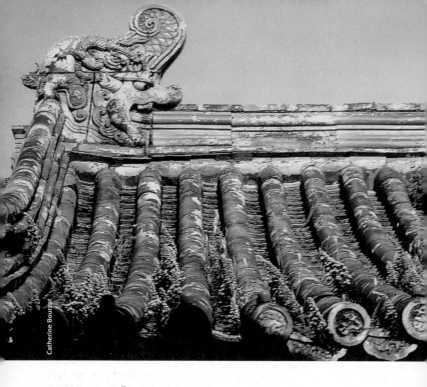

Petit dictionnaire

●●● *Sauf mention contraire, le terme en italique entre parenthèses est le terme chinois.*

AMITABHA *(Amituo fo).* Un des trois grands bouddhas du Mahayana. Règne sur la direction de l'ouest. Sur les autels figurant la trinité bouddhiste, il est à droite de Sakyamuni (bouddha du présent, figurant le centre) et représente le Futur, tandis qu'à gauche siège le Maître des remèdes (Yaoshi Fo), qui représente le passé et règne sur la direction de l'est.

AVALOKITESVARA. *Voir Guanyin.*

BANNIÈRES. Unités militaires recrutées dans l'aristocratie mandchoue et qui se distinguaient les unes des autres par la couleur de leurs drapeaux.

BARBARE *(hu).* Désigne toute contrée et ses habitants non intégrés à la culture de l'empire du Milieu. Pour les Grecs, le terme «barbare» évoquait les borborygmes et autres balbutiements de leurs langues peu civilisées.

BODHISATTVA *(pusa).* Du sanscrit *bodhi,* «éveil», et *sattva,* «être». Concept essentiel pour le bouddhisme du Mahayana. Les Êtres d'Éveil ont atteint un certain degré de perfection, mais choisissent de retarder leur accès au nirvana pour se consacrer au salut de tous les hommes.

BOUDDHA *(fo).* «L'Éveillé», celui qui est parvenu à la connaissance totale (l'Éveil) par l'extinction de tout désir. Il accède ainsi au nirvana, la fin du cycle des renaissances. Dans le langage courant, désigne le Bouddha historique, appelé Siddharta Gautama ou Sakyamuni (v. 536-v. 480 av. J.-C.).

BOUDDHISME *(fojia).* Doctrine fondée sur les enseignements du bouddha. Sa diffusion en Chine remonte à la fin du Ier s. de notre ère et se fonde principalement sur les *sutras* du Mahayana et le culte des *bodhisattva.*

CHAN. École bouddhiste fondée par le moine Bodhidharma *(Damo)* au Ve s. et plus connue sous son nom

◀ Dragon.

repères

japonais, *zen*. Rejetant l'enseignement par les *sutras*, elle met l'accent sur la méditation.

DAGOBA. Nom donné aux pagodes et stupas issus du lamaïsme.

DALAÏ-LAMA et PANCHEN-LAMA. Titres des deux plus hauts hiérarques du lamaïsme, considérés comme la réincarnation du *bodhisattva* Avalokitesvara pour le premier, du bouddha Amitabha pour le second.

EXAMENS. Mis en pratique au VIIIe s., ils permettaient le recrutement des mandarins et leur nomination à des postes conformes à leurs talents. Les niveaux de recrutement correspondaient aux différents échelons administratifs de l'empire : «talent distingué», ou bachelier au niveau local ; «homme promu», ou licencié au niveau provincial ; «lettré accompli», ou docteur au niveau national.

GARDIENS (dieux). **Heng** et **Ha** (le Renifleur et le Souffleur), Weituo (ou Weiduo), le jeune et beau guerrier campé au dos de «Mile à la grosse bedaine» *(voir Maitreya)*, sont chargés de garder l'entrée des temples. Les Rois célestes *(Tianwang)* gardent les quatre points cardinaux ; leurs effigies sont disposées de chaque côté du pavillon d'accès des temples bouddhiques. Moli Qing, gardien de l'est, a le visage blanc et brandit une épée et un anneau de jade ; au sud, Moli Hong, au visage rouge, tient une ombrelle ; Moli Shou, au nord, a le visage noir et tient un rat et une perle ; Moli Hai, le gardien de l'ouest au visage bleu, pince les cordes d'un luth. Leurs armes et attributs sont tous dotés de pouvoirs magiques.

GUANYIN. Nom chinois du *bodhisattva* Avalokitesvara, personnification de la compassion et figure majeure du Mahayana. Il est souvent vénéré en Chine sous une forme féminine.

HAN. Ce sont les Chinois au sens culturel du terme (ceux dont le chinois est la langue maternelle), par opposition aux minorités ethniques (Mongols, Tibétains, Hui, etc.) qui, vivant en Chine, ont la nationalité chinoise.

HENG et HA. *Voir Gardiens.*

KANG. Lit maçonné en brique équipé d'un système de chauffage interne, alimenté en charbon ou en bois.

KUNQU. Opéra du Jiangnan qui fut l'ancêtre de l'opéra de Pékin.

LAMAÏSME. Dernière forme de bouddhisme apparue en Asie. Fondé sur l'enseignement de maître (lama) à disciple et pratiqué par les populations tibétaines et mongoles.

LETTRÉS *(ru)*. Rompus à la connaissance des textes classiques, aux subtilités de la rhétorique confucéenne, aux exercices du pinceau, ils pouvaient prétendre aux examens mandarinaux.

LIVRE DES MUTATIONS. *Voir Trigrammes.*

LUOHAN. Ce sont soit des disciples de Bouddha, soit des diffuseurs du bouddhisme, soit des patriarches chinois, tel Bodhidharma *(Damo)*, fondateur de l'école du Chan. Ils sont représentés au nombre de 18, avec des traits accusant leur origine occidentale (larges yeux ronds, gros nez) ; dans certains temples, on a campé jusqu'à 500 personnages de ce type.

MAITREYA. Le bouddha à venir, dont le culte est essentiel dans le bouddhisme du Mahayana. Il est représenté, à l'entrée des temples bouddhiques, sous l'aspect de «Mile à la grosse bedaine» *(Dabao Mile)*, un moine ventripotent et rigolard.

MANDALA. Plan symbolique du domaine d'une divinité lamaïque utilisé pour l'initiation des disciples.

MANDARIN. *Voir Examens et Lettrés.*

PAILOU. Portique en bois qui scandait jadis rues et voies d'accès aux palais et aux temples.

Palanquin. Chaise à bras utilisée autrefois comme moyen de transport.

Panchem lama. *Voir Dalaï-lama.*

Pingtan. Ballades rimées accompagnées au luth qui se chantaient dans le Jiangnan.

Sakyamuni. Le « sage des Sakya », autre nom de Siddharta Gautama, le Bouddha historique.

Sceau *(zhuan).* Insigne du nom et de la fonction autrefois, d'une compagnie ou d'une société aujourd'hui, il fait office de signature, authentifiant les documents officiels et les factures.

Shendao. « Voie des Esprits ». Allée cantonnée de statues d'animaux réels ou imaginaires et de dignitaires civils ou militaires qui conduisait au tumulus funéraire.

Shikumen. *Voir p. 178.*

Stupa. *Voir Dagoba.*

Sutra *(fojing).* Mot sanscrit (« fil conducteur »). Traité sous forme d'aphorismes ou de paraboles servant à l'enseignement du bouddhisme.

Tablette. Planchette de bois portant une inscription en idéogrammes. Lors des audiences à la cour, les mandarins devaient se présenter avec la tablette portant leurs noms et titres. Dans le cadre de la religion officielle et du culte des ancêtres, c'est elle qui recevait offrandes et prières, au nom de l'esprit qu'elle représentait.

Taoïsme *(Daojia).* Terme formé par les Occidentaux au XIXe s. à partir du mot *dao*, « voie ». Un des grands courants de la pensée chinoise ancienne, d'essence mystique et naturaliste.

Trigrammes. Compositions de trois traits superposés, continus ou brisés. Les premiers sont *yang*, les seconds *yin*. Il existe huit combinaisons fondamentales, les Huit Trigrammes *(bagua)*, représentation symbolique des phénomènes de l'univers dont le *Yijing*, le *Livre des mutations*, un très ancien manuel de divination, donne l'interprétation.

Voie des Esprits. *Voir Shendao.*

Weituo (ou **Weiduo**). *Voir Gardiens.*

Wenchang. Dieu des Lettres, accompagné ou supplanté par Kui Xing.

Wenshu. Nom chinois de Manjusri, *bodhisattva* de la Sagesse, dont le domaine est le mont des Cinq Terrasses, dans la province du Shanxi.

Xylographie (ou xylogravure). Forme archaïque de l'imprimerie inventée en Chine. Les pages de livre étaient sculptées ou gravées sur des planches de bois pour être reproduites. À partir du XIIIe s., on passe à l'impression avec des caractères mobiles sur céramique.

Yin, Yang. Les deux principes, opposés et unis tout à la fois, qui sont à l'origine des êtres et des choses selon la plus ancienne conception chinoise. Principe masculin, le *yang* est activité et lumière. Principe féminin, le *yin* est repos et obscurité.

Zen. *Voir Chan.* ●

© Agnès Bourrieuille

Des livres, des films

|| Bibliographie

Actualité et société

Alors, la Chine ?, Centre Pompidou, Paris, 2003. À l'occasion d'un panorama de la création contemporaine chinoise, un catalogue d'images qui est aussi un recueil d'essais sur l'art et la société d'aujourd'hui.

Béja Jean-Philippe, *À la recherche d'une ombre chinoise – le mouvement pour la démocratie en Chine [1919-2004]*, Éditions du Seuil, 2004. Pour ne pas oublier que le prix de la réussite économique ne comprend toujours pas celui de la démocratie.

Bourzat Catherine, *La Chine des Chinois*, Liana Lévi, 2004. Une radioscopie nuancée de la société chinoise d'aujourd'hui, à travers une foule de sujets. Un portrait vivant, à la rencontre du *mingong*, du paysan des régions pauvres, du patron, du cadre du Parti et aussi des jeunes du 3e millénaire animés par une folle envie de vivre.

Elisseef Danielle, *XXe s., la grande mutation des femmes chinoises*, Bleu de Chine, 2006. Du devenir des femmes dans la nouvelle Chine, à travers le regard d'une historienne.

Gentelle Pierre, *Chine, un continent… et au-delà*, coll. «Asie Plurielle», Documentation française, 2001. Le point d'un géographe sur la Chine d'aujourd'hui et ses perspectives.

Haski Pierre, Meunier Bertrand, *Le Sang de la Chine : Quand le silence tue*, Grasset, 2005. Magnifique travail de journalisme sur l'affaire du sang contaminé, pour cause de trafic, dans la province du Henan.

Holzman Marie, Chen Yan (trad.), *Écrits édifiants et curieux sur la Chine du XXIe siècle. Voyage à travers la pensée chinoise contemporaine.* Un recueil pour donner à lire en langue française ce que certains des meilleurs penseurs chinois écrivent sur leur propre pays.

▲ Palais d'été en hiver.

JAVARY Cyrille J.-D., WANG Alain, *La Chine nouvelle, «Être riche est glorieux»*, Petite encyclopédie, Larousse, 2006. En 120 pages, un tour de force : le point sur toutes les facettes de la Chine d'aujourd'hui, sans jamais perdre de vue leur ancrage dans l'exception culturelle chinoise.

METZGER Laurent, *Les Lauriers de Shanghai*, Olizane, 1999. Une histoire contemporaine de Shanghai truffée d'anecdotes.

MEYER Éric, *L'Empire en danseuse*, Éditions du Rocher, 2005. La Chine contemporaine à travers un jeu de portraits chinois dont le fil directeur est la bicyclette.

SANJUAN Thierry, *La Chine, territoire et société*, Hachette, 2001. Une passionnante approche de géopolitique et de géographie historique.

Histoire

BROSSOLLET Guy, *Les Français de Shanghai*, Belin, 1999. L'histoire et les histoires passionnantes des pionniers de la concession française.

GED Françoise, *Shanghai*, coll. «Portrait de ville», Institut français d'architecture, Paris, 2000. Pour comprendre l'évolution urbanistique de la ville.

GERNET Jacques, *La Chine ancienne – des origines à l'empire*, coll. «Que sais-je ?», PUF, 2001. De la préhistoire au IIe s. av. J.-C. en moins de 130 pages. *Le Monde chinois*, Armand Colin, 1999 (4e éd. rev. et corrigée). Une histoire de Chine passionnante et éclairée *Le Monde chinois* de Jacques Gernet, 1999.

HENRIOT Christian, ZHENG Zu'an, *Atlas de Shanghai. Espaces et représentations de 1849 à nos jours*, CNRS, Paris, 1999. Des centaines de cartes abordant autant le domaine géographique que l'espace politique et social, les populations ou les activités économiques.

Images de Pékin – l'illusion de la permanence ?, musée départemental Albert-Kahn, 2001. Catalogue de l'exposition qui fit revivre le Pékin des derniers jours de l'empire à travers des autochromes et des vues stéréoscopiques de l'époque.

JAN Michel, MICHAUD Michel et Sabrina, *La Grande Muraille de Chine*, Imprimerie nationale, 2000. Regards des deux grands photographes du monde nomade sur l'ouvrage qui défendit l'empire contre ses incursions.

JAVARY Cyrille, *Dans la Cité pourpre interdite*, Philippe Picquier, 2000. De passionnantes clefs pour une promenade dans le labyrinthe pourpre au fil des illustrations de Patrick Serre.

LEYS Simon, *Essais sur la Chine*, coll. «Bouquins», Laffont, 1998. Des *Habits neufs du Président Mao* (1971) à *L'Humeur, l'Horreur, l'Honneur* (1991) en passant par *Ombres chinoises* (1974) et *Images brisées* (1976), des textes devenus des classiques par le plus grand de nos sinologues, traducteur de Confucius en français et en anglais.

Traditions

BARBIER-KONTLER Christine, *Sagesses et religions en Chine, de Confucius à Deng Xiaoping*, Bayard, 1997. Histoire et devenir des grands courants de pensée religieuse : taoïsme, confucianisme et bouddhisme.

CHENG Anne, *Histoire de la pensée chinoise*, Seuil, 1998. Un livre à la fois savant et accessible pour s'initier à un univers mental mal connu en Occident, émaillé de nombreuses traductions originales.

OBRINGER Frédéric, *Fengshui, l'art d'habiter la Terre*, Philippe Picquier, 2001. Histoire, raison d'être et pratique de la géomancie dans la culture chinoise.

PIMPANEAU Jacques, *Chine : culture et traditions*, Philippe Picquier, 1988. Dictionnaire thématique, illustré de gravures chinoises : tout sur les mœurs, les coutumes, la religion et le quotidien d'autrefois.

Art

CHENG François, *Et le souffle devient signe*, éd. de l'Iconoclaste, 2001. Poète, essayiste et romancier, un

Chinois de France présente ses calligraphies et, en les commentant, ouvre une porte sensible sur un art souvent jugé abstrait. *Shi Tao*, Phébus, 2001. Une monographie non restrictive sur l'œuvre de ce peintre actif à la charnière des XVIIᵉ et XVIIIᵉ s., virtuose et éclectique, aide au regard sur la peinture chinoise.

CHIU Chebing (trad.), *Yuanye: Le Traité du jardin*, Éditions de l'Imprimeur, 1997. Traduction en français du tout premier (1634) traité chinois consacré à l'art de composer les jardins.

Trois Mille Ans de peinture chinoise, Philippe Picquier, 1997. Regards croisés des meilleurs spécialistes mondiaux de l'esthétique chinoise sur 300 œuvres. Une somme essentielle.

Récits et romans

ASADA Jicô, *Le Roman de la Cité interdite*, Philippe Picquier, 2002. Deux garçons issus du même village, l'un entre au service de l'empereur Guangxu, l'autre, devenu eunuque, est l'un des plus proches de l'impératrice Cixi. Une fresque minutieuse et passionnante.

BRESNER Lisa, *Un rêve pour toutes les nuits*, Actes Sud-Junior, 1999. Une merveilleuse initiation à la calligraphie par le conte. Pour poursuivre le rêve, avec les illustrations magiques et poétiques de Frédéric Mansot: *Le Soleil a rendez-vous avec la Lune*, même éditeur, 2001.

CALDWELL Bo, *L'Homme de Shanghai*, Liana Lévi, 2005. Un homme d'affaires américain dans le Shanghai des années 1930, ville à laquelle il restera toute sa vie attaché, contre vents et marées.

CHESNEAUX Jean, *Carnets de Chine*, La Quinzaine littéraire – Louis Vuitton, 1999. À travers la grande mutation du maoïsme au libéralisme, les trois derniers voyages (1988, 1995 et 1998) de ce fin connaisseur de la culture historique et politique de la Chine.

COUSIN Anne-Marie, *Le Goût de Shanghai*, Mercure de France, 2005.

L'auteur a convoqué dans ce recueil de récits Lucien Bodard et Albert Londres, Paul Morand et Paul Claudel, mais aussi Qiu Xiaolong et Kazuo Ishiguro.

DAN Shi, *Mémoires d'un eunuque dans la Cité interdite*, Philippe Picquier, 1993. Précieux témoignage d'un eunuque entré au service du palais en 1898, à l'âge de 17 ans.

DARROBERS Roger, *Pékin au détour des rues et des ruelles*, Bleu de Chine, 2000. Sinologue et attaché culturel à l'ambassade de France depuis 1999, l'auteur explore Pékin en 40 promenades, mélange de tranches de vie et de notes érudites: l'ultime chronique d'une ville disparue. À lire en feuilletant *Pékin scènes vues*, recueil de clichés pris entre fin 1999 et l'été 2001 (même auteur, même éditeur).

FRÈRE Stéphane, *La Promesse de Shanghai*, Bleu de Chine, 2006. Chronique haletante du devenir d'un *mingong* du Shandong arrivé à Shanghai.

JOHNSTON Reginald, *Au cœur de la Cité interdite*, Mercure de France, 1995. Un témoignage sur la vie du dernier empereur par celui qui fut son précepteur.

KAHN Michèle, *Shanghai la juive*, J'ai lu, 1998. La vie des milliers de juifs réfugiés à Shanghai pendant la Seconde Guerre mondiale.

LAO She, *Quatre générations sous un même toit*, Mercure de France, 1996-2000, rééd. «Folio», 3 tomes. Roman-fleuve sur l'occupation japonaise de Pékin, ville phare de son œuvre, à travers la famille des Qi et les occupants de la ruelle du Petit Bercail. Du même auteur: *Le Pousse-Pousse*, Philippe Picquier, 1990. Enthousiasme et déchéance d'un garçon de la campagne venu tenter sa chance à la ville. *Gens de Pékin*, Gallimard, 1982, rééd. nouvelles, «Folio». *L'Enfant du Nouvel An*, Gallimard, 1986. Autobiographie inachevée, rééd. «Folio». *Le Fox-Trot de Shanghai et autres nouvelles chinoises*, Albin Michel, 1986.

LECLERC DU SABLON Jean, *L'Empire de la poudre aux yeux*, Flammarion,

2002. Souvenir, et parti pris d'un correspondant de presse.

Liu Xinwu, *Poussière et sueur*, Bleu de Chine, 2004. Employé comme jardinier par la municipalité de Pékin, un ancien paysan vit avec d'autres ouvriers migrants dans un foyer près du canal entourant la ville.

Londres Albert, *La Chine en folie*, Serpent à Plumes, 2001. Rééd. du dernier grand reportage de Londres au moment de l'invasion japonaise.

Loti Pierre, *Les Derniers Jours de Pékin*, Kailash, 2000. Le portrait de Pékin pendant la guerre des Boxeurs en 1900.

Lu Wenfu, *Vie et passion d'un gastronome chinois*, Philippe Picquier, 1996. L'écrivain gastronome natif de Suzhou nous emporte sur les chemins du plaisir.

Lu Xun, *Œuvres choisies*, éditions en langues étrangères, Pékin, 1993. Pour découvrir le fondateur des lettres modernes chinoises.

Malraux André, *La Condition humaine*, Gallimard, 1946, rééd. «Folio». Sur fond d'insurrection communiste de 1927 et sur la répression nationaliste.

Mian Mian, *Les Bonbons chinois*, L'Olivier, 2001. Le témoignage d'une jeune écorchée vive shanghaienne qui raconte la drogue, le sexe, de découvertes érotiques en aventures sulfureuses. Un écho au livre de Zhou Weihui, *Shanghai Baby*, Philippe Picquier, 2001 ; deux ouvrages censurés en Chine.

Qiu Xiaolong. Même s'il écrit en anglais, depuis que les événements de 1989 l'ont poussé à adopter la nationalité américaine, Qiu est Shanghaien. Son alter ego, le camarade inspecteur Chen, enfant de la Révolution culturelle et dévôt de l'américain T. S. Eliot, vous plongera, au fil de ses enquêtes, publiées aux éditions Liana Lévi, dans le Shanghai des années 1990 : *Mort d'une héroïne rouge* (2001), *Visa pour Shanghai* (2002), *Encres de Chine* (2004), *Le Très Corruptible Mandarin* (2006).

Segalen Victor, *René Leys*, rééd. «L'Imaginaire», Gallimard, 2000. Entre journal et roman, l'empire fantasmé aux derniers jours de son pouvoir. À lire avec les *Lettres de Chine*, correspondance de l'écrivain voyageur avec sa femme, lors de son périple en 1909-1910 (rééd. «10/18», 1997).

Shanghai, 1920-1940, douze récits, Bleu de Chine, 1995. La société du Shanghai des années 1930 vue par Lu Xun, Ba Jin, Mao Dun ou Ding Ling.

Taiping Shangdi, *La Noyée du palais d'Été*, *Le Prisonnier de l'océan*, *Le Puits de la morte*, *Le Singe empoisonné*, *Les Soieries de l'effroi*, *Les Pierres de la douleur*, *Le Chrysanthème de longévité* et *La Dent du cheval marin*, coll. «Labyrinthes», Librairie des Champs-Élysées, 1997-2001. Romans policiers historiques sur fond d'empire finissant. Intrigues et complots autour de Cixi et de Guangxu, l'empereur manipulé.

Wang Anyi, *Le Chant des regrets éternels*, Philippe Picquier, 2006. De la Révolution culturelle à aujourd'hui, une fresque avec Shanghai pour toile de fond.

Weng Albert, *Pas de mantra pour Pékin*, Philippe Picquier, 2000. Polar qui se déroule dans le milieu des expatriés français de Pékin.

Xi Yang, *La Shampouineuse*, Bleu de Chine, 2003. La vie et la mort des protagonistes se jouent dans un appartement d'une pièce et demie, à Shanghai, la perle fausse de l'Orient extrême. Lui, employé aux pompes funèbres, vend du pop-corn ; elle, la shampouineuse, venue de la campagne, l'initie aux plaisirs d'un lit partagé. Et tous deux rêvent d'un lointain ailleurs doré.

Xu Xiake, *Randonnées aux sites sublimes*, coll. «Connaissance de l'Orient», Gallimard, 1993. Les périples d'un lettré de la fin de la dynastie Ming dans les plus fameuses montagnes de Chine ; très bien traduit par Jacques Dars.

Ye Mang, *La Fille de l'ascenseur*, Bleu de Chine, 2000. Des nouvelles incisives, sur un certain désarroi pékinois.

ZHANG Ailing, *Rose rouge et rose blanche*, Bleu de Chine, 2001. Un homme et quatre femmes, de la prostituée à la Chinoise d'éducation étrangère, dans le Shanghai des années 1940.

|| Filmographie

ANG Lee, *Tigre et Dragon* (2000). Un somptueux film de cape et d'épée qui débute avec d'étranges combats sur les toits des *siheyuan* de Pékin.

BERTOLUCCI Bernardo, *Le Dernier Empereur* (1987). Les dernières heures impériales de la Cité interdite, où fut tourné le film.

CHEN Kaige, *Adieu ma concubine* (1993). Chronique d'un demi-siècle d'histoire, des seigneurs de la guerre à la Révolution culturelle, à travers le milieu des acteurs de l'opéra chinois. *Temptress Moon* (1996). Gong Li et Leslie Cheung y incarnent la décadence chinoise du début du XXe s., entre amour, honneur et revanche, dans les vapeurs d'opium de Shanghai.

HOU Hsiao Hsien, *Fleurs de Shanghai* (1998). Dans le Shanghai de la fin du XIXe s., le monde clos des maisons de la concession britannique où les riches Chinois entretenaient leurs maîtresses attitrées.

JIA Zhangke, *The World* (2004). Ce «monde» est celui d'un parc d'attractions de la banlieue de Pékin où ont été dressées des versions miniatures des monuments célèbres *(p. 132)*. Il sert de toile de fond à des histoires d'amour réglées sur un ballet de SMS.

LI Yang, *Blind Shaft* (2003). La cruelle réalité des mineurs du charbon au Shanxi.

LOU Ye, *Suzhou River* (2000). Un amour pris aux jeux des coïncidences le long des rives de la rivière Suzhou.

NING Ying, *Zhao Le* (1994). Le combat de retraités pékinois pour monter un opéra de Pékin envers et contre tout inaugure une trilogie drôle et émouvante, poursuivie avec *Rondes de flics à Pékin* (1995) et *Un taxi à Pékin* (2001).

RAY Nicholas, *Les Cinquante-Cinq Jours de Pékin* (1963). Fresque hollywoodienne avec Ava Gardner en infirmière héroïque pendant la guerre des Boxeurs.

SPIELBERG Steven, *L'Empire du soleil* (1987). Adaptation fidèle de l'autobiographie de J. G. Ballard, qui relate l'invasion japonaise à travers le regard d'un garçon américain de 7 ans, le film a été en partie tourné à Shanghai.

STERNBERG Joseph von, *Shanghai Express* (1932). Avec Marlene Dietrich et Clive Brook. Exotique et kitsch. *Shanghai Gesture* (1941). Les démêlés de Mother Gin Slin, de Poppy et du docteur Omar sur fond de tripots.

WANG Xiaoshuai, *Beijing Bicycle* (2001). Les déboires de Gui, jeune gars des champs venu tenter sa chance à Pékin et engagé comme coursier à vélo.

WISE Robert, *La Canonnière du Yang-tsé* (1966). Steve McQueen y interprète un matelot affecté sur une canonnière patrouillant sur le fleuve en 1926, au moment où nationalistes et communistes s'allient pour chasser l'étranger. Un plaidoyer anticolonialiste.

YUAN Muzhi, *Les Anges du boulevard* (1937). Les amours d'un trompettiste et d'une chanteuse à la voix d'or, jouée par Zhou Xuan, dans le Shanghai des années 1930.

ZHANG Yimou, *Shanghai Triad* (1995). Shanghai, années folles : un jeune homme arrive de sa campagne et est engagé par un puissant chef pour servir sa maîtresse, la belle Gong Li, chanteuse de cabaret.

ZHANG Yuan, *Les Bâtards de Pékin* (1993). Cui Jian, le chanteur, et son groupe de rock accompagne cette galerie de portraits de jeunes Pékinois en pleine période punk-rock. ●

pratique

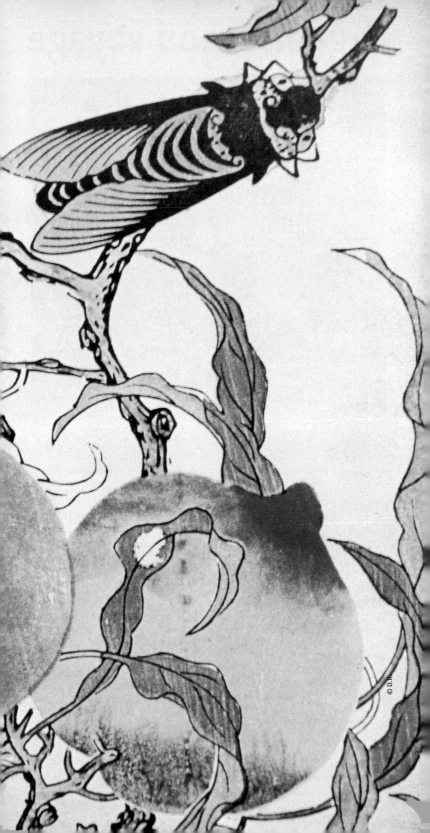

Organiser son voyage

© Romain Cintract/hemis.fr

▲ Au moindre rayon de soleil, la Chine descend dans la rue... pour taper le carton.

▌ Quand partir ?

Si les conditions climatiques sont déterminantes pour les dates de voyage, les fêtes locales peuvent aussi influer sur ce choix *(p. 290)*. Évitez absolument les périodes du Nouvel An chinois (fin janv.-début fév.), du 1er mai et du 1er octobre. L'affluence touristique rend difficiles, voire impossibles, les réservations de transports et d'hôtels.

▷ À PÉKIN ET DANS LE NORD

Située à la latitude de Lisbonne, Pékin bénéficie d'un climat continental (fortes amplitudes thermiques dans la journée), mais tempéré par le régime

Pages précédentes : détail d'une estampe chinoise du XVIIIe s.

des moussons avec quatre saisons nettement marquées. Lorsqu'on s'enfonce vers l'intérieur du pays (Shanxi), ces nuances disparaissent pour faire place à un caractère continental plus accusé (hivers rigoureux et étés chauds, avec des intersaisons très courtes).

● **Printemps (mars-avr.).** C'est la saison la plus courte, agréable à partir d'avril, mais il arrive que soufflent en mai des vents chargés de poussière.

● **Été (mai-août).** 60 % des précipitations sont concentrées sur juillet-août (à cette période, il pleut tous les jours !). Elles se traduisent souvent par des crues subites des nombreux affluents du Haihe et par un fort degré d'hygrométrie générateur de *smog*. L'amplitude thermique dans la journée est de 10 °C en moyenne.

● **Automne (sept.-mi-nov.).** C'est la saison la plus belle, la saison d'or comme disent les Pékinois.

● **Hiver (déc.-fév.).** Un vent glacial et sec, venu de Sibérie, balaie les nuages : le ciel peut être dégagé. Chaussé et chapeauté, vous pourrez arpenter les rues et faire du patin à glace sur les lacs gelés des parcs impériaux.

▶ À Sʜᴀɴɢʜᴀɪ ᴇᴛ ᴅᴀɴs ʟᴇ Bᴀs-Yᴀɴɢᴢɪ

Shanghai possède un climat capricieux. La ville est enveloppée d'un manteau gris, oscillant entre un ciel qui boude et une pollution manifeste, lavé par les averses fréquentes.

Du fait de la proximité de la mer, l'humidité tourne autour de 80 %. Dans les villages du Huizhou et des Huangshan, le climat est plus contrasté.

● **Printemps (avr.-juin).** Les températures sont douces (20 à 25 °C) et il ne pleut pas trop. C'est la saison idéale pour voyager, avant les « pluies de prunes » de juin.

● **Été (juil.-début sept.).** Le climat est lourd, parfois insupportable tant la chaleur peut être écrasante la journée (températures souvent supérieures à 37 °C !). Les soirées sont plus agréables, mais sont aussi le rendez-vous des moustiques. Des pluies de mousson inondent la ville. Si possible, évitez cette période. Les sites sont bondés, et tout est plus difficile à obtenir.

● **Automne (oct.-nov.).** Le climat, assez instable, peut réserver de belles journées. On retrouve les températures douces du printemps.

● **Hiver (déc.-mi-mars).** Les températures ne descendent pas aussi bas qu'à Pékin, mais l'humidité ajoute à la rigueur.

‖ Comment partir ?

En avion

Air China, Air France et China Eastern Airlines proposent chaque semaine plusieurs vols directs sur Pékin et Shanghai au départ de Roissy-Charles-de-Gaulle. Les autres compagnies ont des offres attractives, mais il faut compter avec un, voire plusieurs transits. **Durée des vols :** Paris/Pékin : 9 h 40 ; Paris/Shanghai : 10 h.

Sur de nombreuses compagnies, on trouve une gamme de prix allant du simple au double, selon les périodes de l'année et les agences. Il est préférable de se renseigner auprès des agences de voyages pour comparer les prix et les prestations offertes. Outre le tarif, la durée du vol, les escales et les changements d'avion, la durée de validité du billet et les possibilités de modification de dates sont à considérer avant de faire son choix.

Ne pas oublier de reconfirmer son vol retour 72 h avant : vérifier, au moment de l'achat du billet, que l'on dispose des coordonnées du transporteur en Chine.

●●● *Voir aussi www.adp.fr pour les coordonnées des compagnies aériennes, moyens d'accès à Roissy Charles-de-Gaulle, conseils aux passagers.*

climat
Températures en °C

Mois	J	F	M	A	M	J	J	A	S	O	N	D
Pᴇ́ᴋɪɴ												
Maxi	13	18	27	32	38	40	40	41	33	28	23	18
Mini	- 17	- 15	- 7	- 1	4	8	17	12	2	- 3	- 12	- 14
Sʜᴀɴɢʜᴀɪ												
Maxi	8	8	13	19	25	28	32	34	28	23	17	12
Mini	1	1	4	10	15	19	23	24	20	14	7	2

▶ Vols réguliers directs

Air China, 10, bd Malesherbes, 75008 Paris ☎ 01.42.66.16.58, fax 01.47.42.67.63, www.airchina.com. Vols t.l.j. pour Pékin, les lun., mer. et sam. pour Shanghai.

Air France, 49, av. de l'Opéra, 75002 Paris ☎ 0.820.820.820, www.air france. fr. *Ouv. t.l.j. 6 h 30-22 h.* 14 vols/sem. pour Pékin (dont 7 en partenariat avec China Eastern), 14 vols/sem. pour Shanghai (dont 7 en partenariat avec China Eastern).

China Eastern Airlines, 6, rue de la Paix, 75002 Paris ☎ 01.44.86.03.00, www.ce-air.com. 14 vols/sem. pour Pékin (dont 7 en partenariat avec Air France), 14 vols/sem. pour Shanghai (dont 7 en partenariat avec Air France).

▶ Les spécialistes du vol sec

Chinaco Travel, 158, bd Masséna, 75013 Paris ☎ 01.45.85.98.64, fax 01.45.85.87.57, www.chinacotravel. com. Voyages organisés, individuels et à la carte. Vols secs et inter-Asie. Programmation variée.

Orchid'Tour, 16, bd de la Villette, 75019 Paris ☎ 01.40.03.83.39, fax 01.40.03.82.85, www.cfavoyages. fr. Vols secs et vols inter-Asie. Séjours et circuits.

De nombreux **voyagistes** proposent des tarifs sur les compagnies régulières : Asia, CTS, Forum Voyages, La Maison de la Chine, Nouvelles Frontières, Orients, Voyageurs du Monde, etc.

▶ Sur Internet

Attention, le délai d'obtention du visa *(p. 279)* rend difficile le recours aux sites de ventes aux enchères et d'offres de départ de dernière minute.

Les sites Internet des compagnies aériennes proposent de plus en plus des tarifs attractifs et des programmes de fidélisation.

Anyway ☎ 0.892.302.301, www. anyway.com. Tous les vols secs pour Pékin et Shanghai. Gamme de prix très large. En partenariat avec plus de 80 compagnies sur les vols intérieurs (chers) et internationaux.

Bourse des Voyages ☎ 01.42.61. 66.61, www.bdv.fr. Vols en promotion, infos sur les aéroports, conseils aux voyageurs.

Les Connaisseurs du Voyage, 10, rue Beaugrenelle, 75015 Paris ☎ 01.53. 95.27.00, www.connaisseursvoyage.fr. Spécialiste des tours du monde. Vols secs et promotions (pas de réservation en ligne).

Ebookers ☎ 0.892.893.892, www. ebookers.com. Vols secs pour Pékin et Shanghai à des prix intéressants, hôtels, assurances.

Lastminute ☎ 0.899.785.000, www. lastminute.com. *Ouv. lun.-sam. 9 h-20 h.* Vols réguliers et vols charters.

Voyages-sncf.com, première agence de voyage sur Internet, www.voyages-sncf.com, accessible 24 h/24 et 7 j/7, vous propose ses meilleurs prix sur les billets de train et d'avion, chambres d'hôtel, locations de voiture, séjours clés en main ou Alacarte®. Vous avez également accès à des services exclusifs : l'envoi gratuit des billets à domicile, Alerte Résa pour être informé de l'ouverture des réservation, le calendrier des meilleurs prix, mais aussi des offres de dernière minute, de nombreuses promotions ...

En train

Le mythique **Transsibérien** conduit de Moscou à Vladivostok, en Sibérie orientale. Jusqu'à Irkoutsk, sur les berges du lac Baïkal, son parcours est commun à deux trains qui permettent de gagner Pékin. Le **Transmandchou** contourne la République de Mongolie par le nord et entre en Chine à travers l'ancienne Mandchourie (9 000 km, 6 j. et demi ; visas russe et chinois). Le **Transmongol** traverse la Mongolie du N au S, puis les steppes de Mongolie-Intérieure avant d'arriver à Datong, puis à Pékin (7 554 km, 6 j. ; visas russe, mongol et chinois). Le prix revient sensiblement au même que par avion. **Renseignements et réservation** auprès des agences « Orients » et « Voyageurs du Monde » uniquement *(p. 278)*.

En voyage organisé

Outre les circuits, certains voyagistes proposent des séjours semi-organisés à Pékin et à Shanghai (env. 8 j. de séjour, dont 2 j. consacrés à des excursions dans les alentours). En pleine saison (printemps, été, automne), il faut compter de 150 à 200 € par jour, avion compris. En période de promotion (15 nov.-15 mars), une semaine à Pékin ou à Shanghai se vend entre 650 et 900 €, vol international compris, avec toute une gamme d'options (visites, repas de spécialités, spectacles) en supplément. Le secteur étant concurrentiel, surveillez les prix pour trouver la bonne affaire, ils peuvent changer d'une année sur l'autre.

●●● *À savoir* : vous pouvez également consulter le comparatif d'agences de voyages en ligne www.onparou.com.

▌ Les généralistes

La Chine est au programme de tous les grands tours opérateurs, dans une large gamme de prix et sous toutes les formules : vols secs, réservation d'hôtels, voyage sur mesure en voiture avec chauffeur et circuits classiques organisés en groupe.

Accor ☎ 0.825.012.011, www. accorhotels.com. Rés. dans les hôtels haut de gamme de la chaîne (Sofitel, Novotel et Panorama). Dispose de 3 hôtels à Pékin et 4 hôtels à Shanghai.

Club Voyages, 11, av. de l'Opéra, 75001 Paris ☎ 01.42.61.20.20, fax 01.42.61.39.12. Propose des vols secs et plusieurs circuits de 10 jours à travers la Chine, de Pékin à Shanghai, pour découvrir l'essentiel de la région.

Fram, 28, rue Monge, 75005 Paris ☎ 01.55.42.10.05. Rés. ☎ 0.826.463.727, www.fram.fr. *Ouv. lun.-sam. 9 h-18 h 30.* Propose un circuit de 14 jours (avion + hôtel + visites) comprenant Pékin et Shanghai.

Jet Tours, 34, av. de l'Opéra, 75002 Paris ☎ 01.47.42.06.92. Pour la province ☎ 0.825.302.010, www.jettours. com. Nombreux circuits d'une dizaine de jours chacun (avec guide accompagnateur).

Kuoni, 40, rue de Saint-Pétersbourg, 75008 Paris ☎ 01.42.82.04.02, www. kuoni.fr. Vols secs (A/R à partir de 500 €), voyages sur mesure et plusieurs circuits accompagnés, d'une à deux semaines.

Nouvelles Frontières, 13, av. de l'Opéra, 75001 Paris ☎ 01.42.61.02.62. Rés. ☎ 0.825.000.747, www.nouvelles-frontieres.fr. *Ouv. lun.-sam. 9 h-20 h, dim. 10 h-20 h.* Propose des vols secs, des voyages sur mesure et un système d'enchères pour profiter, si vous avez de la chance, de tarifs plus avantageux.

▌ Les spécialistes
du voyage à la carte

Itinéraires sur mesure, devis personnalisé et formules séjour auprès des artisans du voyage.

Compagnie de la Chine, 82, bd Raspail, 75006 Paris ☎ 01.53.63.33.40, www.compagniesdumonde.com.

Continents Insolites, 44 A-B, rue César Franck, 1050 Bruxelles ☎ (32) 2.218.24.84, www.continentsinsolites. com. À l'étage d'une maison, albums photos et bibelots invitent déjà au voyage chez ce spécialiste de l'insolite et du rêve. Brochure conçue comme un outil pratique : les destinations y sont passées au crible et accompagnées de nombreux articles donnant des éclairages différents sur le pays.

Directours, 90, av. des Champs-Élysées, 75008 Paris ☎ 01.45.62.62. 62, www.directours.com. Rés. ☎ 0.811.906.262.

L'ère du Voyage, 21, Grand-Rue, 1260 Nyon ☎ (22) 365.15.65, www.ereduvoyage.ch. Spécialiste des voyages culturels et des destinations famille. Vols secs et quelques voyages en groupe.

Jerrycan Voyages, 11, rue Sautter, 1205 Genève ☎ (22) 346.92.82, www.jerrycan-travel.ch. Circuits individuels conçus sous forme de modules combinables qui se déclinent en deux formules : les circuits « traditionnels », pour un premier voyage, et les circuits « découverte », qui sont des voyages à thème.

La Route des Voyages, 9, rue Saint-Antoine du T, 31000 Toulouse

☎ 05.62.27.00.68 ; 2 bis, av. de Brogny, 74000 Annecy ☎ 04.50. 45.60.20 ; 59, rue Franklin, 69002 Lyon ☎ 04.78.42.53.58, www.route-voyages.com.

Olifant Voyages, 1, rue Falguière, 75015 Paris ☎ 01.44.49.74.74, olifant3@wanadoo.fr. La Chine est une des destinations de prédilection de cette petite agence.

Au Tigre Vanillé, 8, rue de Rive, 1204 Genève ☎ (22) 817.37.37, www.vanilla-tiger.ch. Voyages culturels haut de gamme.

▌ Les spécialistes de la Chine et de l'Asie

Ariane Tours, 76, rue Dunois, 75013 Paris ☎ 01.45.86.88.66, www.ariane-tours.com. Vols secs et circuits sont proposés sur Pékin et Shanghai.

Asia, 1, rue Dante, 75005 Paris ☎ 01.44.41.50.10, www.asia.fr. Vols secs, voyage individuel sur mesure, formule « prêt-à-partir ». Circuit court (11 j.) avec Pékin, Chengde, Xi'an et Shanghai, ou plus long (16 j.) avec Hangzhou, Suzhou, Guilin et Hong Kong.

China Travel Service (CTS), 32, rue Vignon, 75009 Paris ☎ 01.44.51.55.66, www.ctsfrance.com. Voyagiste chinois relayé par une équipe de professionnels du tourisme en Chine. Programmes variés et personnalisés pour les groupes ou sur mesure.

La Maison de la Chine, 76, rue Bonaparte, 75006 Paris ☎ 01.40.51.95.00, fax 01.46.33.73.03, www.maisondelachine.fr. Une équipe de spécialistes et de passionnés de la Chine propose une gamme très variée d'itinéraires, renouvelée chaque année. Expositions et conférences de qualité pour préparer son voyage. Intéressantes formules séjour en *siheyuan (p. 89)* à Pékin et en 3h à Shanghai.

Nostal Asie, 19, rue Damesme, 75013 Paris ☎ 01.43.13.29.29, www.ann.fr. Vols secs aux tarifs particulièrement compétitifs, « prêts-à-partir » pour les individuels et programmes sur mesure.

Orients, 27, rue des Boulangers, 75005 Paris ☎ 01.40.51.10.40, www.orients.com. Des voyages originaux, mais aussi des voyages d'exception à l'occasion du Nouvel An à Pékin (janv.-fév.) et de la fête de la Lune à Shanghai (sept.). La brochure est déjà, à elle seule, une invitation au voyage. « Pékin la pourpre » et « Balade à Shanghai » sont des séjours d'une semaine pour vivre ces villes dans tous les détails. Pour les pressés passionnés, un week-end shopping à Pékin. Pour les curieux, tous les séjours à la carte.

Les Routes de l'Asie, 7, rue d'Argenteuil, 75001 Paris ☎ 01.42.60.46.46, www.laroutedesindes.com. Un catalogue d'idées pour une découverte individuelle du pays. Spécialiste de l'Asie sur mesure.

Voyageurs du Monde, 55, rue Sainte-Anne, 75002 Paris ☎ 01.42.86.16.40, www.vdm.com. Des guides accompagnateurs de terrain, une équipe d'accueil franco-chinoise qui a sillonné l'Asie. Tarifs aériens très concurrentiels. Conférences, expositions et réunions d'information pour aider à choisir son voyage. Formules séjour en hôtel de charme à Shanghai, dans une maison à cour ou en 5h à Pékin.

▌ Voyages culturels

Association française des amis de l'Orient, 19, av. d'Iéna, 75016 Paris ☎ 01.47.23.64.85, www.afao-asso.fr. Association culturelle rattachée au musée Guimet. Voyages accompagnés par des conférenciers de haut vol.

Clio, 27, rue du Hameau, 75015 Paris ☎ 0.826.10.10.82, www.clio.fr. Entre autres offres, un grand circuit culturel de 18 j. qui inventorie les temps forts du patrimoine chinois, en passant par Pékin et Shanghai. Cycles de conférences et articles de spécialistes en ligne.

Ikhar, 16, rue de la Banque, 75002 Paris ☎ 01.43.06.73.13, fax 01.40.65.00.78, www.ikhar.com. Voyages sur mesure et six circuits, dont « Premiers pas à Pékin » et « L'empire du Milieu » (à Pékin et à Shanghai).

Intermèdes, 60, rue La Boétie, 75008 Paris ☎ 01.45.61.90.90, www.intermedes.com. De nombreux circuits en Chine dont « Escales capitales » (17 j.) qui débute à

formalités
Visa périmé : que faire ?

Afin d'éviter les déboires, bien vérifier la validité du visa et le nombre de jours auquel il donne droit. Que faire, pourtant, si votre visa arrive à expiration sur place ou si la police chinoise vous arrête à la douane pour dépassement de visa ? Dans le premier cas, rendez-vous au Bureau d'immigration de la sécurité publique *(à Pékin, p. 110 ; à Shanghai, p. 202)*. Si vous êtes en règle, la prolongation du visa vous coûtera 160 y. Ne tardez pas : une amende de 500 y par jour de dépassement peut vous être demandée. Dans le second cas, pas de panique non plus : l'article 42 (loi sur les procédures d'entrée et de sortie en Chine) vous donne droit à une tolérance de 10 jours de dépassement. Si vous êtes pris en faute, exigez un exemplaire du texte de loi auprès de la police (il en existe une version en anglais). Attention, au-delà de 10 jours, vous vous exposez à l'amende de 500 y par jour à laquelle il faut ajouter les 160 y de prolongation de visa. Les mauvais payeurs se voient proposer un séjour en prison de 3 à 10 jours. Évitez donc de jouer avec le feu : impossible de négocier si vous êtes en faute ni de compter sur les représentations françaises en Chine pour vous aider financièrement : la France ne dispose d'aucun crédit pour les Français en difficulté à l'étranger. ●

Pékin et s'achève à Shanghai. Voyages à la carte avec des guides-conférenciers de qualité. Également possibilité d'organiser son séjour en individuel « sur mesure ». Cycles de conférences culturelles en collaboration avec *Le Monde de la Bible* et *Archéologia*.

|| Formalités

Passeport et visa

Le **passeport** doit être valable 6 mois après la date de retour. Un **visa** est **obligatoire** (60 j. maximum pour un visa touristique, valable 3 mois à compter de la date d'émission).

Pour obtenir un **visa individuel**, s'adresser au consulat chinois de son pays de résidence, avec passeport, photo, montant de la taxe consulaire (35 € en France, réglables en espèces) et formulaire de demande dûment rempli. Vous pouvez télécharger ce dernier à la rubrique « Service consulaire » sur le site de l'ambassade de Chine en France : www.amb-chine.fr. Délai d'obtention : 5 jours ouvrables. Le consulat propose un service rapide en 2 ou 3 jours, avec taxe majorée (env. 25 €). Des **visas collectifs** sont parfois accordés aux agences de voyages agréées

(groupes de cinq personnes minimum). On gagne du temps en chargeant l'agence de voyages qui a vendu le billet d'avion d'obtenir le visa (service payant). On peut aussi recourir au service de visa par correspondance (délai : 24-48 h en express) : **Action Visas**, 69, rue de la Glacière, 75013 Paris ☎ 0.826.000.726, www.action-visas.com. **VIP Visas Express**, 54, rue de l'Ouest, 75014 Paris ☎ 01.44.10.72.72, www.visas-express.fr.

● **Extension de la durée du visa.** S'adresser au Bureau d'immigration de la sécurité publique *(à Pékin, p. 110 ; à Shanghai, p. 202)*.

Douanes

Le passage de la douane chinoise ne pose pas de problème. Vous pouvez emmener avec vous un appareil photo, un baladeur, une caméra de petite taille (soumise à autorisation pour les formats supérieurs à 16 mm), un caméscope, un ordinateur portable, l'équivalent en devises de 5 000 dollars américains, deux bouteilles d'alcool et deux cartouches de cigarettes. Rens. www.coomd.org, rubrique « Directives douanières » (en anglais).

●●● *Pour les formalités à l'exportation, voir encadré p. 294.*

Votre budget

Malgré une importante augmentation du niveau de vie ces dernières années, la balance penche encore en faveur du voyageur occidental : le salaire mensuel moyen en ville est en effet de 2 700 y (267 €).

Sauf dans les zones les plus touristiques où les prix montent très vite, les tarifs pratiqués sont les mêmes pour les Chinois que pour les étrangers. Les prix indiqués sont communiqués à titre indicatif.

● **Avion depuis l'Europe.** Prix moyen : environ 1 000 € aller-retour. Hors saison, des vols à prix cassé sur la Chine peuvent descendre jusqu'à 500 € aller-retour.

● **Une chambre double.** Dans un hôtel ▲, compter 100 à 500 y ; dans un ▲▲ : 500 à 1 000 y ; dans un ▲▲▲ : 1 000 à 1 500 y ; dans un ▲▲▲▲ : 1 500 à 2 000 y ; dans un ▲▲▲▲▲ : plus de 2 000 y *(p. 292)*. Ces tarifs correspondent à ceux des établissements de Pékin et Shanghai, qui sont jusqu'à 50 % plus élevés que ceux des autres villes.

● **Repas.** Un bol de nouilles dans la rue : 5 y ; un repas dans un restaurant ♦♦ : entre 50 et 100 y par personne ; dans un ♦♦♦ : 100 à 200 y ; dans un restaurant de luxe : 200 y et plus. Les boissons ne sont pas chères, sauf dans les grands restaurants où la bière peut coûter de 30 à 50 y la bouteille.

● **Guide interprète.** 300 y par jour, pourboire non compris (environ 150 y par jour).

● **Droits d'entrée des musées et monuments.** Ils varient selon la notoriété et le degré de fréquentation touristique des lieux, de 5 à 100 y et plus.

● **Billets de train.** Ils sont peu onéreux. Pékin/Shanghai : entre 330 et 500 y ; Shanghai/Suzhou : entre 15 et 25 y en fonction du train choisi ; Pékin/Chengde : 15 à 60 y.

● **Taxis.** Une course coûte en moyenne 15 y. Compter 30 à 40 y pour traverser toute la ville. De l'aéroport de Pékin au centre-ville : environ 90 y ; de l'aéroport de Pudong (Shanghai) à Puxi : plus de 100 y.

● **Cartes postales.** Lots de 10 cartes pour 10 y dans la rue ou à la poste, 20 à 50 y dans les musées, pour des cartes de qualité supérieure.

● **Cinéma.** Entre 20 et 30 y la place en fonction du quartier.

● **Coiffeur.** Le coiffeur de rue vous fera une coupe pour quelques yuans, les salons prennent entre 20 et 60 y en fonction du quartier et de leur réputation. ●

Permis de conduire

Seuls les étrangers ayant le statut de résidents en Chine ont le droit de conduire.

Assurances

Il est recommandé de souscrire, avant le départ, une assurance couvrant le vol des bagages et le rapatriement sanitaire. Elle est souvent comprise dans le forfait des voyages organisés, comme le remboursement en cas d'annulation pour raisons médicales. Si vous partez **seul**, vous trouverez des contrats d'assurance auprès de votre voyagiste, dans les conventions de certaines cartes bancaires internationales ou auprès de compagnies spécialisées.

Vaccins

Aucun vaccin n'est exigé des voyageurs arrivant d'Europe. Il est cependant indispensable d'être à jour pour les

rappels courants (diphtérie, tétanos, typhoïde, poliomyélite) et conseillé d'effectuer les vaccinations suivantes **au moins 2 semaines** avant le départ :

● contre l'**hépatite A** (liée à l'hygiène alimentaire ; 1 injection suivie d'un rappel 6 mois à 1 an plus tard) ;

● contre l'**hépatite B** (transmise par les rapports sexuels ou le sang contaminé ; 2 injections à 1 mois d'intervalle, puis rappel 6 mois et 5 ans après).

Attention, si vous décidez de voyager un peu plus vers le S, un traitement antipaludéen sera nécessaire.

Monnaie

La « devise du peuple », le *renminbi* (rmb), est appelée *yuan* (abrégé y) ou *kuai*. Un *yuan* se divise en 10 *mao (jiao)* et 100 *fen*. Les billets vont de 1 *mao* à 500 y.

●●● *À noter* : en 2007, 1 € = 10,40 y ; 1 y = 0,10 €. *Pour connaître le taux de change :* www.oanda.com.

● **Quelle monnaie emporter ?** Inutile de prendre des dollars : on change aisément des euros à Pékin et à Shanghai.

● **Chèques de voyage.** On peut changer des travellers dans presque tous les hôtels ainsi que dans les banques. Penser à contresigner les chèques.

● **Cartes bancaires.** Les **distributeurs de billets** se multiplient à Pékin comme à Shanghai : on peut retirer des devises sans problème. En revanche, seuls les grands hôtels et de rares magasins et restaurants de Pékin et de Shanghai acceptent le paiement par carte. En dehors de ces deux métropoles, la carte bancaire ne vous sera utile que pour retirer des devises auprès de la Banque de Chine. Attention, les banques prélèvent une **commission** sur les retraits à l'étranger aux distributeurs automatiques (env. 3 €) et sur les achats réglés par carte (1,75 % du montant). Avant de partir, pensez à prendre les **coordonnées** en Chine de votre banque et à noter le **n° d'appel en cas de perte** ou de vol.

●●● *Voir aussi Change p. 289.*

Que faut-il emporter ?

Vêtements

Ne vous chargez pas trop : vous trouverez sur place de quoi vous dépanner en cas de besoin.

Priorité aux vêtements **confortables**, **pratiques** et **peu fragiles**. Service de blanchisserie dans les hôtels. Vos vêtements vous seront retournés propres et peu repassés pour une somme raisonnable, dans les établissements modestes, impeccables mais pour un prix exorbitant dans les hôtels de luxe. Prenez du **détergent** en tube pour les lessives quotidiennes. L'**hiver**, les fourrures polaires sont précieuses et peu encombrantes. Pensez aussi à un imperméable léger ou un parapluie, foulards et lainages pour la climatisation des hôtels et des restaurants de catégorie supérieure.

Prenez des **chaussures** confortables et une paire de rechange pour les jours de pluie. Pour se promener sur la Grande Muraille, ou dans les Huangshan, chaussures de sport ou de marche seront les bienvenues. L'**hiver**, optez pour des semelles épaisses ou des chaussures fourrées.

Les Chinois sont décontractés en matière de vêtements, et leurs critères de décence sont les mêmes qu'en Europe. Pour les **femmes**, shorts et petits décolletés sans manches ne sont pas indécents. Les **hommes** éviteront de se mettre torse nu l'été. Les citadins se montrent plus soucieux de leur apparence et apprécient une tenue recherchée lors d'un dîner.

Bagages

Pensez au retour : 20 kg maximum en classe éco (30 kg en classe affaires). Si vous voyagez seul, préférez le sac à dos à la valise à roulettes : seuls les aéroports mettent des chariots à disposition ; dans les gares, il faut arpenter d'interminables quais, monter et descendre des volées d'escaliers sans chariots ni porteurs. À bord des trains,

internet
Pour préparer votre voyage

Préparation au voyage

● **www.abm.fr.** Site de l'association *Aventure au bout du monde* (festival organisé chaque année). Infos et carnets de voyage. Cartes détaillées sur la Chine, infos pratiques, fiches régions, liens, etc. Publication du mensuel *Globe Trotters*.

Carnets de voyage

● **www.ivoyage.fr.** Récits de voyage, albums photos, conseils. Grand choix de carnets de voyage commentés sur la Chine.

● **www.uniterre.com.** Une centaine de carnets de voyage sur la Chine ; dossiers pratiques, liens pour organiser son voyage, boutiques. Un site de référence.

● **www.chez.com/anamika/webasie.html.** Place à la Chine dans ce cercle de « carnettistes » passionnés d'Asie.

Informations pratiques

● Conditions de sécurité, de santé et formalités nécessaires pour les voyageurs étrangers avec le site du ministère des Affaires étrangères : **www.diplomatie.gouv.fr** pour les ressortissants français, **www.fac-aec.gc.ca** pour les Canadiens, **diplobel.fgov.be** pour les Belges et **www.dfae.admin.ch** pour les Suisses.

● **www.ambafrance-cn.org.** Généralités à propos du voyage en Chine sur le site de l'ambassade de France à Pékin.

● **www.english.ctrip.com** (en anglais). Centrale de réservation : hôtels, vols inter-Asie, voyages, package. ●

surtout en classe « dure » (voir *Le train p. 298*), vous ne saurez que faire d'un bagage volumineux.

En voyage organisé avec transferts à l'hôtel, l'aéroport ou la gare, emportez une valise solide : elle sera enregistrée en soute pour les déplacements par avion comme pour les trajets en train et sera malmenée. Seuls sont acceptés à l'enregistrement les bagages fermant à clef, ou munis d'un cadenas.

Gardez avec vous argent, billet d'avion, passeport et tout médicament indispensable.

Photo

Adeptes de l'argentique, faites vos provisions de films : la Chine s'est convertie au numérique en masse. Les utilisateurs d'appareils photo et caméras numériques n'oublieront pas d'emporter le nécessaire pour recharger les batteries de leurs appareils (adaptateurs inutiles). Prévoir également suffisamment d'espace de stockage pour les images, même si on trouve partout des grandes surfaces d'informatique où s'approvisionner en cartes, cassettes et mini-disques.

Pharmacie de voyage

Emportez vos traitements en cours en quantité suffisante, des médicaments contre les troubles intestinaux et un laxatif, un antibiotique à large spectre, des médicaments contre le mal des transports. Au printemps, dans le Nord, un collyre soulagera vos yeux de la fine poussière soulevée par le vent. En été, ajoutez une crème de protection solaire et un antimoustiques. Sur place, vous trouverez les produits sanitaires et médicaments d'usage courant (pansements, désinfectant local, aspirine) dans les pharmacies occidentales de Pékin *(p. 110)* et de Shanghai *(p. 202)*.

À ne pas oublier

Un réveille-matin, une lampe torche, une photocopie du passeport et des photos d'identité (cela facilite les démarches en cas de perte des documents de voyage), une boîte de lingettes pré-imprégnées (contre la poussière), des lunettes de soleil, un coupe-vent et un parapluie, un couteau (ne le laissez pas dans votre bagage à main pendant les voyages en avion), des boules Quies (elles peuvent vous sauver dans une chambre d'hôtel voisine du karaoké) et un gobelet pour boire pendant les voyages en train (il y a des Thermos, mais pas de verre). Sur place, on trouve tout : un oubli n'est jamais dramatique !

‖ **Adresses utiles**

Informations touristiques

Office du tourisme de Chine, 15, rue du Berri, 75008 Paris ☎ 01.56.59.10.10, www.otchine.com. *Ouv. lun.-ven. 9 h 30-12 h et 14 h-17 h.* Brochures, cartes et plans des principales villes.

Ambassades et consulats

Les services consulaires sont fermés les jours fériés chinois *(p. 291)* et ceux du pays de résidence.

● **En France. Ambassade** : 20, rue Washington, 75008 Paris ☎ 01.53.75.88.34, www.amb-chine.fr. *Ouv. lun.-ven. 9 h 30-12 h et 14 h 30-17 h.* **Consulats** : ☎ 01.53.75.88.05, dépôt des demandes de visa le matin uniquement, de 9 h 30 à 12 h, à la même adresse ; attention, toute demande faite par courrier sera refusée ; 20, bd Carmagnole, 13008 Marseille ☎ 04.91.32.00.01, *ouv. mar., mer. et ven. 9 h-12 h.* ; 35, rue Bautain, 67000 Strasbourg ☎ 03.88.45.32.32, fax 03.88.45.32.23, *ouv. mar., mer. et jeu. 9 h-12 h.*

● **En Belgique. Consulat** : 400, bd du Souverain, 1160 Bruxelles ☎ (02) 779.43.33, www.china embassy-org. be/fra. *Ouv. lun.-ven. 9 h-11 h 30.*

● **En Suisse. Consulat** : Kalcheggweg, 10, CH3006 Berne ☎ (31) 351.45.93, www.china-embassy.ch/fra. *Ouv. lun.-ven. 9 h-12 h.*

Informations santé

Vous pouvez obtenir tous les renseignements auprès des organismes suivants :

Ministère des Affaires étrangères, www.diplomatie.gouv.fr.

Santé Voyages, www.astrium.com.

Pour les vaccinations :

Centre de vaccination Air France, 148, rue de l'Université, 75007 Paris ☎ 0.892.68.63.64.

Service Voyage de l'Institut Pasteur, 211, rue de Vaugirard, 75015 Paris ☎ 0.890.710.811, www.pasteur.fr.

●●● *Consulter la liste complète des centres de vaccination agréés sur www.muskadia.com.*

Librairies de voyage

● **À Paris. L'Astrolabe**, 46, rue de Provence, 75009 ☎ 01.42.85.42.95. Un fonds de 35 000 ouvrages. **IGN**, 107, rue La Boétie, 75008 ☎ 01.43.98.85.13, www.ign.fr. Cartes, plans et guides. **Itinéraires**, 60, rue Saint-Honoré, 75001 ☎ 01.42.36.12.63, www.itineraires. com. Important catalogue informatisé sur toutes les destinations. **L'Arbre du Voyageur**, 55, rue Mouffetard, 75005 ☎ 01.47.07.98.34. **Livres sans frontières**, 118, rue de Lourmel, 75015 ☎ 01.45.77.87.60, fax 01.45.77.87.60. Livres anciens, d'occasion et neufs. **Ulysse**, 26, rue Saint-Louis-en-l'Île, 75004 ☎ 01.43.25.17.35, www.ulysse. fr. *F. le matin et le lun.* Grand choix de guides anciens et de documents inédits. **Voyageurs du Monde**, 55, rue Sainte-Anne, 75002 ☎ 01.42.86.17.38, www.vdm.com. Librairie au sous-sol.

● **En Belgique. Anticyclone des Açores**, 34, rue Fossé-aux-Loups, B1000 Bruxelles ☎ (02) 217.52.46. La plus grande librairie de voyage de Belgique. 5 000 guides et 8 000 cartes en stock. Peuples et Continents, 17, galerie Ravenstein, B1000 Bruxelles ☎ (02) 511.27.75.

● **En Suisse. Le Vent des Routes**, 50, rue des Bains, CH1205 Genève ☎ (22) 800.33.81, www.vdr.ch. **Travel Bookshop**, Rindermarkte 20, CH8000 Zurich ☎ (01) 252.38.83, www.travel-bookshop.ch.

● **Au Canada. Ulysse**, 4176, rue Saint-Denis, Montréal ☎ (514) 843.9447, et 560, rue Président-Kennedy ☎ (514) 843.7222.

Librairies asiatiques

● **À Paris. Fenêtre sur l'Asie**, 49, rue Gay-Lussac, 75005 ☎ 01.43.29.11.00. Guides de voyage, beaux livres, ouvrages en anglais.

L'Harmattan, 16, rue des Écoles, 75005 ☎ 01.40.46.79.11, www.editions-harmattan.fr. Choix d'ouvrages spécialisés.

Kailash, 69, rue Saint-Jacques, 75005 ☎ 01.43.29.52.52, www.kailasheditions.com. Réédite d'anciens récits de voyage et de savoureux romans exotiques.

Librairie Geuthner, 12, rue Vavin, 75006 ☎ 01.46.34.71.30. Livres anciens en français, anglais et chinois.

Oriens, 10, bd Arago, 75013 ☎ 01.45.35.80.28, www.oriens.fr. Ouvrages rares ou épuisés en toutes langues. Consultation sur r.-v.

Le Phénix, 72, bd de Sébastopol, 75003 ☎ 01.42.72.70.31, www.librairie-lephenix.fr. Une excellente équipe de passionnés. Le meilleur choix de livres, revues et disques sur la Chine à Paris.

La 3e Veille, 21, rue Davy, 75017 ☎ 01.42.29.50.79. Fonds généraliste et ouvrages anciens sur l'Asie.

You Feng, 45, rue Monsieur-le-Prince, 75006 ☎ 01.43.25.89.98, www.you-feng.com. Livres sur la Chine, en français et en chinois.

● **En Belgique. La Grande Muraille**, 5, galerie Ruysbroeck, B1000 Bruxelles ☎ (02) 512.14.56, users.swing.be/grande muraille. Le spécialiste de la Chine.

Bibliothèques

Bibliothèque de l'INALCO (Langues orientales), 4, rue de Lille, 75007 Paris ☎ 01.44.77.87.20. *Ouv. mar.-ven. 9 h-19 h, lun. 13 h-19 h, sam. 10 h-18 h.* Consultation sur place (présenter pièce d'identité et photo). Beaucoup d'ouvrages en langues originales.

Bibliothèque du musée Guimet, 6, pl. d'Iéna, 75016 Paris ☎ 01.56.52.53.01. *Ouv. 13 h-17 h. F. mar. et w.-e.*

Bibliothèque du Centre Georges-Pompidou (BPI), 19, rue Beaubourg, 75004 Paris ☎ 01.44.78.12.33. *Ouv. lun.-ven. 12 h-22 h, sam., dim. et j.f. 11 h-22 h. F. mar.* Catalogue informatisé à l'entrée. Documentaires historiques, cours de chinois (en « autoformation ») et consultation gratuite d'Internet. Ouvrages de référence sur la Chine et livres traitant de sujets originaux.

Bibliothèque du Trocadéro, 6, rue du Commandant-Schloesing, 75016 Paris ☎ 01.47.04.70.85. *Ouv. mar., jeu. et ven. 13 h-19 h, mer. et sam. 10 h-19 h.* Attention : actuellement en rénovation, elle rouvrira ses portes fin 2007. Cette bibliothèque a hérité du fonds du Touring Club de France, dans une pièce à part. Service de prêt de guides, beaux livres et récits de voyage.

‖ La Chine en France

Associations et centres culturels

Centre culturel de Chine, 1, bd de la Tour-Maubourg, 75007 Paris ☎ 01.53.59.59.20, www.cccparis.org. *Ouv. lun.-ven. 10 h-13 h et 14 h-18 h.* La Chine s'est offert cet hôtel particulier de l'esplanade des Invalides pour sa vitrine culturelle : expositions, concerts, spectacles de danse et conférences. Cours de chinois et de calligraphie. Publication du magazine *Chine sur Seine*.

Centre culturel de Taiwan, 78, rue de l'Université, 75007 Paris ☎ 01.44.39.88.66, http://ccacctp.cca.gov.tw. *Ouv. lun.-ven. 10 h-17 h 30.* Environ trois expositions

internet
Découvrir la Chine sur la toile

● **cecmc.ehess.fr.** Bibliographie, actualité, nombreux liens communiqués par le Centre d'études sur la Chine moderne et contemporaine, une unité associée au CNRS.

● **chinasite.com** (en anglais). Répertoire de liens sur tous les thèmes : sport, histoire, tourisme, arts martiaux, automobile, etc. Un excellent site !

● **escaleenchine.free.fr.** Propose de découvrir la Chine et de s'initier au chinois. Forum de discussion. Une page très bien fournie en informations pratiques.

● **sedac.ciesin.org** (en anglais). Base de données établie par l'université de Columbia. Nombreux liens vers des données socio-économiques et géographiques : régions de Chine, cartes, chiffres.

● **www.beiyan.com.** Articles sur des sujets variés (étudier le chinois, voyager en Chine, implantation, etc.) mis en ligne par une société de consultants pour entreprise.

● **www.capasie.com.** Portail de l'Asie francophone proposant un répertoire de liens par pays et par thèmes.

● **www.cefc.com.hk.** Site du Centre d'études français sur la Chine contemporaine, basé à Hong Kong. Sommaire de la revue *Perspectives chinoises*. Quelques articles en ligne.

● **www.chenmen.com.** Développe et explique une multitude de thèmes sur la médecine chinoise, le Qigong, le Yijing, la théorie des cinq éléments, la pharmacopée, etc.

● **www.china-window.com** (en anglais). Informations culturelles variées sur la Chine sous forme d'articles : jardins de Suzhou, médecine chinoise, arts... et informations détaillées par grandes villes et provinces.

● **www.eurasie.net.** Le site français d'informations sur l'Asie en France est une mine sur la Chine. Comprend un webzine, un forum de discussion et un portail avec un vaste choix de liens.

● **www.lechinois.com.** La mission de ce site consiste à faciliter l'apprentissage du chinois. Traduction de votre nom en chinois (payante).

● **www.sinologic.com** (en anglais). Galerie virtuelle pour découvrir l'avant-garde de l'expression artistique.

● **www.sinoptic.ch.** Informations régulièrement mises à jour touchant à l'économie, la politique, la culture et la civilisation chinoises, la santé, etc.

● **www.toutelachine.com.** Des cartes, une chronologie, des liens, des suggestions de lecture, un panorama complet du cinéma chinois et un forum de discussion.

● **www.travelchinaguide.com** (en anglais). Inventaire très complet des ressources touristiques du pays par le CTS (China Travel Service), hôtels, restaurants, photos, etc. ●

artistiques annuelles dans ce cadre très dynamique, qui explore toutes les facettes de la culture chinoise (spectacles, rencontres, cycles cinéma, etc.).

Passeport pour la Chine, 2, rue du Pont-de-Lodi, 75006 Paris ☎ 01.43.29.61.98, www.passeportpourlachine.org. Cours et stages de mandarin, de calligraphie, de peinture ; visite du quartier chinois (XIIIe arr. de Paris) ; médiathèque de prêt ; conseils pour le voyage.

---

internet
La Chine en France

En ligne ou en magazine, tout savoir sur les manifestations chinoises et asiatiques en France :

● **kitai.free.fr.** Lettre mensuelle sur l'Asie à Paris.

● **marcopolo-magazine.com.** Version PDF d'un magazine d'information sur l'Asie distribué à Paris.

● **fr.radio86.com.** Émission hebdomadaire sur la Chine de BFM, radio spécialisée dans les questions économiques.

●●● *Voir aussi les agendas de www.cccparis.org et http://ccacctp.cca.gov.tw.* ●

Les voyagistes **Maison de la Chine** et **Voyageurs du Monde**, ainsi que l'**Association française des amis de l'Orient** proposent un calendrier d'expositions et de conférences.

Musées

Musée Cernuschi, 7, av. Velasquez, 75008 Paris ☎ 01.53.96.21.50. *Ouv. 10 h-18 h. F. lun.* Chefs-d'œuvre de l'art chinois, des origines au Moyen Âge, dans un hôtel particulier du parc Monceau, magnifiquement restauré. Expositions temporaires ouvrant sur l'ensemble des arts d'Extrême-Orient.

Musée national des Arts asiatiques – Guimet, 6, pl. d'Iéna, 75016 Paris ☎ 01.56.52.53.00, fax 01.56.52.53.54, www.museeguimet.fr. *Ouv. 10 h-17 h 45. F. mar.* Ce bâtiment hors du commun abrite l'une des plus grandes collections d'arts asiatiques du monde. Dès le début du xxᵉ s., ses céramiques et ses porcelaines chinoises ont fait sa réputation. Superbes collections de bronzes rituels et de sculptures bouddhiques.

Musée départemental Albert-Kahn, 14, rue du Port, 92100 Boulogne-Billancourt ☎ 01.55.19.28.00. *Ouv. mar.-dim. 11 h-19 h. F. annuelle des jardins*

en hiver. Consultation à la demande d'autochromes et de films pris de 1909 à 1931 à travers le monde : Inde, Chine, Japon, Mongolie… pour les Archives de la Planète. Beaux jardins japonais, restaurant (réouverture en 2008).

Musée Adrien-Dubouché, 8, pl. Winston Churchill, 87000 Limoges ☎ 05.55.33.08.50. *Ouv. 10 h-12 h 30 et 14 h-17 h 45. F. mar.* Tout sur l'histoire de la céramique et du verre, à travers des collections très riches et une présentation didactique. Pièces en grès et porcelaines chinoises en quantité et de qualité.

Musée national de la Céramique, pl. de la Manufacture, 92310 Sèvres ☎ 01.41.14.04.20, www.musee-ceramique-sevres.fr. *Ouv. 10 h-17 h. F. mar.* L'un des plus grands musées de France consacrés au sujet : 60 000 pièces présentées en alternance, dont un grand nombre viennent de Chine ou sont inspirées des techniques chinoises.

Musée chinois, château de Fontainebleau, 77300 Fontainebleau ☎ 01.60.71.50.70. *Ouv. 9 h 30-17 h (oct.-mai), 9 h 30-18 h (juin-sept.). F. mar.* La splendide collection personnelle de l'impératrice Eugénie, composée du « butin » résultant du sac du palais d'Été (1860) et de présents apportés par les ambassadeurs du Siam (1861).

Musée des Arts asiatiques, 405, promenade des Anglais, Arenas, 06200 Nice ☎ 04.92.29.37.00, www.arts-asiatiques.com. *Ouv. 10 h-18 h (17 h oct.-avr.). F. mar.* Posé sur un lac parcouru d'oiseaux asiatiques, ce musée doit l'harmonie de son architecture de marbre et de verre à l'architecte japonais Kenzo Tange. Soie, jade, bronze et divers objets archéologiques. Art des bouquets et cérémonie du thé hebdomadaires. Concert mensuel.

Musée de la Compagnie des Indes, La Citadelle, 56290 Port-Louis ☎ 02.97.82.19.13, fax 02.97.82.42.88. Le musée évoque l'histoire de cette épopée maritime que les différentes Compagnies des Indes ont vécue durant les xviiᵉ et xviiiᵉ s., en établissant des relations commerciales avec l'Afrique, l'Inde, la Chine et le Nouveau Monde.

Paris
Chinatown(s)

Le triangle formé par les av. d'Ivry et de Choisy et le bd Masséna (XIIIe arr.) abrite le quartier chinois le plus ancien de Paris, et le plus grand supermarché chinois de la ville : Tang Frères *(48, av. d' Ivry ; ouv. 9 h-19 h 30, f. lun.)* est le temple de l'alimentation asiatique. La rue de Belleville (XIXe arr.) et les rues voisines ont vu plus récemment s'ouvrir restaurants, épiceries et boutiques chinoises où l'on peut acheter les derniers costumes Mao, aujourd'hui introuvables en Chine. Si le XIIIe arrondissement est asiatique, Belleville est plus spécifiquement chinois, tout comme la rue au Maire et la rue de Volta (restaurants, magasins d'alimentation), en plein XIIIe arrondissement. ●

Chiner en France

▶ PLAISIR DU THÉ

Cha Yuan, 7-9, rue des Remparts d'Ainay, 69002 Lyon et 19, cours Vitton, 69006 Lyon ☎ 04.72.41.04.60, www.cha-yuan.com. Un spécialiste des thés de Chine. Vente sur place et par correspondance.

Chez mademoiselle Li, Jardin d'Acclimatation, bois de Boulogne, 75016 ☎ 01.40.67.90.82. *Ouv. sam.-dim. 11 h-19 h.* Décor chiné en Chine.

L'Empire des Thés, 101, av. d'Ivry, 75013 Paris ☎ 01.45.85.66.33. Dans un décor rouge minimaliste, choix de théières, lanternes, bols et accessoires. Carte de 160 variétés. Expositions, livres rares et disques.

La Maison des Théières, 17, rue de l'Odéon, 75006 Paris ☎ 01.46.33.98.96. Le spécialiste des théières : plus de 400 modèles en fonte, porcelaine et terre cuite.

La Maison des Trois Thés, 33, rue Gracieuse, 75005 Paris ☎ 01.43.36.93.84. Pour s'initier à l'art de déguster le thé auprès d'un maître.

Maison de thé Tch'a, 6, rue du Pont-de-Lodi, 75006 Paris ☎ 01.43.29.61.31. Déjeuner seulement. Un havre de paix tenu par une jeune Chinoise passionnée par l'art du thé et ses vertus médicinales. Expositions de peintres, photographes et calligraphes chinois.

Thés de Chine, 20, bd Saint-Germain, 75005 Paris ☎ 01.40.46.98.89. Excellent choix de crus en provenance de Chine et de Taïwan.

▶ MODE ET MAISON

Compagnie française de l'Orient et de la Chine, 170, bd Haussmann, 75008 Paris ☎ 01.53.53.40.80. Pour de la belle vaisselle chinoise en céramique de Foshan ou des reproductions de l'époque.

Phu-Xuan, 8, rue Monsieur-le-Prince, 75006 Paris ☎ 01.43.25.08.27. Bibelots, pinceaux, papiers, cahiers et surtout matériel d'acupuncture et de massage.

Shanghai Tang, 76, rue Bonaparte, 75006 Paris ☎ 01.40.51.95.16. Vêtements et accessoires d'une grande marque de Hong Kong, version Chine pop chic, dans les locaux de La Maison de la Chine.

▶ VAISSELLE ET BAGUETTES

Hang Seng Shen, 16-18, rue de l'Odéon, 75006 Paris ☎ 01.43. 25.19.26. Vaisselle chinoise, mais également des vêtements en soie à des prix très intéressants.

Kawa, 3, pl. Stalingrad, 75010 Paris ☎ 01.40.38.69.88. *Ouv. lun.-sam. 9 h 30-19 h.* Fournitures pour restaurants, importateur de thé de Chine.

Paris-Store, 44, av. d'Ivry, 75013 Paris (1er ét.) ☎ 01.44.06.88.18. Pour la vaisselle ordinaire, les woks, les *rice-cookers* et la vannerie. ●

Sur place

▲ Shanghai, carrefour sursitaire dans l'ancienne ville chinoise.

‖ Aéroports

À l'arrivée

● **Aéroport international de Pékin.** À 27 km au N. À la sortie du hall d'arrivée, taxis (90 y, pas de supplément bagages) et navettes (départs toutes les 30 min, 16 y) pour le centre-ville (50 min par l'autoroute). *Voir aussi p. 97.*

● **Aéroport international de Shanghai.** À Pudong, à 35 km au S-E. Entre 30 min et 1 h de trajet jusqu'au centre-ville (Puxi), en bus (20 à 30 y) ou en taxi (150 y). *Voir aussi p. 189.*

● **Immigration.** Présenter son visa individuel au contrôle de police, avec le passeport et le formulaire *Arrival* (distribué dans l'avion). Le formulaire *Health* est collecté par le bureau de quarantaine à l'entrée en Chine, mais n'est pas systématiquement réclamé.

● **Douane.** Aucune formalité particulière.

●●● *Voir aussi Douane p. 279 et l'encadré Exportation p. 294.*

● **Change.** Les comptoirs bancaires des halls d'arrivée pratiquent le taux officiel. Ils sont par ailleurs équipés de distributeurs automatiques. *Voir aussi Change p. 32.*

● ❶ **Des plans et périodiques** d'informations touristiques sont disponibles dans le hall d'arrivée.

Au retour

● **Reconfirmation.** Indispensable au moins 72 h avant la date de départ. Pensez, avant le départ pour la Chine, à vérifier les coordonnées téléphoniques locales de votre compagnie aérienne. La plupart des hôtels, même modestes, proposent un service d'information, réservation et reconfirmation sur les vols (payant, mais peu cher).

● **Formalités.** Se présenter 2 h 30 avant le décollage (demander confirmation auprès de votre compagnie aérienne). Les antiquités antérieures à 1795 sont interdites à la vente et à l'exportation. Les objets datant de la période 1796-

1949 doivent être porteurs d'un cachet de cire et accompagnés d'un certificat d'exportation du Culture Relics Bureau (CRB, remis lors de l'achat). Conservez tous vos justificatifs d'achat pour les présenter à la douane en cas de litige. Les détenteurs d'un visa individuel devront se présenter au contrôle de police munis du formulaire Departure (à disposition dans le hall des départs). Les groupes présenteront leurs passeports et le second exemplaire de leur visa collectif.

Change

Le yuan ne s'achète qu'en Chine. À la fin du séjour, les devises restantes pourront être revendues à l'aéroport de départ : conserver les **certificats de change** à cet effet. Sur place, le change s'effectue sur présentation du passeport dans les banques ou au guichet des hôtels. En plus de la carte bancaire, des euros en devises ou en chèques de voyage sont utiles (taux quasiment identiques d'une banque à l'autre). **Distributeurs automatiques** dans les aéroports internationaux et dans les agences de la **Banque de Chine**. Les **cartes bancaires** les plus courantes sont acceptées sans problème, et l'écran peut se lire en anglais. Évitez les distributeurs des autres banques chinoises : même s'ils affichent le logo Visa, ils n'acceptent que les cartes chinoises.

●●● *Voir également Distributeurs à Pékin p. 109, à Shanghai p. 201 ; voir aussi Cartes bancaires p. 281, Horaires des banques p. 293.*

Courrier

Les timbres s'achètent à la poste ou à la réception des hôtels. Vous pouvez donner votre courrier à votre hôtel, mais mieux vaut le poster vous-même (les boîtes aux lettres sont vert foncé). Compter environ 8 jours d'acheminement pour l'Europe. Dans l'autre sens, les délais sont plus aléatoires *Envoi de colis, encadré p. 294.*

Restaurants

On trouve de plus en plus de cartes bilingues, sino-anglaises. Si ce n'est pas le cas, on peut regarder dans les assiettes de ses voisins ! Sachez aussi que dans nombre d'établissements, on peut choisir les plats *de visu*. Reste à vous familiariser avec les baguettes ! Les Chinois dînent entre 18 h et 20 h, et les restaurants servent tôt : passé 21 h, il devient difficile de commander.

●●● *Voir aussi encadré p. 280.*

◆◆◆◆ Restaurants de luxe

Décor recherché et service soigné font grimper l'addition. On rangera dans cette catégorie les restaurants des grands hôtels de Pékin et de Shanghai qui disposent de buffets à volonté (également pour les petits déjeuners).

◆◆◆ Bonnes tables

Elles proposent des spécialités régionales ou des cuisines étrangères. Si certains établissements offrent la solution de portions simples ou doubles, mieux vaut être à plusieurs pour se partager les mets, souvent préparés pour trois ou quatre convives. Autre option :

---

restaurants
À l'enseigne du Dragon ivre

Les noms des restaurants sont rarement traduits, en anglais au moins, y compris sur leurs cartes de visite. C'est bien dommage, car, à déchiffrer les enseignes, on découvre qu'une invraisemblable gargote se réclame des « Immortels ivres », telle autre de la « Marmite d'Or », ou du « Mont des Neuf Lotus ». Tout un programme ! Curieusement, le phénomène s'inverse chez les innombrables établissements ouverts en France, intitulés « Palais d'Été », « Grande Muraille », ou « Lotus de Jade » en français, pour n'être plus que des banals « Chez Wang », ou « Chez Li » en caractères chinois. ●

pratique

demander le menu de groupe dans les restaurants touristiques *(tuandui cai)*. Les restaurants des hôtels ▲▲▲ figurent dans la même catégorie de prix, mais leur table, sauf mention particulière, vaut rarement la dépense.

◆◆ RESTAURANTS SIMPLES

Du petit restaurant sympathique aux usines à manger de plusieurs milliers de couverts, on les trouve partout, et c'est tant mieux, car on y mange une cuisine honorable, bien qu'interchangeable, pour une somme modique.

◆ CUISINE POPULAIRE

Les bords de rues et de routes sont balisés de *kuaican* (« cuisine rapide »). Pas une ville qui n'ait sa rue ou son quartier à *xiaochi*, les « petites nourritures » – échoppes à nouilles, gargotes à fondue, bouis-bouis à brochettes. Elles fonctionnent dès le petit-déjeuner (soupes de nouilles, *miantang*, de riz, *xifan*, pains à la vapeur, *mianbao* et *mantou*, lait de soja, *dounai*, et beignets, *youjiao*), et jusqu'à 22 h ou plus.

Fêtes et manifestations

Calendrier

La Chine cale ses jours fériés sur le calendrier international, mais le rythme des fêtes traditionnelles obéit à un **calendrier luni-solaire** dont l'invention remonterait à 2637 av. J.-C. La position du soleil détermine le solstice d'hiver, le 11e mois de l'année et le Nouvel An qui débute 2 mois plus tard, entre le 21 janvier et le 20 février ; les révolutions lunaires marquent les 12 mois qui le composent. Les années ne se succèdent pas à l'infini, mais elles sont organisées en cycles de 60 ans, combinaisons de 10 « Troncs célestes » et de 12 « Rameaux terrestres », ces derniers correspondant aux 12 animaux du zodiaque. La **nouvelle lune** (représentée par un disque noir sur les calendriers) marque le 1er jour d'un mois lunaire et de la **quinzaine claire** qui s'achève à la pleine lune. Le

jour suivant la pleine lune est le 1er jour de la **quinzaine sombre** qui prend fin à la nouvelle lune du mois suivant. L'année lunaire perdant du terrain face au calendrier grégorien, on rajoute périodiquement un **mois lunaire intercalaire** de 30 jours.

Les **12 animaux symboliques** jouent un rôle très important dans les horoscopes, considérés par beaucoup comme des décrets du Ciel, et par conséquent très respectés. Une légende populaire conte que, le Bouddha ayant convoqué ces animaux, ils se seraient présentés à lui dans l'ordre qui est le leur dans le zodiaque, soit : le rat, le buffle, le tigre, le lièvre, le dragon, le serpent, le cheval, la chèvre, le singe, le coq, le chien et le cochon.

Fêtes

Contrairement à ce qui se passe au Japon et en Corée, les fêtes chinoises, célébrées au sein de la famille, font l'objet de peu de manifestations visibles… hormis les foules qu'elles déplacent. Si vous aimez les fêtes, surveillez de près ce qui se passe en fonction de vos étapes de voyage. Les Chinois adorent les festivités en tous genres, mais ne sont pas très systématiques en matière de publication de calendrier.

●●● *Pour en savoir plus* : *www.eurasie.net.*

fêtes
Foires de temples
(*miaohui* et *fahui*)

Établies selon le calendrier luni-solaire, anniversaires de la fondation d'un temple ou de la divinité à laquelle il est dédié, ces fêtes réapparaissent après un long silence. Considérées comme des périodes particulièrement propices pour exprimer des vœux, elles attirent les pèlerins. Elles font l'objet de foires très profanes, avec défilés et parades, spectacles et clowneries, au milieu d'un grand bazar de stands vendant tout ce qui se consomme. ●

pratique

▶ JANVIER-FÉVRIER

Fête du Printemps (Chunjie). C'est le Nouvel An chinois, qui tombe 2 mois lunaires après le solstice d'hiver. À cette occasion, les familles disposent d'une semaine pour rendre visite aux proches ou aux amis et déambuler dans les temples où se tiennent des foires *(encadré ci-contre)*. On y assiste entre autres aux danses du dragon et du lion. Enfin, l'année écoulée devant s'achever dans la douceur, il est recommandé de manger sucré, de régler ses dettes et d'effacer les malheurs de l'année passée (rituels de balayage, habits neufs pour bien commencer la nouvelle année). À cette occasion, les enfants reçoivent des étrennes dans de petites enveloppes rouges. Les célébrations passent par d'importants banquets familiaux où chaque mets a une signification propre. Le poisson, *yu*, homophone d'abondance, assure le confort familial ; le poulet, *ji*, homophone de bon augure, rassure sur l'avenir ; les ravioles, *jiaozi*, homophones d'union et de fils, rassurent sur la descendance.

Fête des Lanternes (Yuanxiao jie). En ce 15ᵉ jour du 1ᵉʳ mois lunaire, les parcs et sites populaires s'illuminent de lanternes pendant que les rues s'égaient de *yuanxiao*, boulettes de pâte fourrées au sésame ou aux cacahuètes, représentant la première pleine lune de l'année à déguster en famille.

▶ MARS-AVRIL

Fête de la Pure Lumière (Qingming jie). Autrefois 15ᵉ jour du 3ᵉ mois lunaire, la fête des Morts a lieu le 4 ou le 5 avril. À cette occasion, Pékinois et Shanghaiens, faute de cimetières, se rendent dans les temples bouddhiques pour entrer en contact avec leurs proches. Cette fête n'est pas chômée, mais elle est considérée comme néfaste aux initiatives en matière d'entreprise. Trop d'esprits insatisfaits, en amour ou en affaires, rôdent ce jour-là.

▶ MAI-JUIN

Fête du Double Cinq (Duanwu jie). En ce 5ᵉ jour de la 5ᵉ lune, on commémore

---

Jours fériés

1ᵉʳ janvier : 3 jours chômés à l'occasion du Nouvel An international.

Nouvel An chinois : 3 jours chômés et une semaine de congé entre la mi-janvier et la mi-février (29 janv. 2006, année du Chien de Feu ; 18 fév. 2007, année du Cochon de Feu ; 7 fév. 2008, année du Rat de Terre ; 26 janv. 2009, année du Bœuf de Terre ; 14 fév. 2010, année du Tigre de Métal).

8 mars : fête internationale des Femmes (1910).

12 mars : journée nationale de Reboisement.

1ᵉʳ mai : 3 jours chômés et une semaine de congé pour la fête internationale du Travail (1889).

4 mai : fête de la Jeunesse chinoise (1919).

1ᵉʳ juin : fête des Enfants (1949).

1ᵉʳ juillet : anniversaire de la fondation du Parti communiste chinois (1921).

1ᵉʳ août : anniversaire de l'Armée populaire de libération de Chine (1927).

1ᵉʳ octobre : 3 jours chômés et une semaine de congé pour l'anniversaire de la fondation de la République populaire de Chine (1949) ; défilés sur la place Tian'an men (Pékin). ●

---

le suicide par loyauté du poète Qu Yuan (v. 340-278 av. J.-C.). Comme il s'était noyé dans le Yangzi jiang, les gens y avaient jeté des boulettes de riz, afin que les poissons s'en repaissent et laissent tranquille le corps du poète. Depuis, on déguste à sa mémoire des *zongzi*, pâtés de riz enveloppés dans une feuille de bambou et fourrés de jujubes, marrons, jambon, etc. Dans les régions de rivières et de lacs, on organise des courses de bateaux-dragons.

▶ Juillet-août

Fête du Wutai shan. Elle débute le 14e jour du 6e mois, anniversaire de Wenshu, et dure 30 jours, avec des danses rituelles tibétaines dans les temples d'obédience lamaïque (Pusading si). Une foire aux chevaux (qui remonte à la période Qing) coïncide avec ce mois de festivités.

▶ Août-septembre

Fête du Double Sept *(Qixi jie).* Le 7e jour du 7e mois lunaire, la légende du Bouvier et de la Tisserande est dans tous les cœurs. Époux maudits, ils sont autorisés à se voir une fois par an, ce fameux jour.

▶ Septembre-octobre

Fête de la mi-automne *(Zhongqiu jie).* Le 15e jour du 8e mois lunaire, équinoxe d'automne, c'est le moment de déguster les *yuebing*, gâteaux en forme de lune pleine, extrêmement nourrissants, fourrés de cacahuètes, sésame, noix, pâte de haricot, etc. De nombreux parcs sont ouverts tard le soir pour y admirer la lumière de la pleine lune d'automne.

Anniversaire de Confucius. Remis à l'honneur, il a lieu le 27e jour du 8e mois (18 oct. 2006), occasion d'un simulacre de sacrifice dans son temple de Pékin.

▶ Octobre-novembre

Fête du Double Neuf *(Chongyang).* Les gâteaux du Chongyang sont confectionnés en ce 9e jour du 9e mois lunaire. Afin d'honorer les personnes âgées, on a coutume de leur offrir un bol de nouilles, symbole de longévité.

‖ Hébergement

Pékin et Shanghai sont jusqu'à deux fois plus chères que les autres villes. Si le luxe se décline parfois sans recherche ni folie – halls immenses et clinquants, comptoir lustré mais froid, chambres confortables mais tristes, etc. –, toutes deux s'équipent de plus en plus d'adresses de charme pour de longs séjours : convivialité des maisons à cour pour Pékin, palaces

Art déco ou futuristes pour Shanghai. Dans la mesure du possible, nous avons retenu ce type d'adresses, ainsi que les établissements abordables, corrects et bien situés. Toutes les chambres sont équipées de chauffage et d'air conditionné.

Au-dessus de ▲▲▲, les règlements par carte bancaire sont acceptés. Les établissements haut de gamme offrent de nombreux services (magasins, *business center*, poste, pressing, change, etc.). Pour vous permettre d'organiser votre budget, notre système de classification se fonde sur une échelle de prix *(p. 280).* Ces tarifs, dits « publics », sont astronomiques pour les hôtels de catégorie luxe, mais tous pratiquent des promotions sur leur site Internet et consentent des forfaits attractifs aux voyagistes. Attention : tous les établissements pratiquent la caution lors de l'enregistrement. Indexée sur les tarifs, elle est réglable, selon les catégories, par carte bancaire ou en espèces. Elle n'est restituée qu'au départ.

▲▲▲▲▲ Hôtels de très grand luxe

Souvent une ville au cœur de la ville avec *business center* (centre d'affaires), poste, banque, piscine, sauna, centre de remise en forme, restaurants et magasins.

▲▲▲▲ Hôtels de luxe

Les services sont sensiblement les mêmes que dans la catégorie précédente. Seule la taille des chambres, plus petite, infléchit le prix vers une gamme inférieure.

▲▲▲ Hôtels confortables

Très bons hôtels confortables, un peu plus excentrés que les ▲▲▲▲. Nombreux services.

▲▲ Hôtels corrects

De bonnes et de mauvaises surprises : confort suffisant, mais variable en fonction de l'entretien.

▲ Hôtels simples et convivials

Pensions, auberges de jeunesse, dortoirs. Sanitaires et téléphone communs. Petit-déjeuner non compris.

pratique

Heure locale

Tout le pays est à l'heure de Pékin. Lorsqu'il est 12 h à Paris, il est 19 h à Pékin en **hiver**, 18 h en **été**. L'été, le **soleil** se couche à 19 h 30 (lever à 5 h 30), l'hiver à 18 h 30 (lever à 7 h).

Horaires

- **Services officiels.** 9 h-11 h 30 et 13 h 30-16 h.
- **Banques.** 9 h 30-11 h 30 et 13 h-16 h ou 17 h (distributeurs 24 h/24).
- **Magasins.** t.l.j. 9 h-20 h ou 22 h 30.
- **Musées.** Le plus souvent 9 h-17 h (à vérifier dans la partie pratique).
- **Autres.** Les **postes** sont ouvertes de 9 h à 17 h. Certains **temples** ouvrent dès 7 h, d'autres à 8 h. La plupart ferment vers 16 h ou 16 h 30.

Informations touristiques

ⓘ à Pékin *p. 96* ; à Shanghai *p. 189.*

La Chine a encore fort à faire en la matière. Il n'existe pas d'office du tourisme digne de ce nom et c'est sur Internet, bien plus que sur place, que l'on peut glaner des informations utiles. Fort heureusement, les réceptions des hôtels pallient ce manque. On peut s'y procurer des plans de ville, gratuits et bilingues, parfois des brochures, et obtenir auprès du personnel, plus ou moins anglophone, renseignements (adresses en chinois) et services (payants, sauf dans les établissements de catégorie luxe et grand luxe), tels location de voiture avec chauffeur, organisation d'excursions, réservation et achat des billets de train, avion et bateau, et des places de spectacle. Dans toutes les grandes villes, des agences de voyages disposent également de cette gamme de services. Les plus importantes sont CITS (China International Travel Service) qui, placée sous tutelle de l'État, dispose de représentants au niveau provincial et local, CTS (China Travel Service) et CYTS (China Youth Travel Service). Leurs compétences et leurs services sont variables.

- **Guides-interprètes.** On peut recourir à leurs services auprès des agences de voyages. Les périodiques d'informations gratuits regorgent d'annonces d'étudiants anglophones, voire francophones, proposant leurs services. Prix conseillé : 300 y/j. *Encadrés à Pékin p. 98 ; à Shanghai p. 192.*

Internet

Il existe des **cybercafés** *(wangba)* très bon marché, dans le moindre village. Renseignez-vous auprès de votre hôtel pour connaître l'adresse la plus proche. À partir de ▲▲▲, les hôtels disposent de *business centers* où l'on peut se connecter à Internet. Leurs tarifs, plus élevés que ceux des cybercafés, sont toujours négociables. Les établissements luxe et grand luxe mettent à disposition de leurs clients, parfois gracieusement, un accès direct depuis la chambre.

Langue

Les Chinois parlent surtout… le chinois. L'**anglais** se répand toutefois dans la signalétique des grandes villes. Sur les sites touristiques, il figure aux côtés du pinyin, la transcription alphabétique des caractères chinois établie en 1958. Le pinyin permet de se repérer dans le métro et sur un plan. Il est prononçable pour qui en connaît les règles, mais incompréhensible aux Chinois pour ne pas faire apparaître les inflexions tonales caractéristiques de leur langue. Pour vous faciliter la tâche, un **carnet d'adresses en caractères chinois**, répertoriant hôtels, restaurants et principaux sites touristiques, figure à la fin de ce guide. Hormis quelques étudiants et guides professionnels, peu de personnes parlent français.

Médias

Journaux et magazines

Le *China Daily*, quotidien chinois en anglais, est disponible dans les grands hôtels. Plusieurs revues à destination des étrangers (*Shanghai Talk*, *Quo*, *Metro*, etc.) donnent des informations culturelles et pratiques. On peut se procurer quelques quotidiens ou magazines étrangers (*Newsweek*, *L'Express*) dans certains grands hôtels, les bibliothèques des ambassades, ou les librairies des aéroports. Pour une version en français et en ligne du *Quotidien du Peuple*, le premier quotidien chinois : french.peopledaily.com.cn.

●●● *Pour en savoir plus sur les magazines pour étrangers, voir également l'encadrés p. 98.*

Radio

Une radio française produit des émissions, Paris-Paris, Paris-Express et Paris-Classique, qui peuvent s'écouter dans plusieurs villes de Chine du lun. au ven. de 11 h à 19 h.

Télévision

Absolument toutes les chambres d'hôtel ont la télévision, et beaucoup bénéficient de la réception satellite permettant de capter les chaînes du monde entier.

Photo

Le matin, la lumière est superbe entre 7 h et 9 h. Après, elle devient dure, et les sujets sont plus écrasés. Elle est à nouveau très belle à partir de 15-16 h. Dans nombre de temples et de sites archéologiques, il est possible de photographier ou de filmer l'extérieur, mais **jamais les intérieurs**, sous peine d'amende. Des pictogrammes vous l'indiqueront. Il est **strictement interdit** de photographier les ouvrages d'art militaires.

●●● *Voir aussi Photo p. 282.*

Exportations

● **Colis.** Les frais d'expédition d'un colis sont plus économiques que le paiement d'un excédent de bagages. Présentez-vous à la poste avec vos achats afin qu'ils soient contrôlés par le service de douane.

Tout matériel informatique piraté sera impitoyablement confisqué. Il est également interdit de glisser une lettre dans le paquet. Une fois votre colis scellé, vous devrez remplir un formulaire de déclaration de son contenu (également en français, comme la plupart des documents postaux). Vous vous rendrez enfin au guichet d'envoi pour le faire peser et régler les frais d'expédition.

Si vous vous laissez tenter par un meuble, ou tout objet encombrant, il est plus sage de l'acquérir auprès d'un magasin agréé qui prendra en charge la procédure d'exportation.

● **Douane.** Les antiquités antérieures à la fin de l'ère Qianlong (1796) sont interdites à la vente et à l'exportation.

Les objets datant de la période 1796-1949 doivent être porteurs d'un cachet de cire et accompagnés d'un certificat d'exportation du Culture Relics Bureau (CRB). Conservez tous vos justificatifs d'achat pour les présenter à la douane en cas de litige.

Certains médicaments traditionnels chinois, comme le ginseng, font l'objet de restrictions quantitatives. N'oubliez pas non plus la législation en vigueur dans votre pays de retour. Les douanes françaises ne plaisantent pas avec les contrefaçons et les dvd piratés si tentants en Chine. ●

|| Politesse et usages

Patience, souplesse et humour restent les maîtres mots. Parfois, un brin d'audace et de ténacité peut débloquer une situation, mais surtout n'élevez pas la voix ! Il y a déjà assez de bruit... Et puis, dans un pays où le fatalisme est roi et où l'irrationnel flirte avec l'absurde, il serait prétentieux de vouloir tout comprendre et tout résoudre.

Comment s'habiller ?

« Aisance dans la décence ». Il y a une grande tolérance à l'égard de l'habillement, et on peut montrer jambes et épaules sans choquer.

●●● *Voir aussi p. 281.*

Les coutumes

● **Souplesse du bambou.** Les Chinois n'aiment pas l'indiscipline. L'heure c'est l'heure, et le règlement, c'est le règlement. Respectez les hiérarchies, les procédures, les habitudes, vous serez respecté en retour. Vous perdez votre calme ? *Mei banfa*, c'est comme ça.

● **Discrétion du sage.** Pudeur et discrétion sont de mise. On ne fait pas la bise, on salue : les effusions en public sont choquantes. Soyez poli sans en faire trop, et vous serez accueilli avec gentillesse et beaucoup d'attention. La foule et l'anonymat de la rue sont plus ingrats : bousculades, cris, précipitation. Entrer dans une rame de métro peut relever de l'exploit, en sortir, de la libération !

● **Rire du fou.** Si vous êtes invité, quelques formules de politesse raviront vos hôtes. Un petit présent venu de France fera toujours plaisir, mais attention, le cadeau oblige : en Chine, le don est toujours synonyme de contre-don. À savoir pour ne pas en abuser. L'humour peut aussi débloquer bien des situations.

|| Pourboire

Guides, chauffeurs, porteurs des hôtels s'attendent à recevoir un pourboire. Dans les restaurants en revanche, on peut en laisser ou pas.

|| Santé

●●● *Hôpitaux à Pékin p. 110 ; à Shanghai p. 202 : nous indiquons les adresses où vous pourrez être accueilli par un personnel anglophone.*

● **Troubles intestinaux.** Fréquents à cause du changement de climat et d'alimentation. Demandez conseil à votre pharmacien.

● **Irritations du nez et de la gorge.** Risques accentués par la pollution, la climatisation et la poussière. Emportez des médicaments en conséquence.

● **Sida.** Utilisez les mêmes précautions que partout.

|| Sécurité

Pékin et Shanghai ne sont pas dangereuses, et l'on peut y déambuler sans problème, dans les limites de la prudence élémentaire.

Soyez plus vigilant dans des quartiers comme les abords des gares.

Attention aux **pickpockets** dans les hauts lieux touristiques, les magasins de souvenirs et les marchés, voire dans les transports en commun : placez argent et documents dans des poches intérieures fermées ou dans des ceintures à billets, et surveillez vos bagages.

En cas de vol, faites-vous accompagner dans un commissariat local.

Il arrive parfois que des prostituées s'adonnent au **racolage téléphonique** dans certains hôtels. Un coup de fil énigmatique à 3 h du matin peut s'expliquer ainsi.

En cas de perte de passeport, faites une déclaration dans un commissariat. Si vous avez pensé à photocopier les six premières pages de l'original et à prendre une photo d'identité, les formalités en seront facilitées. Attention, vous aurez à repayer un visa de sortie.

|| Shopping

Révolu le temps où délégations et touristes étrangers allaient faire leurs emplettes de souvenirs à rapporter dans les

pratique

© Agnès Boutteville

▲ Dames vêtues à la mode mandchoue du dernier empire, version ouatinée pour l'hiver.

magasins de l'Amitié, munis de leurs liasses de Foreign Exchange Currency (FEC)! Pas un site sans magasins de souvenirs, pas un restaurant sans coin boutique, pas un hôtel sans galerie marchande. Sans compter les quartiers dédiés au shopping sur des kilomètres dans le moindre centre-ville. Sur ce chapitre, Shanghai est imbattable. Du grand magasin à l'échoppe de coin de rue, de la boutique de styliste branchée au déballage en plein air, les porte-monnaie ont du mal à rester fermés! Sauf mention particulière, les boutiques sont généralement ouvertes tous les jours de 9 h à 19 h (ou 20 h 30, *p. 293*). Préférez la monnaie sonnante et trébuchante à la carte bancaire que n'acceptent que quelques grands magasins.

‖ Sports et loisirs

Longtemps restreint aux poignées de médailles reçues dans les tournois internationaux de ping-pong, ou associé aux volumes androgynes de quelques nageuses, le sport en Chine

gagne du terrain... Il faut bien se préparer aux J.O! Des initiatives originales unissent depuis quelques années l'effort et la culture, tels les marathons sur la Grande Muraille, les rallyes automobiles sur la route de la Soie, ou les courses cyclistes autour du lac Tai, dans la campagne de Suzhou. Mais les Chinois n'ont pas attendu d'avoir trois semaines de congés payés en 2001 pour entretenir leur corps et cultiver les loisirs en société.

Jeux de l'énergie et des souffles

Un homme solitaire enchaîne de très lents mouvements dans le jardin du Collège impérial. Une femme sans âge fend l'air de son sabre dans un bosquet du parc Beihai. Des retraités répètent en groupe quelques pas de danse dans le parc Ruijin. Au détour d'un quartier d'habitation, des adultes s'entraînent sur les agrès d'un parc à jeux pour grands. Des nageurs traversent par tous les temps les lacs de Shisha hai. Des vieillards se concentrent sur la trajectoire rectiligne de leur marche à reculons... Tranches de vie shanghaiennes et pékinoises. Le corps est un souci constant. Longtemps confinés dans des appartements trop petits, les citadins ont pris l'habitude de **s'exercer au dehors**, pour se mettre en harmonie avec le *qi*, l'énergie, le souffle qui circule et anime toute chose.

Cette conception sert de base à des disciplines plus organisées, comme le *taiji quan*, la « boxe de l'ombre », dont les mouvements lents visent à réguler l'énergie intérieure, ou le *qigong*, la « maîtrise du souffle », série d'exercices respiratoires destinés à harmoniser les souffles vitaux dans le corps. Les *wushu*, les **arts martiaux** développés au cours des siècles dans le cadre des monastères bouddhiques – et dont la boxe de Shaolin, popularisée par les films de kung-fu, est la plus connue –, reposent sur les mêmes conceptions fondamentales. C'est encore la quête du *qi* qui pousse les Chinois à entreprendre l'ascension de leurs montagnes, véritables concentrés des énergies de la Terre, en particulier au cours du neuvième mois lunaire, juste avant que le monde n'entre dans sa phase de repos.

Jeux de société

Aux beaux jours, les trottoirs des *lilong* de Shanghai et des *hutong* de Pékin sont investis par les jeux de stratégie. Même si les dos des joueurs absorbés masquent la table, on reconnaît le mahjong au cliquetis de ses dominos. Très populaire, il consiste à former avec les pièces piochées suites, brelans ou tierces, plus la paire, appelée *maque*, le « couple de moineaux », nom du mahjong en mandarin. Le *weiqi* est le *go* des Japonais, qui l'empruntèrent aux Chinois vers le ve s. Moins animé, c'est une partie d'échecs dont la stratégie repose sur l'encerclement *(weiqi)* des pièces de l'adversaire. Également comparable aux échecs, mais en beaucoup plus complexe, le *xiangqi*, jeu des intellectuels par excellence, se pratique dans un silence recueilli.

‖ Téléphone

Le plus onéreux : appeler de votre chambre d'hôtel, s'il possède l'IDD (International Direct Dialing). Les forfaits sont de 3 min (même si vous ne téléphonez que 30 secondes), on peut vous demander de payer dès le déclenchement de la sonnerie chez votre correspondant, et vous aurez à verser une caution pour l'ouverture de la ligne. Les *business centers* (centres d'affaires des hôtels) possèdent téléphone et fax.

Vous pouvez aussi téléphoner des bureaux de poste, des cabines, ou des téléphones publics (communications locales et nationales). Tarif minoré entre 21 h et 7 h. Les cartes téléphoniques permettent de diviser le coût des communications par quatre, y compris pour l'étranger (vendues dans les grands cybercafés). Les plus courantes sont les cartes IC (IC Telephone Card) à utiliser dans les cabines appartenant à China Telecom. Attention, certaines sont réservées à une seule ville.

● **Pour appeler la Chine.** D'Europe, composer le 00 (international) + 86 (Chine), suivi du code urbain (10) pour Pékin, (21) pour Shanghai et du numéro de votre correspondant.

● **Pour appeler l'Europe.** De Chine, composer le 00 + indicatif du pays (France : 33, Belgique : 32, Suisse : 41), suivi du numéro de votre correspondant sans le zéro initial. Attention au décalage horaire.

● **À l'intérieur du pays.** Composer le code urbain puis le numéro de votre correspondant. Si vous êtes dans un hôtel, vous aurez un numéro extérieur à faire pour sortir.

● **D'un portable chinois vers un portable français.** Composer le 00.33.6 puis les 7 derniers chiffres du numéro.

● **D'un portable français vers un portable chinois.** Composer le 00.86 puis le numéro de votre correspondant.

● **Renseignements internationaux.** Depuis la France ☎ 32.12.

‖ Toilettes

Il y en a partout. À Pékin et à Shanghai, vous les repérerez facilement : les pictogrammes internationaux sont doublés d'une version anglaise. Dans les villages, vous les trouverez à l'odeur. Pensez à prévoir quelques *mao,* car beaucoup sont payantes. Repérez votre pictogramme : en général, les femmes *(nü)* sont à gauche, et les hommes *(nan)* à droite.

‖ Transports intérieurs

Le réseau des transports chinois ne cesse de faire des progrès, et il est aujourd'hui possible de voyager confortablement et efficacement d'un point à l'autre du pays.

Agences de voyages et informations touristiques (location de voitures, réservation de billets, etc.), transports urbains, gares ferroviaires et routières : voir les pages pratiques des villes concernées, à la fin de chaque chapitre.

pratique

transports
Déchiffrer son billet de train

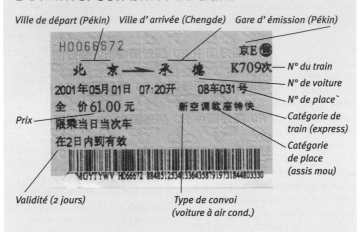

Ville de départ (Pékin)   *Ville d' arrivée (Chengde)*   *Gare d' émission (Pékin)*

N° du train

N° de voiture

N° de place`

Catégorie de train (express)

Prix

Catégorie de place (assis mou)

Validité (2 jours)   *Type de convoi (voiture à air cond.)*

Informatisés, les billets sont tous sur ce modèle. À conserver jusqu'au bout du voyage, car ils sont contrôlés à la sortie de la gare d'arrivée. À bord des trains de nuit, ils sont conservés par le chef de voiture qui relève les coordonnées passeport et donne une contremarque en échange. Un système très pratique pour être sûr d'être réveillé à l'arrivée, ce qui se fait avec plus ou moins de délicatesse pour rendre les billets à leurs destinataires, quelques minutes avant l'arrêt du train. ●

La voiture

Si vous louez une voiture, il vous faut le chauffeur avec, solution plus onéreuse que le bus ou le train.

Le bus

Shanghai et Pékin comptent plusieurs gares routières. Vérifiez auprès de votre hôtel quelle est celle qui dessert votre destination et pensez à vous faire écrire celle-ci en chinois : elle vous permettra de vous repérer à la gare. Les billets s'achètent au guichet. Les bus *daba* longues distances (sièges inclinables, climatisation, toilettes et vidéo) partent à heures fixes. Les minibus moyennes distances n'ont pas d'horaires fixes et partent une fois pleins, quitte à continuer le remplissage en route. Il existe aussi des gares touristiques, avec des bus confortables, à horaires fixes, desservant les sites des environs *(à Pékin p. 109 ; à Shanghai p. 201 ; à Hangzhou p. 241).*

Le train

Il existe quatre catégories : sièges durs, sièges mous, couchettes dures et couchettes molles. On se déplace pour des sommes modiques dans la catégorie sièges durs et banquettes en Skaï. Les sièges mous, plus confortables, sont parfaits pour les trajets courts. La voiture des couchettes dures propose un alignement sans compartimentation de trois couchettes superposées et dispose de peu de place pour les bagages. Enfin, les compartiments climatisés comprennent quatre couchettes plus luxueuses. Attention, si vous ne prenez pas le train à un terminus, vous risquez de ne trouver que des places debout (quand c'est autorisé). Les réservations s'effectuent dans les gares (guichet spécial étrangers à Pékin et à Shanghai), les agences de voyages, et la plupart des hôtels. Réserver la veille avant 15 h, et 2 à 3 jours à l'avance les jours de fêtes ou en période d'affluence.

À noter : le train **Pékin-Shanghai** est le plus rapide de Chine (14 h de trajet) et reste le moyen le plus confortable et le plus pratique de joindre les deux villes.

Le bateau

Relier Suzhou à Hangzhou *(p. 236)* en péniche permet d'observer la vie sur le Grand Canal. On dispose de couchettes sommaires (différentes classes à bord).

L'avion (lignes intérieures)

Air China, la principale compagnie aérienne, possède de nombreuses branches régionales : les vols sont donc nombreux, et les principales villes chinoises bien desservies. Les billets s'achètent auprès des CITS, des agences de voyages, ou des compagnies aériennes. L'avion est extrêmement cher par rapport aux autres moyens de transport : compter environ 2 000 y pour un aller-retour Pékin-Shanghai (préférez le train). Il est possible de réserver certains vols intérieurs depuis la France.

Le vélo

De plus en plus délaissé par les Pékinois et les Shanghaiens, il reste un moyen de transport idéal pour parcourir les villes plus modestes ou s'échapper dans la campagne. On peut les louer auprès de son hôtel, moyennant une caution.

orientation
Se repérer en ville

● **Adresses.** À Pékin comme à Shanghai, conserver précieusement la carte de l'hôtel. On y trouve généralement un plan imprimé au dos, qui permet de s'orienter, ainsi que le nom de l'établissement en chinois, seul intelligible aux taxis.

● **Étages.** Pas de rez-de-chaussée en Chine, tout commence au premier étage, comme dans nos grandes surfaces. De même, la vie qui se déroule au-dessous est distribuée en niv. - 1, niv. - 2, etc. ●

|| Urgences

L'obstacle de la langue est un vrai barrage : en cas de problème, il est indispensable de se faire aider par un Chinois. *Voir Santé et Sécurité p. 295 ; Santé à Pékin, p. 110 ; Santé à Shanghai, p. 202.*

|| Voltage

Le 220 V est partout d'usage. Les prises à fiches plates (américaines) sont les plus répandues, mais de nombreux hôtels disposent aussi de prises à fiches rondes (européennes), notamment celle du poste de télévision. ●

Index

Les folios **en gras** renvoient aux renseignements pratiques et aux bonnes adresses.

D 33

S‍t GAPOUR

index

index

Direction : Nathalie Pujo. **Direction littéraire** : Armelle de Moucheron. **Responsable de collection** : Marie-Caroline Dufayet. **Édition** : Élise Ernest. **Documentation** : Sylvie Gabriel. **Maquette intérieure et mise en pages PAO** : Catherine Riand. **Informatique éditoriale** : Lionel Barth. **Cartographie** : Frédéric Clémençon, Aurélie Huot. **Fabrication** : Nathalie Lautout, Caroline Artémon, François de Ternay. **Couverture** conçue et réalisée par François Supiot.

Avec la collaboration d'Hélène Lemaire.

Couverture : Chine, Shanghai © Bill Wassman/Rapho

Régie de publicité : Hachette Tourisme, 43, quai de Grenelle, 75905 Paris Cedex 15. **Contact** : Valérie Habert ☎ 01.43.92.32.52. *Le contenu des annonces publicitaires insérées dans ce guide n'engage en rien la responsabilité de l'éditeur.*

Conformément à une jurisprudence constante (Toulouse, 14-01-1887), les erreurs ou omissions involontaires qui auraient pu subsister dans ce guide, malgré nos soins et les contrôles de l'équipe de rédaction, ne sauraient engager la responsabilité de l'éditeur.

Pour nous écrire :
Hachette Tourisme, Guides Évasion,
43, quai de Grenelle, 75905 Paris Cedex 15
evasion@hachette-livre.fr

Imprimé en France par I.M.E. 25110 Baume-les-Dames
Dépôt légal n° 94462 – novembre 2007 – Collection n° 25 – Édition n° 01
ISBN : 978-2-01-244282.5
2442820

À nos lecteurs

Ces pages vous appartiennent.
Notez-y vos remarques, vos découvertes,
vos bonnes adresses. Et ne manquez pas
de nous en informer à votre retour.

Pour nous aider à mieux vous connaître, répondez
à notre questionnaire en fin de guide et gagnez peut-être
le guide de vos prochaines vacances.

Hachette Tourisme
Guides Évasion – Courrier des lecteurs
43, quai de Grenelle - 75905 Paris Cedex 15
evasion@hachette-livre.fr

Les Guides Évasion et vous

Nous souhaitons mieux vous connaître.
Aidez-nous en répondant à ce questionnaire et en le retournant à
Hachette Tourisme – Service marketing - 43, quai de Grenelle – 75905 Paris cedex 15
Chaque année, le 15 décembre un tirage au sort sélectionnera
les 100 gagnants d'un guide de voyage.

Nom : _____

Adresse : _____

Titre du guide acheté : _____

1. Vous êtes   ❏ une femme   ❏ un homme

2. Votre âge : _____

3. Avez-vous des enfants ou des petits-enfants ?
       Enfants :   ❏ oui   ❏ non
       Petits-enfants   ❏ oui   ❏ non
       Préciser leur âge : _____

4. Partez-vous en voyage avec eux :
       En France   A l'étranger
       ❏ toujours   ❏ toujours
       ❏ souvent   ❏ souvent
       ❏ rarement   ❏ rarement
       ❏ jamais   ❏ jamais

5. Combien de séjours effectuez-vous en moyenne (grands week-ends, vacances) :
       En France   A l'étranger
       ❏ moins d' 1 fois par an   ❏ moins d' 1 fois par an
       ❏ de 1 à 2 par an   ❏ de 1 à 2 par an
       ❏ + de 3 par an   ❏ + de 3 par an
       ❏ autre _____   ❏ autre _____

6. Quand vous partez en voyage, vous achetez un guide :
       Pour la France   Pour l'étranger
       ❏ toujours   ❏ toujours
       ❏ souvent   ❏ souvent
       ❏ rarement   ❏ rarement
       ❏ jamais   ❏ jamais

7. Vous achetez des guides de voyages (plusieurs choix sont possibles) :

Pour la France	Pour l'étranger
❏ pour rêver	❏ pour rêver
❏ pour préparer votre voyage	❏ pour préparer votre voyage
❏ pour les bonnes adresses	❏ pour les bonnes adresses
❏ pour les idées de loisirs et d'activités	❏ pour les idées de loisirs et d'activités
❏ pour les informations culturelles	❏ pour les informations culturelles
❏ autre à préciser	❏ autre à préciser

_____   _____

8. Comment avez-vous connu la collection Évasion :

❏ par hasard   ❏ par un ami   ❏ par une publicité

❏ par votre libraire   ❏ autre à préciser _____

9. Qu'est-ce que vous appréciez dans la collection Évasion ?

(cochez la note de votre choix de ce que vous appréciez le moins ① à ce que vous appréciez le plus ⑤)

la présentation	①	②	③	④	⑤
les choix de l'auteur	①	②	③	④	⑤
les itinéraires	①	②	③	④	⑤
les cartes	①	②	③	④	⑤
les photos	①	②	③	④	⑤
le prix	①	②	③	④	⑤

autre à préciser : _____

10. Qu'est-ce que l'on pourrait améliorer dans la collection Évasion ?

_____

11. Quand vous achetez un guide Évasion, est-ce que vous achetez, en complément un autre guide ?

                    ❏ oui   ❏ non

si oui, lequel : _____

pourquoi : _____